『개정』 사회복지시설의 설립과 운영

이창희 · 김　병 · 문수열
원기연 · 소광섭 · 조당호 · 이창수

창지사

머리말

우리나라는 이미 2000년에 전체 인구 중에서 노인인구가 차지하는 비율이 7%를 초과하는 고령화사회로 진입하였으며, 2018년에 노인인구가 차지하는 비율이 14%를 초과하는 고령사회로, 2026년에 노인인구가 차지하는 비율이 20%를 초과하는 초고령사회로 진입할 것으로 예상하고 있다.

이러한 노인인구의 변화에 발맞추어 사회복지시설도 매년 확충되고 있으며, 또한 사회복지시설이 점점 세분화되고 전문화되어감에 따라 사회복지서비스에 대한 인식의 변화와 더불어 사회복지시설의 설립과 운영에 대한 실무처리능력의 중요성은 한층 증대되고 있다. 또한 사회복지시설에 대한 체계적이고 전문적인 업무처리 능력이 매우 중요시되고 있다.

본 교재는 사회복지실천현장에서의 실무경험과 대학 강단에서의 강의경험을 토대로 사회복지학과 및 관련학과 학생들을 위하여, 효과적이고 효율적인 사회복지시설을 설립하고 운영하는 데 필요한 제반 자료들을 가능한 실제 상황에 맞추어 집필한 것이다.

본 교재의 전체적인 구성은 다음과 같다. 본 교재에 첨부된 CD에는 각종 사회복지시설을 설립하고 운영하는 데 필요한 양식들이 수록되어 있으며, 부록에는 사무관리규정 및 사회복지법인의 재무회계규칙을 수록하여 사회복지시설의 업무를 수행하는 데 활용되도록 하였다.

제 1 장　사회복지법인의 개요
제 2 장　사회복지시설의 개요
제 3 장　아동복지시설의 설립
제 4 장　노인복지시설의 설립
제 5 장　장애인복지시설의 설립
제 6 장　부랑인복지시설의 설립

본 교재의 내용은 국내의 사회복지사업법, 사회복지관련법, 사회복지시설운영론 및 사무관리규정 등을 참조하여 서술하였음을 미리 밝히며, 본 교재에서 나오는 모든 오류들은 전적으로 저자들의 몫이며, 여러 가지 측면에서 미비한 점은 앞으로 지속적으로 수정 · 보완하여 불편을 덜어드릴 것을 약속드립니다.

끝으로, 본 교재가 각종 사회복지시설을 설립하고 운영하고자 하는 모든 사람들에게 유용하게 활용되었으면 하는 마음이 간절하며, 아울러 본 교재의 출간에 수고가 많으신 창지사 임직원 여러분께 진심으로 감사드립니다.

2012년 1월

저자 씀

차 례

CHAPTER 01

사회복지법인의 개요

1 법인의 개념과 유형

1) 법인의 개념

인간은 공동생활을 영위함에 있어서 누구나 질서와 규범을 지켜야 하고, 권리와 의무의 주체로서 생활하게 된다. 그리고 권리와 의무의 수체가 뇌는 것은 유형의 인격체인 자연인과 무형의 법인으로 구분된다. 즉, 법인이란 자연인과 같이 법인격을 인정할 목적으로 어떤 관념적 존재를 만들어 그로 하여금 권리와 의무를 가질 수 있도록 하는 법적 기술을 말한다.

이러한 법인들은 그 단체를 통일하는 조직을 가지거나 혹은 그 재산을 관리하는 조직을 갖추고 있어서 자연인보다 큰 활동력과 보다 영속적인 생명을 가질 뿐만 아니라 단체로서 독특한 사회적 기능을 담당하고 있기 때문에 자연인은 아니지만 법률상으로는 자연인과 마찬가지로 권리능력을 인정받고 있는 것이다.

자연인(사람)이 출생하면 1개월 이내에 출생신고를 하여 호적을 가지는 것과 같이 법인도 일정한 처리기간을 거쳐 주무관청의 허가 또는 인가를 받아 3주 이내에 설립등기를 마치고 자연인의 호적과 같은 등기를 소유하는 등 자연인과 법인의 생태적 현상이 유사하다.

사회경제활동에 있어서 자연인의 능력이나 재산에는 일정한 한계가 있으므로 사회의 발전에 따라 비교적 대규모 사업이나 영속적인 활동을 위하여 사단이나 재단 등의 법인 활동이 필요하게 되는데, 법인(法人)이란 자연인 외에 법률에 의하여 권리능력이 인정되고 인격이 부여된 법적 인격체로서 자연인과 마찬가지로 권리·의무의 주체가 된다. 즉, 권리가 귀속하는 주체를 권리주체라 하며, 권리주체에는 모든 살아있는 사람(자연인)과 그 외에 사람의 집단(사단) 및 일정한 목적을 가진 재산의 집단(재단)을 인정하고 있다.

다시 말하면, 법인이란 자연인이 아니면서 법률상 권리·의무의 주체가 되는 것으로 인정하고 있다. 이는 사적가치로부터 단체가치가 도출되는 것인데, 단체에 대하여 이를 구성하는 자연인과 독립된 권리능력을 인정한다면, 이에 관하여 생기는 법률관계를 간편하게 처리할 수 있게 된다. 즉, 단체는 직접 법률행위를 할 수 있고, 단체에 의하여 취득한 권리와 의무는 그 구성원에게 귀속되었다가 단체에 귀속되는 것이 아니라 바로 단체의 것으로 된다.

현행법상 법인에는 일정한 목적과 조직 하에 결합한 사람의 단체인 사단법인과 재단법인이 있는데, 구체적으로 비교해 보면 다음과 같다.

첫째, 사단법인은 자연인을 구성요소로 하여 활동하는 인격 단체임에 반하여, 재단법인은 일정한 목적을 위하여 출연된 재산을 구성요소로 하여 활동하는 재산의 집단이다.

둘째, 사단법인은 구성원의 의사를 매개로 하는 총회에 의하여 활동함으로써 민주적인 반면에 재단법인은 설립자의 의사에 따라야 하므로 비민주적 성격을 지니고 있다.

셋째, 사단법인은 자율성과 융통성이 많기 때문에 사법인 특히 영리법인의 기구에 적합한 데 반하여 재단법인은 타율성과 목적의 항상성(恒常性)으로 인하여 공법인 또는 공공법인으로서 사회공익을 목적으로 하는 데 적응할 수 있는 실체를 갖춘다.

넷째, 사단법인은 사원총회라는 최고 의사결정기관이 있는데, 재단법인은 사원이 없으므로 의사결정을 이사회에서 한다. 사단법인과 재단법인이 이사 및 감사의 기관을 두는 것은 동일하다.

다섯째, 사단법인의 설립은 민법 제32조[1] 및 제39조[2]에 의하고 재단법인의 설

1) 민법 제32조 (비영리법인의 설립과 허가) 학술, 종교, 자선, 기예, 사교 기타 영리 아닌 사업을 목적으로 하는 사단 또는 재단은 주무관청의 허가를 얻어 이를 법인으로 할 수 있다.

2) 민법 제39조 (영리법인) ① 영리를 목적으로 하는 사단은 상사회사설립의 조건에 좇아 이를 법인으로 할 수 있다. ② 전항의 사단법인에는 모두 상사회사에 관한 규정을 준용한다.

립은 민법 제32조만을 근거로 한다.

여섯째, 사단법인의 해산은 존립시기의 도래나 해산사유가 발생할 때 또는 사원이 없게 되거나 총회의 결의로도 해산할 수 있다. 재단법인의 해산은 존립시기의 도래나 해산사유가 발생할 때 주무관청에서 취소하거나 이사회의 결의에 의하여 해산할 수 있다(민법 제77조[3], 제78조[4]).

2) 법인의 유형

법인의 성립을 인정하는 준거 법률은 민법 이외에도 상법, 공익법인의 설립 · 운영에 관한 법률, 사회복지사업법, 지방공기업법, 노동조합법 등 일반법과 특별법이 많이 있다. 따라서 법인의 종류도 다양하다.

법인의 종류는 구성요소, 법인의 목적, 준거법, 강제성, 공권력을 기준으로 <표 1-1>과 같이 나눌 수 있다.

첫째, 법인의 구성요소가 사람(사단)인가 재산(재단)인가에 따라 사단법인과 재단법인으로 구별된다.

둘째, 법인의 목적에 따라 영리법인(상법상의 회사)과 비영리법인(민법상의 법인)으로 구분된다.

셋째, 목적에 따라 준거법 · 강제성 · 공권력 등을 기준으로 하여 공법인(국가 · 지방자치단체 등)과 사법인(상법 · 민법상의 법인) 및 중간법인(공기업 등)으로 나눈다.

넷째, 우리나라에 본점 또는 주된 사무소가 있고, 우리나라 법률에 의하여 설립된 내국법인과 그렇지 않은 외국법인으로 분류한다.

---

3) 민법 제77조 (해산사유) ① 법인은 존립기간의 만료, 법인의 목적의 달성 또는 달성의 불능 기타 정관에 정한 해산사유의 발생, 파산 또는 설립허가의 취소로 해산한다. ② 사단법인은 사원이 없게 되거나 총회의 결의로도 해산한다.

4) 민법 제78조 (사단법인의 해산결의) 사단법인은 총사원 4분의 3 이상의 동의가 없으면 해산을 결의하지 못한다. 그러나 정관에 다른 규정이 있는 때에는 그 규정에 의한다.

〈표 1-1〉 법인의 분류

- 법인
  - 내국법인
    - 공법인
      - 국가, 지방자치단체, 공공사단법인
      - 공공단체, 국영기업체, 영조물법인
    - 사법인
      - 사단법인
        - ① 영리법인 : 민법 제39조 및 상법 제169조
        - ② 비영리법인 : 민법 제32조 및 각 단행법
        - ③ 공익법인 : 공익법인의 설립 · 운영에 관한 법률 제4조
        - ④ 특수법인 : 각종 특별법 제정 규정에 의함
        - ⑤ 조합법인 : 각종 조합법의 규정에 의함
        - ⑥ 비영리, 비공익사단 : 각종 친목단체, 회칙에 의함
      - 재단법인
        - ① 학교법인 : 사립학교법 제10조
        - ② 사회복지법인 : 사회복지사업법 제16조
        - ③ 의료법인 : 의료법 제48조
        - ④ 비영리법인 : 민법 제32조 및 각 단행법
        - ⑤ 공익법인 : 공익법인의 설립 · 운영에 관한 법률 제4조
        - ⑥ 특수법인 : 각종 특별법 제정규정에 의함
        - ⑦ 조합법인 : 각종 조합법의 규정에 의함
        - ⑧ 비영리, 비공익재단 : 각종 친목단체, 규정에 의함
  - 외국법인
    - 공법인
      - 대사, 공사, 영사관의 한국주재공관 등
    - 사법인
      - 회사, 상사 및 각종 법인의 한국지부 등
    - (공법인·사법인 공통) 자국이 승인한 자유우방국에 관하여 국제법 또는 조약 등에 의함

(1) 공법인과 사법인

공법인이란 사적가치의 원칙이 적용되지 않는 법인으로서, 특정의 공공목적을 수행하기 위하여 공법에 의하여 인정된 법인이다. 광의의 공법인에는 국가와 지방자치단체도 포함되지만, 일반적으로는 공공단체만을 공법인이라 한다.

사법인이란 사적가치의 원칙이 적용되는 법인으로서, 일반 사적 목적을 위하여 사법에 의하여 설립된 법인이다. 사법인에는 민법상의 사단법인과 재단법인 및 상법상의 회사가 대표적이다.

공법인과 사법인의 구별기준에 관해서는 많은 견해가 있는데, 첫째로 법인설립의 준거법을 기준으로 하여 공법에 의하여 설립되었으면 공법인, 사법에 의하여 설립되었으면 사법인이라는 견해, 둘째로 법인설립의 강제성 유무에 따라 강제적으로 설립되었으면 공법인, 임의적으로 설립되었으면 사법인이라는 견해, 셋째로 법인이 향유하는 권리를 표준으로 하여 공권일 때 공법인, 사권일 때 사법인이라

는 견해, 넷째로 법인설립의 목적을 기준으로 하여 공익 목적일 때 공법인, 사적 목적일 때 사법인이라는 견해, 다섯째로 법인의 업무의 특질을 표준으로 하여 그 업무가 국가의 사무 내지 통치 작용에 속할 때 공법인, 그 외일 때 사법인이라는 견해로 나누어져 있다.

이들 견해를 종합하여 김형수(2006)는 위의 의의와 같이 공익 목적의 수행을 위하여 공법을 준거법으로 하여 설립된 법인을 공법인, 사적 목적을 위하여 사법에 의해 설립된 법인을 사법인으로 보는 것이 타당하다고 보고 있다.

예를 들면, 국가, 지방자치단체, 영조물법인[5)]이 공법인이고, 민법과 상법 등에 의하여 설립되는 회사, 사단법인, 재단법인, 사회복지법인 등이 사법인에 해당된다.

(2) 영리법인과 비영리법인

영리법인이란 영리를 목적으로 하는 사단법인이다. 영리법인은 주로 구성원의 이익을 꾀하고 법인의 이익을 구성원 개인에게 분배하여 경제적 이익을 주는 것을 목적으로 하는 법인이다. 영리법인은 이익을 얻기 위하여 사업을 할 것인가 안 할 것인가가 중요한 것이 아니라 그 구성원(사원)의 경제적 목적을 위하여 사업을 하느냐 않느냐가 중요하다. 그러므로 구성원이 있는 사단법인만이 영리법인이며, 구성원이 없는 재단법인은 영리법인이 될 수 없다. 민법상 영리법인은 상법상의 회사이며, 교통 · 통신 · 보도 · 출판 등의 공공사업을 목적으로 하는 법인이라도 사원의 이익을 목적으로 하는 법인은 영리법인이다.

비영리법인이라 함은 학술 · 종교 · 자선 · 기예 · 사교 등의 기타 영리가 아닌 사업을 목적으로 하는 사단법인 또는 재단법인을 말한다(민법 제32조). 비영리법인이 영리사업도 함께 목적으로 하면 비영리법인이 아니라 영리법인이다. 그러나 영리사업이 비영리사업의 목적달성을 위한 부수적인 것일 때에는 여전히 비영리법인의 성격을 가진다. 민법상의 법인은 비영리법인이다. 비영리법인은 주로 민법에 의하여 규율되지만 공익법인의 설립 · 운영에 관한 법률과 사회복지사업법 등

5) 공적 재단법인(公的財團法人), 공재단(公財團) 또는 독립영조물이라고도 한다. 특별한 목적을 위하여 국가 및 지방공공단체 등 일반 행정조직과 분리시켜 독립채산제(獨立採算制)를 채용한 공공단체이다. 한국의 경우에는 한국조폐공사 · 한국은행 · 한국산업은행 · 대한석탄공사 · 대한주택공사 · 대한해운공사 · 한국도로공사 · 한국방송공사 등이 이에 속한다. 그러나 이들은 아직도 예산 등의 제약 때문에 행정기관으로부터 완전히 독립되지 못하고 있어 국가행정의 한 변형에 지나지 않는다고 말할 수 있다. 기존 영조물이 법인이 되거나 새 영조물법인을 설립하려면 반드시 법률의 근거가 있어야 한다. 영조물법인은 기업으로서의 영리보다는 공익적인 사업을 목적으로 하는 데에 특징이 있다.

특별법에 의하여 규율되는 비영리법인도 있다.

현행 민법 제32조는 법인을 영리법인과 비영리법인으로 규정하여 비영리를 목적으로 하는 단체도 법인이 될 수 있도록 규정하였다. 그러나 현행법 하에서 공익법인이 많이 있으므로 이러한 공익법인을 규율하기 위해서 「공익법인의 설립 · 운영에 관한 법률」(1975.12.31. 법률 제2814호)이 제정되었다. 또한 사회복지사업을 위한 비영리법인을 위하여 「사회복지사업법」(1970.1.1. 법률 제2191호)이 제정되었다. 이는 공익법인 · 사회복지법인이 특별법의 적용을 받기 때문에 민법의 규정 적용이 그만큼 제한되어 있다.

(3) 사단법인과 재단법인

사단법인은 일정한 목적을 위하여 결합된 사람의 단체이다. 사단법인에는 비영리사단법인과 영리사단법인이 있다. 사단법인은 사원총회의 단체의사에 의하여 자율적으로 의사를 결정하는 단체이다. 재단법인은 일정한 목적사업을 위해 기여된 재산의 단체이다. 민법상 재단법인은 비영리재단법인만 인정한다. 재단법인은 설립자의 의사에 구속되어 타율적으로 활동한다.

사단법인과 재단법인은 설립행위, 목적, 정관변경, 의사결정기관, 해산사유 등에서 차이가 있다. 법인으로서의 실체를 갖추고 있지만 법인격을 취득하지 못하고 있는 단체 또는 재산을 권리능력이 없는 사단 또는 권리능력이 없는 재단이라고 한다. 권리능력이 없는 사단은 宗中, 교회, 洞 · 理나 부락 등이며, 권리능력이 없는 재단은 법인격을 취득하지 못한 장학재단 · 종교재단 등이 이에 해당된다. 이런 경우는 사단 또는 재단으로서 실체를 가지고 활동하고 있지만 주무관청의 허가를 받지 못한 경우, 허가를 받았더라도 법인설립등기를 하지 않은 경우, 행정관청으로부터 감독, 기타의 법적 규제 받기를 원하지 않기 때문에 부득이 권리능력이 없는 사단 · 재단으로 머물러 있는 이유 등으로 발생하는 것이다.

(4) 내국법인과 외국법인

내국법인과 외국법인의 구별에 관하여 표준이 없는 상태이다. 외국법인의 권리능력에 관해서는 내 · 외국법인 평등주의가 비재하고 있다. 그러나 법률 또는 조약에 의하여 제한할 수 있다.

(5) 일반법인과 특수법인

① 일반법인과 특수법인의 구분

민법 제31조에 법인은 법률의 규정에 의함이 아니면 성립하지 못한다고 규정하고 있다. 따라서 법인을 설립하고자 할 때에는 그 성립근거가 되는 법률이 있어야 한다. 그런데 민법은 일정한 비영리목적을 가진 사단 또는 재단에 대해서는 주무관청의 허가를 얻어 법인이 될 수 있도록 함으로써(민법 제32조), 스스로 이러한 법인성립의 근거를 마련하고 있다. 또한 민법은 영리목적의 사단법인은 인정하고 있지만 영리목적의 재단법인은 인정하고 있지 않다. 이 영리목적의 사단법인은 상법의 상사회사의 규정에 의거하여 설립되고 있다. 일반적으로 민법상의 비영리사단법인과 재단법인, 민법상의 영리법인, 상법상의 영리법인을 일반법인이라고 한다. 즉, 민법과 상법에 의하여 설립된 법인을 일반법인이라 한다.

특수법인은 민 · 상법에 의하여 설립된 법인이 아니라 특별한 목적을 실현하기 위하여 특별법을 제정하여 실행하는 법인을 말한다. 예컨대, 사회복지사업이라는 특별한 목적을 수행하기 위하여 사회복지사업법에 의하여 설립된 법인은 특수법인이다.

② 법령상의 특수법인의 개념

우리나라의 현행 법률을 보면 특수법인이라는 표현이 여러 곳에서 나타난다. 그 중에서 특수법인의 사례를 직접 열거하고 있는 것과 개념을 정의한 것, 간접적으로 특수법인의 개념을 설명하고 있는 등 다양하다.

법률에서 직접 규정하고 있는 경우로 한국환경자원공사(한국환경자원공사법 제2조), 한국방송광고공사(한국방송광고공사법 제2조), 한국은행(한국은행법 제2조), 예금보험공사(예금자보호법 제4조)에 대하여 그 조문을 살펴보면, 정부가 법정 자본금을 출자하지 않는 무자본 특수법인이라고 정의하고 있다.

반면에 일정한 법정 자본금이 있는 특수법인의 형태로는 한국도로공사(한국도로공사법 제4조), 한국수자원공사(한국수자원공사법 제4조) 등의 법인도 있다.

개별 법령에서 특수법인의 개념을 정의하는 경우도 있는데, 이 경우 특수법인이라는 개념을 직접 정의하는 것이 아니라 상위법령 등에 규정된 공공단체 또는 공공기관의 범위를 설명하는 과정에서 간접적으로 특수법인을 설명하고 있다. 예를 들면, 한국장학재단 설립 등에 관한 법률 제16조(사업), 사회복지법인 재무 · 회계규칙 제30조 제1항 제6호 등에서 규정하고 있다.

위의 개념들을 종합해 보면, 특수법인은 민법과 상법이 아닌 개별적인 특별법에 의하여 직접 또는 개별 법률의 일부규정에 의하여 법인격을 부여 받아 설립된 법인을 말한다. 또한 특수법인 중에는 법률에서 법인격을 직접 부여하여 설치하는 경우도 있고, 한편 법률에는 특수법인의 설치 근거만 두고 정관의 작성, 구성원의 의사합치, 재원의 확보 등이 이루어진 후 주무부처에 등록함으로써 법인격이 주어지는 것으로 나눌 수 있다.

2 비영리법인의 개요

1) 비영리부문의 개념

비영리부문은 그 실체가 광범위하고 그 대상이 불분명할 뿐만 아니라 더 나아가 비교론적 시각에서 보면 나라마다 그리고 문화에 따라 그 범주나 명칭이 다양하다. 대부분의 국가에서 비영리영역에 대한 체계적인 기초자료가 없으며 비영리영역이 국가와 문화에 따라 다양한 기능을 수행하고 있기 때문에 비영리영역이라는 단일한 개념을 적용시킨다고 해도 실제로는 그 수행하는 기능과 역할이 다르다는 점은 여전히 큰 문제로 남는다. 또한 개념적 혼란에 더하여 광범위한 용어상의 혼란도 매우 심각하다.

비영리영역(Non-Profit Sector)이란 국가영역과 영리영역을 제외한 나머지의 모든 영역을 나타낸다고 볼 수 있다. 다시 말해, 비영리부문이란 정부부문이 아니면서도 시장부문과는 달리 영리를 목적으로 하지 않는 문화, 교육, 의료, 복지서비스, 종교, 시민사회운동 등의 활동분야를 가리키는 제3의 독립부문을 의미한다. 비영리부문은 자발성에 기초한 개인이나 조직이 영리를 추구하지 않고 공익적 기능을 수행하는 주체들의 사회적 공간인 것이다.

그러면 비영리부문은 구체적으로 무엇인가라는 문제를 해결하기 위해서는 비영리조직에 대한 정의가 먼저 필요한데, 비영리조직은 비용을 초과하는 수입잉여분, 즉 이익이 발생할 경우, 그 기관을 소유·통제 또는 관리하는 사람에게 발생한 이익을 분배하지 않는 점이 영리조직과 다르며, 이러한 광의의 정의로는 정부도 비영리영역에 포함될 수 있다. 그러나 정부와 같이 기부금을 강제로 거둘 수 있는 권한이 있으면 공공의 비영리기관이고, 그러한 권한이 없으면 민간의 비영리조직이라고 할 수 있다.

비영리조직은 일반적으로 민간의 비영리단체를 의미하며, 준공공재를 생산 또는 제공하는 기관을 말한다. 비영리부문은 이러한 기관들이 활동하는 사회경제적 공간을 의미하며 그 범위는 일반적으로 교회, 하교, 사립대학, 연구기관, 병원, 재단, 복지기관, 문화예술조직, 시민운동조직, 공동체적 개발기구, 공제조합 등을 포괄한다. 그러나 이러한 조직들에 대한 일관된 정의와 영역구분이 어려운 만큼 소극적 방법으로 이 부문을 개괄적으로 정의하는 것이 일반적이다. 즉, 비영리부문은 정부의 일부분도 아니고 영리사업을 위한 것도 아닌 일련의 조직들을 일컫는 것으로 규정한다. 이러한 개념 정의는 주로 비영리조직의 사명이나 목적이 국가 및 기업영역과는 다르다는 점을 강조하는 것으로 비영리부문은 바로 제3영역 또는 제3섹터(The Third Sector)를 의미한다. 제3섹터란 민간 비영리부문을 일컫는 또 다른 이름의 하나로 제1섹터인 정부부문, 제2섹터인 시장부문도 아닌 이 둘의 특징을 가진 것을 가리켜서 명명된 것이다. 즉, 시장의 경쟁성과 정부의 공익성이 혼재하는 특성을 나타내는 말이다.

일반적으로 사용되는 비영리영역에 대한 개념 정의의 유형을 살펴보면 다음과 같다.

(1) 법적 정의

비영리부문을 정의하는데 가장 현실적이고 직접적인 체계는 법령에 따르는 것이다. 즉, 비영리부문이란 법에 따라 조세감면을 받는 조직들을 지칭하는데 이러한 조직들은 이윤을 조직구성원에게 배분할 수 없으며 면세대상이 된다는 점이다. 비영리부문에 관한 법이 존재하면 법에 의한 해석은 어디까지가 비영리영역이고 무엇이 비영리부문이 아닌가를 정확하게 보여준다. 법적 정의는 매우 편리하고 개념의 엄밀성이 뛰어나다는 장점이 있으나 국가마다 면세대상이 다르기 때문에 비영리부문에 대한 비교론적인 연구가 불가능해진다. 영국 관습법에서의 자선의 개념은 그 의미와 활동 그리고 법적 지위 등에서 미국, 일본에서의 개념과 크게 다르다.

(2) 경제적 · 재정적 정의

비영리부문을 정의하는 두 번째 유형은 조직의 수입원에 따라 결정하는 방식이다. 이 접근방식은 UN의 국가회계체계(System of National Accounts, SNA)에 의해 채택되고 있다. SNA는 모든 경제활동을 비영리영역, 기업부문, 정부, 가계의 4개 부분으로 나눈다. 이와 같이 4가지 부분을 구별하는 기준은 각 부문을 지배하는 재정적 거래의 성격에 따른다. 정부는 국민의 세금으로 충당하는 비시장적 재화와 용역을 생산하며, 기업부문은 시장적 재화와 용역을 생산한다. 비영리부문은 그 조직의 절반 이상의 수입을 그 조직의 회원 및 후원자의 회비와 기부금으로 구성되는 것을 말한다. 즉, 비영리부문은 개인이나 가계로부터의 기여금으로 수입의 대부분을 충당하는 조직을 의미한다.

이 유형은 엄밀성이나 유용성에서 큰 이점이 있으며 UN의 국가회계체계에서 쓰이는 것과 같이 각 나라의 비영리영역의 규모와 범위를 파악하는 데 큰 도움이 되고 있다. 그러나 비영리부문의 조직이라고 생각되는 많은 조직들이 그들의 수입의 절반 이상을 정부예산, 회비, 수수료 등으로 받기 때문에 이 정의는 현실적으로 비영리부문을 지칭하는 데 한계가 있다. 대학, 병원, 예술기관, 사회서비스기관 등이 이러한 실정이다. 그러므로 이 정의에 따르면 비영리조직은 매우 제한적인 범위에 머무르게 되고 비영리부문은 사적인 기부단체로만 제한되는 결과를 가져온다.

(3) 기능적 정의

비영리부문을 정의하는 세 번째 유형은 조직이 수행하는 기능 또는 목적에 따라 분류하는 것이다. 즉, 비영리조직은 공공의 목표를 제공하는 민간조직으로 규정되는 만큼 소외되고 무시된 사람들을 돕고 정치적 권한을 시민들에게 부여할 뿐만 아니라 대변자적 역할을 수행하고 서비스 기능을 제공하는 조직들의 구성체를 의미한다. Michael O'Neill의 기능적 정의에 따르면 비영리조직이란 공적 목표,

즉 공공성에 관련된 명분을 가진 민간조직을 말한다.

기능적 정의의 유형은 좀 더 작은 집단의 이익 또는 관심분야에 초점을 두는 것이다. 이와 같은 개념 정의는 상호호혜 또는 연대를 강조한다. 이러한 특징으로 인해 조직이라는 용어보다 협회(Association)라는 용어를 주로 사용한다. 친목, 부조, 공통의 관심사를 가진 자발적인 모임이나 집단을 의미하게 된다. 기능적 정의는 비영리영역의 기능이 매우 광범위하고 그 대상이 불투명하기 때문에 기능에 따른 정의는 개념으로서의 경제성이나 유의미성이 다소 떨어질 수 있다.

(4) 구조적 · 운영상의 정의

이 유형은 조직의 목적 또는 그들의 수입원에 따르는 것이 아니라 조직의 기본적 구조와 운영상의 특성에 따르는 것이다. 비영리조직의 구조적 특징들은 사실 다양하다.

그러나 Salamon & Anheier에 따르면 비영리부문인 제3영역은 다음과 같은 5가지의 특징을 가진 조직들의 결합체라고 규정하고 있다. 첫째, 공식적으로 일정한 정도 제도화되어 있는 조직을 의미한다. 즉, 비영리조직은 제도적 실체를 가지고 있어야 한다. 둘째, 사적인 제도로서 정부와 분리되어 있다. 즉, 비영리조직은 근본적으로 기본적인 구조에서 사적인 민간기구이다. 셋째, 비영리 분배적(Non-Profit Distributing) 구조로 소유자나 대표자, 또는 회원에게 이익을 돌려주지 않는다. 비영리조직은 이윤을 내기 위해 존재하는 조직이 아니다. 넷째, 자치적(Self-Governing)인 비영리조직으로 그들의 활동을 스스로 통제한다. 비영리조직은 운영을 위한 자체적인 내적 과정이 있으며 외부의 실체에 의해 통제되거나 간섭을 받지 않는다. 다섯째, 자발적(Voluntary)인 참여에 의한 일정한 정도의 물적, 인적인 면에서 자발적 투입이 있어야 한다. 그러나 모든 비영리조직이 이러한 특성을 일정하게 갖는 것은 아니고 비영리영역 내의 모든 실체들이 이러한 특징을 똑같이 공유한다는 것도 아니다. 비영리영역의 실체들은 규모, 활동영역, 활동유형, 내부구조 등 여러 측면에서 크게 다르기 때문이다.

그러나 Salamon & Anheier의 구조적 운영상의 정의는 미국의 사회문화적 배경과 특성을 반영한 결과이기 때문에 다른 지역과 국가들에 적용될 때 적지 않은 문제가 발생할 수 있다. 왜냐하면 제3세계 국가들에서의 비영리조직은 미국만큼 공식적이지 못할 수 있으며 정부와도 후원의 관계를 가지고 있기 때문에 완전히 민간적인 그리고 자발적인 특성을 갖지 못하고 있다고 볼 수 있다.

2) 비영리부문의 분류

비영리부문은 비영리조직에 의해 구성되는 사회경제적 공간이다. 비영리부문을 분류한다는 것은 비영리조직을 구체적으로 체계화하여 쉽게 이해하기 위하여 필요한 작업이다. 바람직한 분류체계는 개념 정의와 마찬가지로 경제성, 유의미성, 명료성, 조합가능성, 설명력이 있어야 한다.

비영리부문의 분류에 앞서 비영리부문과 기업 및 정부부문과의 관계를 살펴보면, 비영리부문은 기업 및 정부부문과 상호 연관되어 있을 뿐만 아니라 서로에 의해 구성되고 서로를 구성하는 관계이기 때문이다.

비영리부문의 분류모델은 크게 2분 모델과 3분 모델, 4분 모델로 구분할 수 있다. 2분 모델은 국가와 그 나머지의 모든 것을 하나로 묶는 것을 의미하며, 3분 모델은 국가, 영리부문, 제3영역으로 구분하는 것이다. 4분 모델은 국가, 영리부문, 제3영역에 가계 또는 비공식영역(Household or Informal Sector : 제4영역)을 추가하였는데, 이런 제4영역에는 지역공동체, 친족집단, 간헐적 결사체 등을 포함한다. 일반적으로 국가영역, 시장영역, 비영리영역으로 3분하는 모델이 많이 적용된다. 비영리부문은 정부 및 기업부문과 다른 독특한 성격을 지닌 독립영역이기 때문에 3분 모델이 적절하다.

비영리부문은 문화, 예술, 교육, 보건, 사회복지, 시민운동 등 광범위한 서비스 분야에서 공익을 위해 활동한다. 이러한 비영리부문의 규모와 내적인 구성, 구조와 형태, 성격과 사회적 위치는 국가들마다 다양하고, 선진국들 사이에서도 상당한 차이가 발견되고 있다. 비영리부문을 하나의 개념으로 정의한다 하더라도 그 실체는 서로 다른 많은 요소들로 구성되어 있기 때문이다. 비영리부문은 구성의 다양성으로 인해 부문 간의 비교연구가 매우 어려울 뿐만 아니라 비영리부문을 하나의 전체로 이해하는 것도 매우 어렵다. 비영리부문의 구성요소에 따른 체계적인 묶음 없이는 비영리부문을 서술하기가 매우 어려워지기 때문에 바로 분류체계가 필요한 것이다. 분류체계는 비영리부문의 실체를 가장 잘 파악할 수 있어야 하며 국가 간 연구에서는 비교분석의 차원을 해결할 수 있어야 할 것이다.

한국의 비영리법인은 민법과 특별법에 따라 분류하는데, 민법상의 비영리 사단·재단법인과 특별법상의 사회복지사업법에 의한 사회복지법인, 사립학교법에 의한 학교법인, 공익법인의 설립·운영에 관한 법률의 비영리법인 등으로 분류된다.

3) 비영리부문에 관한 이론

(1) 이론의 특성

비영리부문은 최근에 와서 고유한 특성을 가진 별도의 중요한 사회영역으로 인식되고 있다. 이 영역은 그것 자체만의 특징적인 형태와 매우 다양한 실체들로 구성되어 있어 일정한 공통점을 가진 하나의 영역으로 이해하기는 어려움이 없지 않다.

비영리부문은 그 구조와 성과 측면에서 크게 변화하고 있으며, 공공정책에도 매우 중요한 역할과 영향을 보여주고 있다. 이에 따라 비영리부문의 특성을 이해하기 위한 많은 이론들이 제기되고 있다.

비영리부문에 대한 이론은 주로 그 존재이유, 기능, 역할에 관한 것이다. 교육, 사회적 서비스, 의료 등의 상대적 기능과 행위에 관한 연구가 시작되고 있다. 특히 이러한 분야는 대부분이 정부의 보조금을 받기 때문에 정책적 목적에 의해 이 부문에 대한 경제적, 사회복지적 이해가 필요하게 되었다.

비영리부문에 대한 경제적 이론은 비영리기관의 역할에 대한 이론과 비영리기관의 행위에 관한 이론으로 나누어 볼 수 있다. 첫째, 비영리조직의 역할에 관한 이론은 왜 비영리조직이 경제영역 내에 존재하는가, 비영리조직은 어떤 경제적 기능을 수행하는가, 특히 왜 어떤 비영리기관은 특정 분야에서는 발견되고 다른 분야에서는 발견되지 않는가, 비영리조직이 있는 분야 중에 영리기업과 정부기관과 비교하여 그들의 시장점유율이 분야에 따라 어떻게 다른가 하는 문제이다. 둘째, 비영리조직의 관리자와 운영자들의 동기는 무엇인가, 비영리기관의 행위 면에서 비영리조직은 영리, 정부조직과 어떻게 다른가, 비영리조직의 생산적 효율성은 영리조직, 정부기관과 어떻게 다른가, 그러한 차이들이 어떤 방식에서 비영리기구의 특수한 성격에 기인하는가 하는 문제에 집착한다.

주로 경제학이나 사회학적 경향을 갖는 연구들은 비영리기관을 종속변수로 보아 이들의 존재와 발전요인을 설명하는 데 중점을 두고 있다. 정치사회학적 경향을 갖는 연구들은 비영리조직을 독립변수로 보아 국가정책이나 사회에 미치는 영향을 설명한다.

(2) 시장실패 이론

시장실패 이론 또는 공공재 이론의 핵심은 공공재를 생산하는 데 시장은 근본적인 한계를 가지고 있다는 관점에서 출발한다. 시장실패 이론은 고전경제이론에서 상징하는 자유시장체계로는 공공재가 충족될 수 없다고 보고 있으며 이러한 공공재의 수요를 만족시켜 주는 정부의 존재를 정당화시켜 준다. 그러나 정부 이외에 비영리부문의 존재는 시장의 실패로 인해 공공재에 대한 불만족 수요를 충족시키는 기능을 한다. 그러므로 비영리조직은 공동체 전체가 아닌 공동체의 한 부분이 요구한 일련의 집합적 재화를 공급하기 위해 존재하는 것이다. 시장실패 설명은 시장에서 교환되는 정보가 불완전하고 제공된 서비스에 대한 소비자의 평가가 어려운 경우에 영리를 추구하는 공급자가 아닌 신뢰할만한 사적인 조직이 서비스를 제공하여야 한다는 주장이다.

그렇기 때문에 비영리기관이 공적 목적을 성취하기 위해 공공자원으로부터 지원을 받아야 한다고 주장한다. 그렇지 않을 경우 시장과 경쟁하게 되고 결과적으로 공익서비스를 제공하는 원래의 임무가 변질될 수 있는 것이다.

(3) 정부실패 이론

시장의 실패는 정부로 하여금 공공재의 생산과 공급을 담당하게 만든다. 그러나 민주주의 제도 하에서 특정한 공공재의 공급은 유권자 다수의 지지에 의해서만 정부가 실행할 수 있기 때문에 어느 공공재가 생산되어야 하는가에 관해서는 상당한 의견차이가 존재할 수 있다. 이러한 경우 다수의 지지를 유도하기가 어렵기 때문에 결과적으로 공공재에 대하여 불만족 수요가 많이 남게 된다.

이러한 정부실패는 인구구성에 이질적인 요소가 많이 존재하고 공공영역에서 생산해야 하는 재화와 용역에 관한 입장의 차이가 클 때 일어나기 쉽다. 이러한 상황에서 국가로부터 담보하지 못한 공공재를 비영리조직에서 찾게 된다. 정부실패 이론은 정부에 의해 제공되는 서비스는 모든 사람에게 보편적으로 동일하게 제공되어야 한다는 제약이 있으므로 개별적인 차별화가 불가능하고, 따라서 많은 사람들이 서비스에 불만을 가질 수 있다.

(4) 공급측면 이론

공급측면 이론은 시장 또는 국가로부터 담보하지 못한 재화와 용역에 대한 사회의 수요로 인해 비영리영역이 존재한다는 설명과는 반대로 비영리영역이 먼저 재화와 서비스를 생산, 공급함으로써 존재한다는 주장이다. 즉, 이 이론은 비영리영역이 그 스스로 존재 원인을 제공한다는 주장으로 공급이 수요에 선행한다는 것이다. 사회적(비시장적) 기업가들이 비영리조직을 만들어 만족되지 못한 잠재된 수요를 창출하여 충족시켜 주는 것이다.

자선적 성향을 가진 개인들이 지지자를 얻기 위해 비영리단체를 만들어 의료나 교육 분야에서 서비스를 제공하는 방식이 이것이다. 또한 경제발전으로 인해 여성의 사회참여가 많아지고 여가시간이 늘어나면서 자발적인 사회참여의 기회가 확대된 점과 기업들의 자선적인 재단설립이 증가한 것도 공급을 늘리는 원인이 되었다. 또한 조세감면이나 기여금의 조세공제조항 같은 정부보조가 비영리조직의 확대에 결정적인 역할을 한다고 보는 견해도 공급측면 이론에 해당된다.

(5) 계약실패 이론

계약실패 이론은 신용이론이라고도 불린다. 탁아, 노인시설과 같은 특정의 재화와 용역의 경우에는 서비스를 구매하는 사람과 그 재화나 용역을 소비하는 사람이 동일인이 아닌 경우가 많은데, 이런 상황에서는 구매자가 계약을 불신할 가능성이 크기 때문에 구매한 재화나 용역이 어느 정도의 질과 양을 가진다는 것을 구매자에게 확신시킬 필요가 있다. 이러한 경우 비영리적 형태, 또는 비영리성 자체가 재화나 용역의 품질을 보증할 수 있는 지표로 제공된다는 것이다. 이익을 추구하는 영리조직과 달리 비영리조직이 보다 더 공익적인 목적을 위해 사업활동을 할 가능성이 높으며 결과적으로 더욱 믿을 수 있을 것이기 때문이다.

이 이론은 이용료를 청구하는 비영리기관의 상업적 활동을 전제하고 있으며 비영리기관이 제공하는 비영리서비스에 대한 수요가 증가하는 현실을 잘 설명하고 있다. 그러나 이러한 사회적 인식, 즉 비영리기관에 대한 신용을 배반하게 되면 공익기관의 실패를 가져오게 된다.

(6) 복지국가 이론

경제발전에 따라 국가의 사회서비스(Social Services) 증가, 즉 국가복지서비스가 확대됨에 따라 비영리영역이 작아진다는 것이다. 그러므로 비영리영역은 한 국가의 복지서비스의 정도에 따라 상당부분 결정된다는 주장이다. 역사적으로 복지국가를 지향해 온 국가들은 그 만큼 공공부문이 확대되어 비영리영역이 축소되는 경향이 있다. 그러나 현대사회는 혼합복지(Welfare Mix), 민영화 등과 같이 복지국가의 성격이 변화되면서 복지국가는 오히려 비영리영역을 확대시키는 결과를 초래하고 있다.

(7) 상호의존 이론

비영리영역과 국가는 근원적으로 갈등 또는 경쟁관계가 아니라 갈등관계의 잠재성을 가지면서도 상호의존과 긴밀한 동반자의 관계로 발전할 수 있다는 주장이다. 그러므로 정부의 사회복지지출이 클수록 비영리영역이 커질 수 있다는 주장이 가능하다.

정부와 비영리기관의 파트너십이 매우 효과적이고 효율적이라고 주장하면서 비영리기관의 재정문제는 민간의 문제이기도 하지만 공공정책의 쟁점이 될 수 있다고 한다. 상호의존 이론은 각 영역의 경계가 희미해지고 중복되는 부분이 커져가는 현실을 반영하고 있다. 상호의존 이론은 정부의 지출이 줄면 비영리영역도 위축된다고 한다. 상호의존 이론은 정부뿐만 아니라 기업부문과 비영리부문 간에도 작용할 수 있다.

(8) 사회기원론

한 사회의 비영리영역이 그 사회의 역사적 발전의 유형에 의해 크게 제약된다.

주어진 사회의 비영리영역은 그 사회의 정부부문, 기업부문 그리고 비공식부문과의 역동적이고 지속적인 상호작용의 산물이며 동시에 복합적인 사회적, 역사적 세력들 간의 상호작용의 산물이다. 비영리조직들의 생성과 발달은 사회변동의 구조적 요구뿐만 아니라 역사 · 문화적 연속성이 동시에 복합적으로 작용하는 사회의 독특한 제도적 산물이다. 그러므로 한 사회의 비영리영역의 성격과 형태는 다양한 역사적 요인들에 의해 크게 결정된다고 볼 수 있다.

이상에서 비영리부문을 주로 종속변수로 간주하여 그 존재와 성장요인을 정치적, 경제적, 사회적, 문화적 배경에서 설명하는 것이다. 그러나 이러한 변화과정에서 이 부문의 성격은 어떻게 변화하였는지, 그 사회적 역할이나 영향은 무엇인지 하는 문제가 역시 중요한 의문으로 남는다. 따라서 비영리부문에 대한 포괄적인 설명은 기존의 이론적 설명을 연계시키면서 부문 자체의 변화와 그 영향을 파악할 수 있는 것이어야 할 것이다.

4) 주요 국가의 비영리법인 제도

외국에서는 주로 비영리법인 형태로 발전하여 왔으나 우리나라는 비영리법인의 형태에서 사회복지법인으로 발전되어 왔다. 외국에서 사회복지사업을 수행하기 위한 비영리법인의 발달과정을 미국, 일본, 영국, 독일, 프랑스를 중심으로 살펴보고자 한다.

(1) 미국

미국의 사회서비스는 비영리조직들에 의하여 주도되었다. 미국의 비영리조직들은 종교조직의 후원에 의하여 발달하였고, 사회경제적 변화와 더불어 하위부문별로 발달하였으며 그 법적 지위는 19세기 후반에 정립되었다. 교육, 의료, 문화, 사회서비스 등 하위부문에서 비영리조직들은 대개가 선도적 역할을 수행하면서, 당시에는 사회적 수요와 수혜자가 불분명한 영역에 대한 서비스를 주도하였다. 그 후 사회문제와 요구가 분명해지고, 사회적 접근의 필요성이 확산되면서 정부의 개입이 본격화되었다.

이런 측면에서 보면 미국의 비영리조직에 관한 설명은 소위 자발적 조직이 문제해결에 미흡할 경우에 정부조직의 역할이 증대된다는 자발적 실패에 관한 설명이 타당하게 보이지만, 1960년대 뉴딜정책으로 인하여 정부의 복지역할이 커지는 가운데 자발적 조직들도 폭발적으로 증가하였던 추세에 비추어 볼 때, 정부가 이들 조직을 전달체계로 활용하려는 의지도 중요한 변수이다. 비영리조직에는 정부보조에 크게 의존하는 의료나 사회적 서비스의 영역과 정부보조와는 무관한 종교조직이 서로 상이한 요인에 의해 확산되었다.

미국에서 조직의 분류는 보통 정부와 기업 또는 공부문과 사부문으로 분류하는데, 그 외에 조직구분으로서 '보이지 않는 부문'인 사적, 자발적 비영리 조직들의 집단이 시민사회의 주요한 기능을 담당하고 있다. 이들 조직은 교회, 학교, 사립대학, 연구기관, 병원, 재단, 복지기관, 예술문화조직, 지역공동체개발기구, 공제조합 등을 포함한다. 이런 비영리부문은 특정 서비스를 제공하거나 특수한 주의(주장)를 내세우기 위해 존재한다. 좀 더 적극적이며 특정적으로 규정한 것을 보면, 비영리부문은 공식적이며, 정부와는 독립적으로 자치적이고, 이윤을 그 구성원에게 배분하지 않는 자발적 조직들로 규정한다. 또 다른 보다 현실적인 개념 규정인 미국세법(International Revenue Code) 501(c)(3)과 501(c)(4)에 의해 조세감면을 받는 조직들을 비영리조직이라고 한다. 위의 양자의 공통된 특징은 이러한 조직들이 이윤을 조직구성원에 배분할 수 없으며 조세감면을 받는 점이다.

미국에서 비영리부문이 존재하고 확대된 이유를 다양하게 제시하고 있는데, 첫째, 비영리 자발적 조직은 시장실패와 정부실패에 대한 조직적 반응으로 간주할 수 있다. 아울러 경제발전으로 인해 여성의 사회참여가 많아지고 여가시간이 늘어나면서 자발적인 사회참여를 확대시켰을 뿐만 아니라, 기업들의 박애적 재단설립 역시 증가하였기 때문이다. 둘째, 집합적인 재화의 제공에 있어 자발적 비영리조직이 미국인이 선호하는 기구이며, 단지 이들 조직이 실패할 경우에만 정부의 역할을 기대한다고 설명한다. 셋째, 조세감면이나 기여금의 조세공제조항 같은 정부보조가 비영리부문의 확대에 결정적인 역할을 한다고 보는 견해도 있다. 1930년대 이전이나 이후에도 비영리조직들은 꾸준히 정부보조를 받아왔고, 특히 1960년대 이전이나 이후의 사회보장법의 개정을 통해서 비영리조직들이 사회복지서비스의 제공을 본격적으로 담당하게 됨으로써 이러한 조직들은 급속히 팽창하였다.

이러한 자발적 조직들은 개인의 사회적 소외를 막고 사회적 통합을 촉진하는 매체가 된다. 다시 말해서, 이러한 조직들이 정부에 영향을 미치는 구심점들이 되어 복지다원주의의 근간을 이룬다.

그러나 비영리조직들이 부정적인 역할을 한 경우도 있다. 1960년대 이후 복지서비스를 전달하는 데 비영리부문은 중요한 역할을 하기 시작하였고 막대한 정부보조가 있었다. 이런 과정에서 비영리조직들은 전문화되고 관료화되었을 뿐만 아니라, 1980년대 보수적인 레이건(Reagan) 행정부가 자발적 노력을 강조하면서 정부보조를 대폭 삭감하면서 시장지향적인 형태를 보이기 시작하였다. 한정된 재원을 둘러싼 경쟁과 효율성을 강조하는 태도 및 생존을 위해 수익사업에 열중함으로써 비영리부문의 존재의 정당성을 의심하게 된 것이다.

미국의 대표적인 초기의 비영리조직은 종교조직으로서 교육, 사회복지, 의료사업, 금주운동, 노예해방운동 등 다양한 선도적 역할을 수행하면서 비교적 빨리 법적으로 독립적 지위를 갖게 되었으나 다른 비영리조직들은 법적 지위를 확보하는 데 상당한 시간이 요구되었다.

(2) 일본

일본의 비영리부문에 관한 본격적인 논의는 다른 나라에 비해 늦게 시작되었는데 대부분의 학자들은 비영리부문이니, 비영리조직이니 하는 용어자체가 미국의 법제도, 조세제도를 배경으로 태어나 성장한 것이며, 일본에는 이와 같은 용어의 인식이 없으며 다만 비영리조직적인 활동이 있을 뿐이라는 인식이 지배적이다.

일본의 법이 정하는 비영리부문은 그 범위는 명확하지만, 일본의 시민법적인 법문화 전통을 반영하고 있어서 기능적인 비영리부문을 충분히 포괄하지 못하고 있고, 구조적인 정의의 요건을 충족시키지 못하는 조직들도 포괄하고 있다.

1998년 특정비영리활동촉진법이 제정됨으로써, 일본에서 비영리활동 및 비영리조직이라는 용어가 비로소 공식화되었다고 할 수 있다. 그러나 아직도 NPO(Not Profit Organization)나 NPS(Not Profit Sector)가 외래어 그대로 사용되는 경우가 많고, 특정비영리활동촉진법을 흔히 NPO라고 요약해서 부를 만큼, 외래개념으로서의 인상이 강하다. 학자들은 NPO란 이른바 NPO법의 규율을 받는 조직들보다는 훨씬 광범위한 개념이라고 인식하고 있다.

일본의 비영리부분에는 NPO와 특수법인이 존재하며, NPO 안에 재단법인, 사단법인, 학교법인, 사회복지법인, 소비생활협동조합 그리고 특정비영리법인이 포함되며 특정비영리활동 법인의 범주 안에 볼런티어단체, 볼런티어그룹, 자연조직 등이 포함되었다.

공식적으로 일본의 민간 비영리부문을 구성하는 핵심개념은 공익법인이다. 1896년에 제정된 민법이 국가가 아닌 민간의 공익활동을 규정한 이래 민법의 규정에 의한 공익법인 관련 조항에 의하여 민간비영리활동이 규율되어 왔다. 현행 민법 제33조는 민법 기타 법률규정에 의해서만 법인이 성립된다고 하는 법인법정주의를 명시하여 공익을 위한 재단법인, 사단법인 이외의 비영리목적의 단체에 대해서는 특별법이 없는 한 법인이 될 수 없게 되어 있다. 2차 세계대전 전에는 민법 규정으로 가능하였던 병원, 학교, 사회복지시설의 법인화가 2차 세계대전 후에는 각각의 독립된 특별법에 의해 가능해지게 되었다. 민법에 의한 공익법인 외에 사립학교법(1949), 사회복지사업법(1951), 종교법인법(1951)에 의한 사립학교법인, 사회복지법인, 종교법인 제도가 신설되어 민간 비영리활동에 대한 통제와 지원의 틀이 만들어졌다. 또한 1942년 세법의 법인에 대한 기부금의 손금산입인정한도제도가 규정된 이후 공익법인 활동에 대한 국가의 간접적인 규율과 장려가 세법을 통해서 이루어지고 있다.

일본의 비영리부문을 구성하는 법인 및 단체의 법체계는 기존의 민법 및 특별법에 의한 공익법인, 1998년 특정비영리활동법인, 법인격 없는 임의단체들로 구성된다. 일명 NPO법인, 특정비영리활동촉진법은 주무관청의 허가와 감독 없는 자율적인 시민공익활동을 법적으로 공식화함으로써 일본 비영리부문을 크게 확대시켰다. 이는 법체계상으로 보면 민법 제34조의 공익법인의 특별법이다. 그러나 특별법에 의한 법인의 활동범위가 일반법인 민법에 의한 공익법인의 그것보다 넓어서는 안 됨으로, 12개의 활동분야를 한정하고, 10인 이상의 회원, 임원 중 보수를 받는 사람이 임원총수의 3분의 1이하로 하여야 한다는 조건 등을 제시하고 있다.

일본의 비영리부문의 활동분야를 보면 1994년 총합연구개발기구에서 시민공익활동기반 정비에 관한 조사 연구에서 시도하고, 1997년 보완하였는데, 18개 활동분야를 대상자의 특정성과 불특정성, 지역성과 국제성의 두 축 위에 위치시키고 있다. 18개의 비영리부문의 활동분야 중 교육, 사회복지, 보건의료, 환경보전, 국제협력, 문화예술의 6개 분야가 중심 분야이다. 이 중 사회복지서비스란 넓은 의미로는 공적 부조, 사회보험, 공중위생, 의료 등을 포함하여, 좁은 의미로는 아동복지, 심신장애자복지, 노인복지 그 외의 사회복지와 노인보건을 말한다.

사회복지법인은 운영주체가 민간이라도 재원은 전면적으로 공적기관에 의존하고, 시설내용과 사업내용도 사회복지 관계 각 법에 거의 완전히 종속되어 있다.

일본은 노인보건을 포함한 노인복지관계에서 가장 많은 지출액을 차지하고 있으며, 이후 급속한 고령화에 따라 더욱 비중이 높아질 것이 확실하다. 노인보건사업은 대부분이 의료이며, 의료 이외의 사업으로는 건강교육, 건강 상담, 암 검사, 방문지도 등이 행해지고 있다. 노인보건시설은 의료법인과 사회복지법인에서 운영하고 있어 대부분이 민간시설에서 행해지고 있다.

(3) 영국

영국은 체계적인 비영리법인제도가 없으며, 근세에 전개된 영리법인과 상이한 목적과 기능을 갖고 국가권력에서 분리 독립하려는 시민적 성격을 가지며 한편으로는 근대적이고 합리적인 사업체계를 채택하려는 경향이 있다. 영국에서는 미국과 유사한 기능을 가진 제도로서 신탁제도가 있으며, 이 제도에 의해서 17 · 18세기에는 가족 승계적 부동산 처분을 완전히 이용할 수 있는 수단으로 되었다. 18세기 사회상황은 신탁제도의 발전에 유리하였다. 그런데 의회는 토지소유권이 법인 및 교회의 수중에 들어가는 것을 싫어했으며 대헌장(Magna Charta) 이후는 국왕의 특허 없이 교회 및 기타 법인이 토지의 부여를 받는 것을 금지하였다. 1860년의 자선법 제정 시까지 한시적으로 자선법인 및 자선신탁에 대한 원칙이 적용되었다.

영국의 종교법인의 연혁은 오래되었다. 14 · 15세기의 교회법은 법인관념을 갖고 있었다. 따라서 영국의 교회는 국교회, 자유교회를 불문하고 일반적으로 교회법상의 법인격을 갖고 있었다.

영국에서 사회복지사업의 대부분은 공공부조로서 국가와 지방공공단체에 의해서 행하여지고 있으며 일부분만이 사적 사업으로서 교회법인 및 자선 신탁제도에 의해서 행하여지고 있다. 영국에서 사적 사회복지사업의 연혁을 살펴보면 14세기 전반에 질병으로 다수의 사망자가 생겨 그 결과 노임은 폭등하였으며 정부는 지주의 요청에 따라 노동조례를 제정하여 일정 조건에 해당자는 법정임금에 의한 노동을 강제하고 주거를 지정 당하고 또한 걸식의 시여를 금지하였다. 16세기 전반 봉건제의 붕괴와 공장제 수공업의 이행에 따른 직업의 이동, 대륙으로부터의 은의 유입에 따른 가격등귀 등으로 부랑자가 격증하였다. 이 시기에 부랑자에 대한 영국최초의 구빈법이 제정되어 걸식이 금지되었다. 19세기에는 영국의 민주의 조직에 커다란 진전을 가져왔으며, 사적 사회복지사업단체에도 주목할 만한 커다란 변화를 가져오게 했다. 특히 19세기 후반에 있어서 결사의 자유가 발전의 기반을 제공하였는데, 결사의 자유는 노동조합, 교육단체 등을 조직하였고, 사적 단체로서는 페이비안협회, 사회주의 노동자 단체 등이 활동주체가 되었다. 이러한 운동은 20세기의 초반까지 계속되고 제2차 대전 후에 있어서의 사회복지사업 단체의 협동운동 및 교육, 사회, 산업적 분야에 기여하였다.

19세기는 국가의 발전과 사적 사회복지사업의 발전의 시대였고, 그것이 20세기의 보다 큰 발전의 교량역할을 하였다. 1906년 내지 1912년은 사회보장과 사회복지의 분야에 있어서 국가기능의 유례없는 진전을 보였으며, 1918년에는 모자복지법이 제정되었고, 국가발전과 함께 사적 사회복지사업 단체의 주목할 만한 발전이 있었다. 따라서 20세기는 민주국가로서의 국가 기능의 발전과 더불어 사적 사회복지조직은 계속적이고 변화 있는 발전을 이룩하였다.

영국에서는 비영리법인이 없고, 비영리법인과 유사한 자선법인이 있는데, 이 법인이 비영리사업을 하는 법인이다. 자선법인의 특색을 보면 첫째, 공익성과 비영리성을 들 수 있다. 영국에서 법은 공익의 관념을 추상적으로 설명하고 있는데 불과하다. 따라서 일반의 공익관념에는 비영리의 관념이 포함되어 있는 것으로 생각된다. 자선적 증여는 반대급부를 기대하지 않으며, 비영리단체의 비영리의 서비스분배도 수익자로부터의 반대급부를 실비 이상으로 기대하지 않는다. 둘째, 사법인성이다. 비영리법인으로 되기 위해서는 사법인이 아니면 안 된다. 영국에서 법은 공법과 사법의 구분을 하지 않으므로 사법인이라는 용어를 사용하지 않으나 사법인은 법인의 성질 등에 의해 구별된다. 예를 들면, 예술, 과학, 자선의 촉진을 목적으로 하는 비영리사단은 대부분이 제한주식회사의 형태를 취하고, 사회적 목적을 가진 사단은 보증책임회사의 형태를 취하고 있다. 어느 것도 등록에 의해 사적인 법인으로서의 지위를 취득한다.

(4) 독일

비영리사업을 하는 재단법인에 대한 중세 및 근세의 기초관념은 교회법에 근거하고 있으며, 계속적으로 영위되는 그 내용은 특별재산을 보유하고 특별한 목적을 띠고 운영되는 의사에 복종하는 인격자라고 한다. 사람들은 법인의 목적을 외부로부터 부여하지 않고 기부자 자신이 결정하려고 하였으며, 기부의 목적도 교회의 목적으로부터 분리해서 다양화하였는데, 박물관, 유원지, 학교 기타 공공적 문화시설 등이 있다. 재단법인의 목적은 원래 종교적 · 자선적이므로 대부분의 재단법인은 자선적 재단법인의 성질을 갖고 있었다. 근대에 와서는 비영리법인과 영리법인의 구별이 강조되었으나 이런 현상은 18세기 말까지 법인분야에서는 볼 수 없는 사례이다.

종교개혁 당시 개혁자들은 성직자가 기부재산을 차지하려는 폐단을 근절하기 위해서 기부재산의 독립화, 법인화를 꾀하여 재단법인 발전에 박차를 가하였다. 따라서 종교개혁 후의 재단법인은 교회에서 분리하였다. 교회의 임무가 한편으로는 자선교육과 같이 세속화되고, 한편으로 재단법인은 일반적인 민법의 구성부분으로 되어 교회재단법인은 특별한 경우에 한하여 인정되었다. 그러므로 재단법인은 수차례의 입법을 통해서 정비되고 오늘과 같은 재단법인의 실체가 되기에 이르렀다.

16세기 이후는 국가의 허가에 의해 재단법인을 설립하게 하였다. 이 경우 국가는 재산의 사용관리, 관리인의 임면 등의 방법의 결정을 기부자에 일임하고 다만, 법인격의 부여를 허가하는 데 불과했다. 17세기에는 국가가 법인설립을 간섭하고 국가목적에 모순되는 사회복지 재단법인의 설립을 불허하였다. 그러므로 사단 또는 재단의 권리능력은 국가의 특별한 부여에 근거하여 특허주의를 발전시킨 것이다.

19세기에 이르러 개인주의에 의한 국가개념의 발전에 따라서 설립에 관한 특허주의는 적어도 사단법인에 대해서는 타당성이 결여된다고 해서 준칙주의를 채택하게 되었다. 20세기에는 재단법인에 종교적 목적 이외의 특히 예술적 및 문학적 목적을 갖는 것이 나타났다.

사회복지사업에 대해서 살펴보면 민법상의 비경제적 사단법인 및 비경제적 재단법인이 사회복지사업을 수행하고 있다. 사업영역의 시행방법 및 형식은 상황에 따라 가능한 범위 내에서 자유롭고 구체적으로 결정된다. 독일에 있어서 사회복지사업은 공적 부조로 옮겨 가는 경향이 있다. 또한 사회복지사업의 주체는 국가 및 종교단체이다. 현재는 기독교회적 사회복지사업에 대하여 국가법질서가 관여하고 있다.

대표적인 복지국가 중의 하나인 독일도 사회복지서비스 공급에 있어서 정부와 민간 비영리기관의 협력이 매우 폭 넓게 존재하고 있고, 민간 비영리부문이 큰 역할을 담당하고 있다. 독일에서 사회복지서비스부문에 종사하는 비영리기관들이 많은 이유는 독일 사회정책의 근간이 되는 몇 가지 원칙 중의 하나인 보족성(Subsidiary)의 원칙이 뿌리 깊게 확립되어 있기 때문이다. 보족성의 원칙이란 개인의 개별적 욕구의 충족이나 사회문제의 해결은 개인에게 가장 가까운 사회단위인 가족, 교구, 지역사회, 자발적 조직에서 일차적으로 이루어져야 하고, 이러한 일차적인 단위들의 능력을 넘어설 때, 조금 더 큰 사회단위인 지방자치단체, 국가가 문제를 해결하도록 개입되어야 한다는 것이다. 보족성 원칙의 기원은 19세기 예수회와 기독교의 도덕적 철학으로 거슬러 올라가나 실제로 확연히 나타내고 있는 것은 교황 비오 11세의 1931년 '40년 회칙'이었다.

그 후 이 원칙은 독일 사회복지제도의 중앙집권화와 세속화에 반대하는 정치적 이데올로기로 성장하였다. 이와 같은 배경 하에서 1950년부터 1975년 사이에 독일 사회복지제도의 기저로서 보족성의 개념을 받아들이는 독립으로 공급하고 정부가 이에 대한 보조금을 지급하는 제도가 성립되었다.

결국 독일은 이상의 법률과 보조금제도를 통해서 사회복지서비스를 공급하는 데 있어서 나름의 독특한 국가와 비영리기관 간의 관계를 형성하였다. 즉, 국가는 일반적인 정책틀을 제공함으로써 사회복지에 대한 전반적인 책임성을 가지고 있으며, 이는 국가가 만든 일반적인 정책틀 내에서 실제로 서비스 제공과 서비스 수행에 대한 책임성은 자유복지협회의 기관들이 가지고 있고, 자유복지협회가 시민들이 필요로 하는 서비스를 적절히 제공하는 데 드는 비용에 대한 책임은 국가가 가지고 있다. 실제로 1994년에는 비영리 사회복지부문의 재정의 약 83%가 정부로부터 지원되었다. 그러나 중요한 점은 이렇듯 국가의 재정부담률이 높다고 하여도 서비스 제공 과정에서 협회와 협회에 속한 민간 비영리 사회복지기관들이 갖는 자율성은 상당히 보장되어 있고, 정부의 규제는 매우 약하다. 정부의 재정지원 책임성이 높게 설정되어 있음에도 불구하고 비영리조직의 자율성이 상당히 보장되어 있는 점이 독일이 일본과 다른 면이다. 또한 독일은 미국과 마찬가지로 비영리조직들을 사회복지서비스 공급자로 활용하여 왔지만, 미국과는 달리 비영리조직이 영리조직과의 경쟁을 통하여 정부로부터 보조금을 지원 받는 것이 아니라 보족성의 원칙에 근거한 법적 조항들로 인하여 비영리조직이 영리조직이나 공적조직과의 경쟁에서 법적으로 보호되고 있다.

(5) 프랑스

프랑스의 법인제도의 연혁을 보면 프랑스는 로마법 시대부터 국가와 약간의 공법상의 단체가 법인격을 갖고 있었으며 그 후 비영리단체에도 법인격이 부여되었다. 중세에는 교회에 법인격을 인정하였으나 법인제도가 현저하게 발전한 것은 근세의 일이다. 프랑스 혁명은 종교계급 등의 모든 차별을 철폐하고, 그것과 함께 종교적 조직인 모든 등족적 단체로서의 영향이 소멸한 것이다. 그러나 이 시대에는 이미 사단법인자유의 원칙이 성립되어 있었다. 그럼에도 불구하고 이미 성립되어 있는 단체의 재산을 몰수하기 위해 혁명가들은 정치적 또는 종교적 자유에 의해 그 단체의 법인격을 취소하였다. 따라서 사단법인의 자유가 존중되어 있었던 것은 아니다.

당시의 계몽사상적 자연법적 관념에 의하면 법인의 존립이 국가 · 사회에 불가결한 본질적인 것으로는 보지 않았다. 단체는 단체 자선을 위하여 존재하는 것이 아니고, 시민을 위하여 존재하는 것이다. 시민으로서 단체가 불필요하면 그 존립의 이유가 없어지는 것은 당연하다고 생각했다. 그러므로 1788년에 교회의 재산은 국가에 몰수되었고, 1791년에 법률(루샤프리에법)은 재단법인을 폐지하였다. 1792년에는 종교적 세속법인을 폐지하고, 1793년에는 국가로부터 특권이 부여된 아카데미문예협회를 탄압하고, 완전히 사회자유를 박탈했다. 20인 이상의 집단에는 허가를 필요로 했으며, 법인격은 정식절차에 의해서만 충분하게 주어지지는 않았고 법인은 행위능력이 제한되었다. 프랑스에서는 이 제도가 1884년까지 존속되었다.

그러나 그 후 자본주의의 발전은 사람들에게 새로운 욕망을 발생시켜 상사회사의 발전이 시작되었다. 1901년 법에 의한 사단자유의 원칙은 비영리 사단의 등록자유와 법인이 될 수 있는 충분한 권리를 부여하였다. 다만, 종교협회는 엄격한 제한에 복종하지 않으면 안 되었다. 그러나 20세기 후반에 사단은 벌써 정치권력에는 관계없이 영리를 추구하는 이익사회라고 생각하게 되었다.

사회복지법인의 연혁을 보면, 고대로부터 1790년경까지 정부, 교회, 사인(私人)이 구빈사업을 하고 있었다. 초기의 구빈사업은 사인이 설치한 자선병원, 고아원, 여행인공동숙박소 등으로부터 비롯되었다. 특히 교회는 각 지방의 도시에 은혜적 시설을 설치하여 경영하였다. 그 후 이들의 경영은 개인에서 자선적 종교단체를 거쳐 14세기경에는 구빈원을 정부의 지배에 두었다. 17세기 중엽에는 걸식진압제도가 제정되어 부랑자의 교정책이 강구되었다. 1789년 프랑스 혁명이 일어난 후에는 구빈사업은 헌법이나 인권선언을 통하여 국가의 중앙집권적인 중요정책으로 탈바꿈하였다. 그리고 나폴레옹 1세가 몰락한 후에는 구빈사업이 지방분권주의로 이행하여 각 도에 설치된 빈민수용소가 걸인을 수용하고 공사(公私)의 부조사업이 연합되기에 이르렀다 이와 같이 프랑스혁명시대에 지방에 설치되어 존속된 구빈사업소는 공법인으로서 빈민을 대표하며 기부를 받았다.

또한 1905년에 제정된 일부 의무구제법은 70세 이상의 무자력 노쇠자, 질병자, 불구자 등으로 한정하여 지방단체가 구제하는 것으로 하였다. 한편 사적 구빈사업체는 공적 구빈사업을 보완할 뿐이었다. 따라서 프랑스에서는 사회복지법인으로 호칭되는 비영리사업의 주체는 없다고 하겠다. 왜냐하면 아동, 노인, 불구자, 극빈자, 병자 등을 위한 사회복지사업은 종교적 비영리사단, 사단법인 또는 재단법인 등이 행할 수 있기 때문이다.

프랑스에서는 법인에 대해서 불신하고 있었기 때문에 비영리법인의 입법도 대단히 빈약하여 민법전에는 법인에 관한 규정이 없다. 그러므로 일반적인 비영리법인적인 입법으로는 비영리사단 계약에 관한 1901년 7월 1일 법이 있을 뿐이다. 학자들은 근래까지 비영리목적 법인은 사법 영역에 속하지 않고 공법인이라고 생각하였다. 그렇지만 현재에는 사적 비영리단체가 사실상 존재하고 있다. 그들의 대부분은 약간의 입법과 이론으로 법인격을 취득하고 있다. 법인은 목적 이외의 활동을 할 수 없도록 제한하고 있다. 그것이 목적사업을 보호하는 사명을 갖는다고 생각한다.

프랑스에서 비영리법인의 특성은 공익성과 비영리성, 사법인성을 들 수 있다. 첫째, 공익성과 비영리성이다. 프랑스에서 비영리법인은 종교, 교육, 자선, 학술 등을 목적으로 하는 사법인을 말한다. 비영리법인은 1901년 법에 의해 비영리사단의 공익성이 인정되어 법인격을 취득하게 되었다. 비영리라는 개념도 프랑스 입법에는 명확하게 규정하지 않고 있다. 1901년 법에 의하면 비영리사단의 사업이란 공보, 출판, 학술논문, 강연, 학교, 박물관, 구제 및 지방위원회의 조직 등에 관한 사업을 지칭한다. 비영리라는 개념도 사회통념에 따라서 해석하는 것이 좋을 것이다.

둘째, 사법인성이다. 프랑스에서 공법인과 사법인의 구별은 하고 있으나 그 적용에 있어서 공법과 사법과의 구별처럼 실제에 있어서 그 구별은 애매하다. 상사회사, 민사회사, 직업단체, 직업조합 및 비영리를 목적으로 하는 사적 단체 같은 것은 사법상의 시설이다. 그러므로 이들이 법인격을 갖게 될 때 사법인이다. 사법인인 비영리사단은 1901년 법 제1조에 따라 2인 또는 그 이상의 사람들이 공동으로 그들의 지식과 활동을 이익지배 이외의 목적을 위해 체결한 합의이다. 예컨대, 비영리사단은 학술, 예술, 협회, 의약협회, 자선시설, 공제연합회와 같이 적극적 공익목적은 없으며, 오직 사원을 위한 사단에도 이익지배의 목적을 갖지 않는 한 비영리의 승인에 의해 법인격을 취득한다. 또한 1905년 법에서는 국가와 교회와의 분리를 명백하게 하여 교회는 국가 공권력에서 분명히 독립하여 종교법인의 사법인성이 명시되었다.

5개 국가의 사회복지시설운영을 담당하는 비영리부문 주체의 경향성을 살펴보면 크게 2가지 특징으로 설명할 수 있다. 첫째, 일본은 사회복지법인에 의해 사회복지시설을 운영하지만 미국, 영국, 독일, 프랑스는 비영리부문에서 사회복지시설을 운영하고 있다. 둘째, 외국의 비영리부문에서 사회복지분야의 발전은 일본을 제외한 나머지의 국가는 종교기관을 통하여 발전되어 왔음을 발견할 수 있다.

3 사회복지법인의 개념

1) 사회복지법인의 의의

사회복지사업[6]을 시행하기 위해서는 우선적으로 사회복지법인을 설립해야 한

6) 사회복지사업법 제2조 (정의) 이 법에서 사용하는 용어의 정의는 다음과 같다.

다. 그리고 국가 또는 지방자치단체는 이용시설이나 생활시설이 필요한 경우 사회복지법인에 위탁하여 필요한 서비스를 그 지역사회에 제공할 수 있다. 따라서 사회복지서비스는 사회복지법인에서 직접 설립 운영하는 시설과 국가로부터 위탁받은 시설을 통해서 제공될 수 있는 것이다.

사회복지법인은 비영리 공익법인이며, 재단법인의 성격을 동시에 가지고 있으며 사회복지사업법 제2조에서 정한 사회복지사업[7]을 행할 목적으로 사회복지사업법 제16조[8]에 의거하여 설립된 법인을 말한다.

사회복지법인제도를 둔 목적은 사회복지사업에 관한 기본적 사항을 규정하여

---

1. "사회복지사업"이란 다음 각 목의 법률에 따른 보호 · 선도(善導) 또는 복지에 관한 사업과 사회복지상담, 노숙인 등 보호, 직업지원, 무료 숙박, 지역사회복지, 의료복지, 재가복지(在家福祉), 사회복지관 운영, 정신질환자 및 한센병력자의 사회복귀에 관한 사업 등 각종 복지사업과 이와 관련된 자원봉사활동 및 복지시설의 운영 또는 지원을 목적으로 하는 사업을 말한다.
   가. 「국민기초생활 보장법」
   나. 「아동복지법」
   다. 「노인복지법」
   라. 「장애인복지법」
   마. 「한부모가족지원법」
   바. 「영유아보육법」
   사. 「성매매방지 및 피해자보호 등에 관한 법률」
   아. 「정신보건법」
   자. 「성폭력방지 및 피해자보호 등에 관한 법률」
   차. 「입양특례법」
   카. 「일제하 일본군위안부 피해자에 대한 생활안정지원 및 기념사업 등에 관한 법률」
   타. 「사회복지공동모금회법」
   파. 「장애인 · 노인 · 임산부 등의 편의증진 보장에 관한 법률」
   하. 「가정폭력방지 및 피해자보호 등에 관한 법률」
   거. 「농어촌주민의 보건복지증진을 위한 특별법」
   너. 「식품기부 활성화에 관한 법률」
   더. 「의료급여법」
   러. 「기초노령연금법」
   머. 「긴급복지지원법」
   버. 「다문화가족지원법」
   서. 「장애인연금법」
   어. 「장애인활동 지원에 관한 법률」
   저. 「노숙인 등의 복지 및 자립지원에 관한 법률」
   처. 「보호관찰 등에 관한 법률」
   커. 「장애아동 복지지원법」
2. "지역사회복지"란 주민의 복지증진과 삶의 질 향상을 위하여 지역사회 차원에서 전개하는 사회복지를 말한다.
3. "사회복지법인"이란 사회복지사업을 할 목적으로 설립된 법인을 말한다.
4. "사회복지시설"이란 사회복지사업을 할 목적으로 설치된 시설을 말한다.
5. "사회복지관"이란 지역사회를 기반으로 일정한 시설과 전문인력을 갖추고 지역주민의 참여와 협력을 통하여 지역사회의 복지문제를 예방하고 해결하기 위하여 종합적인 복지서비스를 제공하는 시설을 말한다.
6. "사회복지서비스"란 국가 · 지방자치단체 및 민간부문의 도움을 필요로 하는 모든 국민에게 상담, 재활, 직업 소개 및 지도, 사회복지시설의 이용 등을 제공하여 정상적인 사회생활이 가능하도록 제도적으로 지원하는 것을 말한다.
7. "보건의료서비스"란 국민의 건강을 보호 · 증진하기 위하여 보건의료인이 하는 모든 활동을 말한다.

7) "사회복지사업"이라 함은 다음 각목의 법률에 의한 보호 · 선도 또는 복지에 관한 사업과 사회복지상담 · 부랑인 및 노숙인보호 · 직업보도 · 무료숙박 · 지역사회복지 · 의료복지 · 재가복지 · 사회복지관운영 · 정신질환자 및 한센병력자 사회복귀에 관한 사업 등 각종 복지사업과 이와 관련된 자원봉사활동 및 복지시설의 운영 또는 지원을 목적으로 하는 사업을 말한다.

8) 제16조(법인의 설립허가) ① 사회복지법인(이하 이 장에서 "법인"이라 한다)을 설립하려는 자는 대통령령으로 정하는 바에 따라 시 · 도지사의 허가를 받아야 한다. ② 제1항에 따라 설립된 법인은 주된 사무소의 소재지에서 설립등기를 하여야 한다.

사회복지를 필요로 하는 사람의 인간다운 생활을 할 권리를 보장하고 사회복지의 전문성을 높이며, 사회복지사업의 공정 · 투명 · 적정을 기하여 복지증진을 도모하기 위한 것이다.

사회복지법인과 다른 유사 단체와의 혼돈을 막기 위하여 사회복지사업법에 의해 설립된 법인이 아닌 자는 사회복지법인이라는 용어를 사용하지 못하도록 규정하고 있다(동법 제31조). 사회복지법인을 설립하고자 하는 자는 사회복지사업의 운영에 필요한 재산을 소유하여야 하고(동법 제23조), 시 · 도지사의 허가를 받도록 하였으며(동법 제16조, 제52조 제1항, 동시행령 제25조 제1호), 기본적인 사항에 대한 정관을 작성해야 하고, 법인의 목적 사업의 경비에 충당하기 위하여 설립목적에 지장이 없는 범위 내에서 수익사업을 할 수 있도록 하고 있다(동법 제28조). 또한 사회복지법인은 국가 또는 지방자치단체로부터 사회복지사업을 수행하는데 필요한 비용의 전부 또는 일부를 보조받을 수 있다(동법 제42조).

2) 사회복지법인의 필요성

사회복지사입에 대한 국민 요구의 증대와 함께 민간에 의한 사회복시사업의 중요성은 높아가고 있으며, 사회복지법인은 이러한 민간사회복지사업에서 주체적으로 중요한 사회적 기능과 역할을 수행하고 있다. 그러므로 실제적인 사회복지사업을 행하는데 있어서의 구체적인 준거틀을 제시하는 우리나라의 사회복지사업법은 사회복지법인제도를 도입하여 민간에 의해 행해지는 사회복지사업의 장점을 취함과 동시에 사회복지법인의 순수성과 공공성을 높이고 사회적 신뢰를 확보하도록 하고 있다.

과거에는 사회복지서비스가 공적 책임에 의하여 일원적으로 전개되어 왔지만 오늘날 복지욕구의 고도화와 다양화에 의해서 복지서비스의 공급방법과 재원조달이 다양하게 되었다.

역사적으로 볼 때 사회복지는 가족이나 지역사회에서 행하여진 상호부조의 사회화에서 나타났다. 그러다가 국가에 의하여 복지서비스가 실시되었으나 사회경제활동의 변화에 따른 사회복지욕구의 다양성은 국가에 의한 일원화된 서비스로는 충분한 서비스가 전달되지 못하여 서비스의 공급체계와 수준 등에 새로운 욕구가 점증하게 되면서 민간사회복지조직의 역할이 필요하게 되었다. 실제로 우리나라의 사회복지사업을 담당하고 있는 사회복지기관 및 시설의 대부분은 민간주도로 이루어지고 있음을 알 수 있다. 이와 같은 주도적인 역할로서 국가의 국민복지증진에 대한 공적 책임을 강조함과 동시에 순수성과 공공성을 높이고 사회적 신뢰를 확보하기 위하여 법인격을 갖춘 사회복지법인이 필요하게 되었다. 사회복지법인의 사회복지사업은 민법의 비영리사업과 구별되는 것으로 국가의 지원과 감독의 필요성이 제기됨에 따라 특별히 공익성을 강조하여 사회복지사업법이라는 특별법에 의하여 법인격을 부여받게 되었다.

3) 사회복지법인의 법적 위치

우리나라의 사회복지운영주체의 법인격을 나누어 살펴보면 첫째, 공적 사회복지 주체인 국가와 지방자치단체 및 공공단체는 공법인이면서 비영리법인의 성격을 가지고 있으며 둘째, 민간 사회복지주체로는 민법상 비영리법인이나 사회복지사업법상 사회복지법인이 있다. 사회복지법인을 법인설립에 관한 입법주의에 따라 분류하면 주무관청의 장이 허가하는 허가주의를 취하고 있다. 이는 1970년 이전에는 민법상의 비영리법인의 인간에 의하여 사회복지사업을 시행하였으나 1970년 이후에는 사회복지법인제도가 시행되면서 사회복지법인의 허가에 의하여 사회복지사업을 시행하게 되었고, 현재까지 허가주의를 취하고 있다.

사회복지법인을 법인 종류에 따라 분류하면 사회복지법인의 특성상 국가나 지방자치단체에 의해 설립된 법인이 아니라 민간에 의해 설립된 사법인이며, 영리를 목적으로 하지 않고 공익을 목적으로 하는 비영리공익법인이고, 재산의 출연에 의하여 설립된 법인이므로 재단법인의 성격을 동시에 지니고 있다. 그리고 사회복지법인은 국내의 법률에 의하여 설립된 내국법인이다. 또한 사회복지법인은 사회복지사업을 행할 목적으로 사회복지사업법에 의하여 설립된 법인이므로 특수법인에 해당된다.

민법에 의한 비영리법인과 사회복지사업법에 의한 사회복지법인과의 정의, 명칭, 법인의 성격, 법인의 종류, 정관, 설립허가, 법인의 기관, 임원의 임기, 감사, 공비조성, 수익사업, 해산, 합병의 차이를 분석하면 <표 1-2>와 같다.

〈표 1-2〉 민법에 의한 비영리법인과 사회복지사업법에 의한 사회복지법인의 비교

구분	민법에 의한 비영리법인	사회복지사업법에 의한 사회복지법인
정의	학술, 종교, 자선, 기예, 사교 기타 영리 아닌 사업을 목적으로 하는 사단 또는 재단(민법 제32조, 이하 동법이라 한다.)	사회복지사업을 행할 목적으로 설립된 법인(사회복지사업법 제2조 제3호, 이하 동법이라 한다.)
명칭	영리를 목적으로 하지 않는 공익법인으로 명칭에는 제한이 없음	사회복지법인 명칭사용(동법 제31조)
법인의 성격	비영리 공익법인으로 사업에 제한이 없음	비영리 공익법인으로 사회복지사업에 한정함
법인의 종류	사단법인 또는 재단법인(동법 제32조)	재산출연 의무가 있는 재단법인(동법 제23조)
정관	사단법인은 7항목(동법 제40조), 재단법인은 5항목 기재(동법 제43조)	11항목을 필수적으로 기재(동법 제17조)
설립허가	주무관청의 허가(동법 제32조)	시 · 도지사의 허가(동법 제16조, 동법시행령 제25조)
법인의 기관	이사, 감사, 사원총회(사단법인)	이사, 감사, 이사회로 구성, 이사는 5인 이상, 감사는 2인 이상이며, 이사회의 구성에 특별한 관계가 있는 자가 이사 현원의 5분의 1을 초과할 수 없다. 감사는 이사와 특별한 관계에 있는 자가 아니어야 한다(동법 제18조).
임원의 임기	별도 규정 없음	이사는 3년, 감사는 2년, 각각 연임가능
감사	임의 기관(동법 제66조)	필수기관(동법 제18조)
공비조성	별도 규정 없음	보조금 지원(동법 제42조, 동법 시행령 제20조)
수익사업	별도 규정 없음	목적사업의 경비충당을 위한 수익사업 인정(동법 제28조)
해산	해산인정, 잔여재산은 정관으로 지정한 자, 주무관청의 허가를 얻어 법인 목적에 유사한 목적에 처분 위 사항에 의하지 않는 경우 국고에 귀속, 합병은 해산사유로 인정하지 않음(동법 제77조, 제80조)	해산사유를 두지 않고 설립허가 취소, 잔여재산은 국가 또는 지방자치단체에 귀속, 합병은 해산사유가 된다(동법 제26조, 제27조, 제30조).
합병	별도 규정 없음	시 · 도지사의 허가를 받아 합병, 주사무소가 서로 다른 시 · 도에 있는 경우는 보건복지부장관의 허가를 받아 합병(동법 제30조, 동법 시행령 제25조 제1항 제10호)

4 우리나라 사회복지법인제도의 발달과정

정부와 민간부문 간의 변화 속에서 해방 후 우리나라 사회복지의 역사를 간략히 정리하면 다음과 같다.

첫째, 절대빈곤과 외원단계로서 이때에는 국가가 규제하는 민간지배모형이 중심이 되는 시기이다.

둘째, 경제성장과 외원의 철수단계로서 국가주의적 협조 대행자 모형이 중심이 되는 시기이다.

셋째, 사회개발과 사회복지제도의 정비 단계로서 민간복지부문의 확대와 복지주체의 다원화가 이루어졌던 시기이다.

넷째, 민주화의 진전과 비영리부문의 확대시기로서 탈시설화로 이용시설이 확대되고, 양극화에 대한 사회안전망이 구축되는 시기이다.

이와 같이 사회복지서비스 관련제도를 크게 4단계로 구분하여 정리해 보면 다음과 같다.

1) 절대빈곤과 외원단계 : 국가가 규제하는 민간지배모형

1945년 해방 이후부터 1961년 5 · 16까지 우리나라는 절대빈곤의 사회였다. 일제의 식민 상황과 6 · 25전쟁으로 전통적인 상부상조체계가 와해되어 두레, 향약 등의 근린조직들이 붕괴되었고, 사회경제적 혼란으로 공식적인 사회연대조직의 발달은 기대하기 어려운 상황이었다. 특히 한국전쟁은 400만 명의 피난민, 460만 명의 전쟁민이 발생하였으며, 정부는 이러한 규모의 응급구호와 임시구호요구에 대처할 능력이 없었다. 그럼에도 아동보육시설은 해방 전에는 96개이었던 것이 전쟁이 끝날 무렵인 1953년에는 440개, 1959년에는 645개소로 증가하였다. 1959년의 구호시설현황을 보면 총 645개의 시설 중 598개가 민간이 운영하는 시설이었다. 그 시설의 대부분이 재단법인이었고, 65개가 종교단체에 의하여 운영되었으며 42개가 국 · 공립으로 운영되었다. 이와 같은 민간구호시설의 증가는 외국으로부터 막대한 원조로 가능한 것이었다. 전쟁이후 많은 외원단체가 종교, 문화, 구호, 의료 등의 목적사업을 하기 위하여 한국에 들어 왔다. 이들 시설들의 가장 큰 관심사는 아동구호문제였다. 당시 보건사회부 예산 중에서 외국의 원조로부터 이전된 것이 있었으므로 실제로 외국의 원조에 전적으로 의존하고 있었다고 해도 과언이 아니다. 이 시기에는 구호에 있어서 공공부문은 재정이나 전달에 미미한 역할을 하였다.

그러나 민간부문의 공익성 확보라는 명분으로 엄격한 정부규제의 틀이 마련되어 있었다. 당시 정부는 구호를 위한 재정과 전달에서 역할을 하지 못했지만, 규제만을 하는 개입주의를 택하였다. 즉, 재정지원도 미미하고 직접 운영도 하지 않지만 누가 시설을 운영할 자격이 있는지를 결정하고 민간의 시설운영을 정부의 엄격한 지도감독 하에 두려 하였다. 이는 민간부문이 지배적이지만 그 민간부문이 자생적인 것이 아니라 국제적인 인도주의에 기초한 외원에 의존하는 민간부문이며 국가는 재정과 전달의 차원에서가 아니라 규제의 차원에서만 지배적이었다. 이 단체에서는 후생시설 설치기준령(1950), 후생시설 운영요령(1952)을 제정하여 모자시설이나 아동시설의 무분별한 난립을 막고, 생활시설을 비롯한 각종 구호시설에 대한 지도 · 감독의 기준을 정하여 시행하였다.

이와 같은 절대빈곤과 외원에 의존하던 시대에서는 외원과 생활시설 중심의 응급민간구호가 지배적이었지만, 그러나 이 시기에 이미 강력한 국가의 규제의 틀이 마련되었다.

2) 경제성장과 외원의 철수단계 : 국가주의적 협조 대행자 모형

이 단계는 경제성장과 외원의 철수시기로 1960년대 초에서 1980년대까지, 고도경제성장을 이룩한 개발시대로서, 절대빈곤의 극복이 국가 최우선의 목표이면서 정치적인 정당성의 확보를 위하여 선언적인 복지국가정책을 선언적으로 제시하고, 시설구호중심의 사회복지서비스분야에서 사회복지법인제도를 도입하여 특수한 공공-민간관계를 제도화하였다.

제3공화국이 출범되면서 수출주도형 경제성장과 복지국가 건설을 추진하였으며, 1962년 헌법 개정으로 생존권 조항을 강화하여, '모든 국민의 인간다운 생활을 할 권리(제30조 제1항)'과 '사회보장 증진에 노력해야 할 국가의 의무(제30조 제2항)를 명시하였다. 그리고 이 단계의 사회복지 관련법들은 공공부조와 관련된 생활보호법(1961), 군사원호보상법(1961), 재해구호법(1962), 국가유공자와 월남귀순용사특별법(1962)을 제정하였고, 사회복지서비스와 관련된 아동복리법(1961), 윤락행위등방지법(1961)을 제정하였으며, 사회보험에 관련하여 공무원연금법(1960), 선원보호법(1962), 군인연금법(1963), 산업재해보상보험법(1963), 의료보험법(1963), 기타 사회보장에 관한 법률(1963) 등 많은 사회복지관련 법들이 제정되었다.

1963년 제정된 '사회보장에 관한 법률'에서는 '정부는 사회보장 사업을 행함에 있어서 국민의 자립정신을 저해하지 않도록 하여야 한다(제3조 제2항).'라고 밝힘으로써, 사회보장에 대한 국가의 소득적인 입장을 분명히 하고 있었으나 시행은 되지 않았다. 당시의 사회보험제도들도 통치 전략적 가치가 높은 것들이었으며 기본적으로는 자조의 정신을 가능한 존중하는 모형, 국가의 재정지원을 최소화하는 국가책임최소주의의 모형을 택하게 된다.

국내에서 활동하는 외원단체에 대해서도 정부는 1963년 '외국 민간단체에 관한 법률'을 제정하여, 비영리 외국 민간구호단체로 하여금 매년 보건사회부에 연간활동보고서를 첨부하여 등록하게 하였다.

이렇게 생활보호법과 아동복리법이 제정되고, 윤락행위방지법에 이어 계속해서 노인복지법, 장애인복지법, 모자복지법 등 분야별로 법률체계의 정비가 요구되면서, 이들 사회복지서비스 관련법들의 기본법이라 할 수 있는 사회복지사업법의 필요성이 대두되었다. 사회복지사업의 기본이라 할 수 있는 사항들, 민간 사회복지사업의 공공성 확보 방안으로서의 사회복지법인제도, 사회복지사의 자격, 공공복지서비스 전달체계, 민간복지 지원방안, 공공복지와 민간복지 사업의 조정을 위한 사회복지협의회의 법정단체화 등에 관하여 명문화된 규정이 요구되었다. 이러한 내용을 담은 사회복지사업법이 1970년 제정을 하게 되었다.

이 법은 사회복지사업의 책임이 1차적으로 국가와 지방자치단계에 있음을 명백히 하고, 민간이 경영하는 사회복지사업의 공공성과 공정성을 확보하기 위하여 사회복지법인제도를 설치함으로써, 한국 사회복지서비스 전달체계의 독특한 민·관 관계를 제도화하였다. 사회복지법인은 사회복지사업을 행할 목적으로, 사회복지사업법에 의거하여 설립된 특별법인의 성격을 갖는다.

사회복지사업법에 의한 복지조치는 행정행위로서 보건사회부장관이나 지방자치단체장이 보호가 필요하다고 인정하는 경우 민간사회복지법인에게 서비스를 위탁할 수 있게 하고 사회복지법인 시설의 장은 정당한 사유 없이 이를 거부할 수 없게 되었다. 1976년 이후로 외원기관이 철수하게 되자 그동안 재정의 거의 대부분을 외원기관에 의존해 온 후생복지시설 프로그램에 큰 타격이 되었으며, 이에 대한 정부의 대응은 특히 아동보호 분야에서 탈시설화 정책을 추진하는 것과 시설에 대한 생계보호수준을 현실화하는 것이었다.

1975년과 1980년 사이에 사회복지서비스 예산이 획기적으로 증가하였음을 보여주고 있는데 의료보험제도의 전면 실시로 사회보험부분의 지출이 크게 늘었고, 외원기관의 철수가 공공부조와 사회복지서비스 두 부분에서 지출증가를 가져왔다. 그러나 국가 예산의 증액에는 한계가 있었으므로 외원기관에 대신할 방법으로 불우아동 결연사업을 전개하고, 성장한 고아의 직장 알선 사업을 추진하고, 국내입양을 적극 추진하였다. 이와 같이 외원기관의 철수는 종래의 시설 중심의 한국 사회복지서비스를 탈시설화하고 서비스를 다원화하는 계기가 되었다.

1970년대 후반부터 외원에 의존하지 않고 국내자원에 의한 사회복지서비스의 정체성이 서서히 형성되기 시작했다고 볼 수 있다. 국가도 공적 부조의 사회복지서비스 지출을 늘리기 시작하여 민간복지서비스 시설과 기관을 지원하기 시작하였다. 사회복지법인제도는 국가가 기본적인 복지의무를 수행하는 데 이용할 수 있는 민간자원으로서 적극 활용되었고, 재원이 부족한 기존의 민간복지시설들은 정부의 의존에서 벗어나기 어려웠다. Salamon & Anheier는 낮은 공공복지를 유지하려는 국가, 그리고 낮은 수준에서 국가부문과 민간부문이 함께 증대되는 모형을 국가주의체제라 불렀다. 그러한 국가주의체제하에서 사회복지법인들은 공공부문의 대행자로서 위치하게 되며, 1970년대 말까지 사회복지법인들은 협조적 대행자 모형으로 접근해 갔다.

3) 사회개발과 사회복지제도의 정비 : 민간복지부문의 확대와 다원화

이 단계는 1980년대 초부터 1980년 말까지로서, 일단 절대빈곤의 문제는 해결되었으나, 성장중심 정책이 낳은 다양한 사회적 왜곡들이 사회문제로 표출되기 시작하여, 균형개발과 사회개발에 눈을 돌리기 시작한다. 사회복지서비스 영역에서도 잔여적 개념으로부터 탈피하여 보편주의적 개념으로서의 전환이 보이기 시작하지만, 정치적인 민주화가 시민활동에 활력을 불어 넣어 NPO(Non-Profit Organization)의 확대, 사회복지의 다원주의, 최소한의 국가책임주의, 보다 적극적인 민간복지가 강조되고 있는 시대라 할 수 있다.

1981년 전두환 정부는 복지사회 건설을 4대 국정지표 중 하나로 내세웠다. 이전 정부까지 고속 성장을 가능하게 했던 선성장 후분배 논리는 1970년대 말부터 점증하는 사회적 도전에 직면하게 되었다. 경제수준의 향상으로 분배와 경제정의를 요구하는 목소리가 커지게 되었고, 계층 간 · 집단 간의 노사분규 등이 심화되었으며 불균형 성장전략이 가져온 지역 간 · 부문 간 격차와 불균형이 심화되었다. 이러한 국민의 욕구와 불만을 해결하기 위하여 사회개발과 형평의 증진을 도모하는 정책 전환의 필요성이 제기되었다. 사회복지서비스 분야에서도 복잡한 산업사회의 요구에 발맞추어 서비스의 세분화와 다양화, 탈시설화 보편주의가 이루어졌고, 전반적인 민주화의 요소들이 사회복지서비스 분야에서 영향을 미치기 시작하였다.

1970년 선진 복지국가들 사이에 복지국가위기론이 대두되면서 전두환 정부 후기에는 한국형 복지모형이 등장하였다. 한국형 복지모형은 국가개입을 가능한 한 최소화하고, 가족의 기능을 강화하고, 요보호자 자신의 재활을 강조하며, 자원봉사의 참여를 장려하는 것이었다.

제5공화국(1980.10.27) 헌법 제34조 제2항에서는 '국가는 사회보장의 증진에 노력하여야 한다.'를 '국가는 사회보장, 사회복지의 증진에 노력할 의무를 진다.'로 개정하였다. 이와 같은 헌법 개정은 후속 법률의 개정과 제정을 요구하였으며 1980년대를 통해서 사회복지관련 대량입법시기를 맞게 된다. 예컨대, 사회복지사업기금법 제정(1980), 노인복지법과 심신장애자복지법의 제정(1981), 아동복지법의 전면개정(1981), 유아교육진흥법 제정(1982), 사회복지사업법 개정(1983), 모자보건법 제정(1986), 국민연금법 제정(1986), 생활보호법 제정(1983), 의료보험법 개정(1988) 등이 이루어졌다.

그러나 1980년대 사회복지제도 발전의 특징은 사회복지서비스 분야의 법률정비 작업이라 할 수 있다. 헌법이 명시한 국가의 사회복지 증진책임은 종래의 사회복지서비스에 대한 잔여적이고 제한적인 개념에서 보편적인 개념으로 변화되는 계기가 되었다. 특히 6공화국 출범 이후 이용시설인 사회복지관 사업이 확대되었으며, 사회복지관 내에 재가복지봉사센터를 두어 지역복지를 강화하였다. 이외에 1983년에는 생활보호법이 개정되어 자활보호가 대폭 강화되었고, 1987년부터는 행정기관에 공공복지서비스를 전담하는 사회복지전담공무원을 배치하였다.

1980년 이후 한국에서 사회복지서비스는 법적인 정비는 물론, 서비스 대상범위의 확대와 내용의 다양화, 특히 이용시설의 확충을 이루어 왔다고 볼 수 있다. 운영주체도 생활시설은 국가나 지방자치단체 아니면 사회복지법인이어야 하지만, 사회복지관이나 재가복지센터 운영, 영유아보육사업에는 사회복지법인 외에 비영리법인인 사단 · 재단법인, 종교단체, 시민단체나 특정한 개인까지도 참여하고 있다.

우리사회의 전반적인 민주화와 복지서비스 수요의 다양화 경향, 국가에 의한 보호수준의 합리화 조치와 함께, 국가와 사회복지서비스 시설이나 기관 간의 지배 종속관계는 변화가 기대되며 전반적으로는 국가주의적인 특성이 약화되고 시민사회부문이 성장하였다.

4) 민주화의 진전과 비영부문의 확대시기 : 탈시설화로 이용시설 확대와 사회안전망 구축

이 단계는 민주화의 진전과 비영리부문의 확대시기로 1980년 말부터 현재까지이다. 노태우 정부시기에는 민주화가 진전되고, 경제와 사회의 균형발전을 추구하였다. 재가복지를 중시하여 재가복지봉사센터를 지역복지로 강화하였다. 탈시설화 경향으로 이용시설인 사회복지 사업이 확대되었다.

김영삼 정부시기에는 생활유지능력이 없는 사람은 국가의 책임으로 최저생활이 보장되도록 향상시키고, 근로능력이 있는 사람은 자립지원시책을 통하여 자립하도록 하였다. 또한 유료복지서비스를 도입하였다. 사회복지법인이 운영하는 생활시설의 추이를 보면 아동시설은 줄고, 노인과 장애인복지시설은 증가하는 추세를 보이고 있다. 이 시기는 모자복지법 제정(1989), 장애인고용촉진 등에 관한 법률 제정(1989), 장애인복지법 개칭(1989), 영유아보육법 제정(1991), 사회복지사업법 개정(1991), 정신보건법 제정(1995), 보호관찰 등에 관한 법률 제정(1995), 사회보장기본법 제정(1995), 청소년보호법 제정(1997), 장애인 · 노인 · 임산부 등의 편의증진보장에 관한 법률 제정(1997), 가정폭력방비 및 피해자 보호 등에 관한 법률 제정(1997) 등이 이루어졌다.

김대중 정부시기는 1997년 말부터 IMF체제에 들어감에 따라 1998년 실업자가

16만 명, 실업률이 7%를 상회하는 등 위기를 맞았다. 이러한 상황에 김대중 정부는 1999년부터 2003년까지 사회보장발전계획을 수립하고, 공공근로와 인턴제를 실시하였으며, 벤처기업을 육성하였다. 경제위기를 해결하기 위하여 1차 안전망인 4대 사회보험과 2차 안전망인 공공부조, 3차 안전망 긴급구호로 구성된 사회안전망을 갖춘 복지국가 건설을 주창하였다. 취약계층의 증가로 빈부격차가 확대되었으며, 2000년에는 65세 이상의 노인인구의 비율이 7%를 넘어서는 고령화사회로 진입하였으며, 핵가족화가 가속되고, 단독가구가 늘어나고, 이혼율이 증가하였으며, 지방자치제의 실시로 주민들의 사회복지정책 참여 욕구가 증가하였다. 이에 대한 전 국민에 대한 사회보험 적용, 사회보험의 통합운영을 통한 효율적 관리체계 구축, 기초생활보장수급권자의 확대와 전 국민기초생활보장, 가족복지와 지역복지의 강화, 취약계층의 소득 및 의료보장 강화, 예방 및 재활중심의 복지서비스 확충을 위해 사회복지공동모금회법(1998), 국민건강보험법(1999), 국민기초생활보장법(1999), 장애인고용촉진 및 직업재활법(2000), 의료급여법(2001) 등을 제정하고 모·부자복지법 개칭(2002)하여 궁극적으로는 성장과 복지의 조화를 통한 균형적 복지국가를 지향하고 있다.

노무현 정부는 지방분권화를 추진하고 국민 참여에 바탕을 둔 복지를 강조하였다. 이 시기의 사회복지 관련법은 사회복지사업법 개정(2003), 청소년복지지원법 제정(2003), 청소년활동진흥법 제정(2003), 건강가정지원법 제정(2004), 성매매방지 및 피해자보호 등에 관한법률 제정(2004), 교통약자의 이동편의 증진법 제정(2005), 저출산·고령사회기본법 제정(2005), 노인복지법 개정(2005), 사회보장기본법 개정(2005), 식품기부활성화에 관한 법률(2006), 노인장기요양보험법(2007) 등이 이루어졌다.

이명박 정부는 '능동적 복지'이다. 새 정부가 지향하는 사회복지정책은 크게 두 가지 의미로 생각해 볼 수 있다. 첫째로 능동적 복지란 시장기능에 복지 개념을 도입한 것으로 수혜자들이 기다리지 않도록 적극적으로 찾아가서 서비스를 제공하는 것을 의미한다. 모든 복지 시스템에 원 스톱 복지전달체계를 구축하여, 태아에서 노후까지 맞춤형 복지를 제공한다는 뜻이다. 또한 여기에는 시혜적이고 사후적인 복지투자를 벗어나 예방적으로 소외계층의 출현을 막겠다는 내용도 포함하고 있다. 둘째로 능동적 복지는 시장 친화적인 복지정책이다. 경제성장을 통해 일차적으로 복지수요를 채우고, 경제성장을 통해 확보된 재원으로 복지욕구를 충족시켜 나가겠다는 것이다.

5 사회복지법인의 설립

1) 사회복지법인의 설립신청

사회복지법인의 설립허가를 신청할 때의 구비서류는 사회복지법인설립허가신청서<별지 1-1>과 설립취지서 1부, 정관 1부, 재산출연증서 1부, 재산의 소유를 증명할 수 있는 서류(보건복지부장관이 「전자정부법」 제36조 제1항에 따른 행정정보의 공동이용을 통하여 소유권에 대한 정보를 확인할 수 있는 경우에는 그 확인으로 첨부서류를 갈음한다) 각 1부, 재산의 평가조서(「부동산 가격공시 및 감정평가에 관한 법률」에 따른 감정평가업자의 감정평가서를 첨부하되, 개별공시지가 확인서로 첨부서류에 대한 정보를 확인할 수 있는 경우에는 그 확인으로 첨부서류를 갈음한다) 1부, 재산의 수익조서(수익용 기본재산을 갖춘 경우에 한하며, 공인된 감정평가기관의 수익증명 또는 수익을 증명할 수 있는 기관의 증빙서류를 첨부하여야 한다) 1부, 임원의 취임승낙서 및 이력서 각 1부, 임원 상호간의 관계에 있어 법 제18조 제2항의 규정에 저촉되지 아니함을 입증하는 각서 1부, 설립 해당 연도 및 다음 연도의 사업계획서 및 예산서 각 1부이다.

(1) 설립취지서

설립취지서<별지 1-2>에는 법인설립 취지를 6하 원칙에 의해 기재하고 반드시 발기인 총회 회의록<별지 1-3>을 첨부하며, 회의록에는 재산출연사항, 임원선출, 정관의 심의의결, 사업계획 및 수지예산 등에 관한 의결사항이 포함되어야 하고, 발기인 전원 기명날인하여야 한다. 그리고 설립 발기인명단<별지 1-4>의 직위, 성명, 주민등록번호, 주소 및 약력 등을 간략하게 기재한 명단을 첨부한다.

(2) 정관

정관<별지 1-5>은 관계법규에 어긋남이 없도록 하고 발기인 전원 기명날인해야 하며, 법인의 정관에는 목적, 명칭, 사무소의 소재지, 사업의 종류, 자산 및 회계에 관한 사항, 임원에 관한 사항, 회의에 관한 사항, 수익을 목적으로 하는 사업에 관한 사항, 정관의 변경에 관한 사항과 존립 시기나 해산사유를 정하는 때에는 그 시기와 사유 및 잔여재산의 처리방법 등을 기재하여야 한다. 그리고 법인 설립 당시의 기본재산목록<별지 1-6>, 임원명단<별지 1-7>, 법인이 사용할 인장<별지 1-8>을 첨부하여야 한다.

(3) 재산출연증서

재산출연증서<별지 1-9>는 출연재산의 구체적 내용을 기재(소재지, 지목, 지적, 평가가액 등), 출연인의 인적사항, 출연일자 기재 후에 인감날인, 주식, 예금 등의 출연행위에 대하여는 공증인의 공증을 받도록 한다.

그 재산에 제한물권(지상권, 근저당권, 가등기 등)이 설정되어 있거나, 가압류 · 가처분 등이 되어 있어 법인이 채무를 부담하거나 재산권행사가 제한되어서는 안 된다.

(4) 재산의 소유를 증명할 수 있는 서류

부동산 등기부등본, 주식의 주주명부 사본, 현금의 경우 예금잔고증명, 유가증권의 사본, 각종 무체재산권의 등록필증 사본 등을 첨부한다.

(5) 재산의 평가조서

재산은 기본재산과 보통재산으로 구분하고, 기본재산은 목적사업용과 수익사업용으로 구분하여 평가가액을 일목요연하게 파악할 수 있도록 작성하고, 부동산은 「부동산 가격공시 및 감정평가에 관한 법률」에 따른 감정평가업자의 감정평가서를 첨부하되, 개별공시지가 확인서로 첨부서류에 대한 정보를 확인할 수 있는 경우에는 그 확인으로 첨부서류를 갈음하며, 예금 등은 그 현재액을 증명할 수 있는 잔고증명서 기타 각종 재산을 평가할 수 있는 증빙서류를 첨부한다.

(6) 재산의 수익조서

수익용 기본재산의 수익을 파악할 수 있도록 작성하고 수익산출 근거를 명시하고, 수익을 증명할 수 있는 기관의 발행증빙서류를 첨부한다. 수익확인서, 배당이익증명서, 이자수익확인서, 납세필증 등이다.

(7) 임원에 관한 사항

법인에는 이사 5인 이상(대표이사를 포함)과 2인 이상의 감사를 두어야 하며, 그에 따른 임원의 취임승낙서<별지 1-10>, 임원의 이력서<별지 1-11>, 특수 관계 부존재 각서<별지 1-12>를 첨부한다. 그리고 특별한 관계에 있는 자[9]는 이사 현원의 5분의 1을 초과하지 못하도록 하고 있다. 이사의 임기는 3년으로 하고 감사의 임기는 2년으로 하되, 각각 연임할 수 있다. 외국인인 이사는 이사현원의 2분의 1 미만이어야 한다.

법인은 임원을 임면하는 경우에는 보건복지부령이 정하는 바에 의하여 지체 없이 이를 보건복지부장관에게 보고하여야 한다<별지 1-13>. 감사는 이사와 제2항의 규정에 의한 특별한 관계에 있는 자가 아니어야 하며, 그 중 1인은 대통령령이 정하는 바에 의하여 법률과 회계에 관한 지식과 경험이 있는 자 중에서 보건복지부장관이 추천할 수 있다.

(8) 사업계획서 및 예산서

설립 당해년도 및 다음 연도의 사업계획서 및 예산서를 작성하고, 그 사업계획서는 6하 원칙에 의하여 사업의 구체적 내용을 기재, 예산서는 세입 · 세출 항목을 구분하여 작성하고, 항목별 산출 근거를 명시한다.

---

9) 사회복지사업법 제18조 제2항에서 "대통령령이 정하는 특별한 관계에 있는 자"라 함은 다음 각호의 자를 말한다.
1. 출연자
2. 출연자 또는 이사와 다음 각목의 1에 해당하는 친족. 다만, 출연자 또는 이사가 출가녀인 경우에는 남편과의 관계에 의한다.
   가. 6촌 이내의 부계혈족과 4촌 이내의 부계혈족의 처
   나. 3촌 이내의 부계혈족의 남편 및 자녀
   다. 3촌 이내의 모계혈족과 그 배우자 및 자녀
   라. 처의 3촌 이내의 부계혈족 및 그 배우자
   마. 배우자(사실상 혼인관계에 있는 자를 포함한다)
   바. 입양자의 생가의 직계존속
   사. 출양자 및 그 배우자와 출양자의 양가의 직계비속
   아. 혼인 외의 출생자의 생모
   자. 2촌 이내의 부계혈족의 배우자의 2촌 이내의 부계혈족
3. 출연자 또는 이사의 사용인 그 밖에 고용관계에 있는 자(출연자 또는 이사가 출자에 의하여 사실상 지배하고 있는 법인의 사용인 그 밖에 고용관계에 있는 자를 포함한다)
4. 출연자 또는 이사의 금전 그 밖의 재산에 의하여 생계를 유지하는 자 및 그와 생계를 함께 하는 자
5. 출연자 또는 이사가 재산을 출연한 다른 법인의 이사

2) 사회복지법인의 허가신청

법인의 목적사업범위가 2개 이상의 시 · 도에 걸치는 법인일 경우 관할 시 · 군 · 구 및 시 · 도지사를 경유하여 보건복지부장관에게 신청하고, 법인목적 사업의 범위가 1개의 시 · 도에 한정된 법인은 시 · 군 · 구를 경유하여 시 · 도지사에게 신청한다. 처리기간은 법인의 목적사업범위가 2개 이상의 시 · 도에 걸치는 법인은 22일, 법인의 목적사업범위가 1개 시 · 도에 한정된 법인 17일이다.

3) 사회복지법인의 재산구분

사회복지법인의 재산은 기본재산과 보통재산으로 구분하며, 기본재산은 그 목록과 가액을 정관에 기재하여야 한다. 기본재산은 목적사업용 기본재산과 수익용 기본재산으로 구분한다. 다만, 지원법인은 이를 구분하지 아니할 수 있다.

기본재산은 부동산, 정관에서 기본재산으로 정한 재산, 이사회의 결의에 의하여 기본재산으로 편입된 재산을 말하며, 기본재산은 목적사업용 기본재산과 수익용 기본재산으로 구분되는데 목적사업용 기본재산은 법인이 사회복지시설 등을 설치하는 데 직접 사용하는 재산을 말하며, 수익용 기본재산은 법인이 그 수익으로 목적사업의 수행에 필요한 경비를 충당하기 위한 재산을 말한다. 기본재산 이외의 재산을 보통재산이라 한다.

① 시설법인은 시설종류별 설치기준에 적합한 시설(건물)과 부지를 갖추거나 갖출 수 있는 목적사업용 기본재산을 갖춰야 하고, 시설설치 부지는 시설설치가 가능한 지역이어야 한다. 시설별 설치기준은 노인복지법 · 장애인복지법 · 아동복지법 등 각 개별법령에 규정되어 있다. 목적사업용 기본재산의 규모는 시설(건물)은 총소요면적 × 정부건축공사비 기준단가와 부지는 총소요면적 × 시가 등 매매적정가를 말한다.

생활시설은 다음 각목의 구분에 따라 상시 10인 이상의 시설거주자를 보호할 수 있는 목적사업용 기본재산을 갖추어야 한다. 다만, 법 제2조 제1항 각호의 법령에서 10인 미만의 소규모시설을 따로 정하고 있는 경우에는 당해 법령에 의한 시설의 설치기준에 해당하는 목적사업용 기본재산을 갖추어야 한다. 이용시설은 당해 법인이 설치 · 운영하고자 하는 시설을 갖출 수 있는 목적사업용 기본재산을 갖추어야 한다.

② 지원법인은 사회복지시설 운영을 목적으로 하지 아니하고, 일정한 출연재산에서 발생하는 수익 등으로 다른 시설이나 보호대상자 등 사회복지사업법 제2조 제1항에서 정한 사회복지사업을 지원하는 것을 목적으로 하는 법인을 말한다. 지원법인은 출연된 기본재산으로부터 발생하는 수익으로 인건비, 사업비 등 법인운영경비의 전액을 충당할 수 있는 기본재산을 갖추어야 한다. 지원법인은 법인설립 당시에 기본재산을 갖춰야 하며, 후원금 · 기부금 등은 기본재산으로 인정하지 아니한다.

4) 시 · 도지사의 사회복지법인 설립허가

법인을 설립하고자 하는 자는 시 · 도지사의 허가를 받아야 하는데 시 · 군 · 구가 법인설립허가신청서 접수시 출연재산의 소유권 및 사용권이 확실한지 여부와 출연하는 부동산의 용도지역구분, 그린벨트 여부, 기타 건축관련법, 군시, 환경관련법 등에 규제를 받고 있는지 등의 여부를 파악하고, 시설법인의 경우 시설설치가 가능한지 여부, 시설이 지역사회와 너무 괴리된 곳에 위치하여 관리가 어려운지 여부 등도 검토하여 자산에 관한 실지조사의 결과서와 사업계획서 및 예산서 등의 적정여부, 설립자의 자질 및 재정능력 등에 대한 객관적 의견, 법인 목적사업에 대한 실현가능성 등에 대한 검토의견을 첨부하여 시 · 도지사에 송부하도록 되어 있다.

시 · 도지사는 법인설립허가 신청내용이 다음의 기준에 적합한 경우에 한하여 허가하도록 되어 있다. 첫째로 목적사업이 구체적이며 실현가능하다고 인정되는 경우, 둘째로 출연재산의 수입으로 목적사업을 원활히 달성할 수 있다고 인정되는 경우, 셋째로 목적사업이 적극적으로 사회복지를 유지 · 증진하는 것이라고 인정되는 경우이다. 시 · 도지사는 상기내용에 적합하다고 해서 반드시 허가할 의무는 없으나(재량행위), 상기내용을 충족하지 못하였을 경우에는 허가하여서는 아니된다.

또한 시 · 도지사는 법인설립 허가 시에 다음과 같은 허가조건(공익법인의 설립 ·

운영에 관한 법률 제4조[10], 시행령 제6조)을 붙일 수 있다. 첫째, 수혜자의 출생지, 출신학교, 직업, 근무처 기타 사회적 지위나 당해 법인과 특수관계 등에 의해 수혜자의 범위를 제한할 수 없다. 둘째, 시 · 도지사가 수혜자의 범위를 특히 한정할 필요가 있다고 인정되는 때에는 그 한정할 범위에 관하여 미리 법인의 주된 사무소의 소재지를 관할하는 세무서장과 합의하여야 한다. 셋째, 목적사업의 무상성 기타 목적사업의 운영에 관한 사항이다. 넷째, 기타 목적사업 원활한 달성을 위하여 필요한 사항이다.

설립하고자 하는 법인의 목적사업이 2개 이상의 시 · 도의 소관에 속하는 경우에는 법인의 주된 사무소가 위치하는 시 · 도에서 설립허가여부를 결정하되, 관련 시 · 도와 협의하여야 한다. 신청법인이 목적사업으로 사회복지사업 외에 교육, 장학, 문예, 종교, 체육 등 타 부처 소관 사업을 포함하고 있을 경우, 설립자의 주된 의지가 무엇인지 파악하여 주된 목적사업을 주관하는 주무관청에서 설립허가가 이루어지도록 지도해야 한다.

5) 사회복지법인 설립허가 후 관리업무

(1) 설립등기

법인이 설립허가를 받은 때에는 3주 내에 주된 사무소 소재지에서 목적, 명칭, 사무소, 설립허가년월일, 존립시기나 해산사유를 정한 때에는 그 시기 또는 사유, 자산의 총액, 출자의 방법을 정한 때에는 그 방법, 이사의 성명 · 주소, 이사의 대표권을 제한한 때에는 그 제한사항에 대하여 설립등기를 하여야 한다. 그리고 상기 등기 사항의 변경이 있을 때에는 민법의 규정에 의거 변경등기를 하여야 하며, 분사무소 설치 및 사무소 이전 시에도 이를 등기하여야 하며, 등기를 완료한 날부터 7일 내에 등기부등본 2부를 첨부하여 주무관청에 제출하여야 한다.

10) 공익법인의 설립 · 운영에 관한 법률 제4조 (설립허가 기준) ① 주무 관청은 「민법」 제32조에 따라 공익법인의 설립허가신청을 받으면 관계 사실을 조사하여 재단법인은 출연재산의 수입, 사단법인은 회비 · 기부금 등으로 조성되는 재원(財源)의 수입(이하 각 "기본재산"이라 한다)으로 목적사업을 원활히 수행할 수 있다고 인정되는 경우에만 설립허가를 한다.
② 주무 관청은 공익법인의 설립허가를 할 때 대통령령으로 정하는 바에 따라 회비 징수, 수혜(受惠) 대상에 관한 사항, 그 밖에 필요한 조건을 붙일 수 있다.
③ 공익법인은 목적 달성을 위하여 수익사업을 하려면 정관으로 정하는 바에 따라 사업마다 주무 관청의 승인을 받아야 한다. 이를 변경하려는 경우에도 또한 같다.

(2) 재산이전

출연한 기본재산은 법인설립허가 후 주된 사무소의 소재지에서 3주 내에 법인설립등기를 필한 후 지체 없이 법인소유로 이전하고 이를 증명하는 서류를 주무관청에 제출하도록 하여야 한다. 이 경우 부동산의 소유권 이전등기, 예금 등의 법인 명의로의 금융기관 예치, 주식의 명의개서, 각종 재산권의 권리이전 등 적절한 방법에 의하여 법인소유로 이전하고, 재산이전을 증명할 수 있는 증명서류를 갖추도록 하여야 한다. 특히 기본 재산으로 출연된 재산 중 유동성이 심한 예금 등에 대하여는 법인 재산이 손실 또는 유출되는 경우가 없도록 수시로 재산변동 상황을 파악하도록 한다.

(3) 법인의 정관변경인가 신청

법인의 정관변경인가 신청 시에는, 사회복지법인정관변경인가신청서 1부<별지 1-14>를 작성하여 다음의 구비서류를 첨부하여 제출하여야 한다. 정관의 변경을 결의한 이사회 회의록 사본 1부, 정관변경안(신 · 구 정관의 조문대비표 첨부) 1부, 사업변경계획서, 예산서 및 재산의 소유를 증명할 수 있는 서류 각 1부(사업의 변동이 있는 경우에 한함), 재산의 평가조서 및 재산의 수익조서(사업의 변동에 있는 경우) 1부를 제출해야 한다.

정관변경인가 업무 처리 시에는 먼저, 정관변경의 적법성과 타당성 여부인 정관변경절차 및 경유기관의 적법성 여부를 확인한 후 관계법령이나 정부의 방침에 적합한지 여부 등을 검토한다. 이사회 회의록에 정관변경의 구체적 내용이 포함되어야 하며, 참석자 전원의 인감날인 여부를 확인한다. 정관의 변경으로 사업의 변경이 있을 때에는 변경 전 사업계획서, 수지예산서 및 재산증빙서류의 타당성을 검토하여야 한다.

그리고 정관변경에 따른 재원확보 여부인 정관의 변경으로 사업의 변경이 있을 때에는 이사회 회의록에 반드시 재원조달 계획(재산기부 승낙사실 등) 및 수지예산 등에 관한 심의 · 의결사항이 포함되어야 하며, 변경된 사업계획서, 수지예산서 및 재산증빙서류의 타당성을 검토한다.

(4) 기본재산 처분허가에 관한 사항

기본재산 처분허가의 범위는 기본재산의 매도, 증여, 임대, 교환(대체) 또는 담보 제공과 기본재산에 관한 의무의 부담 및 권리의 포기 시에는 반드시 주무관청의 처분허가를 받아야 한다.

기본재산 처분허가 신청 시에는 기본재산처분(매도, 증여, 임대, 교환)허가신청서 1부<별지 1-15>, 기본재산의 처분을 결의한 이사회 회의록 사본 1부, 처분하는 기본재산의 명세서 1부, 처분하는 기본재산의 감정평가서(교환의 경우에는 취득하는 재산의 감정평가서를 포함함) 1부, 기타 기본재산에 관한 의무를 부담하거나 권리를 포기하고자 할 때에는 허가신청서에 그 사유를 명기하여야 한다. 이사회 결의의 적법성 관계인 이사회 소집의 적법성 확인과 이사회 회의록에 처분의 구체적인 내용을 포함하고, 참석이사 전원의 기명날인 등 결의의 성립 등에 흠이 없는지 확인한다. 신청서의 타당성 관계인 신청서의 내용을 면밀히 검토하고, 법인의 재산이 손실 또는 유출되는 경우가 없는지 확인한다. 그리고 처분대상 재산의 구체적인 내용을 확인 검토해야 한다.

(5) 재산의 증가 및 정관변경에 관한 사항

매수, 기부채납 기타 방법으로 재산을 취득한 때에는 지체없이 이를 법인의 재산에 편입조치하고, 재산증가보고서에 취득사유서 1부, 취득한 재산의 종류, 수량 및 금액을 기재한 서류 1부, 취득한 재산의 등기부등본 또는 금융기관의 증명서 1부를 첨부하여 주무관청에 제출하여야 한다.

(6) 임원의 임면보고에 관한 사항

임원의 임면보고서<별지 1-13>에는 당해 임원의 선임 또는 해임을 결의한 이사회 회의록 사본 1부, 취임승낙서, 이력서 각 1부, 특수관계 부존재 각서(호적등본 첨부) 1부를 제출해야 한다. 이사 또는 감사 중에 결원이 생긴 때에는 2개월 이내에 이를 보충하여야 하며, 기간 내에 결원 보충을 하지 아니한 때에는 주무관청은 지체없이 이해관계인의 청구 또는 직권으로 임시이사를 선임하여야 한다.

주무관청은 사회복지사업법 또는 관계법령이나 정관에 위반한 때, 사회복지사업법 등 관계법령에 의한 감독상의 명령을 정당한 이유 없이 이행하지 아니한 때, 임원 간의 분쟁, 회계부정이나 현저한 불법행위 등으로 인하여 당해 법인의 설립 목적을 달성할 수 없게 된 때, 목적사업 이외의 사업을 수행하거나 수행하려 한 때와 같은 사유가 있을 때에는 법인에 대하여 그 임원의 해임을 명할 수 있다.[11)]

(7) 법인설립허가의 취소에 관한 사항

보건복지부장관은 법인이 사위 기타 부정한 방법으로 설립허가를 받은 때, 설립허가 조건에 위반한 때, 목적달성이 불가능하게 된 때, 목적사업 외의 사업을 한 때, 공익을 해치는 행위를 한 때, 정당한 사유 없이 설립허가를 받은 날부터 6월 이내에 목적사업을 개시하지 아니하거나 1년 이상 사업실적이 없는 때, 사회복지사업법 또는 동법에 의한 명령이나 정관에 위반한 때에 해당할 때에는 그 설립허가를 취소할 수 있다.

(8) 법인의 비치서류

법인에서 비치해야 하는 서류는 정관, 임원명부(임원의 성명, 약력, 주소 등 기재), 재산목록(기본재산과 보통재산 구분), 회의록(총회, 임시이사회 등), 당해 회계 연도 사업계획서, 직전 회계 연도의 사업실적서, 예산서, 결산서, 현금 및 물품의 출납대장, 보조금을 받은 경우에는 보조금관리대장, 자산 및 회계에 관한 증빙서류 등이다.

---

11) 사회복지사업법 제7조(사회복지위원회) ③ 다음 각 호의 어느 하나에 해당하는 사람은 사회복지위원회의 위원이 될 수 없다.
1. 미성년자
2. 금치산자 또는 한정치산자
3. 파산선고를 받고 복권되지 아니한 사람
4. 법원의 판결에 따라 자격이 상실되거나 정지된 사람
5. 금고 이상의 실형을 선고받고 그 집행이 끝나거나(집행이 끝난 것으로 보는 경우를 포함한다) 집행이 면제된 날부터 3년이 지나지 아니한 사람
6. 금고 이상의 형의 집행유예를 선고받고 그 유예기간 중에 있는 사람
7. 제5호 및 제6호에도 불구하고 사회복지사업 또는 그 직무와 관련하여 「아동복지법」 제71조, 「보조금의 예산 및 관리에 관한 법률」 제40조부터 제42조까지 또는 「형법」 제28장 · 제40장(제360조는 제외한다)의 죄를 범하거나 이 법을 위반하여 다음 각 목의 어느 하나에 해당하는 사람
가. 100만원 이상의 벌금형을 선고받고 그 형이 확정된 후 5년이 지나지 아니한 사람
나. 형의 집행유예를 선고받고 그 형이 확정된 후 7년이 지나지 아니한 사람
다. 징역형을 선고받고 그 집행이 끝나거나(집행이 끝난 것으로 보는 경우를 포함한다) 집행이 면제된 날부터 7년이 지나지 아니한 사람

CHAPTER

02

사회복지시설의 개요

1 사회복지시설의 이해

1) 사회복지시설의 개념

사회복지시설이란 '사회문제를 갖고 있거나 그러한 문제의 위험이 있는 사람들에게 수용, 통원, 기타의 방법으로 일정한 범위의 사회복지서비스를 제공하기 위한 물리적 · 기능적인 제 자원의 총체'라고 할 수 있다. 즉, 사회복지의 목적을 실현하기 위한 제도적 실천의 장이 사회복지시설이다.

시설보호의 대상은 아동이나 장애인, 노인, 부랑인, 정신질환자 등 다양한 사회적 약자 가운데서 요보호 상태에 있는 사람들을 주로 지칭하지만, 점차 그 대상이 요보호 상태에 있는 사람뿐만 아니라 그렇게 될 위험이 있는 사람들까지 확대되고 있다. 즉, 사후 치료적 방식에서 한 걸음 더 나아가 사전 예방적 접근 방식으로 대상을 확대해 나가고 있다.

시설보호의 방법으로 보호 대상자가 자신의 가정을 떠나서 사회복지시설에서 일정기간 생활을 하는 수용보호와 가정에서 생활하면서 필요한 사회복지서비스를 사회복지시설로부터 제공받는 통원보호 및 사회복지시설과 가정과의 중간 형태로서 시설보호자들이 사회에 복귀하기 전에 일정기간 동안 사회복귀를 위한 훈련을 시킬 목적으로 소규모로 설치된 일반가정 형태의 중간시설(half-way house)도 등장하고 있다.

사회복지시설은 단순히 건물, 설비, 기자재 등의 외형적인 것만을 의미하는 것은 아니다. 외형적인 것과 더불어 시설생활자에게 제공되는 각종 서비스 즉, 시설종사자나 자원봉사자, 지역사회 주민이나 각종 단체에 의해 제공되는 다양한 서비스와 지역사회 주민에게 제공되는 사회복지서비스, 즉 사회복지 교육, 상담, 각종 서비스까지 포함된 의미로 사용되고 있다.

현재 우리나라 사회복지시설의 기능적인 체계를 세 가지로 나눠 살펴보면, 생활시설과 이용시설, 그리고 중간시설이 있다. 요보호대상자를 입소시켜 사회복지사업을 실시하는 생활시설을 통상 '사회복지시설'이라 하고, 기타 협의체나 다양한 사회복지서비스를 제공하는 종합사회복지관이나 각종 상담소 같은 이용시설을 '사회복지기관'이라고 구별해서 사용하고 있으며, 또한 복지시설과 가정과의 중간에 위치한 시설을 일반적으로 '중간시설'이란 용어로 사용하고 있다.

(1) 생활시설

생활시설이란 시설서비스를 필요로 하는 사람을 입소시켜 일상생활의 보호와 동시에 필요한 원조서비스를 행하는 시설을 말한다. 일반적으로 생활시설이란 심신의 발달, 미성숙, 노화 또는 심신의 장애 등으로 타인의 도움 없이는 자립생활이 곤란한 조건하에 있는 사람으로서 ① 이들을 보호 양육해야 할 가족이 어떠한 이유에서든지 현재 없다든지, 있다 하더라도 가족이 부양할 수 없는 상태여서 가족 내에서의 생활이 곤란, 부적당한 경우 ② 각종 장애로 인한 치료보호의 이유로 가정 또는 가족으로서는 대처할 수 없는 경우 ③ 경제적 곤궁에 의해 자립생활이 곤란한 경우 등에 있는 사람들에게 그의 생활, 치료, 재활상의 여러 가지 장애에 대응하여 모든 서비스를 제공하여 그들의 생존권을 보장하는 시설을 말한다.

(2) 이용시설

이용시설은 통원시설이라고도 하며 재가 또는 생활시설의 보호대상자를 통원케 하여 전문적인 프로그램을 가지고 재가 보호자를 치료, 교육, 훈련, 갱생을 목적으로 지역사회 주민이 선택적 혹은 주관적으로 매일 이용할 수 있는 시설과 제한적으로 사용하는 경우가 있다. 예를 들면, 노인 또는 장애인복지센터, 지역사회복지관, 인보관 등이 있다.

(3) 중간시설

영국에서는 병원으로부터 가정에 복귀하기까지 그 중간의 시설을 통칭하여 사용되었으나 현재는 중간의 시점을 의미하는 시설로서의 명칭으로 사용되고 있지 않다. 미국은 정신장애인이나 형무소 출소자들의 사회복귀시설을 의미하며, 일본은 노인의 사회복귀시설로 이해하면서, 의료나 복지시설, 혹은 지역사회와의 중간에 위치한 시설로서 막연히 이해되고 있지만 중간시설의 의미를 재정립해 보면 시설생활자들이 사회에 복귀하기 전에 일정기간동안 사회복귀를 위한 훈련을 목적으로 소규모 인원을 수용할 수 있는 일반가정의 형태의 주택규모와 생활기간도 약 3개월 전후의 단기간이 되는 것이 바람직하다.

2) 사회복지시설의 기능

사회복지시설은 그 대상에 따라 다양하게 분류될 수 있는데, 모든 사회복지시설에 공통적으로 적용되는 기능을 다음과 같이 세 부분으로 나누어 볼 수 있다.

첫째, 기초적 기능이다.

이 기능은 종래부터 시설생활자들에 대해 사회복지시설이 담당해 오던 것으로 세 가지로 나눌 수 있다.

① 생명보존에 필요한 의식주 서비스를 지속적으로 제공하는 보호적 기능
② 시설생활자들 각자의 발달과정을 잘 달성할 수 있도록 돕는 교육적 · 지도적 기능
③ 시설생활자들이 해결하거나 도달해야 할 생활과제를 설정하여 이를 수행하기 위한 전문적이고 지속적인 원조 기능인 처우적 기능

둘째, 고유적 기능이다.

보호 중심의 사회복지시설에서 시설생활자들의 주체적이고 보람 있는 삶을 보장하기 위한 시설로 변화해 가는 과정에서 정착되어야 할 기능으로서 두 가지로 나눌 수 있다.

① 사회복지시설이 시설생활자의 지역사회의 각종 행사 참가, 보람 있는 삶의 영위를 위한 문화적인 생활기반 확충뿐만 아니라 지역사회 주변에게도 사회복지시설을 개방하여 사회복지센터적인 역할을 수행하는 문화적 기능
② 시설생활자의 권리를 옹호하기 위한 변호적 역할을 수행하는 대변적 기능

셋째, 파생적 기능이다.

기초적 기능과 고유 기능이 잘 조화를 이루어 가는 가운데서 사회복지시설이 점차 확충해 나가야 할 기능으로서 네 가지로 나눌 수 있다.

① 사회복지시설로서는 대처하기 어려운 시설생활자의 복잡 · 다양한 생활문제를 지역사회에 있는 여러 자원의 효과적인 활용을 통하여 해결해 나가는 조정 · 연계 · 개발적 기능
② 양질의 사회복지서비스를 제공하기 위해 시설생활자와 그 가족, 지역사회 주민의 욕구 파악과 시설보호의 평가, 예측되는 사회복지 욕구에 대응하는 사회복지시설의 정립, 시설직원의 자질 향상을 위한 노력 등의 연구 · 조사 · 연수 기능
③ 다른 사회복지 관계 기관과의 정보교환체계를 만들고, 사회복지시설의 기능과 시설생활자의 생활내용을 지역사회 주민에게 올바로 이해시키며, 사회복지시설을 주민의 사회복지 체험의 장으로 활용하며, 재가복지서비스의 지역거점적 역할을 담당하여 사회복지시설과 지역사회간의 활발한 교류를 추진하는 등의 정보제공 · 홍보 · 계발적 기능
④ 지역사회 주민의 다양한 사회복지 욕구를 충족하기 위해 지역사회 내의 사회복지시설이 주민의 생활권을 중심으로 사회복지 서비스의 조직화와 연결망 구축을 통한 종합적인 사회복지 서비스 체계를 구성하는 소지역 조직화 기능

앞의 기능을 각 사회복지시설에서 모든 수행하기는 어려울 것이다. 사회복지시설의 설치 목적과 현재 처한 상황에 따라 다소간의 차이가 있겠지만 점차적으로 기초적 기능 수행 중심에서 고유 기능과 파생적 기능 수행을 위한 노력을 기울여 나가야 할 것이다.

2 사회복지시설의 분류

1) 사회복지시설의 설립 및 운영주체에 따른 분류

사회복지시설은 그 분류기준에 따라 다양한 종류로 구분해 볼 수 있다. 사회복지시설을 설립 운영하는 주체가 국가 또는 지방자치단체인가 또는 민간법인인가에 따라 구분된다.

(1) 공립공영시설

국가 또는 지방자치단체가 설립하여 직접 운영하는 시설(국립재활원 등)

(2) 공립 공 · 민영시설

국가 또는 지방자치단체가 설립하여 국가 또는 지방자치단체와 민간 합동으로 운영하는 시설

(3) 공립민영시설

국가 또는 지방자치단체가 설립하여 그 운영을 민간법인에게 위탁하여 운영하는 시설(우리나라 대부분의 부랑인 시설)

(4) 민립민영시설

민간법인이 설립하여 민간법인이 직접 운영하는 시설(우리나라의 대부분의 시설이 이 형태에 속한다.)

(5) 민립공영시설

민간법인이 설립하여 그 운영을 국가 또는 지방자치단체에 위탁하거나 헌납한 시설이다.

2) 시설 이용방법에 따른 분류

앞에서 설명한 바와 같이 통상적으로 수용시설을 '시설'이라 하고, 이용시설 중 지역사회복지관 등을 '기관'이라고 부른다. 때로는 수용시설이 이용시설을 겸하는 경우도 있다. 이를 중간시설이라고 하는데 예를 들면, 노인일시보호시설 등이 있다.

3) 이용자의 비용부담에 따른 분류

서비스 이용자에 대한 비용의 부담 여부에 따라 유료시설과 무료시설로 구분한다.

(1) 유료시설

이용자 또는 그 부양자로부터 모든 요금을 수납하여 운영하는 시설이다. 수납액에는 시설을 유지하기 위한 관리비와 인건비 같은 모든 비용이 포함된다.

(2) 무료시설

이용자로부터 요금을 수납하지 않고 전액 무료로 서비스를 제공하는 시설 또는 실비의 요금을 수납하는 시설로 우리나라 대부분의 시설이 여기에 속한다고 볼 수 있다. 여기서 실비라고 함은 시설 이용자에게 직접 제공된 서비스의 보호비만이 포함될 뿐 기타의 비용은 포함되지 않는다는 점에서 유료와 구분된다.

3 사회복지관계법에 따른 사회복지시설의 종류

1) 아동복지시설의 종류(아동복지법 제52조)

① **아동양육시설** : 보호대상아동을 입소시켜 보호, 양육 및 취업훈련, 자립지원 서비스 등을 제공하는 것을 목적으로 하는 시설

② **아동일시보호시설** : 보호대상아동을 일시보호하고 아동에 대한 향후의 양육대책수립 및 보호조치를 행하는 것을 목적으로 하는 시설

③ **아동보호치료시설** : 아동에게 보호 및 치료 서비스를 제공하는 다음 각 목의 시설

- 불량행위를 하거나 불량행위를 할 우려가 있는 아동으로서 보호자가 없거나 친권자나 후견인이 입소를 신청한 아동 또는 가정법원, 지방법원소년부지원에서 보호 위탁된 19세 미만인 사람을 입소시켜 치료와 선도를 통하여 건전한 사회인으로 육성하는 것을 목적으로 하는 시설
- 정서적 · 행동적 장애로 인하여 어려움을 겪고 있는 아동 또는 학대로 인하여 부모로부터 일시 격리되어 치료받을 필요가 있는 아동을 보호 · 치료하는 시설

④ **공동생활가정** : 보호대상아동에게 가정과 같은 주거여건과 보호, 양육, 자립지원 서비스를 제공하는 것을 목적으로 하는 시설

⑤ **자립지원시설** : 아동복지시설에서 퇴소한 사람에게 취업준비기간 또는 취업 후 일정 기간 동안 보호함으로써 자립을 지원하는 것을 목적으로 하는 시설

⑥ **아동상담소** : 아동과 그 가족의 문제에 관한 상담, 치료, 예방 및 연구 등을 목적으로 하는 시설

⑦ **아동전용시설** : 어린이공원, 어린이놀이터, 아동회관, 체육 · 연극 · 영화 · 과학실험전시 시설, 아동휴게숙박시설, 야영장 등 아동에게 건전한 놀이 · 오락, 그 밖의 각종 편의를 제공하여 심신의 건강유지와 복지증진에 필요한 서비스를 제공하는 것을 목적으로 하는 시설

⑧ **지역아동센터** : 지역사회 아동의 보호 · 교육, 건전한 놀이와 오락의 제공, 보

호자와 지역사회의 연계 등 아동의 건전육성을 위하여 종합적인 아동복지서비스를 제공하는 시설

위의 아동복지시설은 각 시설 고유의 목적 사업을 해치지 아니하고 각 시설별 설치기준 및 운영기준을 충족하는 경우 다음 각 호의 사업을 추가로 실시할 수 있다.

① **아동가정지원사업** : 지역사회아동의 건전한 발달을 위하여 아동, 가정, 지역주민에게 상담, 조언 및 정보를 제공하여 주는 사업
② **아동주간보호사업** : 부득이한 사유로 가정에서 낮 동안 보호를 받을 수 없는 아동을 대상으로 개별적인 보호와 교육을 통하여 아동의 건전한 성장을 도모하는 사업
③ **아동전문상담사업** : 학교부적응아동 등을 대상으로 올바른 인격형성을 위한 상담, 치료 및 학교폭력예방을 실시하는 사업
④ **학대아동보호사업** : 학대아동의 발견, 보호, 치료 및 아동학대의 예방 등을 전문적으로 실시하는 사업
⑤ **공동생활가정사업** : 보호대상아동에게 가정과 같은 주거여건과 보호를 제공하는 것을 목적으로 하는 사업
⑥ **방과후 아동지도사업** : 저소득층 아동을 대상으로 방과 후 개별적인 보호와 교육을 통하여 건전한 인격형성을 목적으로 하는 사업

2) 노인복지시설의 종류(노인복지법 제31조)

노인복지시설은 노인주거복지시설, 노인의료복지시설, 노인여가복지시설, 재가노인복지시설, 노인보호전문기관으로 구분한다.

(1) 노인주거복지시설(노인복지법 제32조)

① **양로시설** : 노인을 입소시켜 급식과 그 밖에 일상생활에 필요한 편의를 제공함을 목적으로 하는 시설

② **노인공동생활가정** : 노인들에게 가정과 같은 주거여건과 급식, 그 밖에 일상생활에 필요한 편의를 제공함을 목적으로 하는 시설

③ **노인복지주택** : 노인에게 주거시설을 분양 또는 임대하여 주거의 편의 · 생활지도 · 상담 및 안전관리 등 일상생활에 필요한 편의를 제공함을 목적으로 하는 시설

(2) 노인의료복지시설(노인복지법 제34조)

① **노인요양시설** : 치매 · 중풍 등 노인성질환 등으로 심신에 상당한 장애가 발생하여 도움을 필요로 하는 노인을 입소시켜 급식 · 요양과 그 밖에 일상생활에 필요한 편의를 제공함을 목적으로 하는 시설

② **노인요양공동생활가정** : 치매 · 중풍 등 노인성질환 등으로 심신에 상당한 장애가 발생하여 도움을 필요로 하는 노인에게 가정과 같은 주거여건과 급식 · 요양, 그 밖에 일상생활에 필요한 편의를 제공함을 목적으로 하는 시설

③ **노인전문병원** : 주로 노인을 대상으로 의료를 행하는 시설

(3) 노인여가복지시설(노인복지법 제36조)

① **노인복지관** : 노인의 교양 · 취미생활 및 사회참여활동 등에 대한 각종 정보와 서비스를 제공하고, 건강증진 및 질병예방과 소득보장 · 재가복지, 그 밖에 노인의 복지증진에 필요한 서비스를 제공함을 목적으로 하는 시설

② **경로당** : 지역노인들이 자율적으로 친목도모 · 취미활동 · 공동작업장 운영 및 각종 정보교환과 기타 여가활동을 할 수 있도록 하는 장소를 제공함을 목적으로 하는 시설

③ **노인교실** : 노인들에 대하여 사회활동 참여욕구를 충족시키기 위하여 건전한 취미생활 · 노인건강유지 · 소득보장 기타 일상생활과 관련한 학습프로그램을 제공함을 목적으로 하는 시설

(4) 재가노인복지시설(노인복지법 제38조)

① **방문요양서비스** : 가정에서 일상생활을 영위하고 있는 노인(이하 "재가노인"이라

한다)으로서 신체적 · 정신적 장애로 어려움을 겪고 있는 노인에게 필요한 각종 편의를 제공하여 지역사회 안에서 건전하고 안정된 노후를 영위하도록 하는 서비스

② **주 · 야간보호서비스** : 부득이한 사유로 가족의 보호를 받을 수 없는 심신이 허약한 노인과 장애노인을 주간 또는 야간 동안 보호시설에 입소시켜 필요한 각종 편의를 제공하여 이들의 생활안정과 심신기능의 유지 · 향상을 도모하고, 그 가족의 신체적 · 정신적 부담을 덜어 주기 위한 서비스

③ **단기보호서비스** : 부득이한 사유로 가족의 보호를 받을 수 없어 일시적으로 보호가 필요한 심신이 허약한 노인과 장애노인을 보호시설에 단기간 입소시켜 보호함으로써 노인 및 노인가정의 복지증진을 도모하기 위한 서비스

④ **방문 목욕서비스** : 목욕장비를 갖추고 재가노인을 방문하여 목욕을 제공하는 서비스

⑤ **그 밖의 서비스** : 그 밖에 재가노인에게 제공하는 서비스로서 보건복지부령이 정하는 서비스

(5) 노인보호전문기관(노인복지법 제39조의 5)

노인보호전문기관은 노인 학대 예방 및 노인인식개선 등을 목적으로 하며 학대받은 노인의 발견 · 상담 · 보호를 목적으로 하는 시설

3) 장애인복지시설의 종류(장애인복지법시행규칙 제41조)

(1) 장애인 생활시설

① **장애유형별 생활시설** : 장애유형이 같거나 유사한 장애를 가진 사람들을 입소 또는 통원하게 하여 그들의 장애유형에 적합한 의료 · 교육 · 직업 · 심리 · 사회 등 재활서비스와 주거서비스를 제공하는 시설

② **중증장애인 요양시설** : 장애의 정도가 심하여 항상 도움이 필요한 사람을 입소하게 하여 상담 · 치료 또는 요양 서비스를 제공하는 시설

③ **장애영유아 생활시설** : 6세 미만의 장애영유아를 입소 또는 통원하게 하여 보

호합과 동시에 그 재활에 필요한 의료 · 교육 · 심리 · 사회 등 재활서비스를 제공하는 시설

(2) 장애인 지역사회 재활시설

① **장애인복지관** : 장애인에 대한 각종 상담 및 사회심리 · 교육 · 직업 · 의료재활 등 장애인의 지역사회생활에 필요한 종합적인 재활서비스를 제공하고 장애에 대한 사회적 인식 개선사업을 수행하는 시설
② **장애인 의료재활시설** : 장애인을 입원 또는 통원하게 하여 상담, 진단 · 판정, 치료 등 의료재활서비스를 제공하는 시설
③ **장애인 주간보호시설** : 장애인을 주간에 일시 보호하여 장애인에게 필요한 재활서비스를 제공하는 시설
④ **장애인 단기보호시설** : 장애인을 일정기간 보호하여 장애인에게 필요한 재활서비스를 제공하는 시설
⑤ **장애인 공동생활가정** : 스스로 사회에 적응하기 곤란한 장애인들이 장애인복지 전문 인력에 의한 지도와 보호를 받으며 공동으로 생활하는 지역사회 내의 소규모 주거시설
⑥ **장애인 체육시설** : 장애인의 체력증진 또는 신체기능 회복활동을 지원하고 이와 관련된 편의를 제공하는 시설
⑦ **장애인 수련시설** : 장애인의 문화 · 취미 · 오락 활동 등을 통한 심신수련을 조장 · 지원하고 이와 관련된 편의를 제공하는 시설
⑧ **장애인 심부름센터** : 이동에 상당한 제약이 있는 장애인에게 차량 운행을 통한 직장 출퇴근 및 외출 보조나 그 밖의 이동서비스를 제공하는 시설
⑨ **수화통역센터** : 의사소통에 지장이 있는 청각 · 언어장애인에게 수화통역 및 상담서비스를 제공하는 시설
⑩ **점자도서관** : 시각장애인에게 점자간행물 및 녹음서를 열람하게 하는 시설
⑪ **점자도서 및 녹음서 출판시설** : 시각장애인을 위한 점자간행물 및 녹음서를 출판하는 시설

(3) 장애인 직업재활시설

① **장애인 보호 작업장** : 직업능력이 낮은 장애인에게 직업적응능력 및 직무기능 향상훈련 등 직업재활 훈련 프로그램을 제공하고, 보호가 가능한 조건에서 근로의 기회를 제공하며, 이에 상응하는 노동의 대가로 임금을 지급하며, 장애인 근로사업장이나 그 밖의 경쟁적인 고용시장으로 옮겨갈 수 있도록 돕는 역할을 하는 시설

② **장애인 근로사업장** : 직업능력은 있으나 이동 및 접근성이나 사회적 제약 등으로 취업이 어려운 장애인에게 근로의 기회를 제공하고, 최저임금 이상의 임금을 지급하며, 경쟁적인 고용시장으로 옮겨갈 수 있도록 돕는 역할을 하는 시설

(4) 장애인 유료복지시설

장애인 생활시설로서 장애인에게 필요한 치료, 상담, 훈련 등 편의를 제공하고 모든 비용을 입소한 자로부터 수납하여 운영하는 시설

(5) 장애인 생산품 판매시설

장애인 생산품의 판매활동 및 유통을 대행하고, 장애인 생산품이나 서비스 · 용역에 관한 상담, 홍보, 판로 개척 및 정보제공 등 마케팅을 지원하는 시설

4) 한부모가족복지시설의 종류(한부모가족지원법 제19조)

① **모자보호시설** : 생활이 어려운 모자가족을 일시적으로 또는 일정 기간 보호하여 생계를 지원하고 퇴소(退所) 후 자립 기반을 조성하도록 지원하는 것을 목적으로 하는 시설

② **모자자립시설** : 자립이 어려운 모자가족에게 일정 기간 주택 편의만을 제공하는 것을 목적으로 하는 시설

③ **부자보호시설** : 생활이 어려운 부자가족을 일시적으로 또는 일정 기간 보호하여 생계를 지원하고 퇴소 후 자립 기반을 조성하도록 지원하는 것을 목적으로 하는 시설

④ **부자자립시설** : 자립이 어려운 부자가족에게 일정 기간 주택 편의만을 제공하는 것을 목적으로 하는 시설

⑤ **미혼모자시설** : 미혼 여성의 임신·출산 시 안전 분만 및 심신의 건강 회복과 출산 후 아동의 양육 지원을 위하여 일정 기간 보호하는 것을 목적으로 하는 시설

⑥ **미혼모자 공동생활가정** : 출산 후의 미혼모와 해당 아동으로 구성된 미혼모자가족이 일정 기간 공동으로 가정을 이루어 아동을 양육하고 보호할 수 있도록 지원하는 것을 목적으로 하는 시설

⑦ **모자 공동생활가정** : 독립적인 가정생활이 어려운 모자가족이 일정 기간 공동으로 가정을 이루어 생활하면서 자립을 준비할 수 있도록 지원하는 것을 목적으로 하는 시설

⑧ **부자 공동생활가정** : 독립적인 가정생활이 어려운 부자가족이 일정 기간 공동으로 가정을 이루어 생활하면서 자립을 준비할 수 있도록 지원하는 것을 목적으로 하는 시설

⑨ **미혼모 공동생활가정** : 출산 후 해당 아동을 양육하지 아니하는 미혼모들이 일정 기간 공동으로 가정을 이루어 생활하면서 자립을 준비할 수 있도록 지원하는 것을 목적으로 하는 시설

⑩ **일시보호시설** : 배우자(사실혼 관계에 있는 자를 포함한다)가 있으나 배우자의 물리적·정신적 학대로 아동의 건전한 양육이나 모의 건강에 지장을 초래할 우려가 있을 경우 일시적으로 또는 일정기간 그 모와 아동 또는 모를 보호함을 목적으로 하는 시설

⑪ **여성복지관** : 모자가족과 미혼여성에 대한 각종 상담을 실시하고 생활지도, 생업지도, 탁아 및 직업보도(職業輔導)를 행하는 등 모자가족과 미혼여성의 복지를 위한 편의를 종합적으로 제공하는 것을 목적으로 하는 시설

⑫ **한부모가족복지상담소** : 한부모가족에 대한 조사, 지도, 시설 입소(入所) 등에 관한 상담 업무를 수행할 것을 목적으로 하는 시설

5) 영유아보육시설(영유아보육법 제10조)

① **국공립어린이집** : 국가나 지방자치단체가 설치·운영하는 어린이집

② **사회복지법인어린이집** : 「사회복지사업법」에 따른 사회복지법인(이하 "사회복지법인"이라 한다)이 설치 · 운영하는 어린이집
③ **법인 · 단체 등 어린이집** : 각종 법인(사회복지법인을 제외한 비영리법인)이나 단체 등이 설치 · 운영하는 어린이집으로서 대통령령으로 정하는 어린이집
④ **직장어린이집** : 사업주가 사업장의 근로자를 위하여 설치 · 운영하는 어린이집(국가나 지방자치단체의 장이 소속 공무원을 위하여 설치 · 운영하는 어린이집을 포함한다)
⑤ **가정어린이집** : 개인이 가정이나 그에 준하는 곳에 설치 · 운영하는 어린이집
⑥ **부모협동어린이집** : 보호자들이 조합을 결성하여 설치 · 운영하는 어린이집
⑦ **민간어린이집** : 위의 내용에 해당하지 아니하는 어린이집

6) 성매매피해자 등을 위한 지원시설의 종류(성매매방지 및 피해자보호 등에 관한 법률 제5조)

① **일반지원시설** : 성매매피해자 등을 대상으로 1년 이내의 범위에서 숙식을 제공하고 자립을 지원하는 시설
② **청소년지원시설** : 청소년인 성매매피해자 등을 대상으로 1년 이내의 범위에서 숙식을 제공하고, 취학 · 교육 등을 통하여 자립을 지원하는 시설
③ **외국인여성지원시설** : 외국인여성인 성매매피해자 등을 대상으로 3월(「성매매알선 등 행위의 처벌에 관한 법률」 제11조의 규정에 해당하는 외국인여성에 대하여는 그 해당기간) 이내의 범위에서 숙식을 제공하고, 귀국을 지원하는 시설
④ **자활지원센터** : 성매매피해자 등을 대상으로 자활에 필요한 지원을 제공하는 이용시설

7) 정신보건시설의 종류(정신보건법 제2장)

(1) 정신의료기관

정신병원 · 정신과의원 및 병원급 이상의 의료기관에 설치된 정신과를 말한다. 보건복지부장관 또는 시 · 도지사는 정신병원을 설치 · 운영하여야 하며, 보건복지

부장관 또는 시 · 도지사는 정신병원을 설치하는 경우 그 병원이 지역적으로 균형 있게 분포되도록 하여야 하며, 정신질환자에 대하여 지역사회관리가 가능하도록 하여야 한다(정신보건법 제8조).

(2) 사회복귀시설

정신의료기관에 입원시키거나 정신요양시설에 입소시키지 아니한 정신질환자에게 사회적응훈련, 작업훈련 등 재활훈련을 실시함으로써 사회복귀 촉진 도모함을 목적으로 하는 시설을 말한다.

① **정신질환자생활시설** : 정신질환자가 필요한 기간 동안 생활하면서 재활에 필요한 상담 · 훈련 등의 서비스를 받아 사회복귀를 준비하거나 장애로 인하여 장기간 생활하는 시설
② **정신질환자지역사회재활시설** : 정신질환자복지관, 의료재활시설, 체육시설, 수련시설, 공동생활가정 등 정신질환자에게 전문적인 상담 · 훈련 등을 제공하거나 여가활동 및 사회참여활동 등에 필요한 편의를 제공하는 시설
③ **정신질환자직업재활시설** : 일반 고용이 어려운 정신질환자가 특별히 준비된 작업환경에서 직업훈련을 받거나 직업생활을 영위할 수 있도록 하는 시설
④ 그 밖에 대통령령으로 정하는 시설

(3) 정신요양시설

정신의료기관에서 의뢰된 정신질환자의 만성질환자를 입소시켜 요양과 사회복귀 촉진을 위해 훈련을 행하는 시설

(4) 알코올상담센터

알코올 의존자와 그 가족 등 지역주민에게 알코올의존의 예방 · 치료 및 재활을 위한 상담과 훈련을 행하는 시설이며 전국 2010년 6월말 현재 41개소가 운영되고 있다.

(5) 정신보건센터

지역사회 중심의 통합적인 정신질환자 관리체계를 구축함으로써 정신질환의 예방, 정신질환자의 조기발견 · 상담 · 치료 · 재활 및 사회복귀 도모하는 시설이며 2010년 6월말 현재 전국 163개소가 설치 운영되고 있다.

4 사회복지사업법에 따른 종류

1) 성폭력피해상담소

성폭력범죄의 처벌 및 피해자보호 등에 관한 법률 제24조에 의하여 성폭력피해상담소는 다음과 같은 일을 한다.

첫째, 성폭력피해를 신고 받거나 이에 관한 상담에 응하는 일

둘째, 성폭력피해로 인하여 정상적인 가정생활 및 사회생활이 어렵거나 기타 사정으로 긴급히 보호를 필요로 하는 사람을 병원 또는 성폭력피해자보호시설로 데려다 주는 일

셋째, 가해자에 대한 고소와 피해배상청구 등 사법처리절차에 관하여 대한변호사협회 · 대한법률구조공단 등 관계기관에 필요한 협조와 지원을 요청하는 일

넷째, 성폭력범죄의 예방 및 방지를 위한 홍보를 하는 일

다섯째, 기타 성폭력범죄 및 성폭력피해에 관하여 조사 · 연구하는 일을 한다.

2) 입양기관

입양촉진 및 절차에 관한 특례법 제10조에 의하여 입양기관을 운영하고자 하는 자는 사회복지사업법에 의한 사회복지법인으로 보건복지부장관의 허가를 받아야 한다. 다만 국내입양만을 알선하고자 하는 자는 시 · 도지사의 허가를 받아야 한다. 입양촉진 및 절차에 관한 특례법 제12조에 의한 입양기관의 업무를 살펴보면

다음과 같다.

첫째, 입양 의뢰된 자의 권익을 보호하고, 대통령령이 정하는 바에 의하여 부모에게 충분한 입양상담을 제공하며, 부모를 알 수 없는 경우에는 우선 부모 등 직계존속을 찾는 노력을 다하여야 한다.

둘째, 입양기관의 장은 입양 알선을 행함에 있어 그 양친이 될 자에 대하여 제5조 제1항 각호의 사실을 조사하여야 한다.

셋째, 입양기관에 종사하는 자 또는 종사하였던 자는 그 업무에 관하여 알게 된 비밀을 누설하여서는 아니 된다.

넷째, 입양기관의 장은 양친이 될 자에게 입양 전에 아동양육에 관한 교육을 실시하여야 하며, 입양성립 후에는 보건복지부령이 정하는 바에 의하여 입양아동과 그에 관한 기록 등을 양친 또는 양친이 될 자에게 인도하고 그 결과를 시장 · 군수 · 구청장에게 보고하여야 한다.

다섯째, 입양기관의 장은 입양성립 후 6월까지 양친과 양자의 상호적응상태에 대하여 보건복지부령이 정하는 사후관리를 하여야 한다. 다만, 국외로 입양되는 자의 사후관리는 그 국가의 국적을 취득할 때까지로 한다.

여섯째, 입양기관의 장은 국외로 입양된 자를 위하여 입양된 자가 그 국가의 국적을 취득한 후에도 모국방문사업 등 대통령령이 정하는 사업을 시행하여야 한다.

위의 내용을 정리하면 <표 2-1>과 <표 2-2>와 같다.

〈표 2-1〉 사회복지시설의 종류

관련법	시설종류	세부종류		소관부처
		생활시설	이용시설	
사회복지사업법	사회복지관 부랑인 · 노숙인시설 결핵 · 한센시설	• 부랑인시설 • 결핵 · 한센시설	• 사회복지관 • 노숙인쉼터 • 상담보호센터	
노인복지법	노인복지시설	• 노인주거복지시설 • 노인의료복지시설	• 재가노인복지시설 • 노인여가복지시설 • 노인보호전문기관	보건복지부
농어촌주민의 보건복지증진을 위한특별법	복합노인복지시설	• 농어촌에 지역에 한해 노인복지법 제31조 노인복지시설을 종합적으로 배치한 복합노인복지시설을 설치 · 운영 가능		

아동복지법	아동복지시설	• 아동양육시설 • 아동일시보호시설 • 아동보호치료시설 • 공동생활가정 • 자립지원시설	• 아동상담소 • 아동전용시설 • 지역아동센터	보건복지부
장애인복지법	장애인복지시설	• 장애인생활시설 • 장애인유료복지시설	• 장애인지역사회재활시설 • 장애인직업재활시설 • 장애인생산품판매시설	
정신보건법	정신보건시설	• 정신요양시설 • 사회복귀시설 중 생활(주거)시설	• 사회복귀시설 중 이용시설	
국민기초생활보장법	지역자활센터		• 지역자활센터	
영유아보육법	보육시설		• 보육시설	
성매매방지및피해자보호등에관한법률	성매매피해지원시설	• 일반지원시설 • 청소년지원시설 • 외국인여성지원시설	• 자활지원센터	여성가족부
성폭력범죄의처벌및피해자보호등에관한법률	성폭력피해보호시설	• 성폭력피해자보호시설	• 성폭력피해상담소	
가정폭력방지및피해자보호등에관한법률	가정폭력보호시설	• 가정폭력피해자보호시설	• 가정폭력상담소	
한부모가족지원법	한부모자복지시설	• 모(부)자보호시설 • 모(부)자자립시설 • 미혼모(자)시설 • 공동생활가정 • 일시보호시설	• 여성복지관 • 한부모가족복지상담소	
다문화가족지원법	다문화가족지원센터		• 다문화가족지원센터	

〈표 2-2〉 보건복지부 소관 사회복지시설의 종류

대상자별	형태		시설 종류	소관부서	관련법령
노인	생활	주거	• 양로시설, 노인공동생활가정	요양보험운영과	노인복지법 제31조
			• 노인복지주택		
		의료	• 노인요양시설, 노인전문병원		
			• 노인요양공동생활가정		
	이용	재가	• 재가노인복지시설(방문요양, 주 · 야간주간보호, 단기보호, 방문목욕)		

<table>
<tr><td rowspan="3">노인</td><td rowspan="3">이용</td><td rowspan="2">여가</td><td>• 노인복지관</td><td rowspan="3">노인정책과</td><td rowspan="3">노인복지법
제31조</td></tr>
<tr><td>• 경로당, 노인교실</td></tr>
<tr><td colspan="2">노인보호전문기관</td></tr>
<tr><td rowspan="6">아동</td><td rowspan="4">생활</td><td colspan="2">아동양육시설, 공동생활가정</td><td rowspan="5">아동복지과</td><td rowspan="6">아동복지법
제16조</td></tr>
<tr><td colspan="2">아동일시보호시설</td></tr>
<tr><td colspan="2">아동보호치료시설</td></tr>
<tr><td colspan="2">자립지원시설</td></tr>
<tr><td rowspan="2">이용</td><td colspan="2">아동상담소, 아동전용시설</td></tr>
<tr><td colspan="2">지역아동센터</td><td>아동권리과</td></tr>
<tr><td rowspan="14">장애인</td><td rowspan="3">생활</td><td rowspan="3">생활
시설</td><td>• 장애유형별생활시설</td><td rowspan="10">장애인권익
지원과</td><td rowspan="14">장애인복지법
제58조</td></tr>
<tr><td>• 중증장애인요양시설</td></tr>
<tr><td>• 장애인영유아생활시설</td></tr>
<tr><td rowspan="10">이용</td><td rowspan="7">지역
사회
재활
시설</td><td>• 장애인복지관</td></tr>
<tr><td>• 장애인의료재활시설</td></tr>
<tr><td>• 장애인주간보호시설</td></tr>
<tr><td>• 장애인단기보호시설</td></tr>
<tr><td>• 장애인공동생활가정</td></tr>
<tr><td>• 장애인체육시설, 장애인수련시설, 장애인심부름센터</td></tr>
<tr><td>• 수화통역센터, 점자도서관, 점서 및 녹음서 출판시설</td></tr>
<tr><td rowspan="2">직업
재활
시설</td><td>• 장애인보호작업장</td><td rowspan="3">장애인자립
기반과</td></tr>
<tr><td>• 장애인근로사업장</td></tr>
<tr><td colspan="2">장애인생산품판매시설</td></tr>
<tr><td>생활</td><td colspan="2">장애인유료복지시설</td><td>장애인권익
지원과</td></tr>
<tr><td>영유아</td><td>이용</td><td>보육
시설</td><td>국공립, 법인, 직장, 가정, 부모협동, 민간 보육시설</td><td>보육기반과</td><td>영유아보육법</td></tr>
<tr><td rowspan="2">정신
질환자</td><td>생활</td><td colspan="2">• 정신요양시설
• 정신질환자 사회복귀시설
- 생활훈련시설 · 작업훈련시설 · 종합훈련시설 · 주거시설
- 입소생활시설 · 주거제공시설 · 공동생활가정 · 중독자재활시설 · 종합재활시설</td><td rowspan="2">정신건강정책과</td><td rowspan="2">정신보건법
제16조</td></tr>
<tr><td>이용</td><td colspan="2">• 정신질환자 사회복귀시설
- 생활훈련시설 · 작업훈련시설 · 종합훈련시설
- 주간재활시설 · 심신수련시설 · 직업재활시설 · 생산품판매시설 · 종합재활시설</td></tr>
</table>

부랑·노숙인	생활	부랑인시설	민생안정과	사회복지사업법 제34조 부랑인및 노숙인보호 시설설치운영 규칙 제2조
	이용	노숙인쉼터, 상담보호센터		
지역 주민	이용	사회복지관	사회서비스자원과	사회복지 사업법
기타 시설	복합	결핵·한센시설	질병관리본부 (에이즈·결핵관리과)	사회복지 사업법
	이용	지역자활센터	자립지원과	

CHAPTER 03

아동복지시설의 설립

1 아동복지시설의 설치신고

아동복지법 제50조 규정에 의하여 국가 또는 지방자치단체외의 자가 시설을 설치하고자 하는 때에는 <별지 3-1>서식의 아동복지시설설치신고서에 다음의 서류를 첨부하여 시장 · 군수 · 구청장에게 제출하여야 한다.

① 정관(법인인 경우에 한한다) 1부

② 시설운영에 필요한 재산목록(소유 또는 사용에 관한 권리를 증명하는 서류를 포함하며, 행정정보의 공동이용을 통하며 소유 또는 사용에 관한 권리를 확인할 수 있는 경우에는 그 확인으로 첨부서류를 갈음한다) 각 1부

③ 사업계획서 및 예산서 각 1부

④ 재산의 평가조서 및 재산수익조서 각 1부

⑤ 시설의 평면도(시설의 층별 및 구조별 면적을 표시하여야 한다) 및 건물의 배치도 각 1부

⑥ 시설에 종사할 직원의 명단과 자격증 사본(자격증이 필요한 직원에 한하되, 자격증을 확인한 경우에는 이를 첨부하지 아니한다) 각 1부

2 아동복지시설의 시설기준(아동복지법 시행규칙 제11조)

1) 아동복지시설의 공통시설 기준

(1) 시설의 입지조건

시설은 보건 · 위생 · 급수 · 안전 · 환경 및 교통편의 등을 충분히 고려하여 쾌적한 환경의 부지를 선정하여야 한다.

(2) 시설의 구조 및 설비

시설의 구조 및 설비는 그 시설을 이용하는 아동의 성별 · 연령별 특성에 맞도록 하여야 한다.

① 아동 30인 이상을 수용하는 시설에는 다음의 설비를 갖추어야 한다. 다만, 지역아동센터의 경우에는 사무실 · 양호실 · 상담실의 설비 상호간에는 이를 겸용할 수 있도록 설치할 수 있고, 아동이 상시 생활하지 아니하는 시설의 경우에는 거실 · 조리실 · 목욕실 · 세탁장 및 건조장의 설비를 갖추지 아니할 수 있다.

- 거실
  - 적당한 난방 및 통풍시설을 하고 상당기간의 일조량을 확보할 수 있도록 하여야 한다.
  - 출입구는 비상재해 시 대피에 용이하도록 복도 또는 넓은 공간에 직접 면하게 하여야 한다.
  - 복도 · 다락 등을 제외한 거실의 실제면적이 아동 1인당 3세 미만의 경우에는 2.5m^2 이상, 3세 이상의 경우에는 3.3m^2 이상으로 하고, 1실의 정원은 6인 이하로 한다.
  - 7세 이상의 아동을 수용하는 거실은 남녀별로 설치하여야 한다.
  - 허약아 · 미숙아 · 질병이환아 등을 격리하여 수용할 수 있는 격리실을 따

로 두어야 한다.

- **사무실** : 사무를 위한 적당한 설비를 갖추어야 한다.
- **양호실** : 진찰 · 건강상담 및 치료를 위한 적당한 설비를 갖추어야 한다.
- **상담실** : 상담을 위한 적당한 설비를 갖추어야 한다.
- **조리실**
  - 채광 및 환기가 잘 되도록 하고 창문에는 방충망을 설치하여야 한다.
  - 식기를 소독하고 위생적으로 취사 및 조리할 수 있는 설비를 갖추어야 한다.
- **목욕실** : 욕탕 · 샤워 및 세면설비를 갖추어야 한다.
- **세탁장** : 세탁에 필요한 기계 · 기구 등 설비를 갖추어야 한다.
- **건조장** : 세탁물을 건조할 수 있는 설비를 갖추어야 한다.
- **화장실**
  - 수세식 화장실을 원칙으로 하되, 수세식이 아닌 화장실은 방수처리를 하고 소독수와 살충제를 비치하여야 한다. 다만, 지역아동센터의 경우에는 변기를 1개 이상 설치할 수 있다.
  - 변기의 수는 아동 5인당 1개 이상으로 설치하여야 한다. 다만, 공동생활 가정의 경우에는 변기를 1개 이상 설치할 수 있다. 다만, 지역아동센터의 경우에는 변기를 1개 이상 설치할 수 있다.
- **급배수시설**
  - 급배수시설은 상수도에 의한다. 다만, 상수도에 의할 수 없는 경우에는 먹는물관리법 제5조의 규정에 의한 먹는 물의 수질기준에 적합한 지하수 등을 공급할 수 있는 시설을 갖추어야 한다.
  - 지하수 등을 사용하는 경우 취수원은 화장실 · 폐기물처리시설 · 동물사육장 기타 지하수가 오염될 우려가 있는 장소로부터 20미터 이상 떨어진 곳에 위치하여야 한다.
  - 빗물 · 오수 등의 배수에 지장이 없도록 배수설비를 하여야 한다.
- **비상재해대비시설** : 소방기술기준에 관한 규칙이 정하는 바에 의하여 소화용 기구를 비치하고, 비상구를 설치하며 비상재해에 대비한 시설을 갖추어야 한다.

② 아동 30인 미만 10인 이상을 수용하는 시설과 아동 10인 미만을 수용하는 시설에는 다음의 설비를 갖추어야 한다. 다만, 사무실 · 양호실 · 상담실의 설비 상호간 및 목욕실 · 세탁장 · 건조장 · 화장실의 설비 상호간에는 이를 겸용할 수 있도록 설치할 수 있고, 아동이 상시 생활하지 아니하는 시설의 경우에는 거실 · 조리실 · 목욕실 · 세탁장 및 건조장의 설비를 갖추지 아니할 수 있다.

(3) 시설별 기준

① **아동양육시설 · 아동일시보호시설 및 아동단기보호시설** : 다음의 설비를 갖추어야 한다. 다만, 아동 30인 미만을 수용하는 시설의 경우에는 시설실정에 맞도록 오락용구 · 도서류 및 놀이기구를 갖추어야 한다.

- **강당 또는 오락실** : 66m² 이상으로 오락용구를 비치하여야 한다.
- **도서실** : 열람석과 아동의 정서함양을 위한 도서류를 비치하여야 한다.
- **놀이터** : 165m² 이상으로 시소 · 미끄럼틀 · 그네 · 모래밭 등 놀이기구를 갖추어야 한다.

② **아동보호치료시설 및 아동직업훈련시설** : 아동양육시설에 준하되, 다음의 설비를 별도로 갖추어야 한다. 다만, 아동 30인 미만을 수용하는 시설에는 시설실정에 맞도록 심리검사 · 치료용 설비 및 직업훈련에 필요한 설비를 갖추어야 한다.

- **심리검사 · 치료실** : 16.5m² 이상으로 심리검사 · 치료를 위한 적당한 설비를 갖추어야 한다.
- **직업훈련장** : 66m² 이상으로 하되, 관할 시장 · 군수 · 구청장이 직업훈련과목 및 그 과목 수에 따라 가감할 수 있으며, 직업훈련에 필요한 설비를 갖추어야 한다.

③ 자립지원시설

- 복도 · 목욕실 등을 제외한 거실의 실제면적이 아동 1인당 9.9m² 이상으로 하되, 1실의 정원은 2인 이하로 한다.

④ **아동상담소**

- **상담실** : 16.5m^2 이상
- **심리검사 · 치료실** : 16.5m^2 이상으로 하되, 2개실 이상을 갖출 것
- **집단지도실** : 33m^2 이상

⑤ **아동복지관**

- **강당** : 99m^2 이상
- **오락실** : 50m^2 이상
- **도서실** : 열람좌석수 20석 이상으로 하되, 도서 1,000권 이상을 갖출 것
- **놀이터** : 150m^2 이상으로서 시소, 미끄럼틀, 그네, 모래밭 등을 갖출 것
- **상담실** : 9.9m^2 이상으로 하되, 2개실 이상을 갖출 것
- **집단지도실** : 33m^2 이상으로 하되, 2개실 이상을 갖출 것

⑥ **공동생활가정** : 전용면적 60m^2 이상의 주택형 숙사를 갖추어야 한다.

⑦ **지역아동센터** : 사무실 · 조리실 · 식당 및 집단지도실을 각각 갖추되, 해당 시설을 모두 합한 면적이 전용면적 82.5m^2 이상으로 한다. 다만, 지역아동센터를 이용하는 일일평균 아동의 수가 20인 미만인 시설은 전용면적 60m^2 이상으로 한다.

⑧ **종합시설** : 당해 종합시설이 행하는 규정에 의한 시설별 기준을 갖추어야 한다. 다만 강당, 오락실, 놀이터, 집단지도실, 도서실은 공동으로 사용할 수 있다.

(4) 아동복지사업별 시설기준

아동복지시설이 고유사업 외에 아동복지법 제16조 제3항의 규정에 의한 사업을 실시하고자 하는 때에는 해당 사업에 필요한 시설을 별도로 갖추어야 한다.

이러한 규정에도 불구하고 고유사업 외에 추가로 실시하는 사업이 1개인 경우에는 사무실, 상담실, 심리검사 · 치료실, 조리실 · 식당 및 도서실을 고유사업운영에 필요한 시설과 공동으로 사용할 수 있다.

① 아동가정지원사업

- 사무실 : 16.5m^2 이상
- 상담실 : 16.5m^2 이상

② 아동주간보호사업

- 사무실 : 16.5m^2 이상
- 거 실 : 33m^2 이상

③ 아동전문상담사업

- 사무실 : 16.5m^2 이상
- 상담실 : 16.5m^2 이상으로 하되, 2개실 이상을 갖출 것
- 심리검사 · 치료실 : 33m^2 이상

④ 학대아동보호사업

- 사무실 : 16.5m^2 이상
- 상담실 : 16.5m^2 이상
- 심리검사 · 치료실 : 16.5m^2 이상

⑤ 공동생활가정사업 : 전용면적 60m^2 이상의 주택형 숙사를 갖추어야 한다.

⑥ 방과후아동지도사업 : 사무실 · 조리실 · 식당 및 집단지도실을 각각 갖추되, 해당 시설을 모두 합한 면적이 전용면적 82.5m^2 이상으로 한다. 다만, 해당 시설을 이용하는 일일평균 아동의 수가 20인 미만인 시설은 전용면적 60m^2 이상으로 한다.

2) 아동복지시설의 운영기준

(1) 건강관리

① 아동의 입소 시에는 반드시 건강진단을 하여야 한다.

② 보호아동 및 직원에 대하여는 연 1회 이상의 건강진단을 하여야 한다.
③ 건강진단결과 건강이 좋지 아니한 자에 대하여는 그 치료를 위하여 필요한 조치를 취하여야 한다.

(2) 급식위생

① 급식은 필요한 영양을 섭취할 수 있도록 식단을 작성하고, 그에 따라 시행되어야 한다.
② 식단은 영양사가 작성하되, 영양사가 없는 시설은 보건소의 지도를 받아 식단을 작성하여야 한다.
③ 전염성질환, 화농성창상 등을 가진 자는 아동의 식사를 조리하여서는 아니된다.
④ 상수도 외의 음용수를 사용하는 경우에는 적어도 연 2회 이상 수질검사를 받아야 한다.

(3) 관리규정

조직 · 인사 · 급여 · 회계 · 물품 기타 시설의 관리에 관한 필요한 규정을 제정 · 시행하여야 한다.

(4) 장부 등의 비치

시설에는 다음의 장부 및 서류를 비치하여야 한다.
① 시설의 연혁에 관한 기록부
② 재산목록과 그 소유 또는 사용권증명서
③ 시설운영일지
④ 시설장 및 직원의 인사카드(이력서 및 사진을 포함한다)
⑤ 예산서 및 결산서
⑥ 총계정원장 및 수입 · 지출 보조부
⑦ 금전 및 물품의 출납부와 그 증빙서류
⑧ 보고서철 및 관계 관청과의 문서철

⑨ 소속법인인 정관 및 관계 의결서류
⑩ 입 · 퇴소아동의 명단 및 관계 서류

(5) 아동복지시설에서의 기거자

① 시설의 장은 아동의 거실이 있는 건물마다 생활지도원 · 보육사 기타 필요한 직원 중 1인을 보호아동과 함께 기거하게 하여야 한다.
② 시설 안에서는 보호아동 외에 시설의 장 및 직원과 그 가족이 아닌 자는 거주하지 못한다.

(6) 아동의 보호조치

① 아동양육시설 및 일시보호시설의 장은 아동이 입소한 때에는 입소된 날부터 2주 동안 그 심신상태를 관찰하여야 한다.
② 아동양육시설의 장은 학대받은 아동에 대한 보호조치를 의뢰받은 때에는 육체적 · 정신적 정상생활이 될 때까지 특별지도를 위하여 다른 아동과 분리하여 수용할 수 있다.

3) 아동복지시설의 직종별 자격기준

〈표 3-1〉 아동복지시설의 직종별 자격기준

직종별	자격기준
시설장	1. 「사회복지사업법」에 의한 사회복지사 3급 이상의 자격을 가진 자 2. 학대아동보호사업과 관련된 기관에서 3년 이상 근무한 경력이 있는 자 3. 7급 이상 공무원으로서 국가 또는 지방자치단체에서 사회복지사업에 관한 행정업무에 5년 이상 종사한 경력이 있는 자 4. 「의료법」에 의한 의사면허를 가진 자로서 3년 이상 진료경력이 있는 자 5. 「정신보건법」에 의한 정신보건전문요원의 자격을 가진 자로서 사회복지업무와 관련하여 5년 이상 종사한 경력이 있는 자 6. 「영유아보육법」에 의한 보육교사 1급 자격을 가진 자로서 아동에 관련된 사회복지업무에 5년 이상 종사한 경력이 있는 자 7. 유치원, 초등학교 또는 중등학교 교사자격증을 가진 자로서 사회복지사업에 5년 이상 종사한 경력이 있는 자 8. 직업훈련교사, 간호사, 영양사로서 사회복지사업에 5년 이상 종사한 경력이 있는 자
총무	1. 「사회복지사업법」에 의한 사회복지사 3급 이상 자격을 가진 자 2. 학대아동보호사업과 관련된 기관에서 1년 이상 근무한 경력이 있는 자

총무	3. 9급 이상 공무원으로서 국가 또는 지방자치단체에서 사회복지사업에 관한 행정업무에 3년 이상 종사한 경력이 있는 자 4. 「정신보건법」에 의한 정신보건전문요원의 자격을 가진 자로서 아동복지업무와 관련하여 3년 이상 종사한 경력이 있는 자 5. 「영유아보육법」에 의한 보육교사 1급 자격을 가진 자로서 아동에 관련된 사회복지업무에 3년 이상 종사한 경력이 있는 자 6. 유치원, 초등학교 또는 중등학교 교사자격증을 가진 자로서 사회복지사업에 5년 이상 종사한 경력이 있는 자
보육사	1. 「사회복지사업법」에 의한 사회복지사 3급 이상 자격을 가진 자 2. 「영유아보육법」에 의한 보육교사자격을 가진 자 3. 고등학교 또는 이와 동등 이상의 학력이 있다고 인정되는 자 4. 유치원, 초등학교 또는 중등학교교사 자격을 가진 자
생활복지사 또는 상담지도원	1. 「사회복지사업법」에 의한 사회복지사 3급 이상 자격을 가진 자 2. 유치원, 초등학교 또는 중등학교교사 자격을 가진 자 3. 「영유아보육법」에 의한 보육교사 1급 자격을 가진 자 4. 제2조 제2항의 규정에 의한 아동복지지도원이 될 수 있는 자격을 가진 자
직업훈련교사	1. 「근로자직업능력 개발법」에 의한 직업능력개발훈련교사자격을 가진 자 2. 「학원의 설립 · 운영 및 과외교습에 관한 법률」에 의한 학원강사의 자격을 가진 자
임상심리상담원	「고등교육법」에 의한 대학 또는 이와 동등 이상의 학력이 있다고 교육과학기술부장관이 인정하는 학교에서 심리학을 전공하여 졸업한 자
자립지원전담요원	1. 「근로자직업능력 개발법」에 따른 직업능력개발훈련교사 자격을 가진 자 2. 「사회복지사업법」에 따른 사회복지사 3급 이상의 자격을 가진 자 3. 초등학교 또는 중등학교 교사 자격을 가진 자 4. 대학 또는 이와 동등 이상의 학력이 있다고 교육과학기술부장관이 인정하는 학교 졸업자(다른 법령에서 이와 동등 이상의 학력이 인정된 자를 포함한다)로서 아동복지 또는 사회복지 관련 학과를 졸업하고 1년 이상 아동복지에 종사한 경력이 있는 자

4) 아동복지시설의 종사자 배치기준

〈표 3-2〉 아동복지시설의 종사자 배치기준

1. 법 제16조 제1항 각 호에 따른 고유업무에 필요한 종사자 수

시설별 \ 직종별		시설장	총무	의사(또는 촉탁의사)	간호사 또는 간호조무사	사무원	영양사	보육사	생활복지사	직업훈련교사	상담지도원	임상심리상담원	조리원	위생원	보안요원	자립지원전담요원
아동양육시설	아동 30인 이상	1인	1인	1인	1인	1인(아동 50인 이상인 경우에 한함)	1인(아동 50인 이상인 경우에 한함)	• 0~2세까지: 아동 3인당 1인(3인 초과시 1인 추가) • 3~6세까지 아동 7인당 1인(7인 초과시 1인 추가) • 7세 이상 : 아동 10인당 1인(10인 초과시 1인 추가)	아동 50인 이상 1인(50인 초과시 1인 추가)	-	필요인원	1인(아동 50인 이상인 경우에 한함)	1인	1인	-	1인

	아동 30인 미만 10인 이상	1인	-	-	-	-	-	2인 (아동 20인 초과시 1인 추가)	-	-	-	-	-	-	-	1인
	아동 10인 미만	1인	-	-	-	-	-	1인	-	-	-	-	-	-	-	-
아동일시보호시설	아동 30인 이상	1인	1인	1인	1인	1인 (아동 50인 이상인 경우에 한함)	1인 (아동 50인 이상인 경우에 한함)	• 0~2세까지: 아동 3인당 1인 (3인 초과시 1인 추가) • 3~6세까지: 아동 7인당 1인 (7인 초과시 1인 추가) • 7세 이상 : 아동 10인당 1인 (10인 초과시 1인 추가)	아동 50인 이상 1인(50인 초과시 1인 추가)	-	필요 인원	1인 (아동 50인 이상인 경우에 한함)	1인	1인	-	-
	아동 30인 미만 10인 이상	1인	-	-	-	-	-	2인 (아동 20인 초과시 1인 추가)	-	-	-	-	-	-	-	-
	아동 10인 미만	1인	-	-	-	-	-	1인	-	-	-	-	-	-	-	-
아동보호치료시설	아동 30인 이상	1인	1인	1인	1인	1인	1인	아동 20인당 1인 (20인 초과시 1인 추가)	1인	필요 인원	-	1인	1인	-	2인 (아동 40인 이상 4인)	1인
	아동 30인 미만 10인 이상	1인	-	-	-	-	-	1인 (아동 20인 초과시 1인 추가)	-	-	-	-	-	-	-	1인
	아동 10인 미만	1인	-	-	-	-	-	1인	-	-	-	-	-	-	-	-
아동직업훈련시설	아동 30인 이상	1인	1인	1인	1인	1인	1인	아동 20인당 1인 (20인 초과시 1인 추가)	1인	필요 인원	-	-	1인	-	-	1인
	아동 30인 미만 10인 이상	1인	-	-	-	-	-	아동 20인당 1인 (20인 초과시 1인 추가)	-	-	-	-	-	-	-	1인
	아동 10인 미만	1인	-	-	-	-	-	1인	-	-	-	-	-	-	-	-
자립지	아동 30인 이상	1인	1인	-	-	1인	-	-	-	-	3인	-	-	-	-	-

원시설	아동 30인 미만 10인 이상	1인	-	-	-	-	-	-	-	-	2인	-	-	-	-	-
	아동 10인 미만	1인	-	-	-	-	-	-	-	-	-	-	-	-	-	-
아동단기보호시설	아동 30인 이상	1인	1인	1인	1인	1인	1인	• 0~2세까지: 아동 3인당 1인 (3인 초과시 1인 추가) • 3~6세까지: 아동 7인당 1인 (7인 초과시 1인 추가) • 7세 이상 : 아동 10인당 1인 (10인 초과시 1인 추가)	아동 50인 이상 1인(50인 초과시 1인 추가)	-	필요 인원	-	1인	1인	-	-
	아동 30인 미만 10인 이상	1인	-	-	-	-	-	2인 (아동 20인 초과시 1인 추가)	-	-	-	-	-	-	-	-
	아동 10인 미만	1인	-	-	-	-	-	1인	-	-	-	-	-	-	-	-
아동상담소	아동 30인 이상	1인	1인	-	1인	1인	-	-	-	-	필요 인원	1인	-	-	-	-
	아동 30인 미만 10인 이상	1인	-	-	-	-	-	-	-	-	필요 인원	-	-	-	-	-
	아동 10인 미만	1인	-	-	-	-	-	-	-	-	-	-	-	-	-	-
아동전용시설	아동 30인 이상	1인	-	-	-	1인	-	-	필요 인원	-	-	-	-	-	-	-
	아동 30인 미만 10인 이상	1인	-	-	-	-	-	-	필요 인원	-	-	-	-	-	-	-
	아동 10인 미만	1인	-	-	-	-	-	-	-	-	-	-	-	-	-	-
아동복지관	아동 30인 이상	1인	-	-	-	1인	-	-	-	-	1인	1인	-	-	-	-
	아동	1인	-	-	-	-	-	-	-	-	1인	-	-	-	-	-

	30인 미만 10인 이상															
	아동 10인 미만	1인	-	-	-	-	-	-	-	-	-	-	-	-	-	-

2. 법 제16조 제2항의 규정에 의한 종합시설의 종사자 수

법 제16조 제1항 각호의 규정에 의한 아동복지시설을 종합시설로 설치한 경우에는 제1호의 규정에 의한 시설별 종사자를 각각 배치하여야 한다. 다만, 시설장은 겸임할 수 있다.

3. 법 제16조 제3항의 규정에 의한 아동복지사업에 필요한 종사자 수

가. 법 제16조 제3항 제1호 내지 제3호의 규정에 의한 사업 : 상담지도원 또는 생활복지사(사회복지사 자격있는 자에 한한다) 1인 이상을 추가로 배치 · 운영하여야 한다. 다만, 이용하는 아동이 10인 미만이거나 고유업무 외에 실시하는 사업이 1개인 경우로서 기존에 배치된 상담지도원 또는 생활복지사가 사회복지사의 자격을 갖추고 있는 경우에는 그러하지 아니하다.

나. 법 제16조 제3항 제4호의 규정에 의한 사업 : 상담지도원(제17조 제2항의 규정에 의한 상담원의 자격이 있는 자에 한한다) 1인 이상을 추가로 배치 · 운영하여야 한다. 다만, 고유업무 외에 실시하는 사업이 1개인 경우로서 기존에 배치된 상담지도원이 제17조 제2항의 규정에 의한 상담원의 자격이 있는 경우에는 그러하지 아니하다.

다. 법 제16조 제3항 제5호의 규정에 의한 사업 : 생활복지사(사회복지사의 자격이 있는 자에 한한다) 1인 이상 및 보육사 1인 이상을 추가로 배치 · 운영하여야 한다.

라. 법 제16조 제3항 제6호의 규정에 의한 사업 : 제1호의 표에 따른 지역아동센터 종사자(시설장은 제외한다)를 추가로 배치 · 운영하여야 한다.

3 아동보호전문기관의 설치

1) 아동보호전문기관의 지정요건

아동학대예방사업을 목적으로 하는 비영리법인이 아동복지법 제24조 제3항에 따라 아동보호전문기관의 운영 위탁을 받을 수 있는 법인으로 지정받으려면 보건복지부령으로 정하는 바에 따라 보건복지부장관, 시 · 도지사 또는 시장 · 군수 · 구청장에게 신청하여야 한다.

아동보호전문기관의 운영 위탁을 신청하려는 비영리법인은 아동복지법 제24조 제4항에 따라 다음 각 호의 요건을 갖추어야 한다.

① 3년 이상 아동복지업무를 수행한 실적이 있을 것
② 아동보호전문기관의 설치기준과 상담원의 배치기준을 갖출 것
③ 아동복지법 제25조에 따른 업무를 수행하는 데 필요한 예산을 확보할 수 있을 것

2) 아동보호전문기관의 지정절차

중앙아동보호전문기관 또는 지역아동보호전문기관의 운영을 위탁받고 비영리법인으로 지정받으려는 자는 아동보호전문기관운영위탁지정신청서<별지 3-2>에 다음 각 호의 서류를 첨부하여 보건복지부장관, 시·도지사 또는 시장·군수·구청장에게 제출하여야 한다.

① 비영리법인의 정관
② 아동보호전문기관 운영에 필요한 재산목록(소유 또는 사용에 관한 권리를 증명하는 서류를 첨부하되, 보건복지부장관, 시·도지사 또는 시장·군수·구청장이 「전자정부법」 제36조 제1항에 따른 행정정보의 공동이용을 통하여 소유 또는 사용에 관한 권리를 확인할 수 있는 경우에는 그 확인으로 첨부서류를 갈음한다)
③ 아동복시시설 신고증
④ 아동복지업무 수행실적
⑤ 사업계획서 및 예산서
⑥ 비영리법인 시설의 평면도(층별·구조별 면적을 표시하여야 한다)
⑦ 종사할 직원의 명단과 자격증 사본(자격증이 필요한 직원만 해당하며, 자격증을 확인한 경우에는 이를 첨부하지 아니한다)

3) 아동보호전문기관의 지정취소

보건복지부장관, 시·도지사 또는 시장·군수·구청장은 아동복지법 제24조 제3항에 따라 지정된 비영리법인이 다음 각 호의 어느 하나에 해당하면 그 지정을 취소할 수 있다.

① 속임수나 그 밖의 부정한 방법으로 보조금의 교부를 받은 경우
② 보조금의 교부조건을 위반한 경우
③ 아동복지법 제25조에 따른 업무실적이 저조한 경우

4) 아동보호전문기관 직원의 자격기준

아동보호전문기관의 장의 자격기준은 아동복지 시설장의 자격기준으로 한다. 또한 아동보호전문기관의 상담원은 다음 각 호의 어느 하나에 해당하는 자로서 대학 또는 보건복지부장관이 인정하는 비영리법인에서 개설 · 운영하는 <표 3-3>의 교육과정을 수료한 자로 한다. 다만, 대학에서 교과목의 일부를 이수한 경우에는 그 이수과목에 대한 교육을 면제할 수 있다.

① 「사회복지사업법」에 의한 사회복지사 1급 이상의 자격을 가진 자
② 대학 또는 이와 동등이상의 학력이 있다고 교육과학기술부장관이 인정하는 학교에서 심리학과(복지심리학과를 포함한다) 또는 보건복지부령이 정하는 아동복지 또는 사회복지 관련 교과목을 이수하고 졸업한 자

〈표 3-3〉 아동보호전문기관 상담원의 교육과정

단계	교육과목(시간)	이수시간(총 100시간)
기본교육	1. 아동복지의 기본가치 이해(4) 2. 아동복지법의 이해(4) 3. 아동학대원인 및 영향(8) 4. 아동보호체계에 대한 이해(8) 5. 가족보존서비스의 이론과 실제(8)	32시간
	1. 초기조사와 사례계획(8) 2. 위기 개입(6) 3. 아동분리와 배치(6) 4. 학대유형별 개입방법(12)	32시간
	1. 아동학대와 방임에 대한 생태학적 관점(8시간) 2. 통합적 접근방법(8시간)	16시간
전문교육	1. 아동학대와 관련된 특수한 문제와 개입방법(8) 2. 학대유형별 상담사례 실습(12)	20시간

아동보호전문기관의 임상심리치료 전문인력은 임상심리사 자격이 있거나 놀이치료, 미술치료, 음악치료, 심리상담 등 전문적인 치료를 할 수 있는 등 학대아동의 심리치료를 할 수 있는 사람으로 한다.

5) 아동보호전문기관의 설치기준

(1) 설치기준

① 사무실

긴급전화 설치에 필요한 적정 규모를 확보하여야 하며, 아동학대 관련 사무를 치리할 수 있는 적당한 설비를 갖추어야 한다.

② 상담실

- $16.5m^2$ 이상의 규모로 상담 내용이 드러나지 아니하고 자연스러운 분위기에서 상담할 수 있는 구조를 갖추어야 한다.
- 효과적인 상담을 위하여 녹취기, 무인카메라 등 필요한 장비를 갖추어야 한다.

③ 심리검사 · 치료실

- $16.5m^2$ 이상의 규모로 아동의 심리치료에 적합한 구조와 설비를 갖추어야 한다.
- 놀이치료 · 미술치료 · 음악치료, 심리상담 등 전문적인 치료를 위하여 필요한 설비를 갖추어야 한다.
- 가족에 대한 상담 · 치료 · 교육에 적합한 구조와 설비를 갖추어야 한다.

④ 그 밖의 사항

$16.5m^2$ 이상의 자료실 또는 대기실 등을 갖추어야 한다.

(2) 직원의 배치기준

① 아동보호전문기관에는 긴급전화의 운영과 아동복지법 제25조의 업무수행에 필요한 기관의 장 1명, 임상심리치료 전문인력 1명 및 상담원 6명 이상을 두어야 한다. 다만, 아동보호전문기관의 장이 제17조 제2항에 따른 상담원의

자격을 갖춘 경우에는 상담원을 겸할 수 있다.

② 학대받은 아동의 신고·접수, 긴급 출동 등 아동학대 관련 업무 수행에 필요한 사무원 등 필요 인력 1명 이상을 두어야 한다.

6) 아동보호전문기관의 운영기준

(1) 관리규정

아동보호전문기관의 장은 조직, 인사, 급여, 회계, 물품 및 그 밖에 운영에 필요한 규정을 제정·시행하여야 한다.

(2) 장부 등의 비치

아동보호전문기관에는 다음의 장부 및 서류를 갖추어 두어야 한다.

① 시설 연혁에 관한 기록부
② 재산 목록과 그 소유권 또는 사용권에 대한 증명서
③ 아동보호전문기관의 운영일지
④ 아동보호전문기관의 장 및 직원의 인사카드
⑤ 예산서 및 결산서
⑥ 총계정 원장(總計定 元帳) 및 수입·지출 보조부
⑦ 금전·물품의 출납부와 그 증빙서류
⑧ 보고서철 및 관계 행정기관과의 문서철
⑨ 신고 또는 접수받은 아동학대의 조사·상담기록과 관련 서류

(3) 그 밖의 사항

① 아동보호전문기관은 지역사회에서 발생하는 아동학대와 방임의 문제에 전문적으로 개입할 때에는 가정 보존과 가족 기능의 회복에 우선을 두어야 한다.

② 아동보호전문기관은 학대받은 아동과 관련된 부모 또는 그 가족을 대상으로 정기적으로 가정상담 및 치료를 실시하여야 한다.

③ 아동보호전문기관은 신고된 아동학대나 방임에 대한 현장 조사 등 사례관리를 철저히 하여야 한다.

④ 아동보호전문기관은 지역사회 주민, 신고의무자, 아동학대 행위자 등을 대상으로 아동학대의 예방을 위한 교육을 실시하여야 한다.

4 가정위탁지원센터의 지정

1) 가정위탁지원센터의 지정요건

아동복지법 제28조의2 제3항의 규정에 의하여 가정위탁지원센터의 운영자로 지정받고자 하는 자는 다음의 요건을 모두 갖추어야 한다.

① **다음 각 목의 어느 하나에 해당하는 비영리법인일 것**

- 법 제16조 제1항 제1호 · 제2호 · 제6호 · 제7호 또는 제9호의 규정에 의한 아동복지시설 중 하나 이상의 시설을 설치 · 운영하고 있는 비영리법인
- 「사회복지사업법」에 의하여 설립된 비영리법인
- 그 밖에 보건복지부장관 또는 시 · 도지사가 인정하는 비영리법인

② **다음 각 목에 정하는 실적 · 기준 및 자금능력을 모두 갖출 것**

- 3년 이상 아동복지업무를 수행한 실적이 있을 것
- 제18조의4의 규정에 의한 설치기준을 갖출 것
- 법 제28조의3의 규정에 의한 업무를 수행하는 데 필요한 자금을 확보할 수 있을 것

2) 가정위탁지원센터의 지정절차

아동복지법 시행령 제18조의2제2항의 규정에 의하여 센터로 지정받고자 하는

자는 가정위탁지원센터지정신청서<별지 3-3>를 다음 각 호의 서류를 첨부하여 시장 · 군수 · 구청장을 거쳐 시 · 도지사에게 제출하여야 한다.

① 정관
② 센터 운영에 필요한 재산목록(소유 또는 사용에 관한 권리를 증명하는 서류를 첨부하되, 보건복지부장관 또는 시 · 도지사가 「전자정부법」 제36조 제1항에 따른 행정정보의 공동이용을 통하여 소유 또는 사용에 관한 권리를 확인할 수 있는 경우에는 그 확인으로 첨부서류를 갈음한다)
③ 아동복지시설의 신고증 사본
④ 아동복지업무 수행실적
⑤ 사업계획서 및 예산서
⑥ 센터의 평면도(층별 · 구조별 면적을 표시하여야 한다)
⑦ 센터에 종사할 직원의 명단과 자격증 사본(자격증이 필요한 직원에 한하되, 자격증을 확인한 경우에는 이를 첨부하지 아니한다)

3) 가정위탁지원센터 직원의 자격기준

아동복지법 제28조의2 제4항의 규정에 의한 가정위탁지원센터의 센터장의 자격기준은 아동복지시설의 시설장의 자격기준과 같다. 가정위탁지원센터의 상담원은 다음 각 호의 어느 하나에 해당하는 자로서 보건복지부장관이 고시하는 비영리법인에서 개설 · 운영하는 <표 3-4>의 교육과정을 수료한 자로 한다. 다만, 대학에서 당해 교과목의 일부를 이수한 자에 대하여는 그 이수과목에 대한 교육을 면제할 수 있다.

① 「사회복지사업법」에 의한 사회복지사 1급 자격을 가진 자
② 대학 또는 이와 동등 이상의 학력이 있다고 교육과학기술부장관이 인정하는 학교 졸업자(다른 법령에서 이와 동등 이상의 학력이 인정된 자를 포함한다)로서 심리학(복지심리학을 포함한다)을 전공하였거나 보건복지부령이 정하는 아동복지 또는 사회복지 관련 교과목을 이수한 자

〈표 3-4〉 가정위탁지원센터 상담원의 교육과정

단계	교육과목(시간)	이수시간(총 100시간)
기본교육	1. 아동복지의 기본가치 이해(4) 2. 아동복지법의 이해(4) 3. 아동권리의 이해(6) 4. 아동 보호체계에 대한 이해(8) 5. 상담심리학 개론(6) 6. 아동복지실천 기술론(8) 7. 가족보존서비스의 이론과 실제(8) 8. 아동학대에 대한 이해(6)	50시간
전문교육	1. 위탁아동양육프로그램(3) 2. 위탁부모 및 친부모교육(3) 3. 가정위탁보호사업의 이해(8) 4. 아동심리평가의 이해(8) 5. 아동상담이론(8) 6. 가족보존을 위한 사례관리(8) 7. 가정위탁 상담사례 실습(12)	50시간

4) 가정위탁지원센터의 설치기준 및 운영기준

(1) 설치기준

① **시설기준** : 사무실과 16.5m^2 이상 면적의 상담실을 갖추어야 한다.

② **직원배치기준** : 센터장 1인 및 상담원 1인 이상을 배치하여야 한다. 다만, 센터장이 제18조의3제2항의 규정에 의한 상담원의 자격을 갖춘 경우에는 상담원을 겸할 수 있다.

(2) 운영기준

① **관리규정** : 센터장은 조직 · 인사 · 급여 · 회계 · 물품 그 밖에 운영에 필요한 규정을 제정 · 시행하여야 한다. 다만, 가정위탁지원센터로 지정받은 법인이 별도의 관련 규정이 있는 경우에는 해당규정을 따르되, 아동복지법령 또는 관련 지침에서 정하고 있는 사항에 관하여는 해당법령 또는 지침을 우선 적용하여야 한다.

② **장부 등의 비치** : 가정위탁지원센터에는 다음의 장부 및 서류를 비치하여야 한다.

- 센터(법인)의 연혁에 관한 기록부
- 재산목록과 그 소유권 또는 사용권에 대한 증명서
- 센터운영일지
- 센터장 및 직원의 인사카드
- 예산서 및 결산서
- 총계정원장 및 수입지출 보조부
- 금전 및 물품의 출납부와 그 증빙서류
- 보고서철 및 관계관청과의 문서철
- 요보호 아동, 위탁가정 조사 및 상담기록과 관련된 서류
- 가정위탁보호조치 아동 및 귀가 아동의 명단 및 관련 서류

③ 기타

- 가정위탁지원센터는 가정위탁보호가 아동의 행복을 최우선하는 최적의 방법인지를 검토하여야 한다.
- 가정위탁 시 아동에 대한 계획 및 아동배치 후의 아동에게 적절하고 필요한 조치를 취하였는가에 대한 지속적인 사례관리와 평가가 이루어져야 한다.
- 친부모와 아동이 재결합할 수 있도록 개별 아동계획을 세워야 한다.
- 친부모와 아동의 재결합을 돕기 위하여 친부모와 정기적인 접촉을 하도록 노력하여야 하며 이에 대한 기록을 남겨두어야 한다.
- 시 · 도(시 · 군 · 구), 가정위탁지원센터, 위탁아동, 가정위탁보호의뢰가정 및 위탁가정은 서로 협력하여야 한다.

5 지역아동센터의 설치

1) 선정절차 및 방법

시장 · 군수 · 구청장은 지원대상시설 선정 시 해당 지역에 선정계획을 사전에

통보하거나 홈페이지 등에 게시하여 공정한 기회를 제공하도록 조치해야 하며 지역아동센터는 시·군·구청에 지역아동센터 운영비 지원 신청서<별지 3-4>와 관련 첨부서류를 제출해야 한다.

시장·군수·구청장은 지역아동센터에서 제출한 신청서와 관련 첨부서류에 대해 서면조사와 현장방문조사를 실시한 후 <표 3-5>의 지역아동센터 운영비 지원 선정기준표를 작성하여 선정위원회의 심사를 거쳐 최종 결정한다.

2) 시설기준 및 신고절차

(1) 시설 및 설비기준

사무실·조리실·식당 및 집단지도실·화장실을 각각 갖추되 해당 시설을 모두 합한 면적이 전용면적 82.5m^2 이상으로 한다. 다만, 지역아동센터를 이용하는 일일평균 아동의 수가 20인 미만의 시설은 전용면적 60m^2 이상으로 한다.

(2) 시설설치 구비서류(아동복지법 시행규칙 제10조)

① 아동복지시설설치신고서<별지 3-1>
② 정관(법인의 경우에 한함)
③ 시설운영에 필요한 재산목록(소유 또는 사용에 관한 권리를 증명하는 서류를 포함)
④ 사업계획서 및 예산서
⑤ 재산의 평가조서 및 재산수익조서
⑥ 시설의 평면도(시설의 층별 및 구조별 면적을 표시) 및 건물의 배치도
⑦ 시설 종사할 직원의 명단과 자격증 사본(자격증이 필요한 직원에 한하되, 자격증을 확인한 경우에는 이를 첨부하지 아니함)

(3) 시설안전 및 운영

지역아동센터는 사회복지사업법 제34조2와 제34조의3, 아동복지법시행령 제4조(안전교육) 규정에 의거 아동의 안전사고 예방을 위한 정기적(필요한 경우 수시 포함)으로 시설의 안전점검과 안전교육을 실시해야 한다.

또한 아동의 실내 · 외 활동 시 안전을 위해 아동에 대한 지도감독을 철저히 수행하며 만일의 사태에 대비하여 응급처치에 대한 요령을 숙지하고 필요한 구급약과 비상의약 장비를 비치하는 등 아동에 대한 안전 확보를 위해 시설 및 환경을 조성하고 관리하는 일에 만전을 기해야 한다.

(4) 종사자 기준

① **아동 30인 이상** : 시설장 1인, 영양사 1인(아동 50인 이상인 시설인 경우), 생활복지사 2인(아동 50인 초과시 1인 추가)
② **아동 30인 미만 10인 이상** : 시설장 1인, 생활복지사 1인
③ **아동 10인 미만** : 시설장 1인

(5) 지역아동센터 세부운영

① 운영시간

운영시간은 하루 8시간 이상 주 5일 이상을 원칙으로 하되, 지역의 여건과 실정(아동의 귀가시간 등)을 감안하여 신축적으로 운영시간을 조정할 수 있으며, 토 · 일요일 등의 운영은 지역여건과 지역아동센터(공부방) 실정에 따라 운영하되, 빈곤 · 결손 · 방임아동을 위하여 운영하는 방향으로 추진하되 상 · 하반기 단기방학이 이루어지는 시기에는 운영시간을 조정하여 아동들이 방학으로 인해 방임되지 않도록 한다.

② 사업운영

- 생활지원(보호) 프로그램 : 지역사회 내 방임아동보호, 일상생활지원, 건강생활지도, 위행지도, 안전지도, 급식제동 등
- 이용자 사례관리 : 상담, 부모교육, 가족상담, 결연후원, 아동사례관리, 가족지원하기 등
- 지역자원 연계프로그램 : 지역 내 인적자원확보 및 관리, 물적자원확보 및 관리, 관련기관연계프로그램, 홍보 등

③ 프로그램

• 학습지원프로그램 : 학교생활준비지원, 학년별학습지도하기, 학습부진아 지도, 학습지원 성과 평가하기, 숙제지도, 예체능 교육 등
• 놀이 및 특별활동지원 : 문화체험, 견학, 캠프, 공동체 활동, 놀이 활동 지원, 특기적성 프로그램 등

〈표 3-5〉 지역아동센터 운영비 지원 선정기준표

영역	선정기준항목	편성기준내용	제출서류
운영관리(60점)	1. 인력관리(20점)	1-1. 법정종사자 배치 - 법정기준배치 : 10점 - 법정기준미달 : 1점 * 법정종사자배치 유예기관 : 5점 1-2. 종사자 4대보험가입여부(퇴직금포함) - 4대 보험 전원가입 : 10점 - 4대 보험 일부가입 : 3점 - 4대 보험 미가입 : 1점	* 인사기록부(자격증・경력증명서 첨부) * 4대보험납입 증명서
	2. 회계관리(10점)	2-1. 전문회계프로그램 사용 - 전문회계프로그램 사용 : 10점 - 기타 회계처리(장부) 등 : 5점 - 회계장부 미비 등 : 1점	* 전문회계프로그램 사용 증명
	3. 업무관리(20점)	3-1. 운영관련서류구비 - 4개 서류 정상운영 : 20점 - 4개 서류 중 3개 : 12점 - 4개 서류 중 2개 : 8점 - 4개 서류 중 1개 : 5점	* 4개 서류 : 운영일지, 아동출석부, 급식관련 서류, 인사기록부
	4. 안전관리(10점)	4-1. 시설안전운영관련 - 화재 및 상해, 활동보험가입 : 10점 - 화재 및 상해보험가입 : 7점 - 화재 및 상해보험 중 1개 가입 : 3점 - 보험미가입 : 1점	* 보험증명서 제출
아동관리(40점)	5. 대상자 모집(20점)	5-1. 대상아동 적절성(신고아동대비) - 수급자, 차상위 아동 60% 이상 : 20점 - 수급자, 차상위 아동 50% 이상 : 15점 - 수급자, 차상위 아동 40% 이상 : 10점 - 수급자, 차상위 아동 30% 이상 : 5점 - 수급자, 차상위 아동 20% 이상 : 3점 - 수급자, 차상위 아동 20% 미만 : 1점	* 수급자, 차상위 아동은 증명서 제출
	6. 출결사항(10점)	6-1. 대상아동 출결사항(신고아동대비 : 일일) - 출석률 80% 이상(주간평균) : 10점 - 출석률 70% 이상(주간평균) : 5점 - 출석률 60% 이상(주간평균) : 3점 - 출석률 50% 미만(주간평균) : 1점	* 9월 첫째 주(1주간) 출결사항(출석부 또는 확인서) 문서 제출 * 출결확인이 불가능할 시 없을 시 1점 처리

아동 관리 (40점)	7. 지원시간 (10점)	7-1. 서비스지원 시간 - 1일 8시간 이상 : 10점 - 1일 7시간 이상 : 7점 - 1일 6시간 이상 : 4점 - 1일 5시간 이하 : 1점 * 필수운영시간 : 13:00~18:00 포함되어야 함	* 운영시간 확인서류 제출

* 평균 60점 이상 시설을 지원대상시설로 선정

CHAPTER 04

노인복지시설의 설립

1 노인주거복지시설의 설치

1) 노인주거복지시설의 설치신고

노인복지법 제33조 제2항의 규정에 의하여 노인주거복지시설을 설치하고자 하는 자는 <별지 4-1> 서식의 노인주거복지시설설치신고서에 다음의 서류를 첨부하여 특별자치도지사 · 시장 · 군수 · 구청장에게 제출하여야 한다.

① 설치하고자 하는 자가 법인인 경우에는 정관 1부

② 위치도 · 평면도 및 설비구조내역서 각 1부

③ 입소보증금 · 이용료 기타 입소자의 비용부담 관계서류 1부

④ 사업계획서(제공되는 서비스의 내용과 입소자로부터 입소비용의 전부를 수납하여 운영하려는 양로시설, 노인공동생활가정 및 노인복지주택의 경우에는 의료기관과의 연계에 관한 사항을 포함한다) 1부

⑤ 시설을 설치할 토지 및 건물의 소유권을 증명할 수 있는 서류 각 1부

2) 노인주거복지시설의 시설기준

(1) 시설의 규모

노인주거복지시설은 다음의 구분에 따른 인원이 입소할 수 있는 시설을 갖추어야 한다<표 4-1>.

① **양로시설** : 입소정원 10명 이상(입소정원 1명당 연면적 15.9m^2 이상의 공간을 확보하여야 한다)
② **노인공동생활가정** : 입소정원 5명 이상 9명 이하(입소정원 1명당 연면적 15.9m^2 이상의 공간을 확보하여야 한다)
③ **노인복지주택** : 30세대 이상

〈표 4-1〉 노인주거복지시설의 기준

<table>
<tr><th colspan="2">구분
시설별</th><th>침실</th><th>사무실</th><th>요양보호사 및 자원봉사자실</th><th>의료 및 간호사실</th><th>체력단련실 및 프로그램실</th><th>식당 및 조리실</th><th>비상재해대비시설</th><th>화장실</th><th>세면장 및 샤워실(목욕실)</th><th>세탁장 및 세탁물건조장</th></tr>
<tr><td rowspan="2">양로시설</td><td>입소자 30명 이상</td><td>○</td><td>○</td><td>○</td><td>○</td><td>○</td><td>○</td><td>○</td><td>○</td><td>○</td><td>○</td></tr>
<tr><td>입소자 30명 미만 10명 이상</td><td>○</td><td colspan="2">○</td><td>○</td><td>○</td><td>○</td><td>○</td><td>○</td><td colspan="2">○</td></tr>
<tr><td colspan="2">노인공동생활가정</td><td>○</td><td colspan="3">○</td><td>-</td><td>○</td><td>○</td><td>○</td><td colspan="2">○</td></tr>
<tr><td colspan="2">노인복지주택</td><td colspan="10">침실 1, 관리실 1(사무실 · 숙직실 포함), 식당 및 조리실 1, 체력단련실 및 프로그램실 1, 의료 및 간호사실 1, 식료품점 또는 매점 1, 비상재해대비시설 1, 경보장치 1</td></tr>
</table>

비고 : 세탁물을 전량 위탁처리하는 경우에는 세탁장 및 세탁물건조장을 두지 아니할 수 있다.

(2) 시설의 구조 및 설비

① 시설의 구조 및 설비는 일조 · 채광 · 환기 등 입소자의 보건위생과 재해방지 등을 충분히 고려하여야 한다.
② 복도 · 화장실 · 침실 등 입소자가 통상 이용하는 설비는 휠체어 등의 이동이

가능한 공간을 확보하여야 하며 문턱제거, 손잡이 시설 부착, 바닥 미끄럼 방지 등 노인의 활동에 편리한 구조를 갖추어야 한다.

③ 「소방시설 설치유지 및 안전관리에 관한 법률 시행규칙」이 정하는 바에 따라 소화용 기구를 비치하고 비상구를 설치하여야 한다. 다만, 입소자 10명 미만인 시설의 경우에는 소화용 기구를 갖추는 등 시설실정에 맞게 비상재해에 대비하여야 한다.

④ 입소자가 건강한 생활을 영위하는 데 도움이 되는 도서관, 스포츠 · 레크리에이션 시설 등 적정한 문화 · 체육부대시설을 설치하도록 하되, 지역사회와 시설간의 상호교류 촉진을 통한 사회와의 유대감 증진을 위하여 입소자가 이용하는 데 지장을 주지 아니하는 범위에서 외부에 개방하여 운영할 수 있다.

(3) 재가노인복지시설의 병설 · 운영

시설의 장은 시설의 개방성을 높여 지역사회와의 교류를 증진하고 입소자가 외부사회와의 단절감을 느끼지 아니하도록 하기 위하여 재가노인복지시설을 병설 · 운영할 수 있다.

〈표 4-2〉 노인주거복지시설의 설비기준

양로시설	노인공동생활가정	노인복지주택
가. 침실 (1) 독신용 · 합숙용 · 동거용 침실을 둘 수 있다. (2) 남녀공용인 시설의 경우에는 합숙용 침실을 남실 및 여실로 각각 구분하여야 한다. (3) 입소자 1명당 침실면적은 $5.0m^2$ 이상이어야 한다. (4) 합숙용침실 1실의 정원은 4명 이하이어야 한다. (5) 합숙용침실에는 입소자의 생활용품을 각자 별도로 보관할 수 있는 보관시설을 설치하여야 한다. (6) 채광 · 조명 및 방습설비를 갖추어야 한다.	가. 침실 (1) 독신용 · 동거용 · 합숙용 침실을 둘 수 있다. (2) 남녀공용인 시설의 경우에는 합숙용 침실을 남실 및 여실로 각각 구분하여야 한다. (3) 입소자 1명당 침실면적은 $5.0m^2$ 이상이어야 한다. (4) 합숙용침실 1실의 정원은 4명 이하이어야 한다. (5) 합숙용침실에는 입소자의 생활용품을 각자 별도로 보관할 수 있는 보관시설을 설치하여야 한다. (6) 채광 · 조명 및 방습설비를 갖추어야 한다.	가. 침실 (1) 독신용 · 동거용 침실의 면적은 $20m^2$ 이상이어야 한다. (2) 취사할 수 있는 설비를 갖추어야 한다. (3) 목욕실, 화장실 등 입소자의 생활편의를 위한 설비를 갖추어야 한다. (4) 채광 · 조명 및 방습설비를 갖추어야 한다. 나. 프로그램실 : 자유로이 이용할 수 있는 적당한 문화시설과 오락기구를 갖추어 두어야 한다. 다. 체력단련실 : 입소 노인들이 기본적인 체력을 유지할 수 있는 데 필요한 적절한 운동기구를 갖추어야 한다.

<table>
<tr>
<td>나. 식당 및 조리실 : 조리실바닥은 내수재료로서 세정 및 배수에 편리한 구조로 하여야 한다.
다. 세면장 및 샤워실(목욕실)
(1) 바닥은 미끄럽지 아니하여야 한다.
(2) 욕조를 설치하는 경우에는 욕조에 노인의 전신이 잠기지 아니하는 깊이로 하고 욕조의 출입이 자유롭도록 최소한 1개 이상의 보조봉과 수직의 손잡이 기둥을 설치하여야 한다.
(3) 급탕을 자동온도조절장치로 하는 경우에는 물의 최고 온도는 섭씨 40도 이상이 되지 아니하도록 하여야 한다.
라. 프로그램실 : 자유로이 이용할 수 있는 적당한 문화시설과 오락기구를 갖추어 두어야 한다.
마. 체력단련실 : 입소 노인들이 기본적인 체력을 유지할 수 있는 데 필요한 적절한 운동기구를 갖추어야 한다.
바. 의료 및 간호사실 : 진료 및 간호에 필요한 상용의약품 · 위생재료 또는 의료기구를 갖추어야 한다.
사. 경사로 : 침실이 2층 이상인 경우 경사로를 설치하여야 한다. 다만, 승강기를 설치한 경우에는 이를 설치하지 아니할 수 있다.
아. 그 밖의 시설
(1) 복도 · 화장실 그 밖의 필요한 곳에 야간 상용등을 설치하여야 한다.
(2) 계단의 경사는 완만하여야 하며, 난간을 설치하여야 한다.
(3) 바닥은 부드럽고 미끄럽지 아니한 바닥재를 사용하여야 한다.</td>
<td>나. 식당 및 조리실 : 조리실바닥은 내수재료로서 세정 및 배수에 편리한 구조로 하여야 한다.
다. 세면장 및 샤워실(목욕실)
(1) 바닥은 미끄럽지 아니하여야 한다.
(2) 욕조를 설치하는 경우에는 욕조에 노인의 전신이 잠기지 아니하는 깊이로 하고 욕조의 출입이 자유롭도록 최소한 1개 이상의 보조봉과 수직의 손잡이 기둥을 설치하여야 한다.
(3) 급탕을 자동온도조절장치로 하는 경우에는 물의 최고 온도는 섭씨 40도 이상이 되지 아니하도록 하여야 한다.
라. 경사로 : 침실이 2층 이상인 경우 경사로를 설치하여야 한다. 다만, 승강기를 설치한 경우에는 경사로를 설치하지 아니할 수 있다.
마. 그 밖의 시설
(1) 복도 · 화장실 그 밖의 필요한 곳에 야간 상용 등을 설치하여야 한다.
(2) 계단의 경사는 완만하여야 하며, 난간을 설치하여야 한다.
(3) 바닥은 부드럽고 미끄럽지 아니한 바닥재를 사용하여야 한다.</td>
<td>라. 의료 및 간호사실 : 진료 및 간호에 필요한 상용의약품 · 위생재료 또는 의료기구를 갖추어야 한다.
마. 경보장치 : 타인의 도움이 필요할 때 경보가 울릴 수 있도록 거실, 화장실, 욕실, 복도 등 필요한 곳에 설치하여야 한다.
바. 경사로 : 침실이 2층 이상인 경우 경사로를 설치하여야 한다. 다만, 승강기를 설치한 경우에는 경사로를 설치하지 아니할 수 있다.</td>
</tr>
</table>

(4) 시설 설치에 관한 특례

① 시설 설치자는 시설을 설치할 토지 및 건물의 소유권 또는 사용권을 확보하여야 하며, 시설 설치목적 외의 목적에 의한 저당권을 해당 토지 및 건물에 설정하여서는 아니 된다. 다만, 시설(노인복지주택은 임대의 경우에만 해당한다)의 설치목적에 의한 저당권을 설정하는 경우에도 저당권의 피담보채권액과 입소보증금의 합이 건설원가의 80% 이하이어야 한다.

② 타인 소유의 토지 또는 건물을 사용하여 입소자로부터 입소비용의 전부를 수납하여 운영하는 시설을 설치하려는 경우에는 다음의 요건을 갖추어야 한다.

- 임대자계약 · 시상권실징계약 등 사용계약의 양 당사자는 법인이어야 한다.
- 토지 또는 건물에 대한 등기 등 법적 대항 요건을 갖추어야 한다.
- 사용계약서에 다음의 내용이 포함되어 있어야 한다.
  - 토지 또는 건물의 사용목적이 시설의 설치 · 운영을 위한 것이라는 취지의 내용
  - 계약기간의 연장을 위한 자동갱신조항
  - 무단 양도(매매, 증여, 그 밖의 권리의 변동을 수반하는 일체의 행위를 포함한다) 및 전대의 금지조항
  - 장기간에 걸친 임차료 등의 인상방법(무상으로 사용하는 경우는 제외한다)
  - 토지 또는 건물에 대한 사용권자의 우선 취득권에 관한 내용

③ 양로시설 · 노인공동생활가정 또는 임대형 노인복지주택을 설치하려는 자는 입소자에 대한 보증금 반환채무의 이행을 보장하기 위하여 입소계약 체결 후 보증금 수납일부터 10일 이내에 다음 각 호의 요건에 적합한 인 · 허가보증보험에 가입하여야 한다. 다만, 시설 개원이후 입소자별로 전세권 또는 근저당권 설정 등의 조치를 한 경우에는 각각 인 · 허가보증보험에 가입하지 아니할 수 있다.

- 보증내용 : 입소자의 입소보증금 반환채무 이행보증
- 보증가입금액 : 입소보증금 합계의 100분의 50 이상
- 보증가입기간 : 보증금 납부일부터 퇴소시까지
- 보증가입관계 : 시장 · 군수 · 구청장을 피보험자로 함

- 보험금 수령방법 : 시장 · 군수 · 구청장의 확인 하에 입소자가 보험금을 직접 수령함.

(5) 노인주거복지시설 직원의 자격기준과 배치기준

〈표 4-3〉 직원의 자격기준

직종별	자격기준
시설의 장 (노인복지주택은 제외한다)	「사회복지사업법」에 따른 사회복지사 자격증 소지자 또는 「의료법」 제2조에 따른 의료인
사회복지사	「사회복지사업법」에 따른 사회복지사 자격증 소지자
요양보호사	법에 따른 요양보호사 자격증 소지자

〈표 4-4〉 직원의 배치기준

<table>
<tr><th colspan="2">직종별
시설별</th><th>시설장</th><th>사무국장</th><th>사회복지사</th><th>의사
(한의사를 포함한다)
또는 촉탁의사</th><th>간호사 또는 간호조무사</th><th>요양보호사</th><th>사무원</th><th>영양사</th><th>조리원</th><th>위생원</th><th>관리인</th></tr>
<tr><td rowspan="2">양로시설</td><td>입소자 30명 이상</td><td>1명</td><td>1명</td><td>1명</td><td>필요수</td><td>입소자 50명당 1명</td><td>입소자 12.5명당 1명</td><td>1명
(입소자 100명 이상인 경우로 한정함)</td><td>1명
(입소자 50명 이상인 경우로 한정함)</td><td>2명
(입소자 100명 초과할 때마다 1명 추가)</td><td>입소자 50명당 1명</td><td></td></tr>
<tr><td>입소자 30명 미만 10명 이상</td><td>1명</td><td colspan="2">1명</td><td></td><td>1명</td><td>입소자 12.5명당 1명</td><td></td><td></td><td>1명</td><td>1명</td><td></td></tr>
<tr><td colspan="2">노인공동생활가정</td><td>1명</td><td></td><td></td><td></td><td></td><td>입소자 3명당 1명</td><td></td><td></td><td></td><td></td><td></td></tr>
<tr><td colspan="2">노인복지주택</td><td>1명</td><td></td><td>1명</td><td></td><td></td><td></td><td></td><td></td><td></td><td></td><td>1명</td></tr>
</table>

- 위생원 및 요양보호사 : 세탁물을 전량 위탁처리하는 경우에는 위생원을 두지 아니할 수 있으며, 입소자로부터 입소비용의 전부를 수납하여 운영하는 양로시설의 요양보호사 배치기준은 입소자 20명당 1명으로 한다.

비고: (1) 사회복지사 : 입소자의 건강유지, 여가선용 등 노인의 복지제공계획을 수립하고, 복지증진에 관하여 상담 · 지도하는 자

(2) 요양보호사 : 요양서비스가 필요한 노인에게 신체활동지원 서비스와 그 밖의 일상생활지원 서비스를 제공하는 자

3) 노인주거복지시설의 운영기준

(1) 건강관리(노인복지주택의 경우는 제외한다)

① 노인주거복지시설에는 입소자 건강관리를 위한 책임자를 두고 의사(한의사를 포함한다), 간호사, 그 밖의 자격이 있는 자가 그 임무를 수행하여야 한다.
② 전담의사를 두지 아니한 시설은 촉탁의사(시간제 계약에 의한 의사를 포함한다)를 두어야 한다.
③ 촉탁의사를 두는 시설의 장은 촉탁의사가 매주 2회 이상(1회당 2시간 이상) 시설을 방문하여 입소자의 건강상태를 확인하고 건강상태가 악화된 입소자에 대하여 적절한 조치를 취하도록 하여야 한다.
④ 입소자 및 직원에 대하여는 연 1회 이상의 건강진단을 하여야 하며, 건강진단결과 건강이 좋지 아니한 자에 대하여는 그 치료를 위하여 필요한 조치를 하여야 한다.
⑤ 입소자에 대하여 그 건강상태에 따라 적절한 훈련과 휴식을 하도록 하여야 한다.
⑥ 시설의 환경을 항상 청결하게 하고 그 위생관리에 유의하여야 한다.

(2) 급식위생관리

① 시설의 장은 입소자가 필요한 영양을 섭취할 수 있도록 영양사가 작성한 식단에 따라 급식을 행하여야 한다. 다만, 영양사가 없는 시설의 경우에는 소재지를 관할하는 보건소장 또는 다른 시설 등의 영양사의 지도를 받아 식단을 작성하고 이에 따라 급식하여야 한다.
② 전염성질환, 화농성창상 등이 있는 자는 입소자의 식사를 조리하여서는 아니 된다.
③ 시설에서 사용되는 음용수의 경우에는 「수도법」 및 「먹는물관리법」이 정하는 바에 따라 수질검사를 받아야 한다.
④ 입소자의 식사를 조리하는 자는 항상 청결을 유지하여야 한다.

(3) 운영규정

① 시설의 장은 조직, 인사, 급여, 회계, 물품, 그 밖에 시설의 운영에 관하여 필

요한 규정을 작성하여 시장 · 군수 · 구청장에게 제출하여야 한다.

② 양로시설 · 노인공동생활가정 및 노인복지주택의 운영규정에는 다음의 사항이 포함되어야 한다.

- 입소정원 및 모집방법 등에 관한 사항
- 입소계약에 관한 사항(계약기간, 계약목적, 입소보증금, 월 이용료, 그 밖의 비용부담액, 신원인수인의 권리 · 의무, 계약의 해제, 입소보증금의 반환 등에 관한 사항을 포함한다)
- 입소보증금, 이용료 등 비용에 대한 변경방법 및 절차 등에 관한 사항
- 서비스의 내용과 그 비용의 부담에 관한 사항
- 특별한 보호를 필요로 하는 경우에는 그 서비스기준과 비용에 관한 사항
- 의료를 필요로 하는 경우에는 그 구체적인 처리절차
- 시설물 사용상의 주의사항 등에 관한 사항
- 서비스 제공자의 배상책임, 면책범위에 관한 사항
- 운영규정의 개정방법 및 절차 등에 관한 사항
- 운영위원회 또는 운영간담회의 설치 · 운영에 관한 사항

③ 시설의 장은 운영규정에서 정한 바에 따라 해당 시설을 운영하여야 한다.

④ 모든 종사자는 시설의 장과 근로계약이 체결된 자이어야 한다.

(4) 보증금의 수납 및 반환

① 양로시설 및 노인공동생활가정을 설치한 자가 보증금을 수납하는 때에는 월 입소비용의 1년분 이내에서 이를 수납하여야 한다.

② 노인주거복지시설(분양형 노인복지주택은 제외한다)을 설치한 자는 입소자가 퇴소하는 때에는 지체 없이 수납한 보증금을 입소자 또는 입소자를 대신하여 입소계약을 체결한 배우자 또는 부양의무자에게 반환하여야 한다.

(5) 회계

① 시설의 설치 · 운영에 관한 회계는 법인회계 또는 다른 사업에 관한 회계와 분리하여 계리하여야 한다.

② 국가 또는 지방자치단체로부터의 보조금품, 그 밖에 시설이 수수한 기부금

품은 이를 별도의 계정으로 계리하여야 한다.

(6) 장부 등의 비치

시설에는 다음의 장부 및 서류를 비치하여야 한다.

① 시설의 연혁에 관한 기록부
② 재산목록과 재산의 소유권 또는 사용권을 증명할 수 있는 서류
③ 시설운영일지
④ 예산서 및 결산서
⑤ 총계정원장 및 수입 · 지출보조부
⑥ 금전 및 물품의 출납부와 증빙서류
⑦ 보고서철 및 행정기관과의 협의 등 관련 문서철
⑧ 정관(법인의 경우에만 해당한다) 및 관계 질의서류
⑨ 입소자 관리카드(입소계약 체결일, 입소보증금, 이용료, 그 밖에 비용부담 관계 등에 관한 내용을 포함한다)
⑩ 연계의료시설과의 제휴계약서
⑪ 촉탁의사 근무상황부(촉탁의사가 있는 경우에만 해당한다)

(7) 시설(노인복지주택은 제외한다)에서의 기거자

① 시설의 장은 입소자의 침실 또는 침실이 있는 건물마다 요양보호사, 그 밖의 직원 중 1명을 입소자와 함께 기거하도록 조치하여야 한다.
② 시설 안에서는 입소자 외에 시설의 장 및 직원과 그 가족이 아닌 자는 거주하지 못한다.

(8) 사업의 실시

① 시설의 장은 입소자에 대하여 적극적으로 필요한 생활지도를 하여야 한다.
② 시설의 장은 입소자의 연령, 성별, 성격, 생활력, 심신의 건강상태 등을 고려하여 수시로 입소자와 면담하거나 관찰, 지도하고 특이사항을 기록, 유지하여

보호의 정도에 따라 다른 노인복지시설로의 전원 등 필요한 조치를 하여야 한다.

③ 시설의 장이 생활지도 등을 함에 있어서는 입소자의 의사를 최대한 존중하여야 한다.

④ 시설의 장은 노인교실 등의 기관과 제휴하여 입소자가 교양교육 등을 받도록 함으로써 건전하고 활력 있는 생활을 할 수 있도록 노력하여야 한다.

⑤ 시설의 장은 시설종류별로 각 시설의 특성을 고려하여 <표 4-5> 기준에 따른 사업을 실시하여야 한다.

〈표 4-5〉 노인주거복지시설의 사업내용

시설별	사업내용
양로시설 · 노인공동생활가정	(가) 입소자의 생활의욕 증진 등을 도모하기 위하여 입소자의 신체적 · 정신적 상태에 따라 그 기능을 회복하게 하거나 기능의 감퇴를 방지하기 위한 훈련에 참가할 기회를 제공하여야 한다. (나) 교양 · 오락설비 등을 구비하고 적절한 레크리에이션을 실시하여야 한다.
노인복지주택	(가) 입주자의 거주에 불편함이 없도록 생활편의를 위한 체육시설, 여가 및 오락시설 등 부대시설 및 각종 복리시설을 설치하여 직접 또는 위탁하여 운영하여야 한다. (나) 사회복지사는 순회서비스를 제공하는 등 항상 입주자의 안전을 위하여 세심한 배려를 하여야 하며 다음의 서비스를 제공하여야 한다. ① 생활지도 · 상담 ② 문안 ③ 긴급사태시 대처 ④ 의료기관등 관계기관과의 연락 ⑤ 일상생활상 필요한 원조 (다) 필요한 경우 재가노인복지시설의 방문요양과 주야간보호서비스 등을 활용할 수 있도록 노인보건 및 복지에 관련된 사업기관과의 연계를 도모하여야 한다.

(9) 운영위원회

「사회복지사업법」 제36조 및 같은 법 시행규칙 제24조에 따라 운영위원회를 설치 · 운영하여야 한다. 다만, 입소자로부터 입소비용 전부를 수납하여 운영하는 노인주거복지시설은 시설의 장, 직원, 가족대표, 입소자대표 및 법 제51조에 따른 노인복지 명예지도원으로 구성된 운영간담회를 설치 · 운영할 수 있고, 시설의 장은 입소자의 상황, 서비스 제공 상황 등 시설의 운영과 관리비 등의 내용을 정기적으로 운영간담회에 보고하여야 한다.

2 노인의료복지시설의 설치

1) 노인의료복지시설의 설치신고

노인복지법 제35조의 규정에 의하여 노인의료복지시설(노인전문병원을 제외한다)을 설치하고자 하는 자는 <별지 4-2> 서식의 노인의료복지시설설치신고서에 다음의 서류를 첨부하여 특별자치도지사 · 시장 · 군수 · 구청장에게 제출하여야 한다.

① 설치하고자 하는 자가 법인인 경우에는 정관 1부
② 위치도 · 평면도 및 설비구조내역서 각 1부
③ 입소보증금 · 이용료 기타 입소자의 비용부담 관계서류 1부
④ 사업계획서(제공되는 서비스의 내용 및 의료기관과의 연계에 관한 사항을 포함한다) 1부
⑤ 시설을 설치할 토지 및 건물의 소유권을 증명할 수 있는 서류(노인요양공동생활가정, 입소자로부터 입소비용의 전부를 수납하여 운영하려는 노인요양시설 및 보건복지부장관이 지정하여 고시하는 지역에 설치하는 입소자 30명 미만의 노인요양시설의 경우에는 사용권을 증명할 수 있는 서류로 갈음할 수 있으며, 행정정보의 공동이용을 통하여 소유권 또는 사용권에 대한 정보를 확인할 수 있는 경우에는 그 확인으로 첨부서류를 갈음한다) 각 1부

2) 노인의료복지시설의 시설기준

(1) 시설의 규모

노인의료복지시설(노인전문병원을 제외)은 다음의 구분에 따른 인원이 입소할 수 있는 시설을 갖추어야 한다<표 4-6>.

① **노인요양시설** : 입소정원 10명 이상(입소정원 1명당 연면적 23.6m^2 이상의 공간을 확보하여야 한다)

② **노인요양공동생활가정** : 입소정원 5명 이상 9명 이하(입소정원 1명당 연면적 20.5m^2 이상의 공간을 확보하여야 한다)

〈표 4-6〉 노인의료복지시설의 시설기준

<table>
<tr><th colspan="2">구분 / 시설별</th><th>침실</th><th>사무실</th><th>요양보호사실</th><th>자원봉사자실</th><th>의료 및 간호사실</th><th>물리(작업)치료실</th><th>프로그램실</th><th>식당 및 조리실</th><th>비상재해대비시설</th><th>화장실</th><th>세면장 및 목욕실</th><th>세탁장 및 세탁물건조장</th></tr>
<tr><td rowspan="2">노인요양시설</td><td>입소자 30명 이상</td><td>○</td><td>○</td><td>○</td><td>○</td><td>○</td><td>○</td><td>○</td><td>○</td><td>○</td><td>○</td><td>○</td><td>○</td></tr>
<tr><td>입소자 30명 미만 10명 이상</td><td>○</td><td colspan="3">○</td><td>○</td><td>○</td><td>○</td><td>○</td><td>○</td><td>○</td><td colspan="2">○</td></tr>
<tr><td colspan="2">노인요양공동생활가정</td><td>○</td><td colspan="4">○</td><td colspan="2">○</td><td>○</td><td>○</td><td colspan="3">○</td></tr>
</table>

(2) 시설의 구조 및 설비

① 시설의 구조 및 설비는 일조 · 채광 · 환기 등 입소자의 보건위생과 재해방지 등을 충분히 고려하여야 한다.

② 복도 · 화장실 · 침실 등 입소자가 통상 이용하는 설비는 휠체어 등이 이동 가능한 공간을 확보하여야 하며 문턱제거, 손잡이시설 부착, 바닥 미끄럼 방지 등 노인의 활동에 편리한 구조를 갖추어야 한다.

③ 「소방시설 설치유지 및 안전관리에 관한 법률 시행규칙」이 정하는 바에 따라 소화용 기구를 비치하고 비상구를 설치하여야 한다. 다만, 입소자 10명 미만인 시설의 경우에는 소화용 기구를 갖추는 등 시설의 실정에 맞게 비상재해에 대비하여야 한다.

④ 입소자가 건강한 생활을 영위하는 데 도움이 되는 도서관, 스포츠 · 레크리에이션 시설 등 적정한 문화 · 체육부대시설을 설치하되, 지역사회와 시설 간의 상호교류 촉진을 통한 사회와의 유대감 증진을 위하여 입소자가 이용

하는 데 지장을 주지 아니하는 범위에서 외부에 개방하여 운영할 수 있다.

⑤ 침실

- 독신용 · 합숙용 · 동거용 침실을 둘 수 있다.
- 남녀공용인 시설의 경우에는 합숙용 침실을 남실 및 여실로 각각 구분하여야 한다.
- 입소자 1명당 침실면적은 6.6m^2 이상이어야 한다.
- 합숙용 침실 1실의 정원은 4명 이하이어야 한다.
- 합숙용 침실에는 입소자의 생활용품을 각자 별도로 보관할 수 있는 보관시설을 설치하여야 한다.
- 적당한 난방 및 통풍장치를 갖추어야 한다.
- 채광 · 조명 및 방습설비를 갖추어야 한다.
- 노인질환의 종류 및 정도에 따른 특별침실을 입소정원의 5% 이내의 범위에서 두어야 한다.
- 침실바닥면적의 7분의 1 이상의 면적을 창으로 하여 직접 바깥 공기에 접하도록 하며, 개폐가 가능하여야 한다.
- 침대를 사용하는 경우에는 노인들이 자유롭게 오르내릴 수 있어야 한다.
- 안전설비를 갖추어야 한다.

⑥ 식당 및 조리실 바닥은 내수재료로서 세정 및 배수에 편리한 구조로 하여야 한다.

⑦ 세면장 및 목욕장

- 바닥은 미끄럽지 아니하여야 한다.
- 욕조를 설치하는 경우에는 욕조에 노인의 전신이 잠기지 아니하는 깊이로 하고 욕조 출입이 자유롭도록 최소한 1개 이상의 보조봉과 수직의 손잡이 기둥을 설치하여야 한다.
- 급탕을 자동온도조절장치로 하는 경우에는 물의 최고온도는 섭씨 40도 이상이 되지 아니하도록 하여야 한다.

⑧ 프로그램실은 자유로이 이용할 수 있는 적당한 문화시설과 오락기구를 갖추어 두어야 한다.

⑨ 물리(작업)치료실은 기능회복 또는 기능감퇴를 방지하기 위한 훈련 등에 지

장이 없는 면적과 필요한 시설 및 장비를 갖추어야 한다.

⑩ 의료 및 간호사실은 진료 및 간호에 필요한 상용의약품 · 위생재료 또는 의료기구를 갖추어야 한다.

⑪ 그 밖의 시설

- 복도, 화장실, 그 밖의 필요한 곳에 야간 상용등을 설치하여야 한다.
- 계단의 경사는 완만하여야 하며, 치매노인의 낙상을 방지하기 위하여 계단에 출입문을 설치하고 잠금장치를 하여야 한다.
- 바닥은 부드럽고 미끄럽지 아니한 바닥재를 사용하여야 한다.
- 주방 등 화재위험이 있는 곳에는 치매노인이 임의로 출입할 수 없도록 잠금장치를 설치하고, 배회환자의 실종 등을 예방할 수 있도록 외부출입구에 적정한 잠금장치를 하여야 한다.
- 경사로 : 침실이 2층 이상인 경우 경사로를 설치하여야 한다. 다만, 승강기를 설치한 경우에는 이를 설치하지 아니할 수 있다.

(3) 재가노인복지시설의 병설 · 운영

시설의 장은 시설의 개방성을 높여 지역사회와의 교류를 증진하고 입소자가 외부사회와의 단절감을 느끼지 아니하도록 재가노인복지시설을 병설 · 운영할 수 있다.

(4) 노인의료복지시설 직원의 자격기준과 및 배치기준

〈표 4-7〉 직원의 자격기준

직종별	자격기준
시설의 장	「사회복지사업법」에 따른 사회복지사 자격증 소지자 또는 「의료법」 제2조에 따른 의료인
사회복지사	「사회복지사업법」에 따른 사회복지사 자격증 소지자
물리치료사 또는 작업치료사	「의료기사 등에 관한 법률」에 따른 물리치료사 또는 작업치료사 면허 소지자
요양보호사	법에 따른 요양보호사 1급 자격증 소지자

〈표 4-8〉 직원의 배치기준

<table>
<tr><th colspan="2">직종별
시설별</th><th>시설장</th><th>사무국장</th><th>사회복지사</th><th>의사 또는 촉탁의사</th><th>간호사 또는 간호조무사</th><th>물리치료사 또는 작업치료사</th><th>요양보호사</th><th>사무원</th><th>영양사</th><th>조리원</th><th>위생원</th><th>관리인</th></tr>
<tr><td rowspan="2">노인요양시설</td><td>입소자 30명 이상</td><td>1명</td><td>1명 (입소자 50명 이상인 경우에 한함)</td><td>1명 (입소자 100명 초과시 마다 1명 추가)</td><td>1명</td><td>입소자 25명당 1명</td><td>입소자 100명 당 1명</td><td>입소자 2.5명당 1명</td><td>필요수</td><td>1명 (입소자 50명 이상인 경우에 한함)</td><td>필요수</td><td>필요수</td><td>필요수</td></tr>
<tr><td>입소자 30명 미만 10명 이상</td><td>1명</td><td colspan="2">1명</td><td>1명</td><td>1명</td><td>1명</td><td>입소자 2.5명당 1명</td><td></td><td></td><td>필요수</td><td>필요수</td><td></td></tr>
<tr><td colspan="2">노인요양공동생활가정</td><td colspan="3">1명</td><td></td><td colspan="2">1명</td><td>입소자 3명당 1명</td><td></td><td></td><td></td><td></td><td></td></tr>
</table>

- 위생원 : 세탁물을 전량 위탁 처리하는 경우에는 두지 아니할 수 있다.

비고 : (1) 사회복지사 : 입소자에게 건강유지, 여가선용 등 노인의 복지제공계획을 수립하고, 복지증진에 관하여 상담, 지도하는 자

(2) 요양보호사 : 요양서비스가 필요한 노인에게 신체활동지원 서비스와 그 외의 일상생활지원 서비스를 제공하는 자

(3) 모든 종사자는 시설의 장과 근로계약이 체결된 자이어야 한다.

3) 노인의료복지시설의 운영기준

(1) 건강관리

① 노인의료복지시설(노인전문병원을 제외)에는 입소자 건강관리를 위한 책임자를 두고 의사(한의사를 포함한다) · 간호사 기타 자격이 있는 자가 그 임무를 수행하여야 한다.

② 전담의사를 두지 아니한 시설은 촉탁의사(시간제 계약에 의한 의사를 포함한다)를 두어야 한다. 이 경우 시설은 가급적 신경과 또는 정신과 전문의를 두도록 한다.

③ 촉탁의사를 두는 시설의 장은 촉탁의사가 매주 2회 이상(1회당 2시간 이상) 시설을 방문하여 입소자의 건강상태를 확인하고 건강상태가 악화된 입소자에 대하여 적절한 조치를 취하도록 하여야 한다.

④ 입소자 및 직원에 대하여는 연 1회 이상의 건강진단을 하여야 하며 건강진단결과 건강이 좋지 아니한 자에 대하여는 그 치료를 위하여 필요한 조치를

하여야 한다.

⑤ 입소자에 대하여 그 건강상태에 따라 적절한 훈련과 휴식을 하도록 하여야 한다.

⑥ 시설의 환경을 항상 청결하게 하고 그 위생관리에 유의하여야 한다.

(2) 급식위생관리

① 시설의 장은 입소자가 필요한 영양을 섭취할 수 있도록 영양사가 작성한 식단에 따라 급식을 행하여야 한다. 다만, 영양사가 없는 시설의 경우에는 소재지를 관할하는 보건소장 또는 다른 시설 등의 영양사의 지도를 받아 식단을 작성하고 이에 따라 급식하여야 한다.

② 전염성질환 · 화농성창상 등이 있는 자는 입소자의 식사를 조리하여서는 아니된다.

③ 시설에서 사용되는 음용수의 경우에는 「수도법」 및 「먹는물관리법」이 정하는 바에 따라 수질검사를 받아야 한다.

④ 입소자의 식사를 조리하는 자는 항상 청결을 유지하여야 한다.

(3) 운영규정

① 시설의 장은 조직 · 인사 · 급여 · 회계 · 물품 기타 시설의 운영에 관하여 필요한 규정(이하 "운영규정"이라 한다)을 작성하여 시장 · 군수 · 구청장에게 제출하여야 한다.

② 시설의 운영규정에는 다음 각 호의 사항이 포함되어야 한다.

- 입소정원 및 모집방법 등에 관한 사항
- 입소계약에 관한 사항(계약기간, 계약목적, 입소보증금, 월이용료 기타 비용부담액, 신원인수인의 권리 · 의무, 계약의 해제, 입소보증금의 반환 등에 관한 사항을 포함한다)
- 입소보증금 · 이용료 등 비용에 대한 변경방법 및 절차 등에 관한 사항
- 서비스의 내용과 그 비용의 부담에 관한 사항
- 특별한 보호를 필요로 하는 경우에는 그 서비스기준과 비용에 관한 사항
- 의료를 필요로 하는 경우에는 그 구체적인 처리절차

• 시설물 사용상의 주의사항 등에 관한 사항
• 서비스 제공자의 배상책임 · 면책범위에 관한 사항
• 운영규정의 개정방법 및 절차 등에 관한 사항
• 운영위원회의 설치 · 운영에 관한 사항

③ 시설의 장은 운영규정에서 정한 바에 따라 당해 시설을 운영하여야 한다.

(4) 보증금의 수납 및 반환

① 시설을 설치한 자가 보증금을 수납하는 때에는 월 입소비용 중 이용자 본인이 부담하여야 할 금액의 1년분 이내에서 이를 수납하여야 한다.
② 노인의료복지시설(노인전문병원을 제외한다)을 설치한 자는 입소자가 퇴소하는 때에는 수납한 보증금을 지체 없이 입소자 또는 입소자를 대신하여 입소계약을 체결한 배우자 또는 부양의무자에게 반환하여야 한다.

(5) 회계

① 시설의 설치 · 운영에 관한 회계는 법인회계 또는 다른 사업에 관한 회계와 분리하여 계리하여야 한다.
② 국가 또는 지방자치단체로부터의 보조금품 기타 시설이 수수한 기부금품은 이를 별도의 계정으로 계리하여야 한다.

(6) 장부 등의 비치

시설에는 다음의 장부 및 서류를 비치하여야 한다.

① 시설의 연혁에 관한 기록부
② 재산목록과 재산의 소유권 또는 사용권을 증명할 수 있는 서류
③ 시설운영일지
④ 예산서 및 결산서
⑤ 총계정원장 및 수입 · 지출보조부
⑥ 금전 및 물품의 출납부와 증빙서류

⑦ 보고서철 및 행정기관과의 협의 등 관련문서철
⑧ 정관(법인의 경우에 한한다) 및 관계질의서류
⑨ 입소자 관리카드(입소계약 체결일, 입소보증금, 이용료 기타 비용부담 관계 등에 관한 내용을 포함한다)
⑩ 연계의료시설과의 제휴계약서
⑪ 촉탁의사 근무상황부(촉탁의사가 있는 경우에 한한다)

(7) 시설에서의 기거자

① 시설의 장은 입소자의 거실 또는 거실이 있는 건물마다 요양보호사 기타 직원 중 1인을 입소자와 함께 기거하도록 조치하여야 한다.
② 시설 안에서는 입소자 외에 시설의 장 및 직원과 그 가족이 아닌 자는 거주하지 못한다.

(8) 사업의 실시

① 시설의 장은 입소자의 요양 및 재활을 도울 수 있는 다양한 프로그램을 운영하여야 한다.
② 시설의 장은 입소자에 대하여 적극적으로 필요한 생활지도를 하여야 한다.
③ 시설의 장은 입소자의 연령 · 성별 · 성격 · 생활력 · 심신의 건강상태 등을 고려하여 수시로 입소자와 면담하거나 관찰 · 지도하고 특이사항을 기록 · 유지하여 보호의 정도에 따라 다른 노인복지시설로의 전원 등 필요한 조치를 하여야 한다.
④ 시설의 장이 생활지도 등을 함에 있어서는 입소자의 의사를 최대한 존중하여야 한다.
⑤ 시설의 장은 시설의 종사자(사무원 · 취사부 · 세탁부 · 관리인을 제외한다)가 치매 및 중풍환자의 간병요령 등 치매환자 보호에 필요한 교육을 받을 수 있도록 조치하여야 한다.
⑥ 시설의 장은 다음의 기준에 따른 사업을 실시하여야 한다.

- 입소자의 생활의욕증진 등을 도모하기 위하여 입소자의 신체적 · 정신적 상

태에 따라 그 기능을 회복하게 하거나 기능의 감퇴를 방지하기 위한 훈련에 참가할 기회를 제공하여야 한다.

- 교양 · 오락설비 등을 구비하고 적절한 레크리에이션을 실시하여야 한다.
- 입소자에 대한 상시보호를 할 수 있도록 이에 적합한 직원의 근무체제를 갖추어야 한다.
- 입소자의 건강상태에 유의하여야 하며 건강의 유지를 위하여 필요한 조치를 하여야 한다.
- 입원치료를 필요로 하는 입소자를 위하여 진료기관을 정하는 등 인근 지역의 의료기관과 긴밀한 협조체계를 갖추어야 한다.
- 거동이 불가능한 와상노인의 욕창예방과 치료를 위하여 적절한 보호조치를 하여야 한다.
- 치매노인은 치매의 정도에 따라 분리하여 보호하여야 한다.

(9) 운영위원회

「사회복지법」 제36조 및 같은 법 시행규칙 제24조에 따라 운영위원회는 설치·운영한다.

3 노인여가복지시설의 설치

1) 노인여가복지시설의 설치신고

노인복지법 제37조의 규정에 의하여 노인여가복지시설을 설치하고자 하는 자는 <별지 4-3> 서식의 노인여가복지시설설치신고서에 다음의 서류를 첨부하여 특별자치도지사 · 시장 · 군수 · 구청장에게 제출하여야 한다.

① 설치하고자 하는 자가 법인인 경우에는 정관 1부

② 위치도 · 평면도 및 설비구조내역서 각 1부(경로당 및 노인교실을 제외한다)

③ 이용료 그 밖에 이용자의 비용부담 관계서류 1부(경로당을 제외한다)

④ 사업계획서 1부

⑤ 시설을 설치할 토지 및 건물의 소유권을 증명할 수 있는 서류(경로당 및 노인교실의 경우에는 사용권을 증명할 수 있는 서류로 갈음할 수 있으며, 행정정보의 공동이용을 통하여 소유권 또는 사용권에 대한 정보를 확인할 수 있는 경우에는 그 확인으로 첨부서류를 갈음한다) 각 1부

2) 노인여가복지시설의 시설기준

(1) 시설의 규모

노인여가복지시설은 다음 각 호의 구분에 따른 면적 이상이거나 또는 인원이 이용할 수 있는 시설을 갖추어야 한다.

① **노인복지관** : 연면적 $500m^2$ 이상

② **경로당** : 이용정원 20명 이상(읍 · 지역의 경우에는 10명 이상)

③ **노인교실** : 이용정원 50명 이상

(2) 시설기준

〈표 4-9〉 노인여가복지시설의 시설기준

구분 / 시설별	사무실	식당 및 조리실	상담실 또는 면회실	집회실 또는 강당	프로그램실	화장실	물리치료실	비상재해대비시설	거실 또는 휴게실	전기시설	강의실	휴게실	객실	공동목욕장	기타부대시설
노인복지관	1	1	1	1	1	1	1	1							
경로당						1			1	1					
노인교실	1					1					1	1			

비고 : 1. 노인복지관 : 오락실에 인터넷 등을 통하여 전자정보의 접근이 가능한 컴퓨터를 설치할 수 있다.
2. 노인교실 : 사무실 및 휴게실은 사업에 지장이 없는 범위에서 강의실과 겸용할 수 있다.

(4) 설비기준

〈표 4-10〉 노인여가복지시설의 설비기준

시설의 종류 / 구분	노인복지관	경로당	노인교실
설비기준	가. 식당 및 조리실 : 조리실바닥은 내수재료로서 세정 및 배수에 편리한 구조로 하여야 한다. 나. 프로그램실 : 자유로이 이용할 수 있는 적당한 문화시설과 오락기구를 비치하여야 한다. 다. 물리치료실 : 기능회복 또는 기능감퇴를 방지하기 위한 훈련 등에 지장이 없는 면적과 필요한 시설을 갖추어야 한다.	가. 거실 또는 휴게실 : $20m^2$ 이상이어야 한다.	가. 강의실 : $33m^2$ 이상이어야 한다.

(5) 직원의 자격기준

〈표 4-11〉 노인여가복지시설의 직원 자격기준

직종별	자격기준
노인복지관 시설장	「사회복지사업법」에 따른 사회복지사 2급 이상의 자격증 소지자
상담지도원	「사회복지사업법」에 따른 사회복지사 자격증 소지자

(6) 직원의 배치기준

〈표 4-12〉 노인여가복지시설의 직원 배치기준

직종별 / 시설별	시설장	상담지도원	강사 (외부강사포함)	물리치료사	사무원	조리원	관리인
노인복지관	1명	2명 이상		1명	1명	1명	1명
노인교실	1명		1명				

비고 : 상담지도원 : 이용자에 대하여 노인의 건강유지·여가선용 등 노인의 복지증진에 관하여 상담·지도하는 자

3) 노인여가복지시설의 운영기준

(1) 급식위생관리(노인복지관 및 식당이 설치되어 있는 노인휴양소의 경우에 한한다)

① 시설의 장은 이용자가 필요한 영양을 섭취할 수 있도록 영양사가 작성한 식단에 따라 급식을 행하여야 한다. 다만, 영양사가 없는 시설의 경우에는 소

재지를 관할하는 보건소장의 지도를 받아 식단을 작성하고 이에 따라 급식하여야 한다.

② 전염성질환 · 화농성창상 등이 있는 자는 이용자의 식사를 조리하여서는 아니된다.

③ 시설에서 사용되는 음용수의 경우에는 「수도법」 및 「먹는물관리법」이 정하는 바에 따라 수질검사를 받아야 한다.

④ 이용자의 식사를 조리하는 자는 항상 청결을 유지하여야 한다.

(2) 운영규정

① 노인여가복지시설(이하 이 표에서 "시설"이라 한다)의 장은 그 시설의 운영방법, 이용자의 준수사항 기타 시설의 운영에 관하여 필요한 규정(이하 "운영규정"이라 한다)을 작성하여 시장 · 군수 · 구청장에게 제출하여야 한다.

② 노인복지관 · 노인교실 및 노인휴양소의 운영규정에는 다음 각 호의 사항이 포함되어야 한다.

- 이용정원 등에 관한 사항
- 이용계약에 관한 사항(계약기간, 이용료 및 기타 비용부담액 등에 관한 사항을 포함한다)
- 이용료 등 비용에 대한 변경방법 및 절차 등에 관한 사항
- 서비스의 내용과 그 비용의 부담에 관한 사항
- 시설물 사용상의 주의사항 등에 관한 사항
- 서비스 제공자의 배상책임 · 면책범위에 관한 사항
- 운영규정의 개정방법 및 절차 등에 관한 사항

(3) 회계

① 시설의 설치 · 운영에 관한 회계는 법인회계 또는 다른 사업에 관한 회계와 분리하여 계리하여야 한다.

② 국가 또는 지방자치단체로부터의 보조금품 기타 시설이 수수한 기부금품은 이를 별도의 계정으로 계리하여야 한다.

(4) 장부 등의 비치

시설에는 다음 각목의 장부 및 서류를 비치하여야 한다.

① 시설의 연혁에 관한 기록부
② 재산목록과 재산의 소유권 또는 사용권을 증명할 수 있는 서류
③ 시설운영(교육)일지
④ 이용노인(회원)명부
⑤ 예산서 및 결산서
⑥ 수입 · 지출장부와 그 증빙서류
⑦ 금전 및 물품의 출납부와 증빙서류
⑧ 보고서철 및 행정기관과의 협의 등 관련문서철
⑨ 정관(법인의 경우에 한한다) 및 관계질의서류

(5) 사업의 실시

시설의 장은 시설종별로 각 시설의 특성을 고려하여 다음의 <표 4-13> 기준에 따른 사업을 실시하여야 한다.

〈표 4-13〉 노인여가복지시설의 사업내용

시설별	사업내용
노인복지관	(가) 노인의 복지증진을 위하여 종합적인 노인복지센터로서의 기능을 수행할 수 있도록 필요한 사업을 선정 · 수행하여야 한다. (나) 다음의 사업을 기본사업으로 수행하되 이용대상 노인의 실정과 지역 여건 등을 감안하여 사업의 종류를 가감하거나 별도의 사업을 개발 · 추진할 수 있다. ① 상담 · 지도 : 노인의 생활 · 주택 · 신상 등에 관한 생활상담 및 노인의 질병예방 · 치료에 관한 건강상담 및 지도 ② 취업상담 및 알선 : 노인에 대한 취업알선 및 취업자의 사후관리 ③ 기능회복훈련의 실시 : 노인의 기능회복 또는 기능의 감퇴를 방지하기 위한 훈련을 실시하되, 물리치료장비는 관할보건소에 종사하는 의사의 지도를 받아 사용하여야 한다. ④ 교양강좌 등의 실시 : 노인의 교양향상을 위한 프로그램의 제공 및 레크리에이션 활동 등의 지도 (다) 거동불편 노인의 생활편의를 위한 서비스 등의 제공을 위하여 재가노인복지시설을 병설 · 운영하도록 노력하여야 한다. (라) 지역 특성에 따라 야간이용이 가능한 체제를 갖추도록 노력하여야 한다.

경 로 당	이용노인들이 건전한 사회봉사활동이나 취미활동 등을 할 수 있도록 하여야 한다.
노인교실	주 1회 이상 교육을 실시하여야 한다.

4 재가노인복지시설의 설치

1) 재가노인복지시설의 설치신고

노인복지법 제39조에 따라 재가노인복지시설을 설치하고자 하는 자는 <별지 4-4> 서식의 재가노인복지시설설치신고서에 다음의 서류를 첨부하여 특별자치도지사 · 시장 · 군수 · 구청장에게 제출하여야 한다.

① 설치하고자 하는 자가 법인인 경우에는 정관 1부
② 위치도, 평면도 및 설비구조내역서 1부(주 · 야간보호서비스 또는 단기보호서비스를 제공하려는 경우에만 제출한다)
③ 이용료 그 밖에 이용자의 비용부담 관계서류 1부
④ 사업계획서(사업대상 및 서비스내용을 포함한다) 1부
⑤ 시설을 설치할 토지 및 건물의 소유권 또는 사용권을 증명할 수 있는 서류 각 1부(주 · 야간보호서비스 또는 단기보호서비스를 제공하려는 경우에만 제출하며, 행정정보의 공동이용을 통하여 소유권 또는 사용권에 대한 정보를 확인할 수 있는 경우에는 그 확인으로 첨부서류를 갈음한다)

2) 재가노인복지시설의 시설기준

(1) 시설의 규모

① **방문요양, 방문목욕을 제공하는 시설** : 시설전용면적 16.5m^2 이상(연면적 기준)
② **주야간보호, 단기보호를 제공하는 시설** : 시설 연면적 90m^2 이상(이용정원이 6명 이상인 경우에는 1명당 6.6m2 이상의 생활실 또는 침실 공간을 추가로 확보하여야 함)

③ 재가노인지원서비스 : 시설전용면적 33m^2 이상(연면적 기준)

(2) 설비 기준

① 방문요양, 방문목욕을 제공하는 시설

- 사무실 내에 또는 사무실과 별도로 탈의 공간을 갖추어야 한다.
- "이동목욕차량"이란 욕조, 급탕기, 물탱크, 호스릴 등을 갖춘 차량으로 자동차등록증 상 차량용도에 "이동목욕용"으로 표시되어 있거나 이동목욕용으로 구조변경 내용을 기재 · 등록한 차량을 말한다.

〈표 4-14〉 방문요양 및 방문목욕을 제공하는 시설의 기준

구분	사무실	통신설비, 집기 등 사업에 필요한 설비 및 비품	이동용 욕조 또는 이동목욕차량
방문요양	○	○	-
방문목욕	○	○	○

② 주야간보호, 단기보호를 제공하는 시설

- 시설의 입지조건 : 보건 · 위생 · 안전 · 환경 및 교통편의 등을 충분히 고려하여 이용자가 쉽게 접근하고 편리하게 이용할 수 있는 쾌적한 환경의 부지를 선정하여야 하며, 다음 <표 4-15>의 기준에 해당하는 시설을 갖추어야 한다.

〈표 4-15〉 주야간보호, 단기보호를 제공하는 시설의 기준

<table>
<tr><th colspan="2">구분</th><th>생활실</th><th>침실</th><th>사무실</th><th>의료 및 간호사실</th><th>프로그램실</th><th>물리(작업) 치료실</th><th>식당 및 조리실</th><th>화장실</th><th>세면장 및 목욕실</th><th>세탁장 및 건조장</th></tr>
<tr><td rowspan="2">주야간 보호</td><td>이용자 10명 이상</td><td>○</td><td></td><td colspan="2">○</td><td colspan="2">○</td><td>○</td><td>○</td><td colspan="2">○</td></tr>
<tr><td>이용자 10명 미만</td><td>○</td><td></td><td colspan="2">○</td><td colspan="2">○</td><td>○</td><td colspan="3">○</td></tr>
</table>

단기보호	이용자 10명 이상		○	○	○	○	○	○
	이용자 10명 미만		○	○	○	○	○	

비고 : 주야간보호 이용자가 10명 이상의 경우, 사무실과 의료 및 간호사실은 공간을 함께 사용 가능하나 각각의 시설에 대한 기능은 모두 갖추고 있어야 한다.

- 사무실과 의료 및 간호사실은 공간을 함께 사용 가능하나 각각의 시설에 대한 기능은 모두 갖추고 있어야 한다.
- 프로그램실과 물리(작업) 치료실은 공간을 함께 사용 가능하나 각각의 시설에 대한 기능은 모두 갖추고 있어야 한다.
- 설비기준

- 시설의 규모 · 구조 및 설비는 이용자가 쾌적한 일상생활을 하는 데 적합하여야 하며, 일조 · 채광 · 환기 등 이용자의 보건위생과 재해방지 등을 충분히 고려하여야 한다.
- 복도 · 화장실 · 생활실 · 침실 등 이용자가 통상 이용하는 시설은 휠체어 등의 이동이 가능한 공간을 확보하여야 하며, 문턱을 제거하고, 손잡이 설비를 부착하며, 바닥의 미끄럼을 방지하는 등 이용자의 활동에 편리한 구조를 갖추어야 한다.
- 「소방시설 설치유지 및 안전관리에 관한 법률」이 정하는 바에 따라 소화용 기구를 비치하고 비상구를 설치하여야 한다.
- 급 · 배수 설비
  - 급수설비는 상수도에 의한다. 다만, 상수도에 의할 수 없는 경우에는 「먹는물관리법」 제5조에 따른 먹는물의 수질기준에 적합한 지하수 등을 공급할 수 있는 설비를 갖추어야 한다.
  - 시설에서 사용되는 음용수의 경우에는 「수도법」 또는 「먹는물관리법」에 따라 수질검사를 받아야 한다.
  - 빗물 · 오수 등의 배수에 지장이 없도록 배수설비를 갖추어야 한다.
- 건물 내 경사로 : 침실이 2층 이상인 경우 건물 내에 경사로를 설치하여야 한다. 다만, 「승강기시설 안전관리법」에 따른 승객용 엘리베이터를 설치한

경우에는 경사로를 설치하지 아니할 수 있다.

- 그 밖의 설비
  - 복도 · 화장실, 그 밖의 필요한 곳에 야간 상용등을 설치하여야 한다.
  - 계단의 경사는 완만하여야 하며, 이용자의 낙상을 방지하기 위하여 계단에 출입문을 설치하고 잠금장치를 하여야 한다.
  - 바닥은 부드럽고 미끄럽지 아니한 바닥재를 사용하여야 한다.
  - 주방 등 화재위험이 있는 곳에는 치매이용자가 임의로 출입할 수 없도록 잠금장치를 설치하고, 배회이용자의 실종 등을 예방할 수 있도록 외부출입구에 적정한 잠금장치를 하여야 한다.
- 다음의 설비기준을 갖추어야 한다.
  - 생활실
    * 이용자가 자유롭게 활동할 수 있는 공간과 안전설비를 갖춘 생활실을 두어야 한다.
    * 적당한 난방 및 통풍장치, 채광 · 조명 및 방습설비를 갖추어야 한다.
  - 침실
    * 독신용 · 동거용 · 합숙용 침실을 둘 수 있다.
    * 남녀공용인 시설의 경우에는 합숙용 침실을 남실 및 여실로 각각 구분하여야 한다.
    * 이용자 1명당 침실 면적은 6.6m2 이상이어야 한다.
    * 합숙용 침실 1실의 정원은 4명 이하이어야 한다.
    * 합숙용 침실에는 이용자의 생활용품을 각자 별도로 보관할 수 있는 보관설비를 설치하여야 한다.
    * 침실 바닥 면적의 7분의 1 이상의 면적을 창으로 하여 직접 바깥 공기에 접하도록 하며, 개폐가 가능하여야 한다.
    * 침대를 사용하는 경우에는 이용자들이 자유롭게 오르내릴 수 있어야 한다.
    * 이용자가 자유롭게 활동할 수 있는 공간과 안전설비를 갖춘 침실을 두어야 한다.
    * 적당한 난방 및 통풍장치, 채광 · 조명 및 방습설비를 갖추어야 한다.
    * 사무실 : 사무를 위한 적당한 집기 · 비품 및 탈의 공간을 갖추어야 한다.
    * 의료 및 간호사실 : 진료 및 간호에 필요한 상용의약품 · 위생재료 또는 의료기구를 갖추어야 한다.
    * 프로그램실 : 자유로이 이용할 수 있는 적당한 문화설비와 오락기구를 갖추어 두어야 한다.

- 물리(작업) 치료실 : 기능회복 또는 기능감퇴를 방지하기 위한 훈련 등에 지장이 없는 면적과 필요한 설비 및 장비를 갖추어야 한다.
- 식당 및 조리실
  - 조리실 바닥은 내수재료로서 세정 및 배수에 편리한 구조로 하여야 한다.
  - 채광 및 환기가 잘 되도록 하고, 창문에는 방충망을 설치하여야 한다.
  - 식기를 소독하고 위생적으로 취사 및 조리를 할 수 있는 설비를 갖추어야 한다.
  - 급식제공을 외부기관에 위탁하는 경우에는 조리실을 두지 않을 수 있다.
- 세면장 및 목욕실
  - 바닥은 미끄럽지 아니하여야 한다.
  - 욕탕샤워기 및 세면설비와 깨끗한 물을 사용할 수 있는 설비를 갖추어야 한다.
  - 욕조를 설치하는 경우에는 욕조에 이용자의 전신이 잠기지 아니하는 깊이로 하고 욕조 출입이 자유롭도록 최소한 1개 이상의 보조봉과 수직의 손잡이 기둥을 설치하여야 한다.
  - 급탕을 자동온도조절 장치로 하는 경우에는 물의 최고온도는 섭씨 40도 이상이 되지 아니하도록 하여야 한다.
- 세탁장 및 건조장 : 세탁 및 세탁물을 건조할 수 있는 설비를 갖추어야 한다. 다만, 세탁물을 전량 위탁 처리하는 경우에는 두지 아니할 수 있다.

③ 재가노인지원서비스 : 사무실, 상담실, 교육실, 자원봉사자실을 갖추어야 한다.

(3) 직원의 자격기준

〈표 4-16〉 재가노인복지시설 직원의 자격기준

직종별	자격기준
시설장	「사회복지사업법」에 따른 사회복지사 자격증 소지자, 「의료법」 제2조에 따른 의료인의 자격을 취득한 자 또는 요양보호사 1급으로의 실무경력 5년 이상인 자로서 보건복지부장관이 정하여 고시하는 소정의 교육을 이수한 자 다만, 재가노인지원서비스의 경우는 「사회복지사업법」에 따른 사회복지사 자격증 소지자, 「의료법」 제2조에 따른 의료인의 자격을 취득한 자에 한함
요양보호사	법에 따른 요양보호사 자격증 소지자
물리치료사 또는 작업치료사	「의료기사 등에 관한 법률」에 따른 물리치료사 또는 작업치료사 면허 소지자

(4) 인력기준

재가노인복지시설은 다음 <표 4-17>의 기준에 해당하는 인원을 두어야 한다.

〈표 4-17〉 재가노인복지시설의 인력기준

<table>
<tr><th colspan="2">구분</th><th>시설장</th><th>사회
복지사</th><th>간호(조무)
사</th><th>물리(작업)
치료사</th><th>요양보호사</th><th>사무원</th><th>조리원</th><th>보조원
(운전사)</th></tr>
<tr><td colspan="2">방문요양</td><td>1명</td><td>필요수</td><td></td><td></td><td>15명 이상
(※농·어촌 지역의 경우에는 5명 이상)</td><td>필요수</td><td></td><td>필요수</td></tr>
<tr><td colspan="2">방문목욕</td><td>1명</td><td></td><td></td><td></td><td>2명 이상</td><td>필요수</td><td></td><td>필요수</td></tr>
<tr><td rowspan="2">주야간보호</td><td>이용자
10명 이상</td><td>1명</td><td>1명
이상</td><td colspan="2">1명 이상</td><td rowspan="2">이용자 7명당
1명 이상</td><td>필요수</td><td>필요수</td><td>필요수</td></tr>
<tr><td>이용자
10명 미만</td><td>1명</td><td></td><td colspan="2">1명 이상</td><td></td><td>필요수</td><td>필요수</td></tr>
<tr><td rowspan="2">단기보호</td><td>이용자
10명 이상</td><td>1명</td><td>1명
이상</td><td>이용자
25명당 1명</td><td>1명(이용자
30명 이상)</td><td rowspan="2">이용자 4명당
1명 이상</td><td></td><td rowspan="2">필요수</td><td>필요수</td></tr>
<tr><td>이용자
10명 미만</td><td>1명</td><td></td><td>1명</td><td></td><td></td><td>필요수</td></tr>
<tr><td colspan="2">재가노인지원
서비스</td><td>1명</td><td>1명</td><td></td><td></td><td></td><td>1명</td><td></td><td></td></tr>
</table>

※ "농어촌지역"이란 「지방자치법」 제2조 제1항 제2호에 따른 시·군의 읍·면 전지역 또는 동 중 「국토의 계획 및 이용에 관한 법률」 제36조 제1항 제1호에 따라 지정된 주거지역·상업지역 및 공업지역을 제외한 지역을 말한다.

※ 주야간보호서비스 이용자가 10명 이상인 경우 간호(조무)사와 물리(작업)치료사 중 1명 이상의 인원을 두어야 한다.

비고 : 가. 시설장 : 이용자별 재가노인복지 제공계획 수립 및 복지증진에 관한 상담·지도, 직원에 대한 교육 및 관리 등의 업무를 수행한다.

나. 사회복지사 : 이용자의 건강유지, 여가선용 등 노인의 복지서비스제공계획을 수립하고 복지증진에 관하여 상담 및 지도 등의 업무를 수행한다.

다. 요양보호사 : 이용자에게 신체활동지원, 가사활동 지원 등의 서비스 제공 업무를 수행한다. 다만, 방문요양서비스, 방문목욕서비스, 주야간보호서비스 및 단기보호서비스 중 장기요양급여수급자에 대한 신체활동 지원서비스는 요양보호사 1급만이 제공할 수 있다.

① 시설장은 상근(1일 8시간, 월 20일 이상 근무하는 것을 말한다. 이하 같다)하는 자로 두어야 한다.

② 방문요양서비스를 제공하는 시설은 요양보호사의 20퍼센트 이상은 상근하는 자로 두어야 한다.

③ 주야간보호서비스 및 단기보호서비스를 제공하는 경우 사회복지사, 간호(조

무)사, 물리(작업) 치료사, 요양보호사 1급은 다른 업무와 겸직할 수 없다.

④ 위의 사항에도 불구하고 단독주택 및 공동주택에서 이용자 10명 미만의 주야간보호 서비스를 제공하는 경우에는 시설장이 간호(조무)사, 물리(작업) 치료사 또는 요양보호사 1급 자격이 있으면 주야간보호에 근무하는 간호(조무)사, 물리(작업) 치료사 또는 요양보호사 1급과 각각 겸직할 수 있다. 이 경우 상시적으로 근무하는 종사자는 시설장을 포함하여 2인 이상으로 한다.

⑤ 모든 종사자는 시설의 장과 근로계약이 체결된 자이어야 한다.

3) 재가노인복지시설의 운영기준

(1) 급식위생관리(급식을 제공하는 경우에만 해당한다)

① 시설의 장은 입소자가 필요한 영양을 섭취할 수 있도록 영양사가 작성한 식단에 따라 급식을 행하여야 한다. 다만, 영양사가 없는 시설의 경우에는 소재지를 관할하는 보건소장 또는 다른 시설 등의 영양사의 지도를 받아 식단을 작성하고 이에 따라 급식하여야 한다.

② 전염성질환, 화농성창상 등이 있는 자는 입소자의 식사를 조리하여서는 아니 된다.

③ 시설에서 사용되는 음용수의 경우에는 「수도법」 및 「먹는물관리법」이 정하는 바에 따라 수질검사를 받아야 한다.

④ 입소자의 식사를 조리하는 자는 항상 청결을 유지하여야 한다.

(2) 운영규정

① 시설의 장은 조직, 인사, 급여, 회계, 물품, 그 밖에 시설의 운영에 관하여 필요한 규정을 작성하여 시장·군수·구청장에게 제출하여야 한다.

② 다음 각 호의 사항이 포함되어야 한다.

- 이용정원(주·야간보호서비스 및 단기보호서비스의 경우에만 해당한다) 및 모집방법 등에 관한 사항
- 이용계약에 관한 사항(계약기간, 계약목적, 월이용료 및 그 밖의 비용부담액, 신원

인수인의 권리 · 의무, 계약의 해제 등에 관한 사항을 포함한다)

- 이용료 등 비용에 대한 변경방법 및 절차 등에 관한 사항
- 서비스의 내용과 그 비용의 부담에 관한 사항
- 특별한 보호를 필요로 하는 경우에는 그 서비스기준과 비용에 관한 사항
- 의료를 필요로 하는 경우에는 그 구체적인 처리절차
- 시설물 사용상의 주의사항 등에 관한 사항
- 서비스 제공자의 배상책임, 면책범위에 관한 사항
- 운영규정의 개정방법 및 절차 등에 관한 사항
- 운영위원회의 설치 및 운영에 관한 사항
- 그 밖에 운영에 필요한 중요한 사항

③ 시설의 장은 운영규정에서 정한 바에 따라 해당 시설을 운영하여야 한다.

(3) 회계

① 시설의 설치 · 운영에 관한 회계는 법인회계 또는 다른 사업에 관한 회계와 분리하여 계리하여야 한다.

② 국가 또는 지방자치단체로부터의 보조금품, 그 밖에 시설이 수수한 기부금품은 이를 별도의 계정으로 계리하여야 한다.

(4) 장부 등의 비치

시설에는 다음 각목의 장부 및 서류를 비치하여야 한다.

① 시설의 연혁에 관한 기록부
② 재산목록과 재산의 소유권 또는 사용권을 증명할 수 있는 서류
③ 시설운영일지
④ 예산서 및 결산서
⑤ 금전 및 물품의 출납부와 증빙서류
⑥ 정관(법인의 경우만 해당한다) 등 제반 규정
⑦ 이용자 명부

⑧ 입소자 관리카드(입소계약 체결일, 입소보증금, 이용료, 그 밖의 비용부담 관계 등에 관한 내용을 포함한다)

(5) 사업의 실시

① 이용기간은 단기보호서비스를 1개월에 15일 이내 이용할 수 있다. 다만, 시장・군수・구청장은 중증질환이 있는 노인, 연고가 없는 노인, 취학・생계곤란 등의 사유로 인하여 부양능력이 없는 부양의무자로부터 부양을 받지 못하는 피부양 노인에 대하여는 1개월에 15일을 초과하여 이용일수를 연장할 수 있다.

② 시설의 장은 각 서비스별 특성을 고려하여 다음 <표 4-18>의 기준에 따른 사업을 실시하여야 한다.

〈표 4-18〉 재가노인복지시설의 사업내용

구분	사업내용
방문요양 서비스	• 신체활동지원서비스: 세면도움, 구강관리, 머리감기기, 몸 청결, 몸 단장, 옷 갈아입히기, 목욕도움, 식사도움, 체위변경, 이동도움, 신체기능의 유지증진, 배설도움, 화장실 이용하기 등 • 가사활동지원서비스: 취사, 청소 및 주변정돈, 세탁 등 • 개인활동지원서비스: 외출 시 동행, 일상업무 대행 등 • 정서지원서비스: 말벗, 격려 및 위로, 생활상담, 의사소통도움 등
방문목욕 서비스	• 입목욕준비, 입욕 시 이동보조, 몸 씻기, 머리 말리기, 옷 갈아입히기, 목욕 후 주변정리 등
주・야간 보호 서비스	• 생활지도 및 일상동작훈련 등 심신의 기능회복을 위한 서비스 • 급식 및 목욕서비스 등 • 노인가족에 대한 교육 및 상담
단기보호 서비스	• 신체활동지원, 기능회복 훈련 등 그 밖에 일상생활에 필요한 편의를 제공하는 서비스 • 그 밖에 노인요양시설 또는 노인요양공동생활가정의 사업에 준하는 서비스
재가노인지원 서비스	• 일상생활 지원, 노인생활 및 신상에 관한 상담, 재가노인 및 보호자의 교육, 무의탁노인 후원을 위한 결연 및 연계지원, 여가활동 지원, 주거환경개선 지원, 긴급지원, 시군구의 위탁을 받은 사업, 그 밖에 지역의 재가노인복지사업

(6) 운영위원회

「사회복지사업법」 제36조 및 같은 법 시행규칙 제24조에 따른 운영위원회를 설치 · 운영하여야 한다.

5 노인보호전문기관의 설치

1) 노인보호전문기관의 지정절차

보건복지부장관 또는 시 · 도지사는 노인복지법 제39조의5제1항 단서의 규정에 의하여 다른 노인복지시설을 노인보호전문기관으로 지정하고자 하는 경우에는 지정대상의 수, 지정기간, 신청절차 그 밖에 지정에 관하여 필요한 사항을 정한 노인보호전문기관지정운영계획을 미리 수립하여 이를 공고하여야 한다.

노인복지법시행령 제20조의4 각호의 규정에 의한 노인복지시설을 운영하는 자로서 노인보호전문기관으로 지정받고자 하는 자는 <별지 4-5> 노인보호전문기관 지정신청서에 다음의 서류를 첨부하여 보건복지부장관 또는 시 · 도지사에게 제출하여야 한다.

① 비영리법인의 정관사본 1부
② 노인복지업무 수행실적을 기재한 서류 1부
③ 노인보호전문기관 사업계획서 1부
④ 노인보호전문기관의 평면도(구조별 면적을 표시하여야 한다) 1부
⑤ 직원의 명단과 자격증 사본(자격증이 필요한 직원에 한하되, 자격증을 확인한 경우에는 이를 첨부하지 아니한다) 1부

2) 노인보호전문기관의 시설기준

(1) 사무실

노인복지법 제39조의4에 따른 긴급전화의 설치 · 운영 및 노인복지법 제39조의5

제1항 또는 제2항에 따른 업무에 필요한 공간과 설비를 갖추어야 한다.

(2) 상담, 교육 등 프로그램 운영실

① 상담받는 사람의 신분, 사생활과 상담 내용 등이 노출되지 않도록 칸막이를 설치할 것
② 효과적인 상담, 교육 등 프로그램 운영을 위한 장비(녹취기, 카메라 등)를 갖출 것
③ 그 밖에 상담, 교육 등 프로그램 운영에 적합한 구조와 설비를 갖출 것
④ 노인보호전문기관을 다른 노인복지시설에 병설하여 운영하는 경우에는 업무에 지장이 없는 범위에서 공통되는 시설은 중복하여 갖추지 않을 수 있다.

3) 노인보호전문기관의 인력기준

(1) 배치기준

① **노인보호전문기관의 장** : 1명을 두되, 노인보호전문기관을 다른 노인복지시설에 병설하여 운영하는 경우에는 노인복지시설의 장을 겸직할 수 있다.
② **상담원** : 상근하는 사람으로 6명 이상

(2) 자격기준

① **노인보호전문기관의 장** : 다음의 어느 하나에 해당하는 사람
- 「사회복지사업법」에 따른 사회복지사
- 7급 이상 공무원 또는 고위공무원단에 속하는 일반직공무원으로서 국가 또는 지방자치단체에서 사회복지사업에 관한 행정업무에 5년 이상 종사한 경력이 있는 사람
- 「의료법」에 따른 의료인

② **상담원** : 위의 어느 하나에 해당하는 사람으로서 보건복지부장관이 정하는 노인학대 예방교육을 수료한 사람

(3) 노인보호전문기관의 운영기준

① 조직, 인사, 급여, 그 밖에 운영에 필요한 규정을 두고 이에 따라 운영할 것

② 다음의 기록 및 서류를 갖추어 둘 것

- 기관의 연혁 및 운영에 관한 기록
- 노인보호전문기관의 장과 상담원의 인사에 관한 기록
- 재산 목록과 그 소유권 또는 사용권에 관하여 확인할 수 있는 서류
- 최근 5년 동안의 노인학대에 관한 조사 및 상담에 관한 기록

③ 지역노인보호전문기관의 경우에는 다음의 사항을 지킬 것

- 학대받은 노인의 부양의무자 및 가족을 대상으로 정기적으로 가정 상담 등의 프로그램을 실시할 것
- 노인학대행위자, 노인복지법 제39조의6제2항에 따른 신고의무자, 지역주민 등을 대상으로 노인학대의 예방을 위한 교육을 실시할 것
- 학대받은 노인에게 필요한 지역사회의 보건복지서비스가 제공될 수 있도록 연계하거나 관련 정보를 제공할 것

CHAPTER 05

장애인복지시설의 설립

1 장애인복지시설의 설치

장애인복지법 제59조 제2항 본문에 따라 국가 또는 지방자치단체 외의 자가 장애인복지시설을 설치 · 운영하려는 경우에는 <별지 5-1> 서식의 신고서에 다음의 서류를 첨부하여 관할 시장 · 군수 · 구청장에게 제출하여야 한다.

① 정관 1부(법인인 경우에만 해당한다)
② 시설운영에 필요한 재산목록 1부
③ 사업계획서 및 예산서 각 1부
④ 시설의 운영에 관한 규정 각 1부
⑤ 시설의 평면도(시설의 층별 및 구조별 면적을 표시하여야 한다)와 설비구조 내역서 각 1부

2 장애인복지시설의 공통기준

1) 시설의 입지조건

시설은 그 분포의 적정성과 보건 · 위생 · 급수 · 안전 · 환경 및 교통편의 등을 충분히 고려하여 장애인이 쉽게 접근하고 편리하게 이용할 수 있는 쾌적한 환경을 갖춘 부지를 선정하여야 한다.

2) 시설의 규모

상시 10명 이상이 생활할 수 있는 시설을 갖추어야 한다. 다만, 시설 종류별 개별기준에서 10명 미만의 소규모 시설을 따로 정하고 있는 경우와 장애인이 상시 생활하지 아니하는 시설은 예외로 한다.

3) 시설의 구조 및 설비

시설의 구조와 설비는 그 시설을 이용하는 장애인의 장애유형별 · 성별 · 연령별 특성에 맞도록 하여야 한다. 다만, 6세 미만의 장애영유아를 위한 시설은 이 기준에 따른 구조 및 설비 외에 「아동복지법」에 따른 아동복지시설 중 영아시설에 준하는 설비를 따로 갖추어야 한다.

시설에는 장애인 · 노인 · 임산부 등의 편의증진보장에 관한 법령에 따른 편의시설을 갖추어야 한다.

(1) 장애인이 30명 이상 거주하는 시설

장애인이 30명 이상 거주하는 시설에는 다음의 설비를 갖추어야 한다. 이 경우 지체장애인이나 뇌병변장애인의 생활시설은 1명당 21.78m^2 이상, 청각 · 언어 장애인 생활시설은 1명당 21.78m^2 이상, 시각장애인 생활시설은 1명당 19.8m^2 이상, 지적장애인 또는 자폐성장애인 생활시설은 1명당 21.12m^2 이상, 중증장애인 요양시설은 1명당 18.48m^2 이상 및 장애영유아 생활시설은 1명당 18.48m^2 이상으로 한다. 다만, 장애인이 상시 생활하지 아니하는 시설에는 거실 · 의무실 또는 의료재활실 · 조리실 · 목욕실 · 세탁장 및 건조장의 설비를 갖추지 아니할 수 있다. 장애인 직업재활시설 중 장애인 보호작업장, 장애인 근로사업장, 장애인 생산품 판매시설의 경우에는 집단활동실과 자원봉사자실의 설비 중 하나의 설비로 다른 설비를 겸하여 운영할 수 있다.

① 거실

- 겨울에도 상당한 시간의 일조량을 확보할 수 있도록 하여야 한다.
- 출입구는 비상재해 시 대피하기 쉽도록 복도나 넓은 공간에 직접 연결되게 설계하여야 한다.
- 적당한 난방장치 및 통풍장치를 갖추어야 한다.
- 복도 · 다락 등을 제외한 바닥의 면적은 6세 미만의 경우 시설거주자 1명당 2.0m^2 이상, 6세 이상의 경우 시설거주자 1명당 3.3m^2 이상으로 하고, 1실의 정원은 6세 미만의 경우 10명 이하, 6세 이상의 경우 8명 이하로 한다.
- 6세 이상의 장애인이 생활하는 시설의 경우에는 남녀별로 거실을 구분하여 설치하여야 한다.

② **사무실** : 사무를 위한 적당한 집기 · 설비를 갖추어야 한다.

③ **의무실 또는 의료재활실** : 진찰, 건강상담 및 치료를 위한 적당한 설비 및 기계 · 기구를 갖추어야 한다.

④ **재활상담실** : 거실 가까운 곳에 설치하되 비밀을 보장하기 위하여 필요한 방음설비를 갖추어야 한다.

⑤ **집단활동실** : 여가 · 체력단련 · 재활프로그램 등을 실시할 수 있는 시설과 설비를 갖추어야 한다.

⑥ **자원봉사자실** : 자원봉사자 · 후원자 등 지역사회 자원활용 프로그램을 실시할 수 있는 시설과 설비를 갖추어야 한다.

⑦ 조리실

- 채광과 환기가 잘 되도록 하고, 창문에는 방충망을 설치하여야 한다.

• 식기를 소독할 수 있고, 위생적으로 취사와 조리를 할 수 있는 설비를 갖추어야 한다.

⑧ **목욕실** : 남자용과 여자용을 구분하여 설치하되, 욕탕 · 샤워기 및 세면설비와 깨끗한 물을 사용할 수 있는 설비를 갖추어야 한다.

⑨ **세탁장** : 세탁에 필요한 기계 · 기구를 갖추어야 한다.

⑩ **건조장** : 세탁물을 건조할 수 있는 설비를 갖추어야 한다.

⑪ **화장실** : 남자용과 여자용으로 구분하여 설치하여야 한다.

⑫ **급수 · 배수시설**

• 급수시설은 상수도로 한다. 다만, 상수도로 할 수 없는 경우에는 「먹는물관리법」 제5조에 따른 먹는물의 수질기준에 적합한 지하수 등을 공급할 수 있는 시설을 갖추어야 한다.
• 지하수 등을 사용하는 경우 취수원은 화장실 · 폐기물처리시설 · 동물사육장이나 그 밖에 지하수가 오염될 우려가 있는 장소로부터 20m 이상 떨어진 곳에 위치하여야 한다.
• 빗물 · 오수 등의 배수에 지장이 없도록 배수설비를 하여야 한다.

⑬ **비상재해 대비시설**

「소방시설설치유지 및 안전관리에 관한 법률」 제9조에 따른 화재안전기준에 따라 소화용 기구를 갖추어 두고, 비상구를 설치하여 비상재해에 대비한 시설을 갖추어야 한다.

(2) 장애인이 30명 미만 거주하는 시설

30명 미만의 장애인이 거주하는 시설은 1명당 $9.37m^2$ 이상으로 하고 다음의 설비를 갖추어야 한다. 다만, 사무실 · 의무실 · 또는 의료재활실의 설비와 세탁장 · 건조장의 설비는 하나의 설비로 다른 설비를 겸하여 운영할 수 있다.

① 거실

- 겨울에도 상당한 일조량을 확보할 수 있도록 하여야 한다.
- 출입구는 비상재해 시 대피하기 쉽도록 복도나 넓은 공간에 직접 연결되게 설계하여야 한다.
- 적당한 난방장치 및 통풍장치를 갖추어야 한다.
- 복도 · 다락 등을 제외한 바닥의 면적은 6세 미만의 경우 시설거주자 1명당 2.0m^2 이상, 6세 이상의 경우 시설거주자 1명당 3.3m^2 이상으로 하고, 1실의 정원은 6세 미만의 경우 10명 이하, 6세 이상의 경우 8명 이하로 한다.
- 6세 이상의 장애인이 생활하는 시설의 경우에는 남녀별로 거실을 구분하여 설치하여야 한다.

② **사무실** : 사무를 위한 적당한 집기 · 설비를 갖추어야 한다.

③ **의무실 또는 의료재활실** : 진찰, 건강상담 및 치료를 위한 적당한 설비 및 기계 · 기구를 갖추어야 한다.

④ 조리실

- 채광과 환기가 잘 되도록 하고, 창문에는 방충망을 설치하여야 한다.
- 식기를 소독할 수 있고, 위생적으로 취사와 조리를 할 수 있는 설비를 갖추어야 한다.

⑤ **목욕실** : 남자용과 여자용을 구분하여 설치하되, 욕탕 · 샤워기 및 세면설비와 깨끗한 물을 사용할 수 있는 설비를 갖추어야 한다.

⑥ **세탁장** : 세탁에 필요한 기계 · 기구를 갖추어야 한다.

⑦ **건조장** : 세탁물을 건조할 수 있는 설비를 갖추어야 한다.

⑧ **화장실** : 남자용과 여자용으로 구분하여 설치하여야 한다.

⑨ **급수 · 배수시설**

- 급수시설은 상수도로 한다. 다만, 상수도로 할 수 없는 경우에는 「먹는물관리법」 제5조에 따른 먹는물의 수질기준에 적합한 지하수 등을 공급할 수

있는 시설을 갖추어야 한다.

- 지하수 등을 사용하는 경우 취수원은 화장실 · 폐기물처리시설 · 동물사육장이나 그 밖에 지하수가 오염될 우려가 있는 장소로부터 20m 이상 떨어진 곳에 위치하여야 한다.
- 빗물 · 오수 등의 배수에 지장이 없도록 배수설비를 하여야 한다.

⑩ **비상재해 대비시설**

「소방시설설치유지 및 안전관리에 관한 법률」 제9조에 따른 화재안전기준에 따라 소화용 기구를 갖추어 두고, 비상구를 설치하여 비상재해에 대비한 시설을 갖추어야 한다.

4) 관리 및 운영요원의 배치기준

시설에는 다음의 관리 및 운영요원을 두어야 한다. 다만, 장애인이 입소하여 생활하지 아니하는 시설의 경우에는 의사 또는 촉탁의사 · 간호사 또는 간호조무사 · 생활지도원 · 영양사 · 사회재활교사 · 조리원 및 위생원에 해당하는 요원을 두지 아니할 수 있다.

① **시설의 장** : 1명
② **총무** : 1명. 다만, 시설거주자가 30명 이상인 시설만 해당한다.
③ **의사 또는 촉탁의사**(시간제 계약에 따른 의사를 포함한다) : 1명 이상. 다만, 시설의 장이 의사인 경우에는 의사를 따로 두지 아니할 수 있다.
④ **간호사 또는 간호조무사** : 1명 이상. 다만, 중증장애인 요양시설과 장애영유아 생활시설의 경우에는 시설거주자 50명당 1명 이상으로 하며, 2명 이상인 경우 1명은 간호사이어야 한다.
⑤ **생활지도원** : 시설거주자가 18세 이상의 성인인 경우 10명당 1명 이상, 아동과 지적장애인 또는 자폐성장애인의 경우 시설거주자 5명당 1명 이상, 시각장애인의 경우 시설거주자 4명당 1명 이상, 중증장애인 요양시설 및 장애영유아 생활시설의 경우 시설거주자 3명당 1명 이상. 다만, 장애인 유료복지시설의

경우에는 장애인 생활시설에 두어야 할 인원보다 1.5배 이상 많은 인원을 두어야 한다.

⑥ **영양사** : 1명 이상. 다만, 시설거주자가 50명 이상인 시설만 해당한다.

⑦ **사무원** : 1명 이상. 다만, 시설거주자가 100명 이상인 시설만 해당한다.

⑧ **사회재활교사** : 1명 이상. 다만, 시설거주자가 30명 이상인 시설만 해당한다. 이 경우, 시각장애인을 위한 시설의 경우에는 점자 해독이 가능한 자, 청각장애인과 언어장애인을 위한 시설의 경우에는 수화통역이 가능한 자이어야 하며, 여성장애인이 생활하는 시설에는 적어도 1명의 여성교사를 두어야 한다.

⑨ **직업훈련교사** : 직업훈련 또는 작업과목에 따라 필요한 인원

⑩ **시설관리인** : 1명 이상. 다만, 입소하여 생활하는 장애인이 200명 이상인 시설만 해당한다.

⑪ **조리원** : 시설당 1명. 다만, 시설거주자가 50명 이상인 시설의 경우에는 50명을 초과할 때마다 1명을 추가한다.

⑫ **위생원** : 시설당 1명 이상. 다만, 시설거주자가 30명 이상인 시설만 해당하며, 시설거주자가 100명 이상인 시설의 경우에는 100명을 초과할 때마다 1명을 추가한다.

5) 관리 및 운영요원의 자격기준

〈표 5-1〉 장애인복지시설의 종사자 자격기준

직종별	자격기준
시설의 장	(1) 의사(한의사 · 치과의사를 포함한다)로서 장애 관련 분야에서 3년 이상 진료한 경력이 있는 자 (2) 특수학교의 교장 또는 교감이었던 자 및 「초 · 중등교육법」에 따른 특수학교교사(교사자격증 소지자)로서 해당 시설 입소 대상 장애인의 교육에 3년 이상 종사한 경력이 있는 자 (3) 「사회복지사업법」에 따른 사회복지사 자격증을 가진 자로서 사회복지사업에 3년 이상 종사한 경력이 있는 자 (4) 위 각 호에 준하는 학식과 경력이 있다고 인정되는 자
총 무	(1) 「사회복지사업법」에 따른 사회복지사 자격증을 가진 자 (2) 제1호에 준하는 자격이 있다고 인정되는 자
사회재활교사	(1) 「사회복지사업법」에 따른 사회복지사 (2) 「고등교육법」에 따른 전문대학 이상의 학교에서 심리학 · 교육학이나 장애인재활 관련 학을 전공하고 졸업한 자

시설훈련교사	(1) 「고등교육법」에 따른 대학에서 직업재활 또는 특수교육을 전공하고 졸업한 자 (2) 「사회복지사업법」에 따른 사회복지사 (3) 장애인 직업재활시설 운영 직종과 관련된 자격증을 취득한 후 장애인복지사업에 2년 이상 종사한 경력이 있는 자
시설관리기사	전기, 소방설비, 건축설비, 산업안전, 배관설비, 열관리 등 시설관리와 관련된 분야의 면허 또는 자격증 소지자

다른 장애인복지시설을 병설하는 경우에는 주된 시설의 설비 및 직원의 일부로 하여금 병설하는 시설의 설비 및 직원을 겸하게 할 수 있다. 다만, 시설거주 장애인의 재활지도를 담당하고 있는 직원에 대하여는 그러하지 아니하다.

3 장애인복지시설별 설비기준

1) 설비기준

공통사항에서 정한 기준 외에 다음 각 목의 구분에 따른 설비를 갖추어야 한다. 다만, 다른 장애인복지시설을 병설하는 경우에는 주된 시설의 설비 일부로 병설하는 시설의 설비를 겸하게 할 수 있다.

(1) 장애인 생활시설(시설거주자가 30명 이상인 경우에만 해당한다) 및 장애인 유료복지시설

시설별	설비기준
장애유형별 생활시설	(1) 지체장애인 · 뇌병변장애인을 위한 시설 시설에서 시행하려는 재활사업별로 물리치료실, 작업치료실, 직업훈련실 및 보장구 제작실 등 필요한 설비와 지체장애인의 치료 및 훈련에 필요한 기계류 · 기구류를 갖추어야 한다. (2) 시각장애인을 위한 시설 (가) 재활사업별로 그 사업의 목적을 달성하기 위하여 필요한 시설과 설비를 갖추어야 한다. (나) 2층 이상의 건물에는 1개소 이상의 피난설비를 설치하여야 한다. (3) 청각장애인 · 언어장애인을 위한 시설 (가) 직업훈련사업을 하는 경우 직업훈련실과 작업훈련용 기계류 · 기구류를 갖추어 두어야 한다.

	(나) 가능한 한 청능훈련실 · 언어치료실과 필요한 기계 · 기구를 갖추어 두어야 한다. (4) 지적장애인 및 자폐성장애인을 위한 시설 (가) 작업치료실을 설치하되 작업치료의 종류, 기계기구의 종류 및 작업인원에 따라 필요한 면적을 확보하여야 한다. (나) 중증의 지적장애인을 수용하는 거실은 1층에 설치되어야 한다. (다) 필요에 따라 1인용 거실과 2인용 거실을 설치할 수 있다.
중증장애인 요양시설	(1) 시설의 구조와 설비는 중증장애인들이 생활하기에 불편함이 없도록 하여야 한다. (2) 유행성 질환 감염에 대비하여 격리보호실을 1개 이상 설치하여야 한다. 격리보호실에는 산소호흡기 및 흡입기(가래제거용)를 사용할 수 있는 시설물이 설치되어 있어야 한다. (3) 거실을 중심으로 화장실 · 욕실이 설치되어 있어야 한다. (4) 남아 있는 기능의 유지 및 향상을 위하여 훈련 · 치료를 할 수 있는 물리치료실 · 작업치료실 및 언어치료실 등 필요한 설비와 기자재를 갖추어야 한다. (5) 중증장애인의 의료적 진단 및 치료에 필요한 각종 기구와 진료실, 간호실을 갖추어야 한다.
장애영유아 생활시설	(1) 시설의 구조와 설비는 장애영유아들이 생활하기에 불편함이 없도록 하여야 한다. (2) 장애영유아들이 휠체어 · 유모차 등을 사용하는 데에 불편함이 없도록 이동공간 및 주거공간 등 생활공간이 확보되어야 하고 각종 편의시설이 설치되어야 한다. (3) 허약아, 미숙아 및 전염 가능 아동을 격리 · 보호할 수 있는 격리보호실이 1개 이상 있어야 한다. (4) 신생아를 치료 · 보호할 수 있는 관계 장비와 설비를 갖추어야 한다. (5) 거실을 중심으로 화장실 · 욕실이 설치되어 있어야 한다. (6) 남아 있는 기능을 향상시키기 위하여 훈련 · 치료를 할 수 있고, 물리치료실, 작업치료실, 언어치료실 등의 필요한 설비와 기자재를 갖추어야 한다.

(2) 장애인 지역사회재활시설

시설별	설비기준
장애인복지관	(1) 건축물 연면적: 최소 1,000m^2 이상 (2) 공통기준 외 추가설비 (가) 강당 또는 회의실 (나) 의무실 또는 의료재활실 (다) 휴게실(또는 쉼터) (라) 직업재활실 (마) 장애인보호자 및 자원봉사자 대기실 (바) 그 밖에 장애인에 대한 재활서비스 제공에 필요한 설비
장애인 의료재활시설	「의료법」의 관련 규정에 따른다.
장애인 주간 또는 단기 보호시설	(1) 건축물 연면적: 최소 66m^2 이상 (2) 기본설비: (가), (다), (마)는 겸용할 수 있다. (가) 거실 (나) 조리실 (다) 의무실 또는 의료재활실 (라) 사무실 (마) 집단활동실 (바) 화장실

	(사) 비상재해 대비시설 (아) 그 밖에 장애인의 주간 또는 단기 보호에 필요한 설비
장애인 공동생활가정	(1) 기본설비 (가) 거실(1명당 최소 3.3m^2 이상) (나) 조리실 (다) 화장실 (라) 그 밖에 장애인의 공동생활에 필요한 장비
장애인 체육시설	(1) 건축물 연면적: 최소 900m^2 이상 (2) 기본설비 (가) 체련실 (나) 경기장 (다) 의무실 또는 의료재활실 (라) 사무실 (마) 화장실 (바) 그 밖에 장애인의 체육재활에 필요한 설비
장애인 수련시설	(1) 대지 및 건축물 연면적: 최소 1,000m^2 이상 (2) 기본설비 (가) 강당 또는 회의실 (나) 숙소(100명 이상의 동시 수용이 가능하여야 한다) (다) 의무실 또는 의료재활실 (라) 사무실 (마) 조리실 (바) 목욕실 (사) 화장실 (아) 그 밖에 장애인의 심신수련에 필요한 설비
점자도서관	「도서관법」 제5조에 따른 시설 및 자료를 갖추어야 한다.
점자도서 및 녹음서출판시설	(1) 기본설비: 사무실, 제판실, 인쇄실, 교정실, 제본실, 창고 (2) 기본장비: 제판기, 교정대, 인쇄기, 원판호책 제본가공용 기구, 제본작업대, 점자용지 재단기, 종이 절단기

(3) 장애인 생산품 판매시설

시 설 별	설 비 기 준
장애인 생산품 판매시설	(1) 생산품 판매장의 면적은 50m^2 이상이어야 한다. (2) 부대시설은 상담 및 판매 내용에 따라 적합한 곳에 설치하여야 한다.

2) 관리 및 운영요원의 배치기준

(1) 장애인 생활시설(시설거주자가 30명 이상인 경우를 말한다) · 장애인 유료복지시설

구분 / 시설별	물리 치료사	작업 치료사	상담 평가요원	청능 치료사	언어 치료사	보행 훈련사
(1) 장애유형별 생활시설						
(가) 지체장애인 · 뇌병변장애인을 위한 생활시설	1명 이상. 다만, 시설거주장애인이 30명을 초과할 때마다 1명을 추가한다.	1명 이상. 다만, 다른 전문요원이 이를 겸하고 있을 때에는 그러하지 아니하다.	1명. 다만, 다른 전문요원이 이를 겸하고 있을 때에는 그러하지 아니하다.			
(나) 시각장애인을 위한 생활시설			위와 같음			1명
(다) 청각장애인 · 언어장애인을 위한 생활시설			위와 같음	1명 이상	1명 이상	
(라) 지적장애인 및 자폐성장애인을 위한 생활시설	지체장애인 또는 뇌병변장애인을 위한 생활시설의 경우와 같음	지체장애인을 위한 생활시설의 경우와 같음	위와 같음		1명 이상	
(2) 중증장애인 요양시설	위와 같음	위와 같음	위와 같음		1명 이상	
(3) 장애영유아 생활시설	위와 같음	위와 같음	위와 같음		1명 이상	

(2) 장애인 지역사회재활시설

① 관리 및 운영요원의 배치기준

- 장애인복지관 : 20명 이상
- 장애인 의료재활시설 : 「의료법」에 따른 필요인원
- 장애인 주간보호시설 : 3명 이상
- 장애인 단기보호시설 : 3명 이상
- 장애인 공동생활가정 : 입주장애인 4명당 사회재활교사 1명

- 장애인 체육시설 : 3명 이상
- 장애인 수련시설 : 5명 이상
- 장애인 심부름센터 : 운전원을 포함하여 3명 이상
- 수화통역센터 : 3명 이상
- 점자도서관 : 관광, 사서, 점자지도원, 대출열람원, 교정원 각 1명 이상. 다만, 교정원은 점자지도원이 겸할 수 있다.
- 점자도서 및 녹음서 출판시설 : 소장, 편집인, 제판원, 교정원, 인쇄원, 제본원 각 1명 이상

② 관리 및 운영요원의 자격기준

- 장애인복지관

구분	자격기준
관장	① 6급 이상의 공무원으로 5년 이상 재직한 경력이 있는 자 ② 사회복지사 · 특수학교교사 · 치료사 등 장애인재활 관련 자격증을 취득한 후 해당 분야에서 8년 이상 근무한 경력이 있는 자 ③ 「고등교육법」에 따른 대학을 졸업한 후 장애인복지 분야에서 10년 이상 근무한 경력이 있는 자 ④ 장애인복지 분야 박사학위 취득자 또는 대학에서 전임강사 이상으로 2년 이상 재직한 경력이 있는 자 ⑤ 그 밖에 위와 동등 이상의 자격이 있다고 「사회복지사업법」 제36조에 따른 운영위원회(이하 "운영위원회"라 한다)에서 인정한 자
사무국장	① 7급 이상의 공무원으로 5년 이상 재직한 경력이 있는 자 ② 사회복지사 · 특수학교교사 · 치료사 등 장애인재활 관련 자격증을 취득한 후 해당 분야에서 6년 이상 근무한 경력이 있는 자 ③ 「고등교육법」에 따른 대학을 졸업한 후 장애인복지 분야에 8년 이상 종사한 경력이 있는 자 ④ 그 밖에 위와 동등 이상의 자격이 있다고 운영위원회에서 인정한 자
1급	① 7급 이상의 공무원으로 사회복지 분야에 3년 이상 재직한 경력이 있는 자 ② 사회복지사 · 특수학교교사 · 치료사 등 장애인재활 관련 자격증을 취득한 후 장애인복지 분야에 4년 이상 종사한 경력이 있는 자 ③ 「고등교육법」에 따른 대학을 졸업한 후 장애인복지 분야에 6년 이상 종사한 경력이 있는 자 ④ 그 밖에 위와 동등 이상의 자격이 있다고 운영위원회에서 인정한 자
2급	① 8급 이상의 공무원으로 사회복지 분야에 3년 이상 재직한 경력이 있는 자 ② 사회복지사 · 특수학교교사 · 치료사 등 장애인재활 관련 자격증을 취득한 후 해당 분야에서 3년 이상 근무한 경력이 있는 자 ③ 「고등교육법」에 따른 대학을 졸업한 후 장애인복지 분야에 4년 이상 종사한 경력이

	있는 자 ④ 그 밖에 위와 동등이상의 자격이 있다고 운영위원회에서 인정한 자
3급	① 8급 이상의 공무원으로 사회복지 분야에 1년 이상 재직한 경력이 있는 자 ② 사회복지사 · 특수학교교사 · 치료사 등 장애인재활 관련 자격증을 취득한 후 해당 분야에서 2년 이상 근무한 경력이 있는 자 ③ 「고등교육법」에 따른 대학을 졸업한 후 장애인복지 분야에 3년 이상 종사한 경력이 있는 자 ④ 그 밖에 위와 동등이상의 자격이 있다고 운영위원회에서 인정한 자
4급	① 9급 이상의 공무원으로 사회복지 분야에 3년 이상 재직한 경력이 있는 자 ② 사회복지사 · 특수학교교사 · 치료사 등 장애인재활 관련 자격증을 소지한 자 ③ 「고등교육법」에 따른 대학을 졸업한 후 장애인복지 분야에 2년 이상 종사한 경력이 있는 자 ④ 그 밖에 위와 동등한 자격이 있다고 운영위원회에서 인정한 자
5급	「초 · 중등교육법」에 따른 고등학교를 졸업하였거나 이와 동등 이상의 학력이 있는 자
기능직	운전 · 타자 · 열관리 및 전산 등 해당 기능 분야의 면허 또는 자격증을 소지한 자
고용직	청소 · 취사 및 세탁 등 해당 업무 수행이 가능하다고 인정되는 자

• 점자도서관과 점자도서 및 녹음서 출판시설

직종별	자격기준
시설의 장	① 「도서관법 시행령」 제4조에 따른 정사서의 자격을 취득한 후 3년 이상 근무한 경력이 있는 자 ② 사회복지사업에 5년 이상 종사한 경력이 있는 자
사서	「도서관법 시행령」 제4조에 따른 사서직원의 자격이 있는 자
점자지도원, 대출열람원, 편집원, 제판원, 교정원, 인쇄원	관련 업무에 대한 전문적 지식과 경험이 있는 자

4 장애인복지시설의 운영기준

1) 시설의 운영기준

(1) 시설거주자 또는 이용자의 요건

① 「국민기초생활 보장법」에 따른 수급자로서 법 제2조에 따른 장애인이어야

한다.

② 「국민기초생활 보장법」에 따른 수급자가 아닌 경우에는 법 제2조에 따른 장애인으로서 부양의무자가 없거나, 부양의무자가 있어도 부양능력이 없거나 부양을 받을 수 없는 자이어야 한다.

③ 입소 또는 이용 시설은 장애유형 · 장애정도 및 연령 등을 고려하여 결정되어야 한다.

(2) 건강관리

① 장애인 생활시설에는 시설거주자의 건강을 관리할 책임자를 두고 의사 · 간호사나 그 밖의 자격이 있는 자가 항상 그 임무를 수행하여야 한다.

② 위의 내용에 따른 전담의사를 두지 아니한 시설은 시간제로 계약한 의사를 두어야 한다.

③ 생활시설에 입소하는 자에 대하여는 건강진단을 하여야 한다.

④ 생활시설의 시설거주자 및 직원에 대하여는 연 1회 이상의 건강진단을 하여야 한다. 다만, 건강진단 결과 건강이 좋지 아니한 자에 대하여는 그 치료를 위하여 필요한 조치를 하여야 한다.

⑤ 시설거주자 또는 이용자에 대하여 그 건강상태에 따라 적절한 훈련과 휴식을 하도록 하여야 한다.

⑥ 시설거주자 또는 이용자의 생활환경을 항상 청결하게 하고 그 위생관리에 유의하여야 한다.

(3) 급식

생활시설의 장은 시설거주자가 필요한 영양을 섭취할 수 있도록 영양사가 작성한 식단에 따라 급식을 하여야 한다.

(4) 생활지도

① 시설거주자 또는 이용자가 자유롭게 이용할 수 있도록 신문 · 잡지 · 라디오 · 도서(특히 시각장애인 생활시설에는 점자도서 등)를 갖추어 두고 이들이 사회에

적응할 수 있도록 지도하여야 한다.

② 시설거주자 또는 이용자의 정서 함양을 위한 프로그램을 지속적으로 개발하여 실시하고 적절한 오락용품도 갖추어 시설거주자 등의 재활에 도움이 되도록 지도하여야 한다.

(5) 관리규정

다음 사항에 관한 규정을 제정 · 시행하여 시설을 적정하게 운영하도록 하여야 한다.

① 시설의 운영방침
② 직제 · 정원 및 직원 업무분장
③ 시설거주(이용)자의 처우요령
④ 시설거주(이용)자의 생활수칙
⑤ 재활프로그램의 내용
⑥ 그 밖에 시설의 관리에 관한 중요한 사항

(6) 장부 등의 비치

시설에는 다음의 장부 및 서류를 갖추어 두어야 한다.

① 관리에 관한 장부

- 직원 관계철
- 회의록철
- 사업일지
- 문서철
- 문서 접수 · 발송대장
- 차량 운행일지

② 사업에 관한 장부

- 시설거주(이용)자 관계 서류(신상조사서, 명부, 건강기록부, 입 · 퇴소자의 명단, 보

호의 경과, 지도, 개별 상담 등 관계철)

- 재활프로그램 관리대장
- 교육 · 훈련 관계 서류(훈련일지 및 평가 관계 서류)
- 급식 관계 대장

③ **재무 · 회계에 관한 장부**

- 총계정원장 및 수입 · 지출보조부
- 금전출납부 및 그 증명서류
- 예산서 및 결산서
- 비품수불대장
- 비품(장비)대장
- 재산대장 · 재산목록과 그 소유권에 관한 증명서류
- 시설거주자의 비용부담 관계 서류
- 각종 증명서류와 그 밖의 필요한 서류

(7) 장애인 생활시설의 거주자

① 시설의 장은 시설거주자의 거실마다 또는 시설거주자의 거실이 있는 건물마다 사회재활교사나 그 밖의 필요한 직원 중 1명을 시설거주자와 함께 기거하게 하여야 한다.

② 시설에는 시설거주자 외에 시설의 장 및 직원과 그 가족이 아닌 자는 거주하지 못한다.

(8) 시설의 개방 운영

① 시설 운영위원회에 주민의 참여를 유도하고, 시설의 기재와 설비 등을 지역사회에 최대한 개방함으로써 지역사회와의 연계를 활성화하고, 지역사회주민이 시설의 기능과 사업에 대하여도 충분히 이해할 수 있도록 하여야 한다.

② 시설거주자의 인권을 보호하고 그들이 지역사회와의 원활한 관계를 정립 · 유지할 수 있도록 시설거주자들이 원하는 지역사회활동에 자유롭게 참여할 수 있는 기회를 보장하여야 한다.

(9) 사업

① 시설은 시설거주자 또는 이용자가 스스로 장애를 극복하고 지장 없이 사회경제활동에 참여하도록 하기 위하여 필요한 교육적 · 의학적 · 심리적 및 직능적 훈련을 실시하여야 한다.

② 재활훈련은 장애인의 유형별 · 연령별 특성에 따라 계획을 세워야 한다.

③ 재활훈련은 시설 안에서 하는 것을 원칙으로 하되 훈련효과를 높이기 위하여 필요한 경우에 사업장이나 그 밖의 시설 외의 훈련기관에 의뢰하여 할 수 있다.

2) 장애인복지시설별 재활사업

시설별	재활사업
장애인 생활시설	<지체장애인 · 뇌병변장애인을 위한 시설> (1) 의료재활 의료재활은 다음의 치료와 훈련을 혼합하여 수행한다. 다만, 그 세부적 방법은 보편화된 치료방법과 훈련방법으로 한다. (가) 의학적 진단 의학적 진단은 재활치료를 효과적으로 수행하기 위하여 현재의 증상과 치료에 의한 기능적 효과를 평가하여야 한다. (나) 재활치료 정형외과치료 · 물리치료 · 작업치료 · 언어치료 등 재활치료를 실시하여야 한다. (2) 심리 · 사회적 재활 심리 · 사회적 재활은 다음의 방법으로 실시하여야 한다. 이 경우 시설거주자의 심리적 특성을 정확히 진단하여 각 개인에 알맞은 적절한 조치와 시기를 놓치지 아니하도록 하여야 한다. (가) 심리 · 사회적 진단 ① 심리 · 사회적 진단은 각종 검사의 방법으로 실시하고 생활력에 대한 관찰 및 연구도 병행한다. ② 재활치료가 인격형성에 미칠 영향을 고려하여 지도방침을 결정하여야 한다. (나) 심리 · 사회적 재활조치 ① 집단지도로서 연극 · 레크리에이션, 각종 그룹활동 및 토론 등을 실시한다. ② 개별지도로서 심리요법적 상담지도를 할 때에는 그 심리적 재활효과를 크게 하기 위하여 의학적 처치, 기능회복훈련 등 재활지도와 관련하여 적절한 시기에 실시하도록 유의하여야 한다. (3) 직업재활 직업훈련은 장애인의 장애유형별 특성을 고려하여 다음 사항에 유의하여 실시하여야 한다. (가) 시설거주자의 적성에 따라 준비훈련 및 응용훈련을 나누어 실시한다. (나) 직업훈련을 통하여 장애를 극복하고 근로활동을 할 수 있도록 지도한다. (다) 훈련과목은 시설의 작업환경, 지역특성 등을 고려하여 선택하되, 장애인의 희망, 적

성, 경험 등을 종합적으로 고려하여 그 장애인에게 가장 적합한 과목을 선정하여 시행하여야 한다.

(4) 교육재활

교육재활은 해당 장애인의 연령과 특성에 따라 「장애인 등에 대한 특수교육법」에 따른 교육기회가 제공될 수 있도록 이루어져야 한다.

<시각장애인을 위한 시설>

(1) 의학적 진단 및 재활

의학적 진단을 통하여 현재의 증상과 그 기능적 상태를 정확히 파악하고 그에 알맞은 재활훈련 및 직업훈련을 실시하여야 한다.

(2) 심리 · 사회적 재활

지체장애인 생활시설에서 하는 심리 · 사회적 재활에 준하여 실시하여야 한다.

(3) 직업재활

시각장애인에게 적합한 과목의 직업훈련을 하도록 노력하고 다음의 준비훈련 및 기본훈련을 실시하여야 한다.

(가) 생활훈련

시설거주자의 일상생활에 필요한 여러 가지 동작이 숙달되도록 지도하여야 한다.

(나) 보행훈련

시각장애인의 안전보행에 필요한 훈련을 실시하여야 한다.

(다) 의사소통훈련

점자, 통신, 컴퓨터 등 의사소통훈련을 실시하여야 한다.

(라) CCTV 사용훈련

저시력자의 시력 활용 증진에 관한 훈련 및 보조기기 활용에 관한 훈련을 실시하여야 한다.

<청각장애인 · 언어장애인을 위한 시설>

(1) 의학적 진단 및 치료

의학적 진단을 할 때에는 임상진단과 동시에 청각의 기능적 상태를 파악하여야 하며, 치료를 할 때에는 시설거주자의 장애증상을 정확히 파악하여 치료방침을 세워야 한다.

(2) 청력검사 및 어음명료도 검사

청력검사는 주로 순음청력검사에 의하여 하되, 난청의 종류 · 청력손실 · 연령 등에 따라 타각적 청력검사 · 어음명료도 검사 등도 함께 할 수 있다. 또한 청력검사는 청능훈련 및 독화훈련 중에도 정기적으로 하도록 한다.

(3) 청각훈련

(가) 보청기 사용훈련

보청기 사용훈련은 보청기의 일일 사용시간을 점진적으로 증가시키는 방법으로 실시하여야 한다. 다만, 보청기의 검사 및 선정은 다음의 방법으로 한다.

① 보청기 검사는 그 출력 · 감도 · 주파수의 특성 · 음량압축 · 내구력 등 그 성능에 관하여 상세히 하여야 한다.

② 보청기 선정은 청력측정 및 어음명료도 검사 등으로 청력장애의 상태를 정확히 파악하고 각종 보청기를 착용하여 어음명료도 및 어음쾌적도 검사를 한 후 장애인에게 가장 적합한 것을 선정하여야 한다.

(나) 청능훈련

청능훈련은 남아 있는 청력을 훈련하여 건청인과의 의사소통이 가능하거나 쉽게 되도록 하는 것을 목적으로 청능훈련 기재 등을 이용하여 음성 및 언어에 따라 판별능력을 훈련함과 동시에 도로 · 집회장등 소음이 많은 장소에서의 훈련도 실시하여야 한다.

(다) 독화훈련
독화훈련은 청각을 대신하여 회화의 이해를 쉽게 하는 것으로 청능훈련과 함께 실시하여야 한다.
(라) 운동기능훈련
평행기능장애를 가진 자에 대하여는 그 장애의 원인 및 종류에 따라 운동기능훈련을 실시하여야 한다.
(4) 음성 · 언어기능 재활훈련
시각적 방법 · 촉각적 방법 등과 특수한 기계장치 활용에 의한 언어기능 재활훈련을 실시하되, 청능훈련 및 독화훈련과 관련시켜 실시하여야 한다.
(5) 심리 · 사회적 재활
지체장애인 생활시설에서 하는 심리 · 사회적 재활에 준하여 실시하여야 한다.
(6) 직업재활
직업훈련은 다음 사항에 유의하여 실시하여야 한다.
(가) 보청기 등의 활용으로 직업적응이 쉽도록 지도하여야 한다.
(나) 시설거주자의 생활 · 자립에 필요한 기술을 습득시킴과 아울러 건청인과의 의사소통방법 등 사회적 개발에 특별히 유의하여야 한다.
(다) 직업훈련과목은 그 지역의 실정과 시설거주자의 특성을 충분히 고려하여 직종을 광범위하게 선정하도록 노력하여야 한다.

<지적장애인 및 자폐성장애인을 위한 시설>
(1) 생활지도
시설거주자가 일상생활에서 좋은 습관을 가지고 사회생활에 대한 적응을 쉽게 하도록 모든 기회를 통하여 생활지도를 하여야 한다.
(2) 작업지도
필요한 경우 시설거주자가 자립하여 사회생활을 할 수 있도록 작업지도를 하되, 1일 8시간, 1주당 44시간을 초과하여서는 아니 된다.
(3) 심리 · 사회적 재활 및 의료적 재활
지적장애인 또는 자폐성장애인의 정신적 · 신체적 특수성을 고려하여 심리 · 사회적 및 의료적 재활사업에 특히 유의하여야 한다.
(가) 심리 · 사회적 진단
① 심리 · 사회적 진단은 각종 검사의 방법으로 실시하고 생활력에 대한 관찰 및 연구도 병행된다.
② 재활치료가 인격형성에 미칠 영향을 고려하여 지도방침을 결정하여야 한다.
(나) 심리 · 사회적 재활조치
지체장애인 생활시설에서 하는 심리 · 사회적 재활에 준하여 실시하되, 특히 지적장애인 또는 자폐성장애인의 정신적 · 신체적 특수성이 고려되어야 한다.
(4) 직업생활지도
시설거주자가 직업생활에 잘 적응할 수 있도록 모든 기회를 통하여 직업생활지도를 하여야 한다.

<중증장애인 요양시설>
(1) 보호조치
(가) 시설에 응급조치 및 후송체계를 갖추어 중증장애인의 응급상황에 적절히 대처할 수 있어야 하며, 신체적 손상과 감염을 예방하기 위하여 격리보호실을 활용하는 등 특별 관리하여야 한다.
(나) 시설거주자의 개인별 장애상태와 특성을 파악하여 그 정도에 알맞은 개별 프로그램이 실시되어야 한다.
(다) 입소 장애인의 사생활을 보장할 수 있도록 집단보호와 함께 개별보호 프로그램이

	실시되어야 하며 시설거주자의 의견을 최대한 반영함으로써 시설거주자의 권익이 부당하게 침해되는 일이 없도록 하여야 한다. (2) 의료재활 (가) 남아 있는 기능의 퇴화 방지와 기능 향상을 위한 치료(재활의학치료, 소아과치료, 물리치료, 언어치료, 작업치료 등)사업이 실시되어야 한다. (나) 건강한 삶을 누릴 수 있도록 질병에 대한 예방 및 치료사업이 실시되어야 한다. (다) 특수 보장구를 이용하여 대체 기능을 개발하고 활용할 수 있게 하여야 한다. (3) 생활지도 (가) 일상생활에 필요한 동작훈련, 감각훈련 등 정서 안정 및 자립생활을 위한 기초생활 지도사업이 실시되어야 한다. (나) 전인적 생활을 해나갈 수 있도록 사회적응훈련이 실시되어야 한다. (다) 일상생활에서 좋은 습관을 형성하고 다양한 경험과 정서적 안정을 꾀할 수 있도록 생활지도사업이 실시되어야 한다. (라) 시설거주자 및 보호자 가족의 심리 · 사회재활을 위한 상담활동사업이 실시되어야 한다. (4) 특수교육 유치원 입학연령에 해당하는 유아 및 초등학교 · 중학교 · 고등학교 과정의 학령기에 해당하는 자는 전원 「장애인 등에 대한 특수교육법」에 따른 교육기회가 제공되어야 한다. (5) 다른 시설로의 이동 시설거주자 중 남아 있는 능력이 향상되어 재활의 가능성이 있으면 그에 적합한 다른 시설로 옮기는 등 필요한 조치를 하여야 한다. <장애영유아생활시설> (1) 보호조치 (가) 시설에 응급조치 및 후송체계를 갖추어 장애영유아의 응급상황에 적절히 대처할 수 있어야 하며, 신체적 손상과 감염을 예방하기 위하여 격리보호실을 활용하는 등 특별 관리하여야 한다. (나) 시설거주자의 개인별 장애상태와 특성을 파악하여 그 정도에 알맞은 개별 프로그램이 실시되어야 한다. (2) 의료재활 및 생활지도 중증장애인 요양시설에서 하는 의료재활 및 생활지도에 준하여 실시한다. (3) 조기 특수교육 조기 특수교육이 필요하다고 인정되는 3세 미만의 영유아에 대하여는 조기특수교육사업이 전개되도록 하여야 한다. (4) 다른 시설로의 이동 장애영유아의 남아 있는 능력이 향상되어 재활의 가능성이 있는 경우, 또는 유아기가 지나 7세 이상이 된 경우에는 장애유형에 알맞은 다른 생활시설로 옮기는 등 필요한 조치를 하여야 한다.
장애인 지역사회 재활시설	장애인 지역사회재활시설은 지역의 특성과 장애인의 복지욕구를 고려하여 사회 · 심리 · 교육 · 직업 · 의료재활 등 장애인의 지역사회생활에 필요한 재활서비스를 제공하되, 세부사항은 보건복지부장관이 정하는 바에 따른다.
장애인 유료 복지시설	장애인생활시설과 같다.
장애인 생산품 판매시설	(1) 사업내용 판매시설은 장애인 생산품의 판매를 촉진하기 위한 다음 각 호의 사업을 하여야 한다. (가) 상담사업: 재가(在家) 장애인 및 생산시설에 대한 상담 및 관리 (나) 판촉사업 : 생산품의 전시 · 판매, 특별판매행사, 조달관련 사업 등

	(다) 홍보사업 : 홍보물의 제작 · 배포 (라) 개발사업 : 개인 · 단체별 판로 개척 (2) 생산품 선정 및 관리 (가) 판매시설은 장애인복지시설 및 단체에서 생산하는 물품과 재가 장애인이 생산하는 물품을 선정하여 판매하여야 한다. (나) 판매제품은 시장성과 소비자의 이용 편익성을 고려하여 선정하되, 장애인의 생산수준과 지역성을 고려하여야 한다. (다) 판매제품을 선정할 때에는 지역시장의 여건 및 판로 구축 방안을 고려하여 선정하여야 한다. (라) 작업공정 및 생산품의 성격상 직업재활시설 외의 시설에 하청을 주어 생산하는 경우에는 그 생산과정에 70% 이상의 장애인근로자가 참여하여야 한다. (마) 판매수익금은 장애인 생산제품의 구입비, 관리운영비, 자원봉사관리비 등 장애인의 생산품 판매를 촉진하기 위한 사업 외에는 사용할 수 없다. (3) 판매기술의 확보 (가) 판매시설은 장애인 생산품의 판매를 위한 상담, 판촉, 홍보 등의 기술을 습득하기 위하여 노력하여야 한다. (나) 소비계층별 취향과 장애인 생산수준의 적정성 등을 고려한 마케팅 전략을 수립하여 장애인 생산품의 판로 개척에 노력하여야 한다.

CHAPTER

06 부랑인복지시설의 설립

1 부랑인복지시설의 정의

'부랑인복지시설'이라 함은 사회복지사업법 제34조 제1항 또는 제2항의 규정에 의하여 설치된 사회복지시설 중의 하나로서, 부랑인을 입소시켜 숙식을 제공하고 재활 및 자활 프로그램을 운영하는 등의 서비스를 제공하는 시설을 말한다.

'부랑인'은 일정한 주거와 생업수단 없이 상당한 기간 거리에서 배회 또는 생활하거나 그에 따라 부랑인복지시설에 입소한 18세 이상의 자를 말한다.

'노숙인'은 일정한 주거 없이 상당한 기간 거리에서 생활하거나 그에 따라 노숙인 쉼터에 입소한 18세 이상의 자를 말한다.

'노숙인 쉼터'는 노숙인을 입소시켜 숙소를 제공하고 재활 및 자활 프로그램을 운영하는 등의 서비스를 제공하는 시설을 말한다.

'상담보호센터'는 부랑인과 노숙인 등을 상담하고 이들을 부랑인복지시설이나 노숙인 쉼터 등의 사회복지시설에 인계하거나 이들에게 일시적으로 생활편의를 제공하고 보호하는 시설을 말한다.

2 부랑인복지시설의 설치절차

사회복지사업 제34조에 따라 부랑인복지시설을 설치 · 운영하고자 하는 때에는 사회복지시설설치 · 운영신고서<별지 6-1>에 다음 각 호의 서류(전자문서를 포함한다)를 첨부하여 관할 시장 · 군수 · 구청장에게 제출하여야 한다.

① 법인의 정관(법인에 한함) 1부
② 시설운영에 필요한 재산목록(소유를 증명할 수 있는 서류를 첨부하여야 하며, 다만 행정정보의 공동이용을 통하여 소유권에 대한 정보를 확인할 수 있는 경우에는 그 확인으로 첨부서류를 갈음합니다) 각 1부
③ 사업계획서 및 예산서 각 1부
④ 시설의 평면도(시설의 층별 및 구조별 면적을 표시하여야 함)와 건물의 배치도 각 1부

3 부랑인복지시설의 설치기준

1) 시설 설치 기준 : 부랑인 및 노숙인 보호시설 설치운영

(1) 부랑인복지시설

구분	상시 30인 이상인 시설	상시 30인 미만 10인 이상인 시설	상시 10인 미만인 시설
입소정원 1인당 시설면적	13.22m^2 이상	13.22m^2 이상	9.9m^2 이상
입소정원 1인당 거실면적	3.3m^2 이상	3.3m^2 이상	3.3m^2 이상
설비	거실, 사무실, 상담실, 의무실, 프로그램실(100인 이상인 시설에 한한다), 자활 사업장, 도서실 또는 오락실, 조리실,	거실, 사무실(상담실을 겸용할 수 있게 하여야 한다), 조리실, 화장실(목욕할 수 있는 설비를 갖추어야 한다), 급 ·	거실, 조리실, 화장실(목욕할 수 있는 설비를 갖추어야 한다), 급 · 배수시설 및 비상재해대비시설을 설치할 것

설비	목욕실, 화장실, 급 · 배수시설, 비상재해대비시설, 옥외운동장 및 창고를 설치할 것	배수시설 및 비상재해대비시설을 설치할 것	

비고 : 1. 입소정원이 100인을 초과하는 경우의 시설면적은 $13.22m^2 \times 100 + 13.22m^2 \times 0.7$(입소정원−100)로 한다.
2. 시설의 설비와 구조는 입소자의 성별 및 장애유형별 특성에 맞도록 하여야 한다.
3. 입소자 중 정신질환자, 알코올중독자는 구분하여 수용하고, 전염병환자는 격리하여 수용하여야 한다.
4. 비상재해대비시설에는 소방시설설치유지및안전관리에관한법률시행규칙이 정하는 바에 따라 소화 기구를 비치하고, 비상구를 설치하여야 한다. 다만, 상시 10인 미만의 시설은 비상재해대비시설에 갈음하여 시설실정에 맞는 소화 기구를 갖추도록 할 수 있다.

(2) 노숙인 쉼터

구분	상시 30인 이상인 시설	상시 30인 미만 10인 이상인 시설	상시 10인 미만인 시설
1인당 면적	$13.22m^2$ 이상	$13.22m^2$ 이상	$9.9m^2$ 이상
1인당 거실면적	$3.3m^2$ 이상	$3.3m^2$ 이상	$3.3m^2$ 이상
설비	수면실, 사무실(상담실 겸용), 프로그램실(100인 이상인 시설에 한한다), 의무실(100인 이상인 시설에 한한다), 조리실, 화장실(목욕할 수 있는 설비를 갖추어야 한다), 급 · 배수시설 및 비상재해대비시설을 설치할 것	수면실, 사무실(상담실), 조리실, 화장실(목욕할 수 있는 설비를 갖추어야 한다), 급 · 배수시설 및 비상재해대비시설을 설치할 것	수면실, 사무실(상담실), 조리실, 화장실(목욕할 수 있는 설비를 갖추어야 한다), 급 · 배수시설 및 비상재해대비시설을 설치할 것

비고 : 1. 상시 입소인원이 100인을 초과하는 경우의 시설면적은 $13.22m^2 \times 100 + 13.22m^2 \times 0.7$(입소정원−100)로 한다.
2. 시설이 특별시 및 광역시의 주거지역 또는 상업지역에 설치될 경우 위 표의 1인당 면적 기준의 70퍼센트로 완화하여 적용할 수 있다.
3. 시설의 설비와 구조는 입소자의 성별 및 장애유형별 특성에 맞도록 하여야 한다.
4. 비상재해대비시설에는 소방시설설치유지및안전관리에관한법률시행규칙이 정하는 바에 따라 소화 기구를 비치하고, 비상구를 설치하여야 한다. 다만, 상시 10인 미만의 시설은 비상재해대비시설에 갈음하여 시설실정에 맞는 소화 기구를 갖추도록 할 수 있다.

(3) 상담보호센터

구분	상담보호센터
시설면적	특별시 · 광역시의 경우 $132m^2$(40평) 이상, 특별시 · 광역시 외의 지역은 $92m^2$(28평) 이상일 것
설비	상담실, 사무실, 의무실, 수면실, 목욕실, 화장실, 세탁실, 물품보관실, 급 · 배수시설 및 비상재해대비시설을 설치할 것

2) 종사자 자격기준

구분	상담보호센터
시설장	1. 사회복지사 자격을 가진 자 2. 사회복지시설 · 사회복지단체의 부장급 이상 또는 사회복지행정분야 공무원으로 5년 이상 종사한 경력이 있는 자 3. 종무에 종사하는 자로서 종교단체의 추천을 받은 자
상담요원	1. 사회복지사 자격을 가진 자 2. 사회복지사업법 제2조 제1항의 규정에 의한 시설 등에서 1년 이상 상담업무에 근무한 경력이 있는 자
생활복지사	1. 사회복지사 자격을 가진 자 2. 고등교육법에 의한 대학 또는 이와 동등 이상의 학력이 인정되는 학교에서 심리학, 교육학, 여성학 또는 사회학을 전공하고 졸업한 자

3) 종사자 배치기준

(1) 부랑인복지시설 종사자의 직종별 배치기준

구 분	상시 30인 이상 시설	상시 10인 이상 30인 미만인 시설	상시 10인 미만인 시설
시 설 장	1인	1인	1인
행정책임자	1인	-	-
상담요원	1인 이상	-	-
생활복지사	1인(입소자 40인당 1인 추가)	1인	-
자활지도원 (제23조 규정에 의한 부랑인직업보도 시설에 한함)	1인 이상		
의사(촉탁의사)	1인 이상	-	-
간호사 또는 간호조무사	1인 이상	-	-
생활지도원	1인(입소자 50인당 1인 추가)	1인	1인
영 양 사 (입소자 상시 50인 이상인 시설에 한함)	1인	-	-

조 리 원	1인(입소자 50인당 1인 추가)	-	-
사 무 원	1인 이상		
경 비 원	1인 이상		
설비기사 (입소자 상시 100인 이상인 시설에 한함)	1인 이상		

비고 : 상기 직종 외에 시설특성상 필요가 있는 경우에는 배치종사자 정원의 20퍼센트 범위 내에서 생활복지사를 물리치료사의 직종으로 변경하여 배치할 수 있다.

(2) 노숙인 쉼터 종사자의 직종별 배치기준

구 분	상시 50인 이상 보호시설	상시 30인 이상 50인 미만 보호시설	상시 30인 미만 10인 이상 보호시설	상시 10인 미만 보호시설
시설장	1인	1인	1인	1인
행정책임자	1인	1인	-	
상담요원	1인 이상(입소자 50인당 1인 추가)	1인	1인	
간호사 또는 간호조무사 (입소자 상시 100인 이상인 시설에 한함)	1인	-	-	
생활지도원	1인 이상(입소자 50인당 1인 추가)	1인	1인(상담요원이 겸직가능)	1인
영양사 (상시 급식인원 50인 이상인 시설에 한함)	1인	-	-	-
조리원	1인 이상(입소자 50인당 1인 추가)	1인	1인	
사무원	1인 이상	-	-	-
설비기사 (입소자 상시100인 이상 시설에 한함)	1인	-	-	-

비고 : 30인 미만 시설의 경우에는 시설의 장을 비상근으로 할 수 있다. 이 경우에는 시설의 장에 갈음하여 상담요원을 채용할 수 있다.

(3) 상담보호센터 종사자의 직종별 배치기준

구 분	인 원 수
시 설 장	1인
행정책임자	1인
상담 요원	2인 이상
생활복지사	2인 이상

4 부랑인복지시설의 시설운영

1) 운영규정

① **입소자 관리기록** : 입소자 각각의 신상기록카드 <별지 6-2>와 입소자 연명부 <별지 6-3>을 작성 관리해야 한다.

② **연고자 조회** : 반기별로 연고자 또는 시설소재지의 읍 · 면 · 동장에게 연고자 확인의뢰서 <별지 6-4>를 발송해야 하며 읍 · 면 · 동장은 5일 이내 결과를 통보해야 한다. 연고자조회기록부 <별지 6-5>도 작성 비치해야 한다.

③ **건강관리** : 입소자가 입소 후 10일 이내에 건강진단을 실시해야 하며, 연 1회 이상의 건강진단을 실시해야 한다. 또한 개인별 건강기록부 <별지 6-6>과 의무일지 <별지 6-7>을 작성 비치해야 한다.

④ **전원조치** : 시설의 장은 입소자의 성별, 연령별, 직업별 특성 등을 참작하여 수시로 면담을 하고, 보호의 경과에 따라 다른 사회복지시설로의 전원 등 필요한 조치를 취해야 한다.

⑤ **사망자의 처리** : 의료법에 의한 사망진단서 및 검안서를 교부 받아서 장사 등에 관한 법률 제2조 제16호 및 동법시행령 제2조에 의하여 부랑인복지시설의 장이 연고자의 지위에서 장례절차진행이 가능하다.

2) 시설비치 필요 장부 및 서류

① 시설의 연혁에 관한 기록부
② 재산목록과 그 소유를 증명하는 서류
③ 시설운영일지
④ 시설의 장 및 직원의 인사기록부(이력서 및 사진을 포함한다)
⑤ 예산서 및 결산서
⑥ 총계정원장 및 수입 · 지출보조부
⑦ 금전 및 물품의 출납부와 그 증빙서류
⑧ 보고서철 및 관계 행정기관과의 문서철
⑨ 소속 법인의 정관 및 관계결의서류(법인인 경우에 한한다)
⑩ 직원의 인사 · 복무 및 시설운영에 관한 규정

3) 직업보도관리

(1) 자립 · 자활지원 등 프로그램사업

부랑인복지시설 입소자의 사회복귀를 위하여 시설입소자의 근로능력과 지역실정 등을 감안하여 모든 부랑인복지시설에서 원내자활사업(가축사육 · 화훼 등 영농사업과 목공예, 봉제 등)과 원외자활사업(지역사회 사업장 취업 등) 등의 다양한 방법으로 실시해야 한다.

① **대상시설 선정** : 시 · 도지사가 지역적인 여건, 입소자의 특성 및 시설운영 상태를 고려하여 대상시설을 선정한다.
② **직종선택** : 지역사회 여건, 입소자의 적성, 취업가능성 등을 감안하여 자립 · 자활이 가능한 직종 선택한다.
예) 도시지역 : 용접 · 배관 · 목공 및 미장타일 등
농촌지역 : 영농 · 축산 · 화훼 등
③ **수익금관리** : 직업보도결과 발생된 수익에 대해서는 자재대금 등 소요경비를 제외한 전액을 입소자 개별통장에 적정하게 분배하여 적립하되, 입소자의 요

구가 있는 경우에는 계좌입금 방식에 의하여 지급하며 잔액이 남은 경우 입소자 퇴소 시 그 전액을 지급한다.

4) 자활프로그램 운영

시설 입소 부랑인에게 자립지원 및 자활교육, 재활치료를 각 시설의 특성에 맞도록 탄력적으로 운영함으로써 입소자의 사회복귀를 촉진시킴과 이를 통하여 지역사회와의 교류 협력을 통해 부랑인복지시설에 대한 편견을 해소하고 지역사회와 연계하는 부랑인복지시설로 육성하고자 함을 목적으로 한다.

CHAPTER

07

지역사회복지관의 설립

1 사회복지관의 설치

1) 시설의 설치 · 운영계획

시 · 도지사 및 시장 · 군수 · 구청장은 관내의 저소득층 밀집지역, 요보호대상자 및 인구수, 기타 지역의 특성 등을 고려하여 사회복지관의 설치 · 운영에 관한 중 · 장기 육성계획을 수립하고, 동 계획에 의하여 사회복지관이 설치 · 운영되도록 한다.

2) 시설 설치의 우선순위

시 · 도지사 및 시장 · 군수 · 구청장이 사회복지관을 설치하고자 할 때에는 저소득층 밀집지역에 우선 설치하되, 사회복지관이 일부 지역에 편중되지 않도록 한다.

3) 설치 · 운영주체

사회복지관은 지방자치단체, 사회복지법인 및 기타 비영리법인이 설치 · 운영할 수 있으며, 지방자치단체는 사회복지관을 설치한 후 사업의 전문성을 향상시키기 위해 운영능력이 있는 사회복지법인 등에 위탁하여 운영할 수 있다. 지방자치단체는 공공단체의 시설물을 위탁받아 사회복지관을 설치 · 운영하거나 사회복지법인 등에 위탁하여 운영할 수 있다.

4) 시설 설치 시 유의사항

사회복지관을 설치하고자 하는 자는 다음 사항을 준수하여 건축의 설계 및 시공을 하여야 한다.

① 지역실정에 부합되는 종합서비스 기능을 제공하기 위한 강당, 회의실, 자원봉사자실, 방음설비를 갖춘 상담실 등의 서비스 공간을 마련하여야 한다.
② 장애인, 임산부 및 노약자의 이용에 지장이 없도록 출입문 · 계단 · 화장실 등에 편의시설을 설치하여야 한다.
③ 건축물의 시공에 있어서 에너지절약 및 화재예방 시설 등 시설물의 관리 및 안전점검 등에 필요한 설비를 갖추도록 한다.
④ 그 밖의 지역특성 및 주민의 욕구에 알맞은 설비를 갖추어야 한다.

시장 · 군수 · 구청장은 사회복지관의 건축허가 시에는 유의사항에서 정한 사항을 준수토록 지도하여야 한다.

2 지역사회복지관의 설치절차

사회복지사업 제34조에 따라 지역사회복지관을 설치 · 운영하고자 하는 때에는 사회복지시설설치 · 운영신고서<별지 7-1>에 다음 각 호의 서류(전자문서를 포함한다)를 첨부하여 관할 시장 · 군수 · 구청장에게 제출하여야 한다.

① 법인의 정관(법인에 한함) 1부

② 시설운영에 필요한 재산목록(소유를 증명할 수 있는 서류를 첨부하여야 하며, 다만 행정정보의 공동이용을 통하여 소유권에 대한 정보를 확인할 수 있는 경우에는 그 확인으로 첨부서류를 갈음함) 각 1부

③ 사업계획서 및 예산서 각 1부

④ 시설의 평면도(시설의 층별 및 구조별 면적을 표시하여야 함)와 건물의 배치도 각 1부

3 사회복지관의 운영

1) 사업계획의 수립

사회복지관의 사업계획 수립 시에는 지역주민의 복지욕구에 대한 조사, 주민간 담회 및 공청회 등을 통하여 지역주민은 물론 시민단체, 관계행정기관 등 지역사회 구성원들의 의견을 충분히 수렴하여 반영하도록 한다.

2) 행정기관 연계

시 · 도지사 및 시장 · 군수 · 구청장은 사회복지관이 지역사회복지협의체에 참여하여 시 · 군 · 구, 사회복지사무소 및 읍 · 면 · 동사무소 등 일선 행정기관과 연계하는 등 업무수행에 있어서 민 · 관의 파트너십 형성을 통한 관리 및 운영의 실효성이 높아질 수 있도록 적극 장려한다.

3) 자원봉사자의 교육 및 활용

사회복지관장은 주민참여를 통해 사회복지관 사업의 효율을 높이기 위하여 사업의 전문분야별로 전문지식과 기술을 가진 자원봉사자를 발굴하여 교육 후 활용토록 한다. 자원봉사자에 대해서는 사회복지관 사업에 대한 예비지식을 사전에

충분히 숙지토록 하여 책임을 고양토록 하고, 항상 계획적이고 조직적으로 활용할 수 있도록 하여야 한다.

4) 비용의 수납

사회복지관의 사업수행은 주민의 의타심을 방지하고 사업의 효과를 높이기 위하여 사업에 소요되는 최소한의 실비를 이용자로부터 수납할 수 있다. 다만, 실비이용료 수납 프로그램에 대하여는 국민기초생활보장수급권자 등 무료 이용자를 20% 내외로 한다.

수납된 실비이용료는 사회복지관의 세입예산에 편입하여 실비이용료를 받는 사업의 자체비용에 충당하고, 그 외 남은 금액에 대하여는 국민기초생활보장수급권자 등 저소득층을 위한 사업에 우선적으로 사용하여야 한다.

5) 관리운영규정

사회복지관 운영주체는 지방자치단체장의 시설운영 지침을 참고하여 조직 · 인사 · 복무 · 보수 · 회계 · 물품 · 문서 등 사회복지관의 관리 · 운영에 관하여 필요한 규정을 정하여 시행하여야 한다.

6) 직원의 채용

법인이 운영하는 사회복지관의 직원은 정관이 정하는 바에 따라 법인의 대표이사 또는 관장이 임면한다.

사회복지관의 관장과 각 분야별 책임자는 다음의 자격을 갖춘 자로 한다(사회복지사업법시행규칙 제22조 제2항).

① **관장** : 2급 이상의 사회복지사자격증 소지자 또는 이와 동등한 자격이 있다고 법 제36조의 규정에 의한 운영위원회에서 인정한 자

② **사무분야의 책임자** : 3급 이상의 사회복지사자격증 소지자 또는 이와 동등한

자격이 있다고 운영위원회에서 인정한 자

③ **그 밖의 업무분야의 책임자** : 해당분야의 자격증 소지자

4 사회복지관의 사업대상

사회복지관의 제반 사업은 저소득 취약계층과 지역주민에 대한 실질적인 사회복지서비스가 이루어질 수 있도록 각 사업을 유기적으로 연계하여 실시하여야 한다.

사회복지관 사업의 대상은 사회복지서비스 욕구를 가지고 있는 모든 지역주민으로 하며, 다음 각 호의 주민을 우선적인 사업대상으로 하여야 한다.

① 국민기초생활보장수급자, 차상위계층 등 저소득 주민
② 장애인, 노인, 모 · 부자가정 등 취약계층 주민
③ 직업 · 부업훈련 및 취업알선이 필요한 주민
④ 유아, 아동 또는 청소년의 보호 및 교육이 필요한 주민
⑤ 기타 긴급지원이 필요하다고 인정되는 주민

5 사회복지관의 사업내용

사회복지관은 지역사회의 특성과 지역주민의 복지욕구에 대한 조사결과를 바탕으로 사업내용을 자율적으로 결정하되, <표 7-1>의 분야별 단위사업 중에서 해당 사회복지관의 실정에 적합한 프로그램을 선정하여 수행한다.

다만, 위의 우선사업 대상자들을 위해 8개 이상의 프로그램을 선정하여 수행하

되, 우선사업으로 지정된 아래 프로그램 중에서 분야별로 각 1개 이상을 포함하여야 한다. 이 경우 관할 시장 · 군수 · 구청장이 지역적 특성을 감안하여 특히 필요하다고 인정한 때에는 사업 분야 및 단위사업을 조정하거나 별도의 사업을 개발 · 추진할 수 있다.

1) 가족복지사업

(1) 가족관계 증진사업

가족원 간의 의사소통을 원활히 하고 각자의 역할을 수행함으로써 이상적인 가족관계를 유지함과 동시에 가족의 능력을 개발 · 강화하는 사업(가족문제 예방프로그램 포함)으로 다음과 같다.

① **교육 및 훈련 프로그램** : 가족교육, 부모교육, 가족역할훈련, 대인관계훈련, 의사소통향상교육 등
② **상담 및 검사** : 부부상담, 부모상담, 가족상담 등(법률 · 의료상담, 심리검사 등 포함)

(2) 가족기능 보완사업

사회구조 변화로 부족한 가족기능, 특히 부모의 역할을 보완하기 위하여 주로 아동 · 청소년을 대상으로 실시되는 사업으로 다음과 같다.

① **아동 대상 프로그램** : 방과후 아동보호 및 보육
② **청소년 대상 프로그램** : 공부방 및 도서관 운영(학습 및 독서지도 포함), 사회성향상, 감성교육, 심성발달 프로그램, 진로탐색 및 지도, 학교사회사업

(3) 가정문제 해결 · 치료사업

문제가 발생한 가족에 대한 진단 · 치료 · 사회복귀 지원 사업으로 다음과 같다.

① **신체적 장애 관련 프로그램** : 장애아동 조기교육, 음악 · 놀이 · 미술 등 특수치료, 장애인 사회적응 프로그램 등
② **정신적 장애 관련 프로그램** : 정신보건서비스, 알코올 및 약물중독 치료, 정신장애인, 정신지체인, 발달장애인 서비스 등
③ **청소년 프로그램** : 청소년 범죄예방 사업, 학교부적응 또는 징계학생을 위한 지도 프로그램 등
④ **위기가정 문제** : 이혼가정, 해체위기가정 등
⑤ **폭력 · 학대** : 아동학대 및 방임, 노인 학대, 성폭력, 가정폭력

(4) 부양가족 지원 사업

보호대상 가족을 돌보는 가족원의 부양부담을 줄여 주고 관련 정보를 공유하는 등 부양가족 대상 지원 사업으로 치매노인 가족지원, 장애인 가정지원, 만성질환자 부양가족모임, 장애아동 부모상담 그 밖에 부양가족 지원 사업이 있다.

2) 지역사회보호사업

(1) 급식서비스

지역사회에 거주하는 보호대상 노인이나 결식아동 등을 위한 식사제공 사업으로 식사배달, 밑반찬 배달, 경로식당, 무료급식 등이 있다.

(2) 보건의료서비스

노인, 장애인, 저소득층 등 재가복지사업 대상자들을 위한 보건 · 의료관련 사업으로 의료서비스(통원 및 방문 진료), 간병서비스, 물리치료, 재활치료, 보건교육, 방문간호(보건기관 연계), 영양서비스(영양지도 및 상담) 등이 있다.

(3) 경제적 지원

경제적으로 어려운 지역사회 주민을 대상으로 생활에 필요한 현금 및 물품 등

을 지원하는 사업으로 의료비 · 교육비 · 생활비 등 지원, 후원품 제공, 생활용품 지원 등이 있다.

(4) 일상생활 지원

자립생활능력이 부족한 대상자가 사회복지시설이 아닌 곳에서 자립적인 생활을 하도록 하기 위하여 필요한 기초적인 일상생활 지원 사업으로 청소 · 세탁 · 장보기 · 취사 등 가사서비스, 목욕, 이 · 미용, 심부름, 차량지원, 주거환경개선 등이 있다.

(5) 정서지원 서비스

지역사회에 거주하는 독거노인이나 소년소녀가장 등 부양가족이 없는 보호대상자들, 또는 사회적으로 정서적 소외로 지원이 필요한 가족을 위한 비물질적인 지원 사업으로 말벗, 안부전화 등 노인정서 지원, 의형제 · 의부모 관계 맺기, 멘토링 등이 있다.

(6) 일시보호 서비스

독립적인 생활이 불가능한 노인이나 장애인 또는 일시적인 보호가 필요한 실직자 · 노숙인, 가정폭력피해자, 가출청소년 등을 위한 보호사업으로 노인 주간 · 단기보호, 치매노인센터, 장애인 주간 · 단기보호, 실직자 쉼터, 노숙인 쉼터, 공동생활가정 등이 있다.

3) 지역사회조직사업

(1) 지역사회복지를 위한 주민조직 강화 및 교육

주민이 지역사회 문제에 스스로 참여하고 공동체 의식을 갖도록 주민조직의 육성을 지원하고, 이러한 주민협력강화에 필요한 주민의식을 높이기 위한 교육을 실시하는 사업으로 다음과 같다.

① **주민조직체 형성 · 운영** : 주민조직, 성인동아리 등
② **지역주민이 주체가 되어 지역문제를 해결하는 사업** : 녹색가게, 소비자 이동고발, 쓰레기 재활용운동 등
③ **주민의식교육** : 주민지도자 교육, 사회복지교육 등 의식교육, 환경교육, 소비자교육 등

(2) 복지네트워크 구축

지역 내 복지기관 · 시설들과 네트워크를 구축함으로써 복지서비스 공급의 효율성을 제고하고, 사회복지관이 지역복지의 중심으로서의 역할을 강화하는 사업으로 다음과 같다.

① **네트워크구축** : 지역복지협의회 활동, 연계사업 등
② **지역복지 중심기관 역할** : 지역복지 대변자로서의 활동, 지역문제의 발굴 등

(3) 주민복지 증진사업

지역단위 행사 또는 주민편의시설 운영을 통하여 주민복지를 증진하고 공동체의식을 높이는 사업으로 다음과 같다.

① **지역행사** : 경로잔치, 절기행사, 마을잔치 등 지역주민행사
② **시설개방** : 시설대여, 경로당 운영, 주민사랑방 운영
③ **정보제공** : 일상생활 및 복지관련 정보제공

(4) 자원봉사자 양성 및 후원자 발굴

① **지역사회 내에서 취약계층을 돕고자 하는 자원봉사자를 모집 · 양성하는 사업** : 자원봉사자가 희망하는 복지사업분야에서 활동할 수 있도록 연계 · 관리
② **지역사회에서 복지사업에 관심이 있는 주민 또는 기업 등을 후원자로 개발 · 조직하는 사업** : 정기적 또는 비정기적으로 제공하는 후원금품을 노인, 장애인, 청소년 등 취약계층에게 직접 전달하거나 관련 복지사업비 등으로 사용

4) 교육 · 문화사업

(1) 아동 · 청소년 기능교육

아동 및 청소년을 대상으로 하는 기능교실 운영사업 : 주거환경이 열악하여 가정에서 학습하기 곤란하거나 경제적 이유 등으로 학원 등 타기관의 활용이 어려운 아동 · 청소년에게 필요한 경우 학습내용 등에 대하여 지도하거나 각종 기능교육(컴퓨터, 피아노, 미술, 태권도, 서예 등) 실시한다.

(2) 성인 기능교실

기능습득을 목적으로 하는 성인사회교육사업(저소득층을 위한 직업훈련 및 일반주민을 위한 단순기능교육을 포함)으로 다음과 같다.

① 조리사, 이용 · 미용, 양재, 포장, 제과 · 제빵, 도배사, 에어로빅강사 등 기능교육 및 자격증 취득을 위한 교육
② 교양강좌 : 꽃꽂이, 서예, 독서지도, 종이접기 등

(3) 노인 여가 · 문화사업

노인을 대상으로 제공되는 각종 사회교육 및 취미교실운영사업으로 다음과 같다.

① **건강운동교실** : 체조교실, 생활체육, 단전호흡, 수영교실 등
② **여가프로그램** : 노래교실, 춤교실 등
③ **교양교육 프로그램** : 노인대학, 컴퓨터, 한글교육 등
④ **경로당 지원 사업**

(4) 문화복지사업

일반주민을 위한 여가 · 오락프로그램, 문화 소외집단을 위한 문화프로그램, 그 밖에 각종 지역문화행사사업으로 다음과 같다.

① **일반주민 여가 프로그램**
② **소외집단 대상 프로그램** : 장애인 문화체험, 한부모 또는 해체가정 청소년 일일 캠프 등
③ **주민문화행사** : 영화상영, 춤 축제, 음악회 등

(5) 자활사업

① **직업기능훈련** : 저소득층의 자립능력배양과 가계소득에 기여할 수 있는 기능훈련을 실시하여 창업 또는 취업을 하도록 지원하는 사업으로 봉제, 이용·미용, 조리, 컴퓨터훈련, 공예품제작, 창업교실, 건축 관련 세부기술, 서비스교육 등
② **취업알선** : 직업훈련 이수자 기타 취업희망자들을 대상으로 취업에 관한 정보 제공 및 알선사업으로 가사도우미·산모도우미·간병인·경비직·조리원·사무원·일용직 등의 알선과 취업·부업안내센터, 창업정보센터, 창업지도, 고령자 취업센터 등
③ **직업능력 개발** : 근로의욕 및 동기가 낮은 주민의 취업욕구 증대와 재취업을 위한 심리·사회적인 지원프로그램 실시사업으로 지역봉사자를 위한 전문지도, 재활프로그램, 근로의욕 고취프로그램 등
④ **자활공동체 육성** : 비슷한 경험과 능력을 소지한 저소득층이 공동창업방식을 통하여 서비스 또는 제품의 생산으로 자립할 수 있도록 지원하는 사업으로 자활공동체 창업, 공동작업장, 노인부업실 등

〈표 7-1〉 사회복지관의 사업분야 및 단위사업

분야	단위사업	우선사업 대상 프로그램
가족복지사업	- 가족관계증진 - 가족기능 보완 - 가정문제 해결·치료 - 부양가족지원	- 개인 및 가정문제 등 상담 - 방과후 아동보호 프로그램
지역사회보호사업	- 급식서비스 - 보건의료서비스 - 경제적 지원 - 일상생활 지원 - 정서서비스 - 일시보호서비스	- 급식서비스 (식사배달, 밑반찬 배달, 무료급식 등) - 주간보호소·단기보호소운영

지역사회조직사업	- 주민조직화 및 교육 - 복지네트워크 구축 - 주민복지 증진 - 자원봉사자 양성 및 후원자 개발 · 조직	- 주민조직체 형성 및 운영 - 복지네트워크 구축
교육 · 문화 사업	- 아동 · 청소년 기능교육 - 성인 기능교실 - 노인 여가문화 - 문화복지	- 노인 여가 · 문화 프로그램 - 아동 · 청소년 사회교육 프로그램
자활사업	- 직업기능 훈련 - 취업알선 - 직업능력 개발 - 자활공동체 육성	- 취업 · 부업 안내 및 알선 - 취업 · 부업 기능훈련 및 공동작업장 운영

6 재가복지봉사센터의 설치운영

재가복지봉사센터라 함은 지역사회에서 일정한 시설과 전문 인력 및 자원봉사자를 갖추고 필요한 재가복지서비스를 제공하는 사회복지시설을 말한다.

1) 시설의 설치

(1) 설치대상

설치 · 운영 중인 사회복지관 부설로 설치하여 기존 복지관의 시설, 인력, 장비를 공동 활용하되, 재가복지서비스의 효율성 제고를 위하여 별도의 전담인력 및 장비를 추가 지원하여 설치 · 운영할 수 있다.

(2) 설치면적

사회복지관내 서비스 대상자와 자원봉사자가 이용하기에 편리한 곳에 설치하되 면적을 $33m^2$ 이상으로 한다.

(3) 설치 · 운영주체

사회복지관을 설치 운영 중인 사회복지법인, 지방자치단체 및 비영리법인 등으로 하되, 지방자치단체는 본 사업의 전문성을 향상시키기 위하여 운영능력이 있는 사회복지법인 등에 위탁 운영할 수 있다.

2) 전담인력 및 장비

(1) 인력

① 사회복지관의 관장은 재가복지봉사센터의 장을 겸직하고 업무를 총괄, 지휘한다.

② 재가복지봉사센터의 효율적인 운영을 위해 사회복지관내에 전담인력을 두되, 2인 이상의 사회복지사(과장급 1인 포함)를 포함한 총 3인을 우선 배치하여 운영토록 한다.

③ 전담인력의 채용은 법인의 정관이 정하는 바에 따라 법인의 대표이사 또는 사회복지관 관장이 채용하되 그 자격기준은 <표 7-2>와 같다. 다만, 지방자치 단체가 설치 · 직영하는 봉사센터의 경우에는 예외로 한다. 그리고 운전기사를 채용 시에는 사회복지사 자격증 소지자를 우선 채용할 수 있다.

④ 봉사센터에 업무 내용은 <표 7-3>과 같다.

⑤ 전담인력의 보수지급은 재가복지봉사센터를 운영하는 사회복지관의 운영주체가 보수지급에 관한 규정을 정하여 시행하여야 한다.

〈표 7-2〉 재가복지봉사센터 전담직원 자격기준

구 분	경력 및 자격 기준
과 장	1. 사회복지사 자격증소지자로서 사회복지사업에 5년 이상 근무한 경력이 있는 자 2. 사회복지사 자격증소지자로서 사회복지관에서 5년 이상 근무한 경력이 있는 자 3. 기타 사회복지사 자격증을 소지하고 사회복지사업에 실무경험이 있는 자로서 사회복지관장이 제1호 내지 제2호에 준하는 자격이 있다고 인정하는 자
사회복지사	사회복지사 자격증 소지자
기타 직원	사회복지관 관장이 자격이 있다고 인정하는 자(사회복지사 가능)

〈표 7-3〉 재가복지봉사센터 전담직원 업무내용

업무 내용
1. 프로그램 개발 및 수립에 관한 사항
2. 자원봉사자 재교육 계획 수립에 관한 사항
3. 지역사회 자원 발굴 및 활용에 관한 사항
4. 지역사회 유지 및 지도자 조직화에 관한 사항
5. 봉사센터 사업홍보에 관한 사항
6. 봉사센터 전담인력 관리에 관한 사항
7. 지역사회조사에 관한 사항
8. 요보호대상자 가정방문 및 욕구조사에 관한 사항
9. 봉사원 관리 및 상담에 관한 사항
10. 봉사원 파견 및 배치에 관한 사항
11. 기타 재가복지봉사사업에 관한 사항
12. 요보호대상 및 봉사자 수요에 관한 사항
13. 물품지원 수송 및 전달에 관한 사항
14. 차량관리기록 및 집기관리 등에 관한 사항

(2) 장비

봉사센터의 효율적 사업수행을 위하여 다음과 같은 장비를 설치토록 하며 각 봉사센터는 자체 장비관리규정을 제정하여 이를 관리 · 운영하되, 차량의 경우 "재가복지봉사센터 차량관리기준"에 의한다.

① **차량** : 재가복지서비스 활동의 기동성을 위한 승합차량 1대
② **전산장비** : 자원봉사자 및 대상자 관리를 위한 컴퓨터 및 프린터 각 1대
③ **기타장비** : 업무수행을 위한 책상, 의자, 전화기, 사물함, 파일박스 등 행정 장비

3) 재가복지봉사 대상자

재가복지봉사 대상자는 지역사회 내 저소득 계층을 우선으로 하되, 그 범위는 다음과 같다.

① 국민기초생활보장 수급권자
② 기타 저소득층 가정으로서 재가복지서비스가 필요하다고 인정되는 자(무의탁

국가유공자 및 유족 등)

③ 미신고시설 생활자(장애인, 여성, 아동, 노인 등)

④ 재가복지서비스를 필요로 하는 지역주민

4) 재가복지서비스 내용

요보호대상자의 인구학적 특성과 욕구유형에 따라 필요하다고 판단되는 서비스를 제공하되 그 주요내용을 예시하면 다음과 같다.

① **가사서비스** : 집안청소, 식사준비 및 취사, 세탁, 청소 등

② **간병서비스** : 안마, 병간호 수발, 병원안내 및 동행, 통원 시 차량지원, 병원수속대행, 보건소 안내, 약품구입, 체온측정, 신체운동, 집안소독 등

③ **정서적 서비스** : 말벗, 상담, 학업지도, 책 읽어주기, 여가지도, 취미활동 제공, 행정업무

④ **결연서비스** : 서비스 대상자에 대한 생활용품 및 용돈 등의 재정적 지원 알선, 의부모 · 의형제 맺어주기 등의 서비스

⑤ **의료서비스** : 지역의료기관, 보건기관과의 연계 및 결연을 통한 정기 또는 수시방문 진료(링거투약, 혈압체크, 질병상담 및 치료 등)

⑥ **자립지원서비스** : 탁아, 직업보도, 기능훈련, 취업알선 등 자립능력을 배양할 수 있는 내용의 서비스 등

⑦ **주민교육서비스** : 보호대상자의 가족, 이웃, 친지 등을 포함한 지역주민을 위한 재가보호 서비스요령 및 방법교육

⑧ 기타 사회복지관내 시설을 활용한 서비스 등

CHAPTER

08

사회복지시설의 업무

1 사회복지시설 설치관련 업무내용

1) 사회복지시설의 신고제도

국가 또는 지방자치단체외의 자가 시설을 설치 · 운영하고자 하는 때에는 시장 · 군수 · 구청장에게 신고하여야 한다. 시 · 군 · 구 담당자는 각 개별법령의 신고기준을 참고하여 신고 가능여부를 확인하되, 중증장애인시설, 치매노인시설 등의 경우 시설설비 및 종사자 요건을 엄격하게 적용하여 시설생활자의 인권 및 안전에 만전을 기해야 한다.

또한 개별법령에 허가 및 지정 등을 요구하는 경우 개별법령을 우선 적용하며, 신고하지 않고 사회복지시설을 설치 · 운영할 경우, 시설장에게는 1년이하 징역 또는 300만원 이하 벌금에 처하는 조항을 엄격하게 적용하고 해당시설은 폐쇄조치하여 미신고 사회복지시설이 발생하지 않도록 해야 한다.

개별 시설지침에 별도의 명시가 있는 경우를 제외하고는, 원칙적으로 2009년 12월 31일자로 개인운영신고시설의 완화된 기준 적용을 종료하며, 이후 사회복지시설 설치 및 운영기준과 동일하게 적용되므로, 지방자치단체에서는 기존의 개인운영신고시설이 조속히 법정기준에 충족하도록 개선명령 등을 독려하여야 한다.

사회복지사업법상 신고제도

- 행정절차법 제40조의 신고
  - 행정절차법 제40조에서 규정하고 있는 신고는 "개별법령에서 규정한 형식상의 신고요건을 갖추어 행정청에 일정한 사항을 통지"함으로써 의무가 끝나는 강학상 의미의 신고임
  - 판례에 의하면 행정절차법상 신고의 경우, 민원인이 신고서를 행정청에 접수함으로써 법적효과가 발생하며 행정청은 신고수리를 거부할 수 없음
- 사회복지사업법 제34조의 신고
  - 97년 개정을 통해(법률 제5358호) 허가제에서 신고제로 전환
  - 사회복지사업법 제6조(사회복지시설 설치방해금지 의무)
    ⇒ 시·군·구청장은 "정당한 이유" 없이 사회복지시설의 설치를 지연시키거나 제한하는 조치를 하여서는 아니된다.
  - 사회복지사업법상 신고제도는 자족적 공법행위인 행정절차법 제40조의 신고보다는 정당한 이유가 있을 경우 사회복지시설의 설치를 지연 또는 제한할 수 있는 완화된 허가제에 가깝다고 할 수 있음
  - 단, 정당한 이유 없이 신고접수를 거부할 경우 사회복지사업법 제6조에 위배되며, 신고거부 자체가 행정소송의 대상이 되므로 신중을 기할 것
- 사회복지시설 신고접수 절차 예시

  ① 해당 시설의 신고요건 안내
  ⇒ 면담을 통해 운영하고자 하는 시설의 종류, 규모, 운영주체 등에 대해 상담한 후 관련법령의 신고요건을 안내하고 신고서 양식 배부

  ② 사회복지사업법 및 시설 개별법령 충족여부 검토
  ⇒ 신고서 제출 시 사회복지사업법 및 개별법령에서 요구하는 신고요건에 적합한지를 검토하고 보완요구 또는 수리여부 결정(필요 시 현장방문)

  ③ 타 법령 충족여부 검토
  ⇒ 사회복지사업법 및 시설 개별법령을 충족하였다면, 건축법, 그린벨트 관련법 등 타 법령 위반여부를 검토하여 최종적으로 신고수리여부 결정

  ④ 사회복지시설신고증 발급
  ⇒ 해당 민원인에게 신고증을 발급하고 사회복지사업법 및 개별법령상 시설운영에 따른 권리·의무 안내

2) 사회복지시설의 설치 가능한 자

국가 또는 지방자치단체, 사회복지법인 또는 비영리법인, 개인 등은 결격사유가 없는 한 누구나 사회복지시설을 설치·운영할 수 있다. 결격사유는 사회복지사업법 34조의 규정에 의해 폐쇄명령을 받고 1년이 경과되지 아니한 자는 시설의 설치·운영할 수 없다.

3) 사회복지시설의 민간위탁

국가 또는 지방자치단체가 설치한 시설은 필요 시 사회복지법인 또는 비영리법인에게 위탁운영이 가능하다. 사회복지시설의 민간위탁은 공개모집을 통해 수탁자를 모집하고 수탁자선정심의위원회(위원회 구성은 사회복지사업법 시행규칙 제22조의2 제4항 참조)를 통해 수탁자를 선정하되, 수탁자의 재정능력 등을 종합적으로 고려하여 선정해야 한다.

사회복지시설 위탁운영 관련

- 위탁대상시설 : 국가 또는 지자체가 설립한 시설
- 수탁자의 자격 : 사회복지법인 또는 비영리법인

※ 시설운영의 안정성, 영속성, 공공성 등 차원에서 사회복지법인 또는 비영리법인에 그 자격을 제한하고 있으나, 개별법령에 기타 단체 및 개인에게 위탁할 수 있는 근거규정이 있을 경우(영유아보육법 제24조 등)에는 그에 따름

- 위탁방법 및 선정기준
  - 위탁방법 : 반드시 공개모집에 의해 수탁자를 선정
  - 선정기준의 설정
    - 선정주체 : 위탁기관의 장

※ 선정기준은 수탁자선정심의위원회의 의결을 받을 것

    - 선정기준에 포함되어야 할 사항
      → 필수사항 : 수탁자의 재정능력, 공신력, 사업수행능력, 지역 간 균형분포, 시설에 대한 평가결과(평가한 경우에 한함)
      → 임의사항 : 그 외 위탁기관의 장이 필요하다고 인정되는 사항
- 수탁자선정심의위원회의 구성
  - 공개모집한 수탁자는 반드시 심의위원회를 구성하여 선정할 것
  - 위원의 구성
    - 위탁기관의 장이 임명 또는 위촉한 9인의 이내의 위원(위원장 1인 포함)

※ 위원장은 위탁기관의 장이 위원 중 1인을 지명

  - 위원의 자격은 시행규칙 제22조의2제4항1호 내지 제4호를 참고하되, 가능한 민간위원을 과반수 이상으로 할 것
  - 위원회 구성과 관련하여서는 "사회복지시설 수탁자선정심의위원회 운영기준(안)〈별지 8-1〉"을 참고할 것
- 위탁계약의 체결 및 갱신 등
  - 계약의 체결 : 위탁 시에는 시행규칙 제23조 제1항1호 내지 제7호에 관한 사항을 포함한 계약서를 체결해야 함

※수탁자가 변경되더라도 시설장 및 관리자를 제외한 종사자의 고용승계가 유지될 수 있도록 할 것
- 계약기간 : 5년 이내로 함
- 계약의 갱신 : 위탁자가 필요하다고 인정할 경우, 선정위원회의 심의를 거쳐 계약기간을 갱신할 수 있음

☞ 계약의 갱신은 계약내용의 갱신이 아닌 계약기간의 갱신이므로, 중대한 계약내용의 변경이 있을 경우에는 상기 위탁과정을 거쳐 위탁해야 함

2 사회복지시설 운영관련 업무내용

1) 보험가입여부 확인(사회복지사업법 제34조의 2)

사회복지시설은 화재 및 시설 이용과 관련된 사고 등으로 인한 손해배상책임의 이행을 위해 책임보험에 가입할 의무가 있으므로 매년 손해배상보험 가입여부를 확인하여야 한다.

책임보험은 종합보험으로 가입하여야 하며, 보험에 미가입하고 시설운영 시에는 300만원 이하의 과태료에 처한다.

2) 시설안전점검 실시(사회복지사업법 제34조의 3)

시 · 군 · 구 담당자는 시설장으로 하여금 매반기 시설에 대해 정기안전점검을 실시하도록 하고 안전에 문제가 있을 시 수시안전점검을 실시한 후 그 결과를 시장 · 군수 · 구청장에 보고토록 한다.

시장 · 군수 · 구청장은 안전에 필요한 경우 시설의 운영자로 하여금 시설의 보완 또는 개보수를 요구할 수 있으며, 시설장은 이에 응해야 한다.

국가 또는 지방자치단체는 예산의 범위 내에서 안전점검, 시설의 보완 및 시설의 개보수에 소요되는 비용의 전부 또는 일부를 보조 가능하며, 시설안전점검을 수행하지 않을 경우 300만원 이하 과태료에 처한다.

사회복지시설 수시안전점검

[정기안전점검]		[수시안전점검]		[결과보고]		[개보수명령]
• 시설장 • 매반기	➡	• 시설장 • 위해발생 우려 시	➡	• 시설장 • 매반기	➡	• 시장군수구청장 • 필요 시

▸ 수시안전점검 사유
- 정기안전점검결과 당해 시설의 구조설비의 안전도가 취약하여 위해의 우려가 있는 때

▸ 수시안전점검 실시 가능 자
- 시설물의안전관리에관한특별법 제9조의 규정의 안전진단전문기관
- 건설산업기본법 제9조의 규정의 시설물의 유지관리를 업으로 하는 전문건설업자

▸ 안전점검기준
- 시설물의안전관리에관한특별법 제13조의 규정에 의한 안전점검 및 정밀안전진단지침

3) 사회복지시설의 장

(1) 자격사항

사회복지시설의 장은 사회복지사업법 및 개별법령 등에 명시된 시설의 장의 결격사유에 해당되지 않아야 하고, 각 시설유형이 요구하는 자격기준을 갖춘 자여야 한다.

사회복지시설의 장이 될 수 없는 자

【근거 : 사회복지사업법 제35조 제2항, 동법 제7조 제3항】

1. 미성년자
2. 금치산자 또는 한정치산자
3. 파산선고를 받은 자로서 복권되지 아니한 자
4. 법원의 판결 또는 다른 법률에 의하여 자격이 상실 또는 정지된 자
5. 금고 이상의 실형의 선고를 받고 그 집행이 면제된 날로부터 3년이 경과되지 아니한자
6. 금고 이상의 형의 집행유예선고를 받고 그 유예기간 중에 있는 자
7. 아래에 해당하는 자는 5, 6에도 불구하고 시설장이 될 수 없음

- ▸ 아동복지법 제40조(제29조의 금지행위)의 죄를 범하여 확정판결을 받은 자
  - 아동에 대한 신체적, 성적, 정서적 학대행위
  - 아동의 유기, 방임, 매매, 음행 및 음행매개, 구걸, 곡예행위
  - 장애아동을 공중에 관람시키는 행위
  - 정당한 알선기관 외의 자가 아동의 양육을 알선하고 금품을 취득하는 행위
  - 아동을 위하여 증여 또는 급여된 금품을 그 목적 외의 용도에 사용하는 행위
- ▸ 아동복지법 제41조의 죄를 범하여 확정판결을 받은 자
  - 미신고 아동복지시설 설치운영한 자
  - 시설의 조사를 거부 · 방해 · 기피, 질문을 거부 · 기피, 허위답변, 아동에게 답변을 거부 · 기피 · 허위답변을 하게 하거나 그 답변을 방해한 자
  - 허위서류를 작성하여 시설종사자 자격을 인정받은 자
  - 시설폐쇄명령, 위탁의 취소, 사업의 정지명령을 받고 사업을 계속한 자
  - 직무상 지득한 비밀을 누설한 자
- ▸ 보조금법 제40조 내지 제42조의 죄를 범하여 확정판결을 받은 자
- ▸ 형법 제28장 유기와 학대의 죄, 제40장 횡령과 배임의 죄(제360조 점유이탈물횡령은 제외)의 죄를 범하거나 공통사항의 처벌을 받은 자
- ▸ 사회복지사업법에 위반하여
  - 100만원 이상의 벌금형의 선고를 받고 그 형이 확정된 후 5년이 경과되지 아니한 자
  - 형의 집행유예의 선고를 받고 그 형이 확정된 후 7년이 경과하지 아니한 자
  - 징역형의 선고를 받고 그 집행이 종료(집행이 종료된 것으로 보는 경우 포함)되거나 집행이 면제된 날로부터 7년이 경과되지 아니한 자

(2) 상근의무

사회복지시설의 장은 상근의무가 있으므로 수시로 확인하여야 한다. 시설장의 상근 또는 타 직종 겸직과 관련하여 시설관련 개별 법령 및 지침이 따로 있는 경우 다음의 기준보다 우선한다.

사회복지시설 장의 상근의무

• 상근의무의 정의
- 원칙적으로 상근의무란, 휴일 기타 근무를 요하지 않은 날을 제외하고 일정한 근무계획 하에 매일 소정의 근무시간 중 상시 그 직무에 종사하여야 하는 것을 말함
  예) 공무원의 상근시간 : 평일 09시~18시, 토요일 09시~13시(주5일 시행전)

※ 시설장의 상근의무도 공무원에 준하여 관리할 것

- 정부에서 운영비를 지원하는 시설의 장의 타 직종 겸직관련
  - 국가공무원복무규정 제25조의 영리업무와 시설장을 겸직하여 상근시간 내에 정상적인 시설운영이 불가능할 경우 상근의무 위반에 해당
  - 명예직, 겸임교수, 시간강사 등 영리추구가 현저하지 않거나 영리업무에 해당하지 않은 직은 시설장과 겸직이 가능

  ※ 단, 출강 등 외출 시에는 근무상황부에 기록하도록 하며 과도한 출강 등으로 정상적인 시설 운영이 불가능할 경우에는 상근의무 위반에 해당
  - 임명직 시설장으로 겸직이 불가피한 경우에는 시설의 정상적인 운영이 가능하다고 시 · 군 · 구청장이 판단하는 경우 겸직 가능

    예) 대학부설 시설에 해당 대학 교수가 시설장에 임명되는 경우
종교법인 시설에 해당 종교법인 소속 성직자가 임명되는 경우
시설부설 기관(재가복지봉사센터 등)의 장을 시설장이 겸직하는 경우
  - 시설종별 협회 비상근 임원으로 선임되어 관련 업무를 수행하는 경우 겸직 가능
- 법인이 동일시설종별을 동일 지역(시 · 군 · 구)에 2개의 시설을 설치 · 운영하는 경우에는 시 · 군 · 구청장의 판단하에 1명의 시설장에게 2개의 시설장을 겸임할 수 있음

  ※ 단, 겸직에 따른 인건비의 이중지원은 불가, 법인에서 별도의 수당 등은 지급 가능
- 정부에서 운영비 지원이 없는 시설의 상근의무
  - 정부에서 인건비의 일부 또는 전부를 보조하는 시설은 상근의무를 엄격하게 적용하여 국민의 세금이 낭비되는 일이 없도록 하되,
  - 정부지원이 없는 시설은 생활자의 최소한의 복지수준이 유지되는 한도 내에서 탄력적으로 적용할 것

  ※ 생계유지를 위한 자영업 종사, 운영비 마련을 위한 부업 등으로 인해 시설장이 상근하기가 어려울 경우에도 최소한의 조치(종사자 중 1인을 시설장 대리로 임명 등)를 취했을 경우 이를 인정하는 방향으로 관리 요망

4) 사회복지시설 운영위원회

(1) 시설운영위원회 설치목적

사회복지시설운영의 민주성 · 투명성 제고 및 생활자 권익 향상 등을 위해 사회복지시설 운영위원회(이하 운영위원회)를 설치 · 운영해야 한다(의무사항).

(2) 시설운영위원회 설치 대상시설

원칙적으로 모든 사회복지시설을 대상으로 한다.

① 사회복지생활시설

생활자 수가 10인 미만 시설의 경우는 3개소당 1개 운영위원회를 원칙으로 하되, 해당 시 · 군 · 구에 3개소 미만일 경우에는 10인~20인 미만 1개소와 공동으로 운영할 수 있다. 또한 5개소, 11개소 등 3개소로 분류하기 곤란한 경우 해당 시장 · 군수 · 구청장이 생활자 수를 고려하여 자체적으로 운영위원회 수 및 위원 수 결정할 수 있다.

생활자 수가 10~20인 미만 시설은 2개소당 1개 운영위원회를 원칙으로 하되, 해당 시 · 군 · 구에 1개소만 있을 경우 해당 시설에 운영위원회 1개를 운영할 수 있다.

생활자 수가 20인 이상 시설은 1개소당 1개 운영위원회 운영하되, 위원 수는 생활자 수를 고려하여 시장 · 군수 · 구청장이 결정할 수 있다.

생활자 수가 100인 이상의 대형시설, 정신요양시설, 중증장애인시설 등 문제발생 우려 시설은 반드시 관계공무원이 운영위원회 위원으로 참여해야 한다.

② 사회복지이용시설

종합복지관 등 사회복지이용시설의 경우 원칙적으로 모든 시설에 운영위원회를 설치하도록 하되, 시설특성, 이용자 수, 시설규모 등을 고려하여 시장 · 군수 · 구청장이 자율적으로 결정할 수 있다.

(3) 시설운영위원회의 구성

① 위원회는 위원장 및 시설의 장 각 1인을 포함하여 5인 이상 10인 이하 위원으로 구성한다.

② 위원회의 위원은 아래에 해당하는 자 중에서 시설의 장을 추천을 받아 관할 시장 · 군수 · 구청장이 임명 또는 위촉한다(공무원은 시설장 추천 필요없음).

- 시설생활자(이용자) 또는 시설생활자(이용자)의 보호자 대표
- 지역주민
- 후원자 대표
- 관계공무원
- 시설종사자

• 기타 시설운영에 관하여 전문적인 지식과 경험이 풍부한 자

※시설장의 친인척 등 시설장과 특수관계가 명확한 자는 가급적 위원에서 제외

③ 위원장은 호선, 위원의 임기는 3년으로 하되 연임할 수 있고 보궐위원의 임기는 전임자의 잔임 기간으로 한다.

(4) 시설운영위원회의 논의사항

① 시설운영계획의 수립 · 평가에 관한 사항
② 사회복지프로그램의 개발 · 평가에 관한 사항
③ 시설종사자의 근무환경 개선에 관한 사항
④ 시설거주자의 생활환경 개선 및 고충처리 등에 관한 사항
⑤ 시설과 지역사회와의 협력에 관한 사항(지역사회복지협의체 등과 네트워크 구축)
⑥ 그 밖에 시설의 장이 부의하는 사항

시설운영위원회에서 논의된 사항 중 합리적인 사항은 시 · 군 · 구 복지정책에 반영될 수 있도록 하고, 필요할 경우 시 · 도, 보건복지부 등에 정책 건의할 수 있다.

(5) 시설운영위원회 운영

① **회의의 개최**

• 정기회의 : 분기별 1회 이상 정기회의를 개최한다.

• 수시회의 : 시설운영위원회 운영규칙에 규정한 회의개최 요건에 해당할 경우(재적의원 1/3의 요청이 있을 경우 등) 수시회의를 개최한다.

☞ 운영규칙(<별지 8-2> 참조)을 참조하되, 법령에 위반되지 않는 한 각 시설운영위원회 결정으로 제 · 개정이 가능하다(단, 법령에 규정되어 있는 사항은 필수적으로 운영규칙에 포함시킬 것).

② **회의의 공개** : 위원회의 회의는 시설생활자, 시설종사자, 지역주민 등에게 공개를 원칙으로 하되, 개인정보보호 등 불가피한 사유 시 위원장이 비공개결정을 할 수 있다(비공개사유는 공개해야 함).

③ **회의록의 작성 및 보고**

- 위원회의 간사는 매년 1회 정기 및 수시회의의 결과를 간략하게 요약하여 정본은 위원회에 보관하고 사본 1부는 시 · 군 · 구청장에게 제출하여야 한다(<별지 8-3>, <별지 8-4> 참조).
- 시 · 군 · 구에 제출된 회의록 중 정책건의가 필요한 사항은 매년 1회(매년 12. 1.) 시 · 도를 경유하여 보건복지부 사회서비스자원과 및 개별시설과로 보고하여야 한다.

④ 기타 사항

- 위원회 운영에 필요한 예산은 원칙적으로 시설 운영비에서 지출한다.
- 회의수당, 회의장소 등 위원회 운영에 세부적인 사항은 운영위원회 자율적으로 결정한다.

5) 시설운영의 투명성 강화

(1) 사회복지시설 종사자 정년제 권고(시행일 : 2002년 1월 1일)

① **시설정년제** : 시설 사유화의식을 탈피하고 조직쇄신을 위해 정년제를 실시하도록 권고하고 있다.

- 사회복지시설의 근로계약, 취업규칙 등에 시설장 및 시설종사자의 정년에 대해 규정될 수 있도록 권고하고 있다.

② **정부의 인건비 지급 상한기준** : 정부(지방자치단체)에서 시설장 및 종사자의 인건비를 지원하는 시설에 대해서는 아래의 정년까지 인건비를 지원하고, 정년을 초과하여 계속 근무할 경우에는 인건비 지원을 중단하고 시설 자체적으로 지급하도록 한다.

- 지급상한 : ┌ 시설장 65세(단, 2002년 1월 1일 현재 재직 중인 설립자 및 설립자의 직계가족 1세대에 한해 70세)
  └ 종사자 60세
- 경과조치 : 2001년 12월 31일 이전 종사자(시설장 포함)는 10년간 유예기간 부여

위 지급 상한기준은 종사자의 신분을 보장하기 위한 제도가 아니라 정부예산의 지급 기준이므로, 업무수행 능력이 없거나 종사자가 비리를 자행할 경우 등 근로기준법상 해고사유가 발생할 경우 시설에서 근로계약, 취업규칙 등에 의거 적절한 조치를 취할 수 있다.

사회복지시설의 인건비 지급상한기준

• 지급상한기준년

- 설립자 및 설립자 직계가족 1세대

2001. 12. 31 이전 재직 (10년 유예)	생년월일	~1942년	1943년	1944년~
	지급상한년	2012년	2013년	2014년~

- 설립자 및 직계가족 1세대가 아닌 시설장

2001. 12. 31 이전 재직(10년 유예)	생년월일	~1947년	1948년	1949년~
	지급상한년	2012년	2013년	2014년~

- 시설종사자

2001. 12. 31 이전 재직(10년 유예)	생년월일	~1952년	1953년	1954년~
	지급상한년	2012년	2013년	2014년~

⇒ 2002년 1월 1일 이후 설립된 시설 또는 신규채용(재취업 포함)된 시설장, 종사자는 유예조치를 적용하지 않고 지급상한을 적용할 것

• 지급상한기준일

- 1월에서 6월 사이 지급상한일자 : 6월 30일
- 7월에서 12월 사이 지급상한일자 : 12월 31일

☞ 지급상한일자는 당해 종사자(시설장 포함)의 출생일을 기준으로 함

(2) 시설운영비 지출 원칙

① 지출은 지출사무를 관리하는 자(대표이사, 시설장) 및 그 위임을 받아 지출명령이 있는 것에 한하여 지출원이 행한다.

② 지출은 예금통장에 의하거나 전자거래기본법에 의한 전자거래로 행한다.

③ 상용경비 또는 소액의 경비 지출이라도 1만원 이상 지출 시 카드를 사용하

거나 현금영수증을 발급받아 지출하도록 한다.

- 국세청에서 변경된 현금영수증 발급제도에 따라 2008년 7월 1일 이후부터 현금영수증 발급이 가능한 곳(가맹점)에서는 1원 이상 집행 시 현금영수증 발급이 가능하다.
- 농어촌지역이나 카드 미가맹점에 대해서는 5만원 이상 집행 시 온라인(On-line) 입금을 활용한다.
- 다만 지역특성상 신용카드 사용이나 현금영수증 발급 등이 현실적으로 어렵다고 시 · 군 · 구청장이 인정하는 경우 간이영수증 또는 현금 지출이 가능하다.

국세청 '사업자용 현금영수증카드' 사용 안내

'사업자용 현금영수증카드' : 사업자가 사업과 관련있는 물품 등을 현금으로 구입할 때 신속 · 편리하게 현금영수증을 발급받을 수 있도록 제작 · 보급하는 카드

* 신청문의 : 현금영수증홈페이지(www.taxsave.go.kr) 또는 현금영수증상담센터(☎1544-2020)

④ 사회복지시설 "보조금 전용카드제" 전면 시행(2011년 7월)

- 각 시 · 도 단위별로 "보조금 전용카드" 도입
- 관련 근거 : 보건복지부 사회서비스자원과-3563(2011. 11. 30)
- 2012년 지자체 평가 및 사회복지시설 평가지표 반영

6) 인권침해 등 문제시설에 대한 관리강화

① 인권침해 등으로 정상적 운영이 불가능한 시설은 시 · 군 · 구청장이 1회 적발만으로 시설폐쇄를 명하도록 한다.

- 인권침해로 인한 생활자 사망, 붕괴위험의 절박성 등 시설의 정상적 운영이 불가능함이 중대하고도 명백해야 하며, 시설폐쇄가 청문 등의 사유로 지연될 경우 먼저 생활자를 전원 조치한 후 시설폐쇄를 추진한다.

② 시 · 군 · 구는 시설운영위원회를 활성화하고 시설과 지역사회가 상호 협력체계를 구축하는 등 민주적이고 투명한 시설운영을 통해 인권유린 문제가

발생되지 않도록 지속적인 지도 · 감독을 실시한다.

사회복지시설에 비치해야 할 서류

- 법인의 정관, 법인설립허가증 사본(법인시설에 한함)
- 사회복지시설 신고증, 시설의 건축물관리대장
- 시설거주자 · 퇴소자 명부 및 상담기록부
- 시설의 운영계획서 및 예산결산서, 후원금품대장
- 시설의 장과 종사자의 명부

※ 개별법령에서 해당시설에 비치해야 할 서류를 규정하고 있을 경우 개별법령의 비치서류가 우선

☞ 시설에 위의 서류를 배치하지 않을 경우 300만원 이하 과태료에 처함

7) 시설생활자에 대한 인권보호 강화

시설 조치여부 시 · 군 · 구 점검사항은 다음과 같다.

① 생활자에게 인권침해사실 진정권에 대한 고지 여부
② 시설 내에 진정함 설치 유무
③ 시설생활자가 작성한 진정서의 인권위원회 송부 여부
④ 방문조사 시 협조 상태 등

사회복지시설 인권보호관련 국가인권위원회법 관련규정

- 진정함의 설치 · 운용(동법 시행령제7조)
  - 시설 내 진정함 설치의무, 용지 · 필기도구 및 봉함용 봉투(위원회서 정한 규격) 비치
  - 진정함 설치 시 설치장소를 위원회에 통보, 생활자가 직접 진정서를 진정함에 넣도록 함
  - 시설 소속 직원은 매일 지정된 시간에 진정함 확인 후 진정서 등을 지체 없이 위원회로 송부
- 위원회가 보낸 서면의 열람금지(동법 시행령제8조)

- 진정서의 자유로운 작성 및 제출(동법 시행령제9조)
  - 진정서 작성의사를 표명 시 방해금지 및 작성된 진정서의 열람 · 압수 폐기 금지
  - 생활자 징벌중(징벌조사 중 포함)이라도 진정서 또는 서면 등의 자유로운 작성 · 제출 보장
- 시설의 방문조사(동법 제24조)
  - 위원회는 필요 시 시설의 방문 · 조사가 가능하며 이때 시설장은 필요한 편의를 제공
  - 방문조사 시 시설 직원 및 시설생활자와 면담 · 구술 · 서면의견 진술 가능
  - 시설 직원은 면담장소에 입회할 수 있으나 녹음하거나 녹취하지 못함
- 시설생활자의 진정권 보장(동법 제31조)
  - 시설생활자가 진정하고자 하는 경우 시설 직원은 즉시 진정서 작성에 필요한 편의를 제공
  - 시설생활자가 진정하기를 원하는 경우, 그 뜻을 즉시 위원회에 통보
  - 진정서는 즉시 위원회에 송부하고 위원회로부터 접수증명원을 발급받아 이를 진정인에게 교부
  - 진정인과 위원 등과의 면담에는 시설 직원이 참여하거나 그 내용을 청취 또는 녹취하지 못함
  - 시설직원 등은 시설생활자가 작성한 진정서 또는 서면을 열람하지 못함

8) 기타 참고사항

① 시설(법인포함) 관련 문제발생 시 신속한 보고

- 시설(법인포함) 관련 비리, 민원발생 등으로 언론보도 등이 발생했을 경우 보건복지부 각 시설담당부서 및 시설총괄부서인 사회서비스자원과에 보고한다.

  ※보고내용은 시설(법인) 개요, 주요내용, 향후전망, 조치계획 등 포함

② 종사자 복무규정 등 제규정 제정

- 각 시설별로 종사자 복무규정 등 제규정을 제정하여 운영한다.

③ 사회복지법인이 분사무소를 설치하여 주사무소 소재지가 아닌 타 자치단체에 시설을 운영하고자 하면 법인 관할 행정관청은 설치하고자 하는 지자체와 사전에 협의한다.

④ 사회복지법인 이외에 보조금지원을 받는 비영리법인의 경우 사회복지법인 재무회계규칙을 준용하여 보조금 집행 및 편성(보고)을 하도록 한다.

- 사회복지법인 이외의 비영리법인(재단, 사단)에게 보조금을 보조하는 경우 법인의 정관, 사업목적 등이 사회복지사업법에 맞는지 확인한다.

  [예] 법인 해산 시 잔여재산의 처리규정, 법인목적사업 등에 사회복지사업법 규정에 부합하는지 여부 등

3 사회복지시설에 대한 행정처분

1) 행정처분의 요건

① 시설이 설치기준에 미달될 때
② 사회복지법인 또는 비영리법인이 설치 운영하는 시설의 경우, 그 사회복지법인 또는 비영리법인의 설립허가가 취소된 때
③ 설치목적의 달성 기타의 사유로 계속하여 운영될 필요가 없다고 인정될 때
④ 회계부정이나 불법행위 기타 부당행위 등이 발견된 때
⑤ 사회복지사업법 제34조 제2항에 따른 신고를 하지 아니하고 시설을 설치 · 운영한 때
⑥ 사회복지사업법 제36조 제1항에 따른 운영위원회를 설치 또는 운영하지 아니한 때
⑦ 정당한 이유 없이 사회복지사업법 제51조 제1항에 따른 검사 · 질문을 거부 · 방해하거나 기피한 때

2) 행정처분의 주체 및 종류

보건복지부장관, 시 · 도지사, 시장 · 군수 · 구청장은 상기 행정처분의 요건에 해당할 경우 시설의 개선, 사업의 정지, 시설의 장의 교체를 명하거나, 시설의 폐쇄를 명할 수 있다.

3) 행정처분의 세부기준

(1) 일반기준

① 위반행위("(2) 개별기준"에 의한 위반행위를 말한다. 이하 같다)의 차수에 따른 행정처분의 기준(이하 "처분기준"이라 한다)은 최근 2년간 같은 위반행위로 행정처분을 받은 경우에 적용한다. 이 경우 처분기준의 적용일은 동일한 위반행

위에 대한 행정처분일과 재적발일을 기준으로 한다.

② 동시에 2개 이상의 위반행위가 있는 경우에는 가장 중한 위반행위에 대한 처분기준을 적용한다.

③ 위반행위가 4종 이상 또는 시설거주자에 대한 학대 등 중대한 인권침해행위로 인하여 시설의 정상적인 운영이 불가능하다고 인정되는 때에는 제2호의 개별기준에 불구하고 제1차 위반 시에 시설의 폐쇄를 명할 수 있다.

④ 위반행위의 차수에 따른 처분기준이 "(2) 개별기준"에 의한 시설장 교체, 시설폐쇄 명령에 해당된다 하더라도 그 정도가 경미하거나 기타 상당한 이유가 있다고 인정되는 경우에는 각각 1회에 한하여 시설장 교체에 갈음하여 개선명령을, 시설폐쇄에 갈음하여 시설장 교체명령을 발할 수 있다. 이 경우 당해 처분은 차수의 산정에 산입하지 아니한다.

(2) 개별기준

위 반 행 위	근거법령	행정처분 기준		
		1차 위반	2차 위반	3차 위반 이상
1. 시설이 설치기준에 미달하게 된 때	법 제40조 제1항 제1호	개선명령	시설장 교체	시설폐쇄
2. 사회복지법인 또는 비영리법인이 설치·운영하는 시설의 경우 그 사회복지법인 또는 비영리법인의 설립허가가 취소된 때	법 제40조 제1항 제2호	시설폐쇄	-	-
3. 설치목적의 달성 기타의 사유로 계속하여 운영될 필요가 없다고 인정할 때	법 제40조 제1항 제3호	시설폐쇄	-	-
4. 회계부정이나 불법행위 기타 부당행위 등이 발견된 때				
가. 국가나 지방자치단체의 보조금 또는 후원금을 사용용도 외의 용도로 사용한 때	법 제40조 제1항 제3호의2	개선명령	시설장 교체	시설장 교체
나. 회계장부를 기재하지 아니하거나 허위로 기재한 때	법 제40조 제1항 제3호의2	개선명령	시설장 교체	시설장 교체
다. 기타 회계 및 시설운영과 관련한 부당행위가 발생된 때	법 제40조 제1항 제3호의2	개선명령	개선명령	시설장 교체
5. 법 제34조 제2항에 따른 신고를 하지 아니하고 시설을 설치·운영한 때	법 제40조 제1항 제4호	개선명령	시설폐쇄	-

6. 법 제36조 제1항에 따른 운영위원회를 설치 또는 운영하지 아니한 때	법 제40조 제1항 제5호	개선명령	시설장 교체	시설장 교체
7. 정당한 이유 없이 법 제51조 제1항에 따른 보고 또는 자료제출을 하지 아니하거나 거짓으로 한 때	법 제40조 제1항 제6호	개선명령	시설장 교체	시설장 교체
8. 정당한 이유 없이 법 제51조 제1항에 따른 검사·질문을 거부·방해하거나 기피한 때	법 제40조 제1항 제7호	개선명령	시설장 교체	시설장 교체

4) 시 · 군 · 구 추가조치사항

① 보건복지부장관, 시 · 도지사 또는 시장 · 군수 · 구청장이 시설을 폐쇄하고자 할 때에는 시설장 등을 참석시켜 청문을 하여야 한다.

- "행정절차법"상 처분 및 청문(의견청취) 절차 참조

② 시장 · 군수 · 구청장은 시설의 폐쇄 시 시설거주자의 권익보호 등을 위해 시설의 휴지, 자진폐쇄와 전원조치 등 동일한 조치를 취해야 한다.

- 시설폐쇄 시 시설거주자 권익 보호조치를 기피 또는 거부한 자 및 정당한 이유 없이 시설의 개선, 사업정지, 시설장 교체, 시설폐쇄 명령을 위반할 경우 1년 이하 징역 또는 300만원 이하 벌금에 처한다.
- 개별법령에 행정처분의 요건, 기준 등이 규정되어 있을 경우 우선 적용한다.

4 사회복지시설의 근로기준법 적용

1) 총칙

(1) 목적

이 규정은 헌법 및 근로기준법에 의한 근로조건의 기준을 사회복지시설에 적용함으로써 시설종사자의 기본적 생활을 보장, 향상시키며 사회복지시설 관리의 효율성 · 민주성을 기하고자 한다.

(2) 적용범위

근로자 수를 산정할 때에는 개별 시설이 인사, 노무관리와 예산, 회계에 있어서 법인으로부터 독립적인 경우 시설 단위로 산정하나 그렇지 않은 경우에는 법인전체를 단위로 하여 산정한다.

① 상시 5인 이상의 종사자를 고용하는 사회복지시설

② 상시 4인 이하의 종사자를 고용하는 사회복지시설은 다음의 사항 등이 "적용되지 않음"

- 사용자의 취업규칙과 기숙사 관련 사항 등의 게시 · 비치의무(법 제14조)
- 노동위원회 신청 및 이행강제금 관련(법 제19조2항 및 법 제33조)
- 부당한 해고, 휴직, 정직, 전직, 감봉 기타 징벌 금지의무(법 제23조 제1항)
- 경영상 이유에 의한 해고의 제한 및 해고자 우선 재고용 관련(법 제24조, 법 제25조)
- 해고사유 등의 서면통지(제27조)
- 부당해고 등의 구제신청(제28조) 등 노동위원회 관련사항(제28조 내지 제33조)
- 퇴직금제도 관련(법 제34조)
- 사용자(시설장) 귀책사유로 인한 휴업 시 휴업수당 지급관련(법 제46조)
- 주 40시간(1일 8시간) 근로시간 및 탄력적 근로시간제, 선택적 근로시간제, 연장근로의 제한 관련사항(법 제50조 내지 제53조)
- 연장야간휴일근로에 따른 가산수당 및 보상휴가제 관련(법 제56조 및 제57조)
- 근로시간 계산의 특례 및 근로시간 및 휴식시간의 특례관련 사항(법 제58조 및 제59조)
- 시설종사자의 연차유급휴가 관련 사항(법 제60조 내지 제62조)
- 생리휴가 및 육아시간(법 제73조, 제75조)
- 기능습득자의 보호(법 제77조)
- 취업규칙의 작성 및 단체협약의 준수 등(법 제93조 내지 법 제100조)

(3) 용어의 정의

① (시설)종사자라 함은 근로기준법 제2조의 근로자로서 시설의 종류를 불문하

고 "임금을 목적으로 근로를 제공하는 자"를 말한다.

② 시설장(법인대표)라 함은 사회복지시설의 종사자를 사용하는 자로서 근로기준법 제2조의 사업주(시설이 법인이 아닌 경우) 또는 사업경영담당자(시설이 법인인 경우)를 말한다.

③ 법인에 고용된 시설장이 시설의 인사권, 예산집행권 등을 갖고 있지 못하거나 제한적으로만 행사하는 경우 사용자가 아닌 근로자로 인정될 수 있다.

④ 임금이라 함은 종사자가 근로의 대가로 지급받는 일체의 금품으로 국고보조금, 지방비, 법인전입금, 후원금 등을 그 재원으로 한다.

⑤ "소정근로시간"이라 함은 주 40(44)시간(일 8시간) 범위 안에서 종사자와 시설장이 정한 근로시간을 말한다.

⑥ 근로계약이란 종사자가 시설장에게 근로를 제공하고 시설장은 이에 대하여 임금을 지급함을 목적으로 체결된 계약을 말한다.

평균임금과 통상임금

▎평균임금

- 평균임금이라 함은 이를 산정하여야 할 "사유가 발생한 날 이전 3개월간"에 그 종사자에 대하여 지급된 임금의 총액을 그 기간의 총일수로 나눈 금액을 말하며 취업후 3월 미만도 이에 준함(임금의 총액에는 임시로 지불된 임금 및 수당과 통화외의 것으로 지불된 임금은 산입하지 않음)

※ 단, 상기 규정에 의하여 산출된 금액이 당해 종사자의 통상임금보다 저액일 경우에는 그 통상임금액을 평균임금으로 함

- 평균임금의 계산에서 제외되는 기간 및 임금
  - ① 수습사용 중의 기간
  - ② 사용자의 귀책사유로 인하여 휴업한 기간
  - ③ 산전 후 휴가기간(출산휴가)
  - ④ 업무상 부상 또는 질병으로 요양하기 위하여 휴업한 기간
  - ⑤ 「남녀고용평등과 일・가정 양립 지원에 관한 법률」 제19조에 따른 육아휴직 기간
  - ⑥ 「노동조합 및 노동관계조정법」 제2조 제6호에 따른 쟁의행위기간
  - ⑦ 「병역법」, 「향토예비군설치법」 또는 「민방위기본법」에 따른 의무이행을 위하여 휴직하거나 근로하지 못한 기간(다만, 그 기간 중 임금을 지급받은 경우는 제외)
  - ⑧ 업무외 부상이나 질병, 기타의 사유로 인하여 시설장의 승인을 얻어 휴업한 기간

▎평균임금의 조정

- 재해보상금(휴업, 장해, 유족, 장의비, 일시보상 등) 및 업무상 부상을 당하거나 질병에 걸린 종사자에 대하여 퇴직금을 산정함에 있어서 적용할 평균임금 산정 시

⇒ 종사자가 소속한 시설에서 동일한 직종의 종사자에게 지급된 통상임금의 1인당 1개월 평균액이 그 부상 또는 질병이 발생한 달 또는 이로 인해 퇴직한 달에 지급된 평균액보다 100분의 5 이상 변동이 있는 경우에는 그 변동비율에 의하여 인상 또는 인하된 금액으로 하되, 그 변동사유가 발생한 달의 다음 달부터 이를 적용함

※ 단, 제2회 이후의 평균임금의 증감을 위한 조정은 직전회의 변동사유가 발생한 달의 평균액을 산정기준으로 함

▌통상임금

• 통상임금이라 함은 근로자에게 정기적, 일률적으로 소정근로 또는 총 근로에 대하여 지급하기로 정하여진 시간급금액, 일급금액, 주급금액, 월급금액, 또는 도급금액을 말함

※ 통상임금을 시간급금액으로 산정할 경우 산정방법

1. 시간급금액으로 정하여긴 임금에 대하여는 그 금액
2. 일급금액으로 정하여진 임금에 대하여는 그 금액을 1일의 소정근로시간수로 나눈 금액
3. 주급금액으로 정하여진 임금에 대하여는 그 금액을 주의 통상임금 산정기준시간수*로 나눈 금액
   * 주의 통상임금 산정기준시간수 : 주의 소정근로시간과 소정근로시간외의 유급처리되는 시간을 합산한 시간
4. 월급금액으로 정하여진 임금에 대하여는 그 금액을 월의 통상임금 산정시간수*로 나눈 금액
   * 월의 통상임금 산정시간수 : 주의 통상임금산정기준 시간에 1년간의 평균주수를 곱한 시간을 12로 나눈 시간
5. 일 · 주 · 월 외의 일정한 기간으로 정하여진 임금에 대하여는 제2호 내지 제4호에 준하여 산정한 금액
6. 근로자가 받는 임금이 상기(1호내지 5호) 2가지 요건이 혼재되어 있는 경우 각각 산정된 금액을 합산한 금액

⇒ 통상임금을 일급금액으로 산정할 때에는 시간급 금액에 1일의 소정근로시간수를 곱하여 계산

(4) 종사자 및 시설장(법인대표)의 의무

① 종사자와 시설장은 단체협약, 취업규칙, 근로계약을 준수하며 각자가 성실하게 이행해야 할 의무가 있다.

② 근로기준법에서 정하는 근로조건은 최저기준이므로 근로관계당사자는 이 기준을 이유로 근로조건을 저하시킬 수 없다.

③ 시설장은 취업규칙과 기숙사에 관한 사항 등 필요한 사항을 상시 시설에 게시 또는 비치하여 종사자에게 주지시켜야 한다.

단체협약, 취업규칙, 근로계약

- **단체협약** : 노동조합과 시설장 또는 그 법인 사이의 협정으로 체결되는 자치적 노동법규
- **취업규칙** : 시설장이 사업장에 있어서 근로자가 준수하여야 할 규율과 임금, 근로시간, 기타 근로조건에 관한 구체적 사항을 정한 규칙
- **근로계약** : 종사자와 시설장 사이에 대가를 받을 것을 조건으로 근로를 제공함을 약속하는 유상쌍무계약

※ *상호효력 : 단체협약에 위배되는 취업규칙과 근로계약은 무효이며, 취업규칙에 미달하는 근로조건을 정한 근로계약은 그 부분에 관하여 무효이며, 근로기준법에 미달하는 근로조건을 정한 취업규칙과 근로계약 또한 무효임*

(단체협약 > 취업규칙 > 근로계약)

구분	작성당사자	필요요건	범 위	기 한	성 격
단체협약	노동조합 - 시설장	노동조합 서면합의	전반적 사항	2년 이내	자치적 노동법규
취업규칙	시설장	노조 또는 종사자과반수 의견 또는 동의	근로기준법 제93조의 열거사항	변경 시	보통계약약관
근로계약	종사자 - 시설장	당사자간 합의	근로기준법 17조의 근로조건		유상쌍무계약

2) 근로계약

(1) 적용한계

① 근로기준법에 정한 기준에 미치지 못하는 근로조건을 정한 근로계약은 그 부분에 한해 무효이며 무효인 부분에 대해서는 근로기준법을 적용한다.

② 근로계약체결 시 근로계약 기간을 정할 것인지 여부는 근로자와 사용자가 자율적으로 정할 수 있으나 근로계약 기간을 정하여 기간제 근로자로 근무하는 경우 총 기간은 2년을 초과할 수 없으며, 2년 초과 시 기간의 정함이 없는 계약으로 간주된다. 단, "기간제 및 단시간근로자보호 등에 관한 법률"에 의거 2년을 초과하여 기간제 근로자로 사용할 수 있는 경우는 제외한다.

(2) 근로계약 체결 시 명시사항

① 임금 및 근로시간은 임금의 구성항목, 계산방법 및 지급방법, 소정근로시간, 유급 주휴일 및 연차 유급휴가에 관한 사항은 서면으로 명시하고 근로자의 요구자 있으면 그 근로자에게 교부하여야 한다.
② 취업의 장소와 종사하여야 할 업무에 관한 사항
③ 해당 시설의 취업규칙 내용(근로기준법 제93조 참조)
④ 기숙사에 종사자를 기숙하게 하는 경우에는 기숙사 규칙에 정한 사항

명시된 근로조건이 사실과 다를 경우에는 종사자는 근로조건 위반을 이유로 손해의 배상을 노동위원회에 신청할 수 있으며 또는 즉시 근로계약이 해제 가능하다.

(3) 근로계약 체결관련 참고사항

① **위약예정의 금지** : 시설장은 종사자의 근로계약 불이행에 대한 위약금 또는 손해 배상액을 예정하는 계약을 체결하지 못한다.
② **전차금상계의 금지** : 시설장은 전차금(前借金) 기타 근로할 것을 조건으로 하는 전대(前貸) 채권과 임금을 상계하지 못한다.
※ 전차금이란 종사자가 근로계약을 체결할 때 받을 예정인 임금에서 변제할 것을 조건으로 시설장에게서 차입하는 금전을 말하며, 전대채권은 전차금에 대한 채권을 말한다.
③ **강제저금의 금지** : 사용자는 근로계약에 부수하여 강제저축 또는 저축금 관리를 규정하는 계약을 체결하지 못한다.

> ✔ 시설장이 종사자의 위탁으로 저축을 관리 시 다음 사항을 준수할 것
> • 저축의 종류, 기간 및 금융기관을 종사자가 결정하고 본인의 이름으로 저축할 것
> • 종사자가 저축증서 등 관련 자료의 열람 또는 반환을 요구 시 즉시 이에 따를 것

(4) 종사자 해고의 제한

① 해고의 제한

- 종사자에 대해 정당한 이유 없는 해고, 휴직, 정직, 전직, 감봉 기타 징벌 금지
- 종사자가 업무상 부상 또는 질병의 요양을 위해 휴직한 기간과 그 후 30일간 또는 산전산후의 여성이 근로기준법에 의해 휴직한 기간과 그 후 30일간은 해고 금지

⇒ 단, 일시보상(법 제84조)을 행하였을 경우 또는 사업을 계속할 수 없게 된 경우는 제외

※ 일시보상 : 업무상 부상 또는 질병에 걸려 요양보상을 받고 있는 근로사가 요양개시 후 2년이 경과하여도 부상 또는 질병이 완치되지 않을 경우, 평균임금의 1,340일분의 일시보상을 행하여 그 후 근로기준법상 모든 보상책임을 면제받는 것

- 종사자를 해고하려면 반드시 해고사유와 해고일자를 서면으로 통지해야 한다.

② 경영상 이유에 의한 해고의 제한

- 해고의 사유 : 사업의 양도, 인도, 합병 등 긴박한 경영상의 필요에 한한다.
- 시설장의 의무

- 해고를 피하기 위한 노력을 다해야 한다.
- 합리적이고 공정한 해고의 기준을 정하고, 그에 따라 대상자를 선정하되 남녀의 성을 이유로 차별을 금지한다.
- 시설장은 해고를 피하기 위한 방법 및 해고의 기준 등에 관하여 종사자대표에 대해 해고를 하고자 하는 날의 50일전까지 통보하고 성실하게 협의한다.

※ 종사자 대표 : 종사자 과반수로 조직된 노동조합 또는 과반수로 조직된 노동조합이 없는 경우에는 종사자 과반수를 대표하는 자

③ 일정규모 이상 해고 시 신고

- 1월 동안 다음의 인원을 해고하고자 하는 경우에는 최초로 해고하고자 하는 날의 30일전까지 관할 지방노동관서의 장에게 해고의 사유, 해고예정인원, 종사자 대표와의 협의내용, 해고의 일정 등을 신고한다.

- 상시 종사자수가 99인 이하인 시설 : 10인 이상
- 상시 종사자수가 100인 이상 999인 이하인 시설 : 종사자수의 10% 이상
- 상시 종사자수가 1000인 이상인 시설 : 100인 이상

(5) 해고의 예고 및 구제절차

① 해고의 예고

- 종사자 해고 시 적어도 30일전에 그 예고를 하여야 하며 30일 전에 예고를 하지 아니한 때에는 30일분 이상의 통상임금을 지급한다.
- 다만, 천재, 사변 기타 부득이한 사유로 사업계속이 불가능한 경우 또는 종사자에게 귀책사유가 있는 경우에는 예고하지 않을 수 있다.

※ 종사자의 귀책사유

- 납품업체로부터 금품 또는 향응을 제공받고 불량품을 납품받아 생산에 차질을 가져온 경우
- 영업용 차량을 임의로 타인에게 대리운전하게 하여 교통사고를 일으킨 경우
- 사업의 기밀 기타 정보를 경쟁관계에 있는 다른 사업자 등에 제공하여 사업에 지장을 가져온 경우
- 허위사실을 날조 · 유포하거나 불법 집단행동을 주도하여 사업에 막대한 지장을 가져온 경우
- 영업용차량 운송수입금을 부당하게 착복하는 등 직책을 이용하여 공금을 착복 · 장기유용 · 횡령 · 배임한 경우
- 제품 또는 원료 등을 절취 또는 불법반출한 경우
- 인사 · 경리 · 회계담당 직원이 근로자의 근무상황 실적을 조작하거나 허위서류 등을 작성하여 사업에 손해를 끼친 경우
- 사업장의 기물을 고의로 파손하여 생산에 막대한 지장을 가져온 행위
- 기타 사회통념상 고의로 사업에 막대한 지장을 가져오거나 재산상 손해를 끼쳤다고 인정되는 경우

② 해고의 예고의 적용예외

- 일용근로자로서 3월을 계속 근무하지 아니한 자

• 2월 이내의 기간을 정하여 사용된 자
• 월급근로자로서 6월이 되지 못한 자
• 계절적 업무에 6월 이내의 기간을 정하여 사용된 자
• 수습사용한 날로부터 3월 이내인 자

③ 해고에 대한 구제절차

• 정당한 이유 없는 해고 · 휴직 · 정직 · 전직 · 감봉 기타 징벌 시 종사자는 지방노동위원회에 그 구제를 신청할 수 있다.
• 구제신청과 심사절차

구제신청	종사자 → 지방노동위원회	부당노동해위가 있는 날(계속되는 행위는 그 종료일)부터 3월 이내

⇩

조사 및 심문	지방노동위원회	구제신청 접수 시 지체 없이
증인조사	지방노동위원회	관계당사자 신청 또는 직권
구제명령 또는 기각결정	지방노동위원회	심문 종료 후 부당노동행위가 성립여부에 따라 구제명령 또는 구제신청 기각결정
명령 또는 결정의 확정		10일 이내 재심을 신청하지 않을 경우

⇩

재심신청	종사자 → 중앙노동위원회	명령서 또는 결정서 송달을 받은 날로부터 10일 이내
재심판정의 확정		15일 이내에 행정소송을 제기하지 않을 경우

⇩

행정소송	종사자 → 법원	재심판정서 송달 시 15일 이내

• 구제명령, 기각결정 또는 재심판정의 효력
- 기각결정 또는 재심판정이 확정된 때에는 관계 당사자는 이에 따라야 한다.
- 노동위원회의 구제명령, 기각결정 또는 재심판정은 중앙노동위원회에의 재심신청이나 행정소송의 제기에 의해 그 효력이 정지되지 않는다.
- 경영상의 이유로 종사자를 해고한 후 3년 이내에 해고된 종사자가 담당하였던 업무와 동일한 업무를 할 종사자를 채용하고자 할 때에는 종사자가 원하는 경우 그 근로자를 우선적으로 고용해야 한다.

(6) 퇴직급여제도

① 퇴직급여제도의 설정

- 시설장(사용자)은 퇴직하는 근로자에게 퇴직급여를 지급하기 위하여 퇴직급여제도, 즉 퇴직금제도 또는 퇴직연금제도 중 하나 이상의 제도를 설정하여야 한다.
- 단, 퇴직급여제도는 계속근로년수가 1년 미만인 종사자, 4주간을 평균하여 1주간의 소정근로시간이 15시간 미만인 근로자는 제외한다.
- 퇴직급여제도를 설정함에 있어서 하나의 시설 안에 차등제도를 금지한다.

② 퇴직금 제도의 설정

- 계속근로연수 1년에 대하여 30일분 이상의 평균임금을 퇴직금으로서 퇴직하는 근로자에게 지급할 수 있는 제도를 설정한다.
- 종사자를 피보험자 또는 수익자로 하여 아래의 요건을 갖춘 퇴직보험 또는 퇴직일시금신탁(이하 퇴직보험)에 가입하여 퇴직 시 일시금 또는 연금으로 수령하게 하는 경우에도 퇴직금제도를 설정한 것으로 본다(2010. 12. 31까지 유효).

※ 단, 퇴직보험 등에 의한 일시금의 액은 퇴직금(1년당 30일분 이상 평균임금)보다 적어서는 안 되며, 적을 경우에는 차액을 시설장이 지급해야 한다.

③ 퇴직연금제의 설정

- 퇴직연금제도란 사용자로 하여금 일정한 부담금을 사외에 적립 · 운용하도록 한 후, 근로자 퇴직 시 연금 또는 일시금으로 수령토록 하는 제도를 말한다.
- 퇴직연금제로 전환하고자 하는 시설장(사용자)은 근로자대표의 동의를 얻어야 한다.

- 근로자대표 : 과반수 노조(없는 경우 근로자의 과반수)

- 퇴직연금제에 대한 근로자의 선호, 연금제도에 대한 사회적 정서 등을 감안하여 노사가 자율로 결정하도록 한다.
- 퇴직연금제를 선택할 경우에는 퇴직연금제의 형태(확정급여형 또는 확정기여형)도 함께 결정해야 한다.

※ 확정급여형(Defined Benefit) : 근로자의 급여수준이 사전에 확정되며, 사용자의

부담금은 적립금 운용결과에 따라 변동한다.

※확정기여형(Defined Contribution) : 사용자의 부담금이 사전에 확정되고, 급여수준은 근로자의 적립금 운용결과에 따라 변동한다.

- 이는 사업장 여건 및 근로자의 선호가 다양하기 때문에 노사가 자율적으로 선택할 수 있도록 한 것이다.

• 노사가 합의하여 퇴직연금제도를 선택한 경우 「퇴직연금규약」을 작성하여 고용노동부장관에게 신고하여야 한다.

※퇴직연금규약은 개별 사업장의 퇴직연금제도의 설계서에 해당하는 것으로서 법정사항을 모두 포함하여야 하며, 그 이외의 것 또는 법정수준을 상회하는 수준은 노사가 자유로이 정할 수 있다.

• 퇴직연금제 운영관련 업무(운용관리업무 및 자산관리업무)를 퇴직연금사업자(금융기관)에게 위탁하여야 한다.

※운용관리업무 : 운용방법의 제시, 운용현황의 기록 · 보관 · 통지업무

※자산관리업무 : 사용자로부터 부담금의 수령 및 보관 · 관리업무

• 퇴직연금제도를 설정한 시설장은 퇴직연금 운영상황 등에 관하여 가입자 교육을 실시하여야 하며, 기타 법령과 퇴직연금규약에 위반되는 행위를 하여서는 아니된다.

(7) 기타 참조사항

① 특별한 사정이 있어 당사자 간 합의에 의해 기한을 연장한 경우를 제외하고는 종사자 사망 또는 퇴직 시 그 지급사유가 발생한 때부터 14일 이내에 임금, 보상금 기타 일체의 금품을 지급한다.

② 각 시설별로 아래의 사항을 기입한 근로자명부를 작성하고 변경 시 지체 없이 정정한다.

• 근로자명부 기입사항

- 성별, 성명, 생년월일, 주소, 이력
- 종사하는 업무의 종류
- 고용 또는 고용갱신 연월일
- 계약기간을 정한 경우에는 그 기간 기타 고용에 관한 사항

- 해고, 퇴직 또는 사망의 경우에는 그 연월일과 사유
- 기타 필요한 사항

③ 각 시설은 다음의 서류를 3년간 보존할 것

- 근로자 명부
- 근로계약서
- 임금대장
- 임금의 결정 지급방법 및 임금계산의 기초에 관한 서류
- 고용, 해고, 퇴직에 관한 서류
- 승급, 강급에 관한 서류
- 휴가에 관한 서류
- 연장근로시간 연장에 관한 인가에 관한 서류
- 임산부 및 18세 미만의 근로자의 야업 및 휴일근무 관련 인가에 관한 서류
- 연소자(18세 미만)에 대한 가족관계기록사항 증명서 및 친권자(후견인)의 동의서

④ 사용증명서 발급

- 시설장은 종사자가 퇴직 후라도 사용기간, 업무종류, 지위와 임금 기타 필요한 사항에 관한 증명서를 청구한 때에는 사실대로 기입하여 즉시 교부하여야 한다.
- 종사자가 요구한 사항만 기입하되 근무경력과 관련이 있으므로 정확하게 기입한다.

3) 임금

(1) 임금의 지급

① 원칙적으로 현금으로 전액지급하되, 법령 또는 단체협약에 특별한 규정이 있는 경우에는 임금의 일부를 공제하거나 현금 이외의 것으로 지급 가능하다.

② 임금은 매월 1회 이상 일정한 기일에 지급하되, 임시로 지급하는 임금 · 수당이나 정근수당, 근속수당, 상여금 등 비정기적 수당은 비정기적으로 지급 가능하다.

※ 종사자가 출산, 질병, 재해, 혼인, 사망, 부득이한 사유로 1주일 이상 귀향하게 되는 경우 등 비상(非常)한 경우에 임금 청구 시 지급기일 전이라도 이미 제공한 근로에 대한 임금을 지급해야 한다.

(2) 휴업수당의 지급

① 시설장 귀책사유로 인한 휴업 시 휴업기간 중 당해 종사자에 대하여 평균임금의 100분의 70 이상의 수당을 지급한다.

※ 단, 평균임금의 100분의 70이 통상임금 초과 시에는 통상임금을 휴업수당으로 지급한다.

② 부득이한 사유로 사업계속이 불가능하여 노동위원회의 승인을 얻은 경우에는 평균임금(또는 통상임금)의 100분의 70에 미달하는 휴업수당 지급이 가능하다.

③ 상기 휴업기간 중에 종사자가 임금의 일부를 지급받은 경우에는 평균임금(또는 통상임금)과 그 지급받은 임금의 차액을 산출하여 그 차액의 100분의 70 이상에 해당하는 수당을 지급한다.

(3) 임금대장의 작성

① 시설장은 각 시설별로 임금대장을 작성하고 다음의 사항을 임금지급 시마다 기입한다.

- 성명, 주민등록번호, 고용연월일, 종사하는 업무
- 임금 및 가족수당의 계산기초가 되는 사항, 근로일수, 근로시간수
- 연장근로, 야간근로 또는 휴일근로를 시킨 경우에는 그 시간수
- 기본급, 수당 기타 임금의 내역별 금액(통화 이외의 것으로 지급된 임금이 있는 경우에는 그 품명 및 수량과 평가총액)
- 법령 또는 단체협약에 특별한 규정이 있어 임금의 일부를 공제한 금액

  → 종사자 4인 이하 시설에서는 근로시간수와 시간외근로시간수를 기재하지 않을 수 있다.

② 임금채권은 3년간 행사하지 아니한 때에는 시효로 인해 소멸된다.

4) 근로시간과 휴식

(1) 근로시간

① 주 40시간 근무제 시행

- 1주일간의 근로시간은 휴식시간을 제하고 40시간을 초과할 수 없다.
- 1일의 근로시간을 휴식시간을 제하고 8시간을 초과할 수 없다.

※주 40시간 근무제의 시행일

- 상시 100인 이상 300인 미만의 종사자를 사용하는 시설 : 2006년 7월 1일(기시행)
- 상시 50인 이상 100인 미만의 종사자를 사용하는 시설 : 2007년 7월 1일(기시행)
- 상시 20인 이상 50인 미만의 종사자를 사용하는 시설 : 2008년 7월 1일(기시행)
- 상시 20인 미만 종사자를 사용하는 시설 : 2011년을 초과하지 않는 기간 내 대통령령이 정하는 날(2011년 7월 1일 시행)

⇒ 시행일 전이라도 종사자 과반수로 조직된 노동조합이 있는 경우에는 그 노동조합, 근로자의 과반수로 조직된 노동조합이 없는 경우에는 근로자의 과반수의 동의를 얻어 관할지방노동관서의 장에게 신고서를 제출한 경우에는 시행일 전이라도 이를 적용할 수 있다.

- 탄력적 근로시간제

- 취업규칙(취업규칙에 준하는 것 포함)에서 탄력적 근로시간제를 규정한 후 2주간 이내의 일정한 단위기간을 평균하여 주 40시간을 초과하지 않는 범위 안에서 특정주에 주 40시간, 특정일에 일 8시간을 초과하여 근로가 가능하다.
- 단, 특정주의 근로시간은 48시간을 초과할 수 없다.
- 종사자대표와의 서면합의에 의하여 아래의 사항을 정한 때에는 3월 이내의 단위기간을 평균하여 1주간의 근로시간이 주 40시간을 초과하지 않는 범위 내 에서 특정주에 주 40시간, 특정일에 일 8시간을 초과하여 근로가 가능하다.
- 3월 이내 탄력적 근무시간제는 주 40시간 근무제와 동일한 일자에 시행

※단, 특정주의 근로시간은 52시간을, 특정일은 12시간을 초과할 수 없다.

- 3월 이내 탄력적 근로시간제 적용에 따른 서면합의 사항
  - 대상노동자의 범위
  - 단위기간(3월 이내의 일정한 기간으로 정함)
  - 단위기간에 있어서의 근로일 및 당해 근로일별 근로시간
  - 서면합의의 유효기간
- 탄력적 근로시간제는 15세 이상 18세 미만의 근로자와 임신 중인 여성근로자에 대하여는 적용되지 않으며, 시설장은 기존 임금수준이 저하되지 않도록 임금보진 방안을 강구하여야 한다.

• 선택적 근로시간제

- 취업규칙(취업규칙에 준하는 것 포함)에 의해 시업 및 종업시각을 종사자의 결정에 맡기기로 한 종사자에 대해 종사자대표와의 서면합의에 의하여 아래의 사항을 정한 때에는 1월 이내의 정산기간을 평균하여 1주간의 근로시간이 주 40시간을 초과하지 않는 범위 안에서 주 40시간, 일 8시간을 초과하여 근로하게 할 수 있다.
- 선택적 근로시간제 적용에 따른 서면합의 사항
  - 대상근로자의 범위(15세 이상 18세 미만의 근로자를 제외)
  - 정산기간(1월 이내의 일정한 기간으로 정함)
  - 정산기간에 있어서의 총 근로시간
  - 반드시 근로하여야 할 시간대를 정하는 경우에는 그 개시 및 종료시각
  - 근로자가 결정에 의하여 근로할 수 있는 시간대를 정하는 경우에는 그 개시 및 종료시각
  - 표준근로시간(유급휴가 등의 계산기준으로 노사 간 합의하여 정한 1일의 근로시간)

② 주 44시간 근무제 시행

• 1주일간의 근로시간은 휴식시간을 제하고 44시간을 초과할 수 없다.

• 1일의 근로시간을 휴식시간을 제하고 8시간을 초과할 수 없다.

• 탄력적 근로시간제

- 취업규칙(취업규칙에 준하는 것 포함)에서 탄력적 근로시간제를 규정한 후 2주간 이내의 일정한 단위기간을 평균하여 주 44시간을 초과하지 않는 범위 안에서 특정주에 주 44시간, 특정일에 일 8시간을 초과하여 근로가 가능하다.
- 단, 특정주의 근로시간은 48시간을 초과할 수 없음
- 종사자대표와의 서면합의에 의하여 아래의 사항을 정한 때에는 1월 이내의 단위기간을 평균하여 1주간의 근로시간이 주 44시간을 초과하지 않는 범위 내에서 특정주에 주 44시간, 특정일에 일 8시간을 초과하여 근로가 가능하다.
- 단, 특정주의 근로시간은 56시간을, 특정일은 12시간을 초과할 수 없다.
- 1월 이내 탄력적 근로시간제 적용에 따른 서면합의 사항
  - 대상근로자의 범위
  - 단위기간(1월 이내의 일정한 기간으로 정함)
  - 단위기간에 있어서의 근로일 및 당해 근로일별 근로시간
  - 서면합의의 유효기간
- 탄력적 근로시간제는 15세 이상 18세 미만의 근로자와 임신중인 여성근로자에 대하여는 적용되지 않으며, 시설장은 기존 임금수준이 저하되지 않도록 임금보전 방안을 강구하여야 한다.

• 선택적 근로시간제
- 취업규칙(취업규칙에 준하는 것 포함)에 의해 시업 및 종업시각을 종사자의 결정에 맡기기로 한 종사자에 대해 종사자대표와의 서면합의에 의하여 아래의 사항을 정한 때에는 1월 이내의 정산기간을 평균하여 1주간의 근로시간이 주 44시간을 초과하지 않는 범위 안에서 주 44시간, 일 8시간을 초과하여 근로하게 할 수 있다.
- 선택적 근로시간제 적용에 따른 서면합의 사항
  - 상근로자의 범위(15세 이상 18세 미만의 근로자를 제외)
  - 정산기간(1월이내의 일정한 기간으로 정함)
  - 정산기간에 있어서의 총 근로시간
  - 반드시 근로하여야 할 시간대를 정하는 경우에는 그 개시 및 종료시각
  - 근로자가 결정에 의하여 근로할 수 있는 시간대를 정하는 경우에는 그

개시 및 종료시각

- 표준근로시간(유급휴가 등의 계산기준으로 노사간 합의하여 정한 1일의 근로시간)

(2) 연장근로시간

① 당사자 간 합의가 있는 경우 1주간에 12시간 한도로 근로시간을 연장 가능하다.

※ 연장근로에 대한 특례 : 주40시간제 시행일부터 3년간은 1주간 16시간 한도로 연장근로가 가능하며, 이때 최초 4시간에 대한 연장근로 가산수당은 100분의 25로 한다.

② 당사자 간 합의가 있는 경우 1주일에 12시간을 한도로 탄력적 근로시간제를 연장할 수 있으며 선택적 근로시간제상 정산기간을 평균하여 1주간에 12시간을 초과하지 않는 범위 안에서 선택적 근로시간제 연장 가능하다.

③ 시설장은 특별한 사정이 있는 경우 고용노동부장관의 인가와 근로자의 동의를 얻어 상기 연장근로시간을 연장가능하며 사태가 급박하여 노동부장관의 인가를 받을 시간이 없는 경우에는 사후에 지체 없이 승인을 얻어야 한다.

⇒ 연장근로와 야간근로(하오10시부터 상오6시까지 사이의 근로) 또는 휴일근로에 대하여는 통상임금의 100분의 50 이상을 가산하여 지급한다.

※ 보상휴가제 실시 : 노사 간 서면합의에 따라 연장근로 · 야간근로 및 휴일근로에 대하여 임금을 지급하는 것에 갈음하여 휴가를 부여하는 보상휴가제는 주 40시간 근무시간제 시행일에 맞춰 각 시설별로 시행할 수 있다.

(3) 근로시간 산정의 특례

① 출장 기타의 사유로 근로시간의 전부 또는 일부를 시설 밖에서 근로하여 근로시간을 산정하기 어려운 때에는 소정근로시간을 근로한 것으로 간주한다.

② 당해 업무를 수행하기 위하여 통상적으로 소정근로시간을 초과하여 근로할 필요가 있는 경우에는 그 업무의 수행에 통상 필요한 시간을 근로한 것으로 본다.

③ 노사 간 서면합의를 한 때에는 주 12시간을 초과하여 연장근로하게 하거나

휴식시간을 변경할 수 있다.

※휴식의 경우 근로시간이 4시간인 경우 30분 이상, 8시간인 경우에는 1시간 이상 근로자가 자유로이 이용할 수 있도록 하고 휴일은 1주일에 평균 1회 이상 유급휴일을 주어야 한다.

(4) 연 · 월차유급휴가

① 주 44시간 근무제

• 연차유급휴가 : 1년간 개근한 자는 10일, 9할 이상 출근한 자는 8일의 유급휴가를 부여한다.

- 2년 이상 계속근로한 종사자에 대해서는 1년을 초과하는 계속근로연수 1년에 대하여 기본휴가기간에 1일을 가산한 유급휴가를 주되, 휴가 총일수가 20일을 초과 시 그 초과하는 일수에 대해서는 통상임금으로 유급휴가 대체 가능

• 월차유급휴가 : 1월간 소정근로일수를 개근한 자에게 1일의 유급휴가를 부여한다.

- 근로자는 월차휴가를 1년간 적치하여 사용하거나 분할하여 사용이 가능하다.
- 휴가기간산정에 있어 종사자가 업무상의 부상 또는 질병으로 휴직한 기간과 산전산후 여성의 90일의 보호휴가에 의한 휴직기간은 출근한 것으로 간주한다.

• 연차유급휴가의 청구 및 시효 등

- 휴가는 종사자의 청구가 있는 시기에 주어야 하며 그 기간에 대하여는 취업규칙이나 그 밖의 정하는 바에 의한 통상임금 또는 평균임금을 지급한다.
- 단, 종사자가 청구한 시기에 휴가를 주는 것이 사업운영에 막대한 지장이 있는 경우에는 시기변경이 가능하다.
- 시설장 귀책사유가 없는 한 연차유급휴가의 경우 1년간 미행사 시 소멸한다.

• 연차유급휴가의 대체

- 노사 서면합의에 의해 연차유급휴가일에 갈음하여 특정근로일에 휴무가 가능하다.

② 주 40시간 근무제

- 연차유급휴가는 1년간 8할 이상 출근한 자에 대해 15일의 유급휴가를 부여한다.
- 월차유급휴가 : 폐지
- 계속근로연수 1년 미만인 근로자에 대하여는 1월간 개근 시 1일 유급휴가 부여한다.

- 최초 1년간의 근로에 대해 15일의 유급휴가를 주되, 기사용 시 15일에서 공제한다.

- 3년 이상의 계속 근로한 시설 종사자

- 최초 1년을 초과하는 계속근로 연수 매 2년에 대하여 기본휴가기간에 1일을 가산한 유급휴가를 주되 가산휴가를 포함한 총 휴가일수는 25일을 한도로 한다.
- 휴가기간산정에 있어 종사자가 업무상의 부상 또는 질병으로 휴직한 기간과 산전산후 여성의 90일의 보호휴가에 의한 휴직기간은 출근한 것으로 간주한다.

- 휴가의 청구 및 시효 등

- 휴가는 종사자의 청구가 있는 시기에 주어야 하며 그 기간에 대하여는 취업규칙이나 그 밖의 정하는 바에 의한 통상임금 또는 평균임금을 지급한다.
- 단, 종사자가 청구한 시기에 휴가를 주는 것이 사업운영에 막대한 지장이 있는 경우에는 시기변경이 가능하다.
- 시설장 귀책사유가 없는 한 연차유급휴가의 경우 1년간 미행사 시 소멸한다.

- 연차유급휴가의 사용촉진

- 시설장은 연차유급휴가 사용 촉진을 위해 아래의 조치를 취해야 한다.

  1. 소멸되기 3월전을 기준으로 10일 이내에 시설장이 종사자별로 미사용휴가일수를 알려 주고 종사자가 그 사용시기를 정하여 시설장에게 통보하도록 서면으로 촉구한다.
  2. 제1호의 규정에 의한 촉구에 불구하고 근로자가 촉구를 받은 때부터 10일 이내에 미사용휴가의 전부 또는 일부의 사용시기를 정하여 사용자에게 통보하지 아니한 경우에는 소멸 2월 전까지 사용자가 미사용휴가의 사용시기를 정하여 근로자에게 서면으로 통보한다.

- 상기 조치에도 불구하고 종사자가 휴가를 1년간 사용하지 아니하여 소멸된

경우에는 그 미사용휴가에 대하여 보상할 의무가 없으며 시설장 귀책사유에 해당하지 않는다.

- 유급휴가의 대체

- 노사 서면합의에 의해 연차유급휴가일에 갈음하여 특정근로일에 휴무가 가능하다.

5) 여성근로자 보호규정

(1) 시간외 근로에 대한 규정

① 야간근로 및 휴일근로의 제한

- 18세 이상의 여성을 오후 10시부터 오전 6시까지의 사이 및 휴일에 근로시키고자 하는 경우에는 당해 종사자의 동의를 얻어야 한다.
- 임신한 여성종사자의 경우 오후 10시부터 오전 6시까지의 사이 및 휴일에 근로시키지 못하되 다음의 경우로 고용노동부장관의 인가를 얻은 경우는 가능하다.

※단, 인가를 얻기 전 종사자 건강 및 모성보호를 위해 그 시행여부와 방법 등에 대해 종사자대표와 성실하게 협의하여야 한다.

- 산후 1년이 경과되지 아니한 여성의 동의가 있는 경우
- 임신 중의 여성이 명시적으로 청구하는 경우

② 시간 외 근로의 제한

- 산후 1년이 경과되지 아니한 여성 종사자는 단체협약이 있는 경우라도 1일에 2시간, 1주일에 6시간, 1년에 150시간을 초과하는 시간 외의 근로를 시키지 못한다.

(2) 휴가 및 휴식에 관한 규정

① 생리휴가

- 시설장은 여성근로자에게 월 1회의 생리휴가를 주어야 한다.

- 주 44시간 근로제 : 월 1회 유급생리휴가를 부여한다.
- 주 40시간 근로제 시행에 따라 생리휴가제도가 "여성근로자가 청구하는 때에는 월 1회의 생리휴가를 주는 방향으로 개정"되었으며, 각 시설에서는 주 40시간 근로제 시행일정에 맞춰 시설규모에 따라 시행하여야 한다.

② 임산부의 보호

- 임신 중인 여성종사자에게 산전후를 통하여 90일의 보호휴가를 주되, 휴가기간의 배치는 산후에 45일 이상이 되도록 하고 휴가 중 최초 60일은 유급으로 한다. 다만, 「남녀고용평등과 일 · 가정 양립 지원에 관한 법률」 제18조의 규정에 따라 산전후휴가급여 등이 지급된 때에는 그 금액의 한도 안에서 지급의 책임을 면한다.
- 시설장은 임신 중의 여성이 임신 16주 이후 유산 또는 사산한 경우로서 당해 근로자가 청구하는 때에는 근로기준법 시행령이 정하는 바에 따라 보호휴가를 주어야 한다.
- 시설장은 임신 중인 여성종사자에게 시간 외 근로를 하게 하여서는 아니되며, 그 근로자의 요구가 있는 경우에는 쉬운 종류의 근로로 전환하여야 한다.

③ 수유시간

- 생후 1년 미만의 유아를 가진 여성종사자의 청구가 있는 경우에는 1일 2회 각각 30분 이상의 유급수유시간을 주어야 한다.

6) 재해보상

(1) 업무상 질병과 요양의 범위

업무상 부상 또는 질병의 종류 및 요양의 범위에 대하여는 근로기준법 시행령 <별표 5>에 따른다.

(2) 재해보상

① 재해보상 시 평균임금 산정은 재해보상 시 사상의 원인이 되는 사고가 발생

한 날 또는 진단에 의하여 질병이 발생되었다고 확정된 날을 평균임금의 산정사유가 발생한 날로 한다.

② 보상의 종류와 보상의 기준 등은 근로기준법 제8장 재해보상의 장을 참조한다.

(3) 재해보상 관련 기타사항

① 보상을 받을 권리는 퇴직으로 인하여 변경되지 아니하며 양도 또는 압류하지 못한다.

② 보상을 받게 될 자가 동일한 사유에 대해 민법 기타 법령에 의하여 근로기준법의 재해보상에 상당한 금품을 받을 경우 그 가액 한도 내에서 시설장은 보상책임을 면한다.

③ 업무상의 부상, 질병 또는 사망의 인정, 요양의 방법, 보상금액의 결정, 기타 보상의 실시에 관하여 이의가 있는 자는 관할 지방노동관서의 장이나 관할 지방노동위원회에 심사나 사건의 중재를 청구할 수 있다.

④ 재해보상청구권은 3년간 행사하지 아니하는 경우에는 시효로 인해 소멸한다.

7) 취업규칙

(1) 취업규칙의 작성 · 보고

① 상시 10인 이상의 종사자를 사용하는 시설은 다음의 사항에 관한 취업규칙을 작성 또는 내용의 변경 시 관할 지방노동관서의 장에게 신고서 및 관련서류 제출해야 한다.

② 취업규칙에 포함되어야 할 사항

- 시업, 종업의 시각, 휴식시간, 휴일, 휴가 및 교대근무에 관한 사항
- 임금의 결정, 계산, 지급방법, 임금의 산정기간, 지급시기, 및 승급에 관한 사항
- 가족수당의 계산, 지급방법에 관한 사항
- 퇴직에 관한 사항
- 퇴직금, 상여 및 최저임금에 관한 사항

- 근로자의 식비, 작업용품 등 부담에 관한 사항
- 근로자를 위한 교육시설에 관한 사항
- 산전후휴가 · 육아휴직 등 근로자의 모성보호 및 일 · 가정 양립 지원에 관한 사항
- 안전과 보건에 관한 사항
- 업무상과 업무외의 재해부조에 관한 사항
- 표창과 제재에 관한 사항
- 기타 당해 사업 또는 사업장의 근로자 전체에 적용될 사항

(2) 종사자 의견 청취

① 취업규칙 작성 또는 변경 시 종사자 과반수로 조직된 노조가 있는 경우에는 그 노조, 종사자 과반수로 조직된 노조가 없는 경우에는 종사자 과반수의 의견을 들어야 한다.

② 단, 취업규칙을 종사자에게 불리하게 변경 시 동의를 구해야 한다.

(3) 취업규칙의 제한

① 취업규칙에서 감봉의 제재를 정할 경우 그 감액은 1회의 금액이 평균임금의 1일분의 2분의 1을, 총액이 1임금지급기에 있어서의 임금총액의 10분의 1을 초과하지 못한다.

② 취업규칙은 법령 또는 당해 시설에 적용되는 단체협약에 반할 수 없다.

③ 취업규칙에 정한 기준에 미달하는 근로조건을 정한 근로계약은 그 부분에 관하여는 무효로 하고 무효로 된 부분은 취업규칙에 정한 기준에 의한다.

CHAPTER 09

사회복지법인의 재무회계규칙

1 총 칙

1) 목적

본 규칙은 사회복지법인 재무·회계 및 후원금 관리의 명확성·공정성을 기하기 위해 사회복지사업법 제23조 제4항의 규정에 의하여 사회복지법인의 재무회계에 관한 사항을 규정한 것이다.

2) 적용범위

① 적용범위는 사회복지사업법의 적용을 받는 사회복지법인 및 법인운영시설

② 소관부처 및 정부보조금 지급 여부와는 상관없이 적용한다.

③ 한 법인에서 타 지방자치단체에 여러 시설을 운영하고 있는 경우, 법인에서는 등록 지방자치단체뿐만 아니라, 시설관할 지방자치단체에도 예결산 등 동 규칙에 의한 보고의무를 이행한다.

3) 사회복지법인 및 법인운영시설의 회계

(1) 회계구분

① **법인회계** : 법인의 업무전반에 관한 회계

② **시설회계** : 법인이 설치 · 운영하는 사회복지시설에 관한 회계

③ **수익사업회계** : 법인이 수행하는 수익사업에 관한 회계

(2) 회계연도 및 회계연도 구분

① 법인의 회계연도는 정부의 회계연도(1. 1~12. 31)에 의한다.

② 법인의 수입 및 지출의 발생, 자산 및 부채의 증감에 관하여는 그 원인이 되는 사실이 발생한 날을 기준으로 하여 연도소속을 구분한다.

※ 단, 그 사실이 발생한 날을 정할 수 없는 경우에는 그 사실을 확인한 날을 기준으로 연도소속을 구분한다.

[예] 2011년 10월에 추경예산으로 확정된 국고보조금이 2012년 1월에 입금되었을 경우 → 2011년도 회계로 구분한다.

4) 출납기한

1회계연도에 속하는 법인의 세입 · 세출의 출납에 관한 사무는 다음연도 2월 말일까지 완결해야 한다.

※ 2011년도 법인예산의 경우 2012년 2월 29일까지 완료해야 한다.

2 예 산

1) 예산의 편성

(1) 예산총계주의 원칙

1회계연도의 모든 수입은 세입으로 하고 모든 지출은 세출로 하되, 세입과 세출은 모두 예산에 계정되어야 한다.

(2) 예산편성절차

주 요 내 용	주 체	일 정
• 특히, 필요하다고 인정하는 사항에 관해 예산편성요령을 법인에 통보 가능	시 · 군 · 구청장	회계연도 2개월 전까지
⇩		
• 법인 및 시설의 예산편성요령 작성	법인 대표이사	회계연도 1개월 전까지
⇩		
• 회계별 예산 편성 (법인회계, 시설회계, 수익사업회계)	법인 대표이사	즉시
⇩		
• 예산안에 대한 이사회의 의결	법인 이사회	예산안 편성 완료 시
⇩		
• 의결된 예산안을 시 · 군 · 구청장에게 제출	법인 대표이사	회계연도 개시 5일 전
⇩		
• 법인과 시설의 회계별 세입 · 세출 예산개요를 시 · 군 · 구, 법인, 시설의 게시판과 인터넷에 20일 이상 공고 *※ 게시판 공고는 신문 등의 자유와 기능보장에 관한 법률 제2조 제1호에 따른 신문 또는 잡지 등 정기간행물의 진흥에 관한 법률 제2조 제1호에 따른 정기간행물에 게재로 갈음*	시 · 군 · 구청장 법인 대표이사	예산안 제출 20일 이내

※시 · 군 · 구는 시 · 군 · 구 홈페이지 게시판 또는 자료실에 예산개요를 20일 이상 공고요망

(3) 예산에 첨부할 서류

① 예산총칙
② 세입 · 세출 명세서(<별지 9-1> 참조)
③ 추정대차대조표(<별지 9-2> 참조)
④ 추정수지계산서(<별지 9-3> 참조)
⑤ 임직원 보수일람표(<별지 9-4> 참조)
⑥ 당해 예산을 의결한 이사회 회의록 사본

※단식회계 시 ①, ②, ⑤, ⑥을 첨부해야 한다.

2) 준예산의 편성

① **사유** : 회계연도 개시 전까지 법인의 예산이 성립되지 아니한 때
② **방법** : 예산 성립 시까지 일부 경비에 대해 전년도 예산에 준하여 집행이 가능하다.
※법인의 대표이사는 준예산 편성 전에 시 · 군 · 구청장에게 사유를 보고해야 한다.
③ **준예산 편성 경비**
- 임직원 보수
- 법인 및 시설운영에 직접 사용되는 필수적인 경비
- 법령상 지급의무가 있는 경비

3) 추가경정 예산의 편성

① **사유** : 예산 성립 후에 생긴 사유로 인해 기성립된 예산에 변경을 가할 필요가 있을 경우에 편성한다.

② **방법** : 예산편성절차에 준하여 추가경정예산을 편성 · 확정한다.

※ 대표이사는 추경이 확정된 날로부터 7일 이내에 이를 시 · 군 · 구청장에게 제출해야 한다.

4) 예비비의 계상

법인의 대표이사는 예측할 수 없는 예산 외의 지출 또는 예산의 초과지출을 충당하기 위하여 예비비를 세출예산에 계상할 수 있다.

5) 예산의 목적 외 사용금지

법인회계 및 시설회계의 예산은 세출예산이 정한 목적 외에 사용을 금지한다.

6) 예산의 전용

① **관간전용** : 법인 이사회의 의결을 거쳐 관할 시 · 군 · 구청장의 승인이 필요하다.

② **동일관 내 항간전용** : 법인 이사회의 의결이 필요하다.

③ **동일항 내 목간전용** : 법인 대표이사가 전용가능

④ **전용의 제한** : 예산총칙에서 전용을 제한하고 있거나, 예산성립 과정에서 이사회에서 삭감한 관 · 항 · 목으로는 전용하지 못한다.

※ 법인의 대표이사는 예산 전용 시 시 · 군 · 구청장에게 즉시 보고하여야 한다.

7) 세출예산의 이월

① **사유** : 법인회계 및 시설회계의 세출예산 중

- 성질상 당해 회계연도안에 지출을 마치지 못할 것으로 예측되는 경비
- 연도 내에 지출원인행위를 하고 불가피한 사유로 인하여 연도 내에 지출하지 못한 경비

② **방법** : 법인 이사회의 의결을 거쳐 다음 연도에 이월하여 사용이 가능하다.

8) 특정목적사업 예산

① **사유** : 완성에 수 년을 요하는 공사나 제조, 특수한 사업을 위하여 2회계연도 이상에 걸쳐서 그 재원을 조달할 필요가 있는 때

② **방법** : 회계연도마다 일정액을 예산에 계상하여 특정목적사업을 위한 적립금으로 적립이 가능하다.

※ 적립금은 별도의 통장으로 관리하되 회계연도별로 그 적립금액 및 변동사항 등을 주무관청에 보고하여야 한다.

9) 세입 및 세출예산과목

① 사회복지법인 재무회계규칙은 [별표 9-1]~[별표 9-6]을 참조한다.

② 각 지방자치단체는 세입 및 세출예산과목의 내역에 대하여 관련규정 등에 위배되지 않게 별도의 지침으로 정할 수 있다.

3 결 산

1) 결산의 보고

주 요 내 용	주 체	일 정
• 법인회계와 시설회계의 세입·세출 결산보고서 작성	법인 대표이사	출납완료 시
▼		
• 결산보고서의 법인이사회 의결	법인 이사회	결산보고서 작성 시
▼		
• 의결된 결산보고서의 시·군·구청장 제출	법인 대표이사	다음 연도 3월 31일까지
▼		

• 법인과 시설의 결산보고서 중 ① 법인과 시설의 세입세출 결산개요와 ②후원금품의 수입 및 사용내역 개요를 시·군·구, 법인, 시설의 게시판과 인터넷에 20일 이상 공고 *※게시판 공고는 신문 등의 자유와 기능보장에 관한 법률 제2조 제1호에 따른 신문 또는 잡지 등 정기간행물의 진흥에 관한 법률 제2조 제1호에 따른 정기간행물에 게재로 갈음*	시·군·구청장 법인 대표이사	결산보고서 제출된 후 20일 이내

※시 · 군 · 구는 시 · 군 · 구 홈페이지 게시판 또는 자료실에 결산보고서를 20일 이상 공고요망

2) 결산보고서에 첨부하여야 할 서류

① 세입 · 세출 결산서(<별지 9-5>, <별지 9-6>, <별지 9-7>, <별지 9-8> 참조)

② 과목전용조서(<별지 9-9> 참조)

③ 예비비사용조서(<별지 9-10> 참조)

④ 대차대조표(<별지 9-2> 참조)

⑤ 수지계산서(<별지 9-3> 참조)

⑥ 현금 및 예금명세서(<별지 9-11> 참조)

⑦ 유가증권명세서(<별지 9-12> 참조)

⑧ 미수금 명세서(<별지 9-13> 참조)

⑨ 재고자산명세서(<별지 9-14> 참조)

⑩ 기타 유동자산명세서(<별지 9-15> 참조)(⑥~⑨ 유동자산외의 유동자산)

⑪ 고정자산(토지 건물 차량운반구 비품 전화가입권) 명세서(<별지 9-16> 참조)

⑫ 부채명세서(차입금, 미지급금 포함)(<별지 9-17> 참조)

⑬ 제충당금명세서(<별지 9-18> 참조)

⑭ 기본재산수입명세서(<별지 9-19> 참조)

⑮ 사업수입명세서(<별지 9-20> 참조)

⑯ 정부보조금명세서(<별지 9-21> 참조)

⑰ 후원금수입 및 사용결과보고서(<별지 9-22> 참조)

⑱ 인건비명세서(<별지 9-23> 참조)

⑲ 사업비명세서(<별지 9-24> 참조)

⑳ 기타 비용명세서(인건비 및 사업비를 제외한 비용)(<별지 9-25> 참조)

㉑ 감사보고서(<별지 9-26> 참조)

㉒ 법인세 신고서(수익사업이 있는 경우에 한함)

※ 단식부기로 작성할 경우 ①~③, ⑭~㉒ 항목의 서류를 제출해야 한다.

4 회 계

1) 회계총칙

① **수입 및 지출사무 관리주체** : 법인의 대표이사 및 시설의 장

※ 법인 대표이사 및 시설장은 해당 사무를 소속직원에게 "각각" 위임 가능하다.

② **수입과 지출의 집행기관**

- 법인과 시설에는 수입과 지출의 현금출납업무를 담당하기 위하여 "각각" 수입원과 지출원을 두되, 법인 또는 시설의 규모가 소규모인 경우에는 수입원과 지출원을 동일인으로 할 수 있다.

※ 시 · 도별로 지역여건에 따라 자체적으로 수입원과 지출원을 동일인으로 할 수 있는 소규모 법인 및 시설에 대해 규정해야 한다.

- 수입원과 지출원은 법인의 대표이사와 시설장이 임면한다.

③ **회계의 방법 : 단식부기**

※ 법인회계와 수익사업회계에 있어 복식부기가 필요한 경우에는 복식부기에 의한다.

④ **법인 및 시설 비치 회계장부**

- 현금출납부(<별지 9-27>, <별지 9-28> 참조)
- 총계정원장(<별지 9-29>, <별지 9-30> 참조)
- 총계정원장보조부(<별지 9-31> 참조)

• 재산대장(<별지 9-32> 참조)
• 비품관리대장(<별지 9-33> 참조)

2) 수입

① 수입금의 수납 관리

• 모든 수입금의 수납은 이를 금융기관에 취급시키는 경우를 제외하고는 수입원이 아니면 수납하지 못한다.
• 수입원이 수납한 수입금은 그 다음날까지 금융기관에 예입해야 한다.
• 수입금에 대한 금융기관의 거래통장은 회계별(법인회계, 시설회계, 수익사업회계)로 구분될 수 있도록 보관 · 관리해야 한다.

② 과년도 수입, 반납금, 과오납금 처리

• 출납 완결 연도에 속하는 수입, 기타 예산 외 수입은 모두 현년도 예산에 편입한다.
• 지출된 세출의 반납금은 각각 지출한 세출의 당해 과목에 여입 가능하다.
• 과오납된 수입금은 수입한 세입에서 직접 반환한다.

3) 지출

① 지출의 원칙

• 지출은 지출사무를 관리하는 자(대표이사, 시설장) 및 그 위임을 받아 지출명령이 있는 것에 한하여 지출원이 행한다.

※ 지출명령은 예산의 범위 내에서 한다.

• 지출은 예금통장에 의하거나 전자거래기본법에 의한 전자거래로 행한다.

※ 상용 경비 또는 소액의 경비 지출은 현금으로 가능하며, 이를 위해 지출원은 100만원 이하의 현금을 보관할 수 있다.

※ 상용경비 또는 소액의 경비 지출이라도 1만원 이상 지출 시 신용카드를 사용하거나 현금영수증을 발급받아 지출하도록 한다.

② **지출의 특례**(선금급, 개산급)

- 선금급을 할 수 있는 경비의 범위

※ 선금급이란 확정된 계약에 대하여 사업성격상 미리 지급하는 것을 의미한다.

- 외국에서 직접 구입하는 기계, 도서, 표본 또는 실험용재료의 대가
- 정기간행물의 대가
- 토지 또는 가옥의 임대료와 용선료
- 운임
- 소속직원 중 특별한 사정이 있는 자에 대하여 지급하는 급여의 일부
- 관공서(정부투자기관관리기본법에 의한 정부투자기관 및 특별법에 의하여 설립된 특수법인 포함)에 대하여 지급하는 경비
- 외국에서 연구 또는 조사에 종사하는 자에 대하여 지급하는 경비
- 보조금
- 사례금
- 계약금액이 1천만원 이상인 공사나 제조 또는 물건의 매입을 하는 경우에 계약금액의 100분의 50을 초과하지 아니하는 금액

- 개산급을 할 수 있는 경비의 범위

※ 개산급이란 지출금액이 미확정인 채무에 대하여 지급의무가 확정되기 전에 개산(概算 : 어림셈)으로 지급하는 것을 의미한다.

- 여비 및 판공비
- 관공서에 대하여 지급하는 경비
- 보조금
- 소송비용

4) 계약

계약의 원칙으로 계약에 관한 사항은 「지방자치단체를 당사자로 하는 계약에 관한 법률」, 동법 시행령 및 동법 시행규칙을 준용하여 처리한다.

5 물 품

1) 물품의 관리

① **물품** : 현금 및 유가증권을 제외한 동산

② **물품의 관리주체** : 법인의 대표이사, 시설의 장

※ 대표이사와 시설장은 물품관리에 관한 사항을 소속직원에게 위임 가능하다.

- 물품의 출납보관을 위해 소속직원 중 물품출납원을 지정한다.
- 물품관리자와 물품출납원은 선량한 관리자의 주의의무로 물품관리

③ **물품의 관리**

- 물품의 출납은 물품관리자의 출납명령에 의해 물품출납원의 출납행위를 통해서만 가능하다.

※ 물품출납원은 물품관리자의 출납명령 없이는 물품을 출납할 수 없다.

2) 물품의 조사 및 처리

① **재물조사 실시**

- 연 1회 법인 및 시설에 대한 정기 재물조사를 실시한다(의무사항).
- 필요 시 수시 재물조사를 실시한다(대표이사 및 시설장 재량사항).

② **불용품의 처리**

- 사용 불가능 또는 수리하여 재사용이 불가능한 물품은 불용 결정한다.
- 불용품 매각 시 그 대금은 당해 법인 또는 시설의 세입예산에 편입한다.

6 후원금의 관리

1) 후원금의 접수

① 후원금 : 아무런 대가없이 무상으로 받은 금품 기타의 자산

② 후원금 영수증 교부

- 법인의 대표이사와 시설장은 후원금을 받은 때에는 「소득세법 시행규칙」 제101조 20호의2 또는 「법인세법 시행규칙」 제82조 제6항 3의3호에서 정하는 기부금영수증 양식으로 후원금 영수증 후원자에게 즉시 교부한다.
- 금융기관 또는 체신관서의 계좌입금을 통하여 후원금을 받는 경우에는 영수증을 교부할 필요는 없으나 후원자가 원할 경우에는 교부해야 한다.

2) 후원금의 관리

① 후원금 발급 목록 장부 비치

- 후원금을 받은 때에는 후원금 영수증 교부 후, 발급목록을 별도 장부로 관리하여 비치한다.

【후원금 영수증 발급 대장】

연번	일시	후원자(법인)	금액	유형	비고
				지정/비지정	

② 후원금 전용계좌의 개설

- 금융기관 또는 체신관서의 계좌입금을 통하여 후원금을 받은 때에는 법인명의 및 시설의 명칭이 부기된 시설장 명의의 후원금 전용 계좌를 개설하여 사용한다.

③ **후원금의 수입 및 사용내역 통보**

- 대표이사와 시설장은 연 1회 이상 해당 후원금의 수입 및 사용내용을 후원금을 낸 법인 · 단체 또는 개인에게 통보한다.
- 법인이 발행하는 정기간행물 또는 홍보지 등을 이용하여 일괄통보가 가능하다.

④ **후원금의 수입 및 사용결과 보고 · 공개**

- 대표이사와 시설장은 회계연도 종료 후 15일 이내에 후원금 수입 및 사용결과 보고서를 관할 시 · 군 · 구청장에게 제출(전산파일 가능)한다.
- 시 · 군 · 구청장은 제출받은 후원금의 수입 및 사용결과 보고의 내역과 후원금 전용계좌 등의 후원금 입출금 내역을 회계연도 종료 후 30일 이내에 인터넷 등을 통하여 공개한 후, 3개월간 누구든지 볼 수 있도록 게시한다.

※*단, 후원자 성명(법인의 경우 그 명칭)은 공개하지 않는다.*

※*후원금은 회계연도 사용을 통해 집행실적을 제고하여야 한다.*

7 감사의 실시

① 법인의 감사는 당해 법인과 시설에 대하여 매년 1회 이상 감사를 실시한다.

② 시설장과 수입원 및 지출원이 사망하거나 경질된 때에는 그 관장에 속하는 수입, 지출, 재산, 물품 및 현금 등의 관리상황을 감사한다.

※*감사 시 전임자가 입회하여야 하며, 전임자가 입회할 수 없는 경우에는 그 전임자가 지정하거나 법인의 대표이사가 관계 직원 중에서 지정한 입회인을 입회하게 한다.*

③ 감사 후 감사보고서를 작성하여 법인 이사회에 보고하며, 재산상황 또는 업무집행에 관하여 부정 또는 불비한 점이 발견된 때에는 시 · 군 · 구청장에게 보고한다.

CHAPTER 10

소규모시설의 재무회계지침

1 지침개요

1) 목적

정부지원금 등 예산의 부족 등으로 운영이 영세한 시설의 재무회계 및 후원금 관리의 명확성, 투명성 제고를 위한 시설운영 회계 지침을 마련하여 시설운영의 안정화 및 활성화를 위하여 시설생활자에 대한 복지서비스의 질이 저하되지 않는 범위 내에서 재무회계규칙을 간소화하는 데 있다.

2) 적용범위

① 국가 또는 지방자치단체, 사회복지법인 이외의 자가 설립 · 운영하는 시설 중 소규모시설로서 정부지원을 거의 받지 못하여 운영이 영세한 시설

② 단, 아래의 시설은 「사회복지법인 재무회계규칙」을 준용하여 보고

- 법인시설과 동일한 기준으로 정부지원을 받는 시설

※ 다만, 소규모시설인 아동 그룹홈은 정부지원을 받더라도 열악한 경우 동 지침이 적용 가능하다(각 시설부서에서 탄력적으로 적용대상 운영).

- 후원금 수입이 많은 시설로 후원금 관리의 명확성이 확보되어야 할 시설

• 시설 생활자가 50인 이상인 시설(장애인, 부랑인 시설은 100인 이상 시설)

2 총 칙

① **세입과 세출** : 1회계연도의 모든 수입을 세입으로 하고 모든 지출을 세출로 한다.

② **예산총계주의** : 세입과 세출은 모두 예산에 계상하여야 한다.

③ **회계연도 및 소속구분**

• 정부의 회계연도(1. 1~12. 31)에 의한다.

• 수입 및 지출의 발생과 자산 및 부채의 증감 · 변동에 관하여는 그 원인이 되는 사실이 발생한 날을 기준으로 하여 연도소속을 구분한다.

※ *다만, 그 사실이 발생한 날을 정할 수 없는 경우에는 그 사실을 확인한 날을 기준으로 하여 연도소속을 구분한다.*

④ **출납기한** : 1회계연도에 속하는 세입 · 세출의 출납에 관한 사무는 다음연도 2월 말일까지 완결한다.

⑤ **정보통신매체에 의한 재무회계 처리** : 컴퓨터 회계프로그램으로 재무회계 처리가 가능하고, 이 경우 그 출력물을 보관하는 것으로 각종 장부 등의 비치를 갈음할 수 있다.

3 예산과 결산

1) 예산의 편성

① 시설의 소재지를 관할하는 시 · 군 · 구청장은 예산편성 시 고려할 사항이 있

는 경우, 회계연도개시 2월 전까지 관할 시설에 통보한다.

② 시설의 장은 시설예산을 편성하여 회계연도 개시 5일 전까지 세입 · 세출명세서(<별지 10-1> 참조)를 시 · 군 · 구청장에게 제출한다.

- 세입 · 세출명세서는 시설회계 세입 · 세출 예산과목(제9장 사회복지법인 재무회계규칙 [별표 9-3] 및 [별표 9-4] 참조) 구분에 따라 편성한다.

③ 예산의 전용 시 사전승인 또는 사후보고 없이 세입 · 세출결산서 제출 시 보고하는 것으로 갈음한다.

④ 본예산 이외에 준예산, 추가경정예산, 특정목적사업예산은 미적용한다.

2) 결산보고

① 시설의 장은 회계연도가 종료하는 경우 다음연도 3월 31일까지 세입결산서(<별지 10-2> 참조) 및 세출결산서(<별지 10-3> 참조)를 시 · 군 · 구청장에게 제출하여야 한다.

② 시 · 군 · 구청장 및 시설장은 세입 · 세출 결산개요 공고한다(인터넷 또는 게시판 등을 활용).

4 수입 및 지출

1) 수입금의 처리

① 수입원(수입의 현금출납업무 담당) 지정이 불필요하다.

② 수입금은 수납한 날로부터 5일 이내에 금융기관에 예입한다. 단, 공휴일인 경우는 공휴일을 제외한다.

- 상용 · 소액경비의 지출을 위하여 100만원 이하의 현금 보관이 가능하다.

③ 출납이 완결한 연도에 속하는 수입은 모두 현년도의 세입에 편입한다.

④ 지출된 세출의 반납금은 각각 지출한 세출의 당해과목에 여입한다.
⑤ 과오납된 수입금은 수입한 세입에 직접 반환한다.

2) 지출의 방법

① 지출원(지출의 현금출납업무 담당) 지정이 불필요하다.
② 건당 5만원 이상의 시설운영비를 지출하는 경우 신용카드 사용, 현금영수증 발급 또는 온라인 입금을 활용한다.
- 다만, 지역특성상 신용카드 사용이나 현금영수증 발급 등이 현실적으로 어렵다고 시 · 군 · 구청장이 인정하는 경우 간이영수증 또는 현금 지출이 가능하다.

3) 비치장부

① 현금출납부(<별지 10-4> 참조)
② 총계정원장(<별지 10-5> 참조)
③ 재산대장(<별지 10-6> 참조)
④ 비품관리대장(<별지 10-7> 참조)

5 후원금의 관리

「사회복지법인 재무회계규칙」과 동일하게 적용한다.

1) 후원금 영수증 교부

법인의 대표이사와 시설장은 후원금을 받은 때에는 「소득세법시행규칙 제101조 20호의2」 또는 「법인세법시행규칙 제82조 제6항 3의3호」에서 정하는 기부금영수증 양식으로 후원금 영수증 후원자에게 즉시 교부한다.

2) 후원금 전용계좌의 개설

금융기관 또는 체신관서의 계좌입금을 통하여 후원금을 받은 때에는 시설의 명칭이 부기된 시설장 명의의 후원금 전용계좌를 개설하고 이를 시 · 군 · 구에 보고(<별지 10-8> 참조)한 후 사용한다. 이 경우 영수증 교부 생략 가능하며, 다만 후원자가 원하는 경우에는 영수증을 발급하여야 한다.

3) 후원금의 수입 및 사용내역 통보

① 시설의 장은 연 1회 이상 해당 후원금의 수입 및 사용내용을 후원금을 낸 법인 · 단체 또는 개인에게 통보하여야 한다.

② 시설이 발행하는 정기간행물 또는 홍보지 등을 이용하여 일괄 통보가 가능하다.

4) 후원금의 수입 및 사용결과 보고 · 공개

① 시설장은 회계연도 종료 후 15일 이내에 후원금 수입 및 사용결과 보고서(서식8 참조)를 관할 시 · 군 · 구청장에게 제출한다(전산파일 가능).

② 시 · 군 · 구청장은 후원금 수입 및 사용결과 보고의 내역과 후원금 전용계좌 등의 후원금 입출금 내역을 회계연도 종료 후 30일 이내에 인터넷 등을 통하여 공개한 후, 3개월간 누구든지 볼 수 있도록 게시한다.

5) 후원금의 용도 외 사용금지

① 후원자가 지정한 사용용도 외의 용도로 사용하지 못한다.

② 후원금은 세입 · 세출예산을 편성하여 사용한다.

6 기타사항

노인, 장애인, 아동 등 시설유형별로 달리 규정할 사항, 시·도별로 특수상황을 고려하여 자체적으로 규정할 사항 등에 대해서는 동 지침의 범위 안에서 개별적으로 운용이 가능하다.

CHAPTER

11

문서관리

1 문서의 이해

1) 문서의 필요성과 기능

(1) 문서의 필요성

사무의 내용이 복잡하고 중요하면 할수록 구두에 의한 처리로서는 확실하지 못하므로 문서에 의한 처리의 필요성은 더욱 증가하는데 일반적인 문서의 필요성은 다음과 같다.

① 사회복지 사무내용이 복잡하여 문서가 없이는 당해 업무의 처리가 곤란할 때
② 사회복지 사무처리 결과의 증빙자료로서 문서가 필요할 때
③ 사회복지 사무처리의 형식상 또는 체제상 문서의 형식이 필요할 때
④ 사회복지 사무내용을 명확히 나타내야 할 때
⑤ 사회복지 사무처리에 대한 의사소통이 대화로는 불충분하여 문서에 의한 의사소통이 필요한 때
⑥ 사회복지 사무처리의 결과를 일정기간 동안 보존할 필요가 있을 때 등

그러나 모든 사무활동이 반드시 문서를 필요로 하는 것만은 아니다. 내용이 간

단하여 구두 · 전화 · 게시판 또는 구내방송 등 간단한 수단으로도 충분히 의사전달이 가능한 것을 정식으로 처리한다는 등의 이유로 형식에 치우쳐 문서화하거나 증빙자료로 남길 필요가 없는 사항을 문서화하여 비능률을 초래할 이유는 없다. 다만, 문서로 반드시 작성해 두어야 할 사항을 기록으로 남기지 않아 뒷날 업무수행에 지장을 초래하거나 업무의 연속성이 결여되는 일이 있어서는 안 된다.

(2) 문서의 기능

문서는 언어를 글로서 종이 위에 기록된 것으로 사람들 간에 사상이나 감정을 전달하는 매체로서 인류문화의 시작과 더불어 그 기능을 수행해 온 것이라고 할 수 있다. 이러한 문서는 모든 사회복지기관의 활동을 간접적으로 준비 · 보조 · 촉진하는 역할을 함과 동시에 정보에 대한 기억의 기능, 전달의 기능, 자료제공의 기능, 협조의 기능을 수행하게 되었다.

① 기억의 기능은 사회복지기관의 규모가 커지고 활동내용이 복잡해질수록 복잡한 내용을 기록하게 되며, 이렇게 기록된 문서는 과거의 사업운영 형태 및 사업실적, 규모 등의 사회복지기관 운영에 필수적인 기억의 기능을 수행한다.

② 전달의 기능은 복잡한 업무일수록 분담의 필요성이 요구되어 각 분담기관, 즉 책임부서 간의 정보교환의 정도가 높아지게 된다. 문서의 사용은 이와 같이 정보전달의 기능을 원활하게 해 준다.

③ 자료제공의 기능은 사회복지기관의 활동에 따르는 여러 가지 아이디어를 기록할 기록물로서 보관 또는 보존되어 있는 각종 문서에 의해서 사회복지기관의 업무에 여러 가지 자료를 제공하여 사회복지기관 운영에 큰 밑거름이 되어 준다.

④ 협조의 기능은 문서를 통한 각 책임부서 간의 전달, 자료제공의 과정과 회람, 공람 및 결재과정에서 사회복지기관 운영사항과 사정이 파악되므로 업무의 상황을 알게 되며 협조의 기능을 수행하게 된다.

2) 문서의 종류

(1) 작성주체에 의한 분류

① 공문서

공문서란 공적인 목적을 위하여 행정기관 또는 공무원이 직무상 권한 내에서 작성 또는 접수한 문서를 말한다. 사무관리규정 제3조에서는 "공문서라 함은 행정기관 내부 또는 상호간이나 대외적으로 공무상 작성 또는 시행되는 문서로서 도면 · 사진 · 디스크 · 테이프 · 필름 · 슬라이드 · 전자문서 등의 특수매체기록을 포함하며, 기타 행정기관이 접수한 모든 문서를 말한다"라고 정의하고 있다. 또한 공문서가 유효하게 성립되기 위한 일반적인 요건은 다음과 같다.

- 당해 기관의 의사표시가 명확하게 표시될 것
- 위법 · 부당하거나 기행 불가능한 사항이 없을 것
- 당해 기관의 권한 내의 사항 중에서 작성될 것
- 법령에 규정된 절차에 따라 형식이 정리될 것

② 사문서

사문서란 개인이 권리 · 의무 또는 사실증명에 관한 사적인 목적을 위하여 작성한 문서를 말한다. 즉, 사문서란 개인의 사사로운 의사 또는 심정을 표시하는 문서를 말하며, 추천장 · 안내장 · 소개장 · 매매 계약서 등을 들 수 있다. 다만, 사문서도 각종 허가서 · 신청서 등과 같이 행정기관에 제출하여 접수된 것은 공문서로 취급된다.

(2) 유통대상에 의한 분류

① 대내문서

대내문서란 당해 기관 내부에서 지시 · 명령 또는 협조를 하거나 보고 또는 통지를 위하여 수발(수신, 발신)하는 문서를 말한다.

② 대외문서

대외문서란 국민이나 단체 또는 다른 행정기관 간(소속기관 포함)에 수발하는 문서를 말한다. 예를 들면, 군수가 읍 · 면장에게 보내는 문서, 세무서장이 국세청장에게 보내는 문서, 행정기관이 민원인에게 보내는 문서 등을 들 수 있다.

③ 전자문서

전자문서란 컴퓨터 등 정보처리능력을 가진 장치에 의해서 전자적인 형태로 작성하여 송수신 또는 저장된 문서를 말한다.

(3) 문서성격에 의한 분류

① 법규문서

법규문서란 주로 법규사항을 규정하는 문서로 헌법 · 법률 · 대통령령 · 총리령 · 부령 · 조례 및 규칙 등이 이에 속한다.

② 지시문서

행정기관이 그 하급기관 또는 소속공무원에 대하여 일정한 사항을 지시하는 문서로서 훈령 · 지시 · 예규 및 일일명령 등이 이에 속한다.

- 훈령 : 상급기관이 하급기관에 대하여 장기간에 걸쳐 그 권한의 행사를 일반적으로 지시하기 위하여 발하는 명령을 말한다.
- 지시 : 상급기관이 하급기관에 대하여 직권 또는 하급기관의 문의에 의하여 개별적 · 구체적으로 발하는 명령을 말한다.
- 예규 : 법규 문서 이외의 행정사무의 통일을 기하기 위하여 반복적 행정사무의 처리기준을 제시하는 문서를 말한다.
- 일일명령 : 당직 · 출장 · 시간외 근무 · 휴가 등 일일업무에 관한 명령을 말한다.

③ 공고문서

행정기관이 일정한 사항을 일반에게 알리기 위한 문서로서 고시 · 공고 등이 이에 해당된다.

- 고시 : 법령이 정하는 바에 따라 일정한 사항을 일반에게 알리는 문서로서

일단 고시된 사항은 개정이나 폐지가 없는 한 효력이 계속된다. 예를 들면, 민원 사무처리 기준표 고시, 지가고시 등을 들 수 있다.

- 공고 : 일정한 사항을 일반에게 알리는 문서로서 그 내용의 효력이 단기적이거나 일시적인 것을 말한다. 예를 들면, 입찰공고, 시험시행공고 등을 들 수 있다.

④ **비치문서**

행정기관이 일정한 사항을 기록하여 행정기관 내부에 비치하면서 업무에 활용하는 비치대장 · 비치카드 등의 문서를 말한다.

⑤ **민원문서**

민원인이 행정기관에 허가 · 인가 · 기타 처분 등 특정한 행위를 요구하는 문서 및 그에 대한 처리문서를 말한다.

⑥ **일반문서**

위의 각 문서에 속하지 않고 일반적으로 처리되는 문서를 말한다. 다만, 일반문서 중 특수한 것으로서 회보 및 보고서가 있다.

- 회보 : 행정기관의 장이 소속공무원 또는 하급기관에 업무연락 · 통보 등 일정한 사항을 알리기 위한 경우에 사용하는 문서로서 행정기관 단위로 회보사항을 일괄 수록하여 문서과 등에서 발행한다.
- 보고서 : 특정한 사안에 관한 현황 또는 연구 · 검토결과 등을 보고하거나 건의하고자 할 때 작성하는 문서를 말한다.

(4) 문서처리에 의한 분류

① **접수문서** : 외부에서 접수되는 문서로서 문서 주관과에서 일정한 절차에 의하여 접수되는 문서를 말한다.

② **기안문서** : "결재문서"라고도 하며, 사전에 결재권자의 결재를 얻기 위하여 기안서식에 따라 사무처리 초안을 기재한 문서를 말한다.

③ **완결문서** : 기안하여 결재를 거쳐 시행목적에 따라 완결된 문서를 말한다.

④ **시행문서** : "발송문서"라고도 하며, 결재문서의 내용을 시행하기 위하여 규정된 서식에 의하여 작성된 문서를 말한다.

⑤ **보존문서** : 자료의 가치를 가지고 보존을 필요로 하는 문서를 말한다.

⑥ **보관문서** : 완결문서로 보관될 문서를 말한다.

⑦ **미처리 문서** : 접수문서 또는 배포문서로서 어떠한 처리도 하지 않은 문서를 말한다.

⑧ **폐기문서** : 보존기간이 종료되어 문서의 가치가 상실되어 폐기처분되는 문서를 말한다.

⑨ **마이크로필름 문서** : 지면이 아닌 마이크로필름에 중요한 내용의 문서나 영구보존의 필요성이 있는 문서를 담아 놓은 문서를 말한다.

⑩ **합의문서** : 기안문서 중 그 내용과 관계되는 다른 국 · 과와의 협조를 얻기 위하여 합의하는 문서를 말한다.

(5) 문서의 작성형식

문서 종류		작성 형식	분류 기호	예시
법규문서	헌법, 법률, 대통령령, 총리령, 부령, 조례 및 규칙 등	조문 형식	누년 일련번호	법률 제1234호 대통령령 제17,271호
지시문서	훈령	조문 형식, 시행문 형식	누년 일련번호	훈령 제301호
	지시	시행문 형식	연도표시 일련번호	지시 제2002-21호
	예규	조문 형식, 시행문 형식	누년 일련번호	예규 제401호
	일일명령	시행문 형식, 회보 형식	연도별 일련번호	일일명령 제501호
공고문서	고시		연도표시 일련번호	고시 제2002-33호 공고 제2002-44호
	공고			
비치문서	비치대장, 비치카드 등	대장류 형식, 카드류 형식		
민원문서	허가, 인가, 기타	시행문 형식		허가 서울 제545호
일반문서	회보	시행문 형식, 회보 형식	연도별 일련번호	회보 제222호
	보고서	기안문 형식	문서 번호	총무 01234-125

① **누년 일련번호** : 연도구분과 관계없이 누년 연속되는 일련번호를 말한다.

② **연도별 일련번호** : 연도별로 구분하여 매년 새로 시작되는 일련번호로서 연도표시가 없는 번호를 말한다.

③ **연도표시 일련번호** : 연도표시와 연도별 일련번호를 붙임표(-)로 이은 번호를 말한다.

3) 문서의 성립 및 효력발생시기

(1) 문서의 성립

① 성립시기

당해 문서에 대한 결재권자의 서명(전자문서서명, 전자이미지서명 및 행정전자서명을 포함)이 있음으로써 성립한다. 이에 결재권자라 함은 기관의 장, 위임전결규정에 의하여 기관의 장으로부터 결재권을 위임받은 자 및 영 제16조 제3항의 규정에 의하여 대결하는 자를 말한다.

- 서명 : 공문서(전자문서 제외) 상에 자필로 자기의 성명을 다른 사람이 알아볼 수 있도록 한글로 표시하는 것을 말한다.
- 전자문서서명 : 전자문서 상에 전자적인 결합으로 자동 생성된 자기의 성명을 전자적인 문자 형태로 표시하는 것을 말한다.
- 전자이미지서명 : 전자 문서상에 전자적인 이미지 형태로 된 자기의 성명을 표시하는 것을 말한다.
- 행정전자서명 : 기안자 · 검토자 · 협조자 · 결재권자 또는 발신명의인의 신원과 전자 문서의 변경 여부를 확인할 수 있도록 당해 전자 문서에 첨부되거나 논리적으로 결합된 전자적 형태의 정보로서 인증을 받은 것을 말한다.

② 성립요건

- 정당한 권한이 있는 공무원(직원)이 직무의 범위 내에서 공무상 작성하고 결재권자의 결재가 있어야 한다.
- 당해 기관의 의사표시가 정확하고 명확하게 표시되어야 한다.
- 내부적으로 위법 · 부당하거나 시행 불가능한 사항이 없어야 한다.
- 일정한 절차에 따라 형식이 정리된 것이어야 한다.

(2) 문서의 효력발생시기

문서는 다른 법령에 특별한 규정이 있는 경우를 제외하고는 수신자에게 도달됨으로써 그 효력이 발생하는 도달주의 원칙에 따르고 있다.

① 일반문서

다른 법령에 특별한 규정이 있는 경우를 제외하고는 소정의 발송절차를 거쳐 수신자에게 도달됨으로써 효력이 발생하며, 도달이란 시행문서가 수신자의 지배 또는 생활권 내에 들어가는 것을 말한다. 즉, 수신자가 시행문서의 내용을 언제든지 볼 수 있는 상태에 이르는 것을 말한다.

② 공고문서

다른 법령에 특별한 규정이 있는 경우를 제외하고는 그 고시 또는 공고가 있은 후 5일이 경과한 날부터 효력이 발생한다. 다만, 효력발생시기가 법령에 규정되어 있거나 공고문서에 특별히 명시되어 있는 경우는 제외한다.

③ 법규문서

법규문서 중 법률, 대통령령, 총리령, 부령, 조례 및 규칙은 법령에 특별한 규정이 없는 한 공포한 날부터 20일이 경과함으로써 효력이 발생한다.

④ 전자문서

수신자의 컴퓨터 파일에 기록된 때부터 효력이 발생한다.

(3) 문서의 효력발생시점에 대한 견해

문서의 효력발생시점에 대한 견해에 대해서는 다음과 같이 도달주의, 표백주의, 요지주의, 발송주의 등 4가지로 구분할 수 있다.

① **도달주의** : 시행문서가 상대방에게 도달된 때에 효력이 발생한다는 견해로서 우리나라뿐만 아니라 거의 모든 나라가 이 견해를 인정하고 있다.
② **표백주의** : 시행문서의 작성을 완료한 때 효력이 발생한다는 견해이다.
③ **요지주의** : 시행문서가 상대방에게 도달되어 그 내용을 알았을 때 효력이 발

생한다는 견해이다.

④ **발송주의** : 시행문서를 발송한 시점에서 효력이 발생한다는 견해이다.

4) 문서관리의 일반사항

(1) 문서관리의 개념

문서관리란 문서가 기본적으로 가지고 있는 "의사전달의 기능"과 "의사보존의 기능"에 대해서 효율성을 높이기 위한 관리를 말하는 것으로 의사전달의 기능을 대상으로 한 관리를 문서의 유통관리라고 하며, 의사보존을 대상으로 한 관리를 문서의 보존관리라고 한다. 문서의 유통관리는 주로 문서의 수발, 배부, 문서의 작성 · 처리(기안, 합의, 결재, 문서의 시행) 등이 포함되고, 문서의 보존관리에는 문서의 정리 · 보존, 즉 분류 · 보관 · 보존 · 폐기 등이 포함된다. 문서관리의 분야는 다음과 같이 크게 4가지로 구분할 수 있다.

① **서식의 관리분야** : 문서사무의 기본이 되는 서식의 관리로서 서식을 합리적으로 설계하고 이용하며 통제하는 업무를 말한다.

② **운행의 관리분야** : 문서운행의 전반적인 과정, 즉 문서의 작성 · 접수 · 발송 · 처리 · 배부 등을 통제하는 업무를 말한다.

③ **자료의 관리분야** : 문서의 보관과 보존 · 폐기에 관한 분야를 관리하는 업무를 말한다.

④ **조직의 관리분야** : 사무의 능률화를 위한 조직편제에 대한 업무를 말한다.

(2) 문서관리의 기본원칙

문서관리의 기본적인 원칙으로는 다음과 같이 신속성, 정확성, 용이성, 경제성 등을 들 수 있다.

① **신속성**

문서처리를 빠르게 처리하는 과정으로 다음과 같은 사항들을 고려하여야 한다.

- 문서의 유통경로와 처리과정을 단축할 수 있도록 설계한다.

- 문서의 경유처를 최대한 줄이고, 하나의 경유처에서 문서가 정체되는 시간을 단축하기 위해서 정체되는 원인을 파악한 후 제거하여야 한다.
- 문서의 처리기간을 사전에 정하여 주어진 시간 내에 문서가 처리될 수 있도록 사전점검을 한다.
- 신속히 처리할 수 있는 방안을 평소 업무를 통하여 개선 · 보완한다.

② 정확성

문서를 착오 없이 올바르게 처리하는 과정으로 다음과 같은 사항들이 고려되어야 한다.

- 옮겨 적거나 다시 기재하는 것을 줄이고, 되도록 문서를 복사하는 방법을 통하여 처리할 수 있도록 한다.
- 사람이 처리하기에 분량이나 규모가 큰 경우에는 자동화된 사무기기를 이용하는 방법을 강구한다.
- 애매한 표현이나 과장된 표현문구를 피한다.
- 배부, 인계인수, 결재 등의 근거를 남겨 둔다.

③ 용이성

문서 자체를 취급하는 주체가 사람이기 때문에 가능한 한 업무가 간편하게 처리될 수 있도록 설계하는 과정으로 다음과 같은 사항들이 고려되어야 한다.

- 장기간의 업무로 인한 신체적 · 정신적 피로를 경감시키는 방안으로 적당한 휴식을 취하도록 한다.
- 수신자의 이해력과 독해력을 고려하여 쉽게 1건 1매 주의에 따라 간결하게 나타낸다.
- 계속적이고 반복적인 업무의 경우에는 유사 관련 자료를 참고함으로써 사무의 절차 및 방법을 간소화할 수 있도록 한다.
- 필요 시 분류 또는 식별의 구분이 되는 항목이나 기호를 가장 쉽게 볼 수 있는 곳에 설계한다.

④ 경제성

문서를 처리하는 모든 부문에서 경제성 원리의 의식을 갖고 처리하는 것으로 다음과 같은 사항들이 고려되어야 한다.

- 사무의 분산에서 야기되는 인원 및 사무관리비는 절감할 수 있는 방안으로 집중관리 및 집중처리방법을 강구하도록 한다.
- 일상의 반복적 업무는 표준 기안문 제도를 활용하여 사용한다.
- 용지의 규격, 지질을 표준화하고, 사용하는 서식을 통일한다.
- 문자를 부호화한 패러그래프 시스템(Paragraph System)을 활용한다.

패러그래프 시스템이란 [그림 11-1]과 같은 표준어구제도로서 많이 사용하는 문절을 수집, 분류하여 각 문절마다 부호 또는 번호를 붙여 두었다가 필요 시에는 그 부호 또는 번호를 이용, 조합해서 문장을 형성해 나가는 방법을 말한다.

1.1.1.1.1.	종합사회복지관에서 발행하는 정기 간행물들을
1.1.1.1.2.	1 2 3 4
1.1.1.1.3.	한국사회복지관협회 관련 부서에 통보하여 일률적으로
1.1.1.1.4.	5 6 7
1.1.1.1.5.	관리가 될 수 있도록 협조해 주시기 바랍니다.
1.1.1.1.6.	8 9 10
	한국사회복지관협회 홍보부장

[그림 11-1] 패러그래프 시스템의 예

(3) 문서관리의 일반 원칙

① 표준화(Standardization)

표준화는 사무처리에 있어서 여러 가지 수단 방법 중에서 가장 합리적이고 정확한 방법을 선별하여 선정된 최선의 원칙에 따라 문서처리에 적용할 수 있는 것을 의미한다. 따라서 문서의 수발 및 배부, 작성과 처리, 발송 · 정리 · 보관 · 보존 · 폐기, 그리고 사무조직에 이르기까지 사무에 관계되는 모든 분야가 모두 표준화되어야 한다. 문서 표준화의 대상은 다음과 같다.

- 문서의 정의, 종류, 적용범위 및 문서 주관 부서 등 문서 전반에 관한 기본적이고 공통적인 사항

- 문서의 접수 및 배부에 관한 사항
- 문서의 작성, 처리, 발송에 관한 사항
- 문서의 정리, 보관, 보존 및 폐기에 관한 사항
- 문서 양식(용지의 크기, 정형문서의 서식 등) 등

② 간소화(Simplification)

간소화는 사무를 처리하는 과정에서 가장 타당성이 있고 간편한 것을 찾아 꼭 필요한 절차나 방법만을 남겨 문서처리에 따르는 소요시간을 단축시키고 간편한 방법으로 사무를 처리하고자 하는 것이다.

③ 전문화(Specialization)

전문화는 전문성을 높이려고 하는 것으로 최근에는 사무의 종류 및 성격, 그리고 사무량 등을 바탕으로 사무작업에도 전문적 지식을 요구하는 방향으로 나아가고 있는 추세이다. 문서사무를 세분해서 전문적으로 분담하고 각 부분의 전담자가 그 사무에 대한 전문적 지식과 기술로 사무의 능률을 높일 필요성이 생긴 것이다.

④ 기계화(Mechanization)

기계화란 사람에게 필연적으로 따르게 되는 한계를 기계가 보충하도록 하는 것으로 사무기계화 · 자동화를 통하여 문서사무의 신속 · 정확한 업무처리를 기대할 수 있으며, 다량의 문서내용도 일일이 수작업에 따른 소요시간을 절약할 수 있다.

이러한 원칙을 기본으로 문서관리를 행하는데, 일선 사회복지실천현장에서는 인사발령, 퇴사 등의 이유로 인하여 담당업무가 부득이하게 인계 · 인수되어야 하는 상황이 발생하기도 한다. 이때 사무인계 · 인수가 명확하게 이루어지지 않으면 문서분실을 비롯한 다양한 문제제기와 함께 책임성의 소재가 불투명해져서 곤란을 경험하는 경우가 종종 일어난다. 따라서 다음과 같은 사무인계 · 인수서(별지 제1호 서식)를 올바르게 작성한다면 사전에 충분히 예방할 수 있다.

(4) 문서처리의 기본원칙

공문서를 접수하여 처리하는 것은 행정업무를 처리하는 중요한 사항이므로 다음과 같은 4가지 원칙에 입각하여 엄중하게 처리하여야 한다.

① **책임 처리의 원칙** : 공문서 처리 시 정해진 사무 분장에 따라 각자의 직무범위 내에서 책임을 가지고 관계 규정에 따라 신속 · 정확하게 처리하는 것을 말한다.

② **법령 적합의 원칙** : 공문서는 법령의 규정에 따라 일정한 요건을 갖추어야 함은 물론 권한 있는 자에 의해 작성 · 처리하는 것을 말한다.

③ **즉일 처리의 원칙** : 문서의 내용 또는 성질에 따라 그 처리기간이나 방법이 다를 수 있으나 효율적인 업무수행을 위하여 당일 또는 즉시 처리하는 것을 말한다.

④ **행정 계통의 원칙** : 행정기관의 상하 지휘계통에 따라 문서의 발송, 접수, 경유, 인계 등을 처리하는 것을 말한다.

[**별지 제1호서식**] 〈신설 1999.9.2〉

사무인계 · 인수서

1. 업무현황
   가. 담당사무
   나. 주요업무계획 및 진행사항
   다. 현안사항 및 문제점
   라. 주요 미결사항

2. 관련문서 현황

3. 주요물품 및 예산 등 인계 · 인수가 필요한 사항

4. 기타 참고사항

위와 같이 인계 · 인수합니다.

년 월 일

인계자 ○○○ (서명)
인수자 ○○○ (서명)
입회자 ○○○ (서명)

※ 비고

1. 입회자는 인계 · 인수자 외 직근 상급자가 된다. 다만, 인계 · 인수자가 기관장 및 부기관장의 경우에는 직근 하급자가 된다.
2. 동 서식은 예시이므로 기관의 실정 및 인계 · 인수사항에 따라 조정할 수 있다.

15012-15511일 210mm×297mm
99.8.20 승인 (일반용지 60g/㎡(재활용품))

2 문서의 작성

1) 문서작성의 일반사항

(1) 용지의 규격

용지규격의 표준화는 문서의 작성 · 처리 · 발송 · 정리 · 보관 · 보존에 있어서 매우 중요한 사항 중의 하나이다. 문서의 규격을 표준화함으로써 문서의 작성 · 편철 · 보관 · 보존이 용이하게 될 수 있다. 공문서의 작성에 쓰이는 용지의 크기는 특별한 사유가 없는 경우를 제외하고는 가로 210mm, 세로 297mm의 A4 용지를 기본 규격으로 하고 있다. 따라서 기안문, 시행문, 각종 보고서 등 일반문서의 작성에는 A4 용지를 사용한다. 다만, 필요한 경우에는 그 용도에 적합한 규격을 정하여 사용이 가능하다.

서식용지의 규격을 사무관리규정 시행규칙 제73조 제1항과 관련하여 구체적으로 살펴보면 <표 11-1>과 같다.

〈표 11-1〉 서식용지의 규격 (단위 : mm)

A열				B열			
A0	841	×	1,189	B0	1,030	×	1,456
A1	594	×	841	B1	728	×	1,030
A2	420	×	594	B2	515	×	728
A3	297	×	420	B3	364	×	515
A4	210	×	297	B4	257	×	364
A5	148	×	210	B5	182	×	257
A6	105	×	148	B6	128	×	182
A7	74	×	105	B7	91	×	128
A8	52	×	74	B8	64	×	91
A9	37	×	52	B9	45	×	64
A10	26	×	37	B10	32	×	45

(2) 용지의 여백

문서의 편철 및 관리상의 필요에 의하여 용지에 일정한 여백을 [그림 10-2]와 같이 둔다. 문서의 편철위치나 용도에 따라 각 여백을 달리할 수 있다.

- 위로부터 30.0mm
- 왼쪽으로부터 20.0mm
- 오른쪽으로부터 15.0mm
- 아래로부터 15.0mm

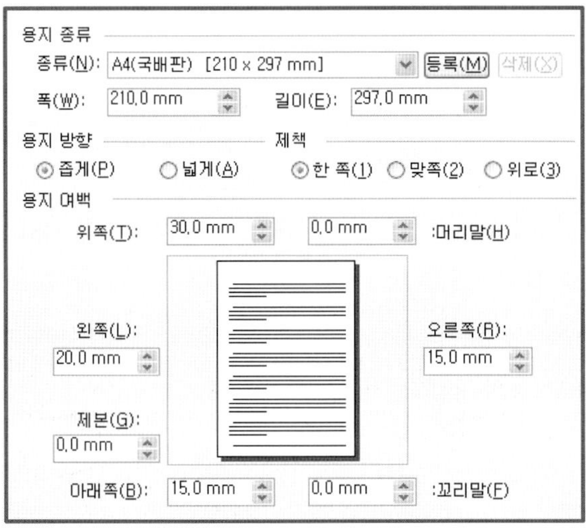

[그림 11-2] 용지의 여백

(3) 문서의 용어

① 글자

문서는 어문규범에 맞게 한글로 작성하되, 쉽고 간명하게 표현하고, 뜻을 정확하게 전달하기 위하여 필요한 경우에는 괄호 안에 한자, 그 밖의 외국어를 넣어 쓸 수 있으며, 특별한 사유가 있을 경우를 제외하고는 가로로 쓴다.

- **[사례]** 법규문서는 조문형식(條文形式)에 의하여 작성되고, …

② 숫자

문서에 쓰이는 숫자는 특별한 사유가 있는 경우를 제외하고는 아라비아 숫자로 표기한다. 그러나 수를 세는 단위와 함께 쓰는 간단한 숫자의 순서를 나타내는 경우에는 한글로 간단하게 쓸 수 있는 경우는 한글로 쓰는 것도 무방하다.

• [사례] 한 개, 두 개, …, 한 마리, 두 마리 …, 첫째, 둘째, …

③ 날짜

날짜는 숫자로 표기하되 연, 월, 일의 글자는 생략하고 그 자리에 온점(.)을 찍어 표시한다.

• [사례] 2007년 8월 31일 → 2000. 8. 31

④ 시간

시간은 24시각제에 따라 숫자로 표기하되, 시 · 분의 글자는 생략하고 그 사이에 쌍점(:)을 찍어 구분한다. 다만, 특별한 사유로 인하여 다른 방법으로 표시할 필요가 있는 경우에는 그러하지 아니하다.

• [사례] 오후 3시 30분 → 15 : 30

⑤ 금액

유가증권 및 문서에 금액을 표시할 때는 아라비아 숫자로 쓰되, 숫자 다음에 괄호로 하고 한글로 기재하여야 한다.

• [사례] 금1,234,560원(금 일백이십삼만사천오백육십원)

(4) 용지 및 글자의 색깔

문서에 쓰이는 용지의 색깔은 특별한 사유가 없는 경우를 제외하고는 흰색으로 하고 글자의 색깔은 검은색 또는 푸른색으로 한다.

(5) 문서의 수정

문서의 일부분을 삭제하거나 수정할 때에는 행정안전부령이 정하는 바에 따라 삭제하거나 수정한 곳에 서명 또는 날인하여야 한다.

① 문서의 일부분을 삭제 또는 수정하는 경우

원안의 글자를 알 수 있도록 당해 글자의 중앙에 가로로 두 선을 그어 삭제 또는 수정하고, 삭제 또는 수정한 자가 그곳에 서명 또는 날인하여야 한다.

• [사례]

흰색
문서에 쓰이는 용지의 색깔은 ~~하얀색~~으로 하고
(서명 또는 날인)

② 문서의 중요한 내용을 삭제 또는 수정하는 경우

문서의 여백에 삭제 또는 수정한 글자 수를 표시하고 서명 또는 날인하여야 한다.

• [사례]

응시번호	성명	주민등록번호	주소
2007-10	박길동	570101-1122333	진주시 상봉동 100-1
2007-30	김기윤 ~~김길동~~	550707-1020303	사천시 사천읍 2001

3자 수정(서명 또는 날인)

③ 시행문을 정정한 경우

문서의 여백에 정정한 글자 수를 표시하고 관인을 찍어야 한다.

• [사례]

흰색
문서에 쓰이는 용지의 색깔은 ~~하얀색~~으로 하고
- 기안문 : 3자 수정(서명 또는 날인)
- 시행문 : 3자 수정(관인으로 날인)

④ 전자문서일 경우

수정한 내용대로 재작성하여 시행하되, 수정 전의 문서는 처리과의 장이 보존할 필요가 있다고 인정하는 경우에는 이를 보존하여야 한다.

(6) 문서의 항목 구분

① 항목번호 부여

문서의 내용을 2 이상의 항목으로 구분하여 작성하고자 할 때에는 <표 11-2>의 구분에 의하여 표시하여야 한다. 다만, 필요한 경우에는 부분적으로 □, ○, -, • 등과 같은 특수한 기호로 표시할 수 있다.

〈표 11-2〉 문서의 항목번호 부여

구 분	항목부호
젓째 항복	1., 2., 3., 4., 5., 6., 7., 8., 9., …
둘째 항목	가., 나., 다., 라., 마., 바., 사., 아., 자., …
셋째 항목	1), 2), 3), 4), 5), 6), 7), 8), 9), …
넷째 항목	가), 나), 다), 라), 마), 바), 사), 아), 자), …
다섯째 항목	(1), (2), (3), (4), (5), (6), (7), (8), (9), …
여섯째 항목	(가), (나), (다), (라), (마), (바), (사), (아), (자), …
일곱째 항목	①, ②, ③, ④, ⑤, ⑥, ⑦, ⑧, ⑨, …
여덟째 항목	㉮, ㉯, ㉰, ㉱, ㉲, ㉳, ㉴, ㉵, ㉶, …

※ 둘째, 넷째, 여섯째, 여덟째 항목의 경우에 하., 하), (하), ㉻ 이상 더 계속되는 때에는 거., 거), (거), 거⃝, 너., 너), (너), 너⃝, …로 이어 표시한다.

② 각 항목의 표시위치 및 띄우기

- 첫째 항목부호는 제목의 첫 글자와 같은 위치에서 시작한다.
- 다음 항목부터는 바로 앞 항목의 위치로부터 한 자(2타)씩 오른쪽에서 시작한다.
- 항목부호와 그 항목의 내용 사이에는 1타를 띄운다.
- **[사례]** 항목의 표시위치 및 띄우기

<u>제목×문서작성요령</u>
1.*첫째 항목○○○○○○○○○○○○○○○○○
×가.*둘째 항목 ○○○○○○○○○○○○○○○○
××1)*셋째 항목○○○○○○○○○○○○○○○○
×××가)*넷째 항목 ○○○○○○○○○○○○○○
××××(1)*다섯째 항목 ○○○○○○○○○○○○
×××××(가)*여섯째 항목○○○○○○○○○○○
××××××①*일곱째 항목○○○○○○○○○○○
×××××××㉮*여덟째 항목○○○○○○○○○○

※ ×표시는 한글 1자(2타), *표시는 숫자 1자(1타)를 띄운다.

• [사례] 하나의 본문 아래 항목 구분

> **제목X문서관리교육 실시**
> XXX 문서관리교육을 다음과 같이 실시하오니 참석하여 주시기 바랍니다.
> XXX 1.*일　　시 : ○○○○
> XXX 2.*장　　소 : ○○○○
> XXX 3.*참석대상 : ○○○○○○○○○○○○○.X끝.

(7) 문서의 "끝" 표시

① 본문이 끝났을 경우 한 자(2타)를 띄우고 "끝" 표시를 한다.

• [사례]

> **제목X문서관리교육 실시**
> XXX 문서관리교육을 XXXXXXXXXXXX 실시하오니 참석하여 주시기 바랍니다.X끝.

② 첨부물이 있는 경우에는 붙임의 표시문 끝에 한 자(2타)를 띄우고 "끝" 표시를 한다.

• [사례]

> **붙임** 1. 서식승인 목록 1부.
> 2. 승인서식 2부.X끝.

③ 본문 또는 붙임의 표시문이 오른쪽 한계선에 닿은 경우 다음 줄의 왼쪽 기본선에서 한 자(2타)를 띄우고 "끝" 표시한다.

• [사례]

> **붙임** 1. 서식
> ____ 1부
> X끝.

④ 연명부 등의 서식을 작성하는 경우

• 기재사항이 서식의 중간에서 끝나는 경우 "끝" 표시를 하지 않고 기재사항의 마지막 다음 칸에 "이하빈칸"이라고 표시한다.

• [사례]

응시번호	성명	주민등록번호	주소
2007-10	박길동	570101-1122333	진주시 상봉동 100-1
2007-30	김기윤	550707-1020303	사천시 사천읍 2001
		이하빈칸	

• 기재사항이 서식의 마지막 칸까지 작성되는 경우 서식의 칸 밖 아래 왼쪽 기본선에서 한 자(2타)를 띄운 후 "끝"자를 표시한다.

• [사례]

응시번호	성명	주민등록번호	주소
2007-10	박길동	570101-1122333	진주시 상봉동 100-1
2007-30	김기윤	550707-1020303	사천시 사천읍 2001

X 끝.

⑤ 일괄기안의 경우에는 각 안마다 위의 요령에 따라 표시한다.

(8) 첨부물의 표시

문서의 서식, 금전, 유가증권, 참고서류, 기타 물품이 첨부될 때에는 본문이 끝난 다음 줄에 붙임의 표시를 하고 첨부물의 명칭과 수량을 쓰되, 첨부물이 2가지 이상인 때에는 항목을 구분하여 표시한다.

• [사례]

<u>제목×○○○○ 실시</u>
×××○○○
○○○○○○○○○○○○○○○○○○ 하시기 바랍니다.
붙임×1.*○○○○ 계획서 1부.
×××2.*○○○○ 서류 1부.X끝

(9) 문서의 면 표시

공공기록물 관리에 관한 법률 시행규칙의 부칙 제5조의 규정에 의거하여 사무관리규정 시행규칙 제7조 항목에 대한 문서의 면 표시의 내용은 다음과 같다.

① 문서의 면 표시는 문건별 면수를 중앙 하단에, 문서철별 면수를 우측 하단에 각각 표시하되, 2장 이상으로 이루어진 문서 중 전후관계를 명백히 할 필요가 있는 중요한 문서의 경우에는 문건별 면수를 당해 문건의 전체 면수와 그 면의 일련번호를 붙임표(-)로 이어 표시하고, 문서철별 면수는 당해 문서철의 첫 번째 면에서 시작한 그 면의 일련번호만 표시한다.

② 문건별 면수는 위로부터 아래의 순으로 부여하되 양면을 사용한 경우에는 양면 모두 순서대로 면수를 부여하여야 하며, 문서철별 면수는 표지와 색인목록을 제외한 본문부터 시작하여 면수를 부여한다.

③ 동일한 문서철을 2권 이상으로 나누어 편철한 경우 2권 이하의 문서철별 면수는 전권 마지막 면수 다음의 일련번호로 시작하며, 이 경우에도 표지와 색인목록은 면수 부여 대상에서 제외한다.

④ 문서철별 면수는 최초에 연필로 표시한 후 기록물 정리행사가 끝나면 잉크 등으로 표시한다.

(10) 기타 표시

기안문 및 시행문에는 가능한 한 기관 및 시설의 로고 · 상징 · 마크 또는 홍보 문구 등을 표시하여 기관의 이미지를 높일 수 있도록 하여야 한다.

2) 문서작성의 유의사항

문서의 내용을 표시하는 문장은 다른 기관 및 상대방에게 사회복지기관의 의사를 전달하는 것이므로 그 구성이나 표현에 신중을 기해야 한다.

(1) 문장의 정확성

① 내용, 설명, 기록 등을 빠짐없이 작성해야 한다.

② 필요한 것을 빠뜨리지 않으며, 애매모호한 표현을 쓰지 않는다.

③ 문장부호를 정확히 사용하며, 이해하기 쉬운 표현으로 문서를 작성한다.

④ 상대방에게 호감을 줄 수 있는 적절한 경어를 사용한다.

(2) 문서의 명확성

① 결론을 먼저 제시한다.
② 6하원칙(5W1H : 누가, 언제, 어디서, 무엇을, 어떻게, 왜)을 적용하여 내용을 명확하게 작성한다.
③ 구절을 되도록 짧게 끊는다.

(3) 문서의 정서

정서란 발신할 문서의 내용을 워드프로세서 등을 이용하여 서한용지에 옮겨 작성하는 것을 말한다. 주요 문장부호의 이름과 사용법은 <표 11-3>과 같다.

〈표 11-3〉 주요 문장부호의 이름과 사용법

<table>
<tr><th colspan="2">이름</th><th>사용법</th><th>사례</th></tr>
<tr><td rowspan="3">마침표</td><td>온점
(.)</td><td>• 서술, 명령, 청유 등을 나타내는 문장의 끝에 쓴다.
• 아라비아 숫자만으로 연월일을 표시할 때에 쓴다.
• 표시문자 다음에 쓴다.
• 준말을 나타내는데 쓴다.</td><td>• 젊은이는 나라의 기둥이다. 황금보기를 돌같이 하라.
• 2007. 12. 31.(2007년 12월 31일)
• 1. 마침표 ㄱ. 물음표 가. 인명
• 서. 2000. 12. 31. (서기)</td></tr>
<tr><td>물음표
(?)</td><td>• 직접 질문할 때 쓴다.
• 반어나 수사의문을 나타낼 때 쓴다.
• 비웃음, 빈정거림, 또는 적절한 말을 쓰기 어려운 경우에 괄호 안에 쓴다.</td><td>• 이제 떠나가면 언제 돌아오니?
• 남북통일이 되면 얼마나 좋을까?
• 그것은 참 훌륭한(?) 태도야.</td></tr>
<tr><td>느낌표
(!)</td><td>• 감탄, 놀람, 부르짖음, 명령 등 강한 느낌을 나타낼 때 쓴다.</td><td>• 아, 달이 참 밝구나!
이게 누구야!</td></tr>
<tr><td rowspan="3">쉼표</td><td>반점
(,)</td><td>• 같은 자격의 어구가 열거될 때 쓴다.
• 짝을 지어 구별할 필요가 있을 때 쓴다.
• 문맥상 끊어 읽어야 할 곳에 쓴다.
• 숫자를 나열할 때 쓴다.
• 수의 폭이나 개략적 수를 나타낼 때 쓴다.
• 수의 자릿점을 나타낼 때 쓴다.
• 문장의 첫머리 접속이나 연결(다만, 일반적으로 쓰이는 접속어는 제외)
• 도치문</td><td>• 근면, 검소, 협동은 우리 겨레의 미덕이다.
• 닭과 지네, 개와 고양이는 상극이다.
• 갑돌이가 울면서, 떠나는 갑순이를 배웅했다.
• 1, 2, 3, 4
• 5, 6세기, 8, 9개
• 78,956
• 첫째, 몸이 건강해야 한다.
• 이리 오세요, 여러분,</td></tr>
<tr><td>가운데점
(·)</td><td>• 열거된 여러 단위가 대등하거나 밀접한 관계임을 나타낼 때 쓴다.
• 특정한 날을 나타내는 숫자
• 같은 계열의 단어 사이에 쓴다.</td><td>• 길동 · 맹구
• 3 · 1운동, 8 · 15광복
• 충청도 방언의 조사 · 연구</td></tr>
<tr><td>쌍점</td><td>• 내포되는 종류의 예시에 쓴다.</td><td>• 문장부호 : 마침표, 쉼표 등</td></tr>
</table>

	(:)	• 소표제 뒤에 간단히 설명이 붙을 때 쓴다. • 시와 분, 장과 절 따위를 구별할 때나 둘 이상을 대비할 때 쓴다.	• 마침표 : 문장의 끝남을 나타낸다. • 오전 10 : 30 대비 64 : 58(64 대 58)
따옴표	큰따옴표 (“”)	• 직접대화, 인용, 특별 어구 따위를 나타낸다. (가로쓰기)	• 예로부터 “민심은 천심이다”(인용)
	작은따옴표 (‘’)	• 따온 말 가운데 다시 따온 말이 들어 있을 때 쓴다. (가로쓰기)	• “여러분! 침착하세요. ‘하늘이 무너져도 솟아날 구멍이 있다.’고 합니다.”
묶음표	소괄호 (( ))	• 원어, 연대, 주석, 설명 등을 넣을 때 쓴다. • 기호 또는 기호적 구실을 하는 문자, 단어구에 쓴다.	• 커피(Coffee)는 기호식품이다. • (1) 주어 (2) 동사
	중괄호 ({ })	• 여러 단위를 동등하게 묶어서 보일 때 쓴다.	• 주격조사 {이, 가, 은, 는}
	대괄호 ([ ])	• 묶음표 안의 말이 바깥 말과 음이 다를 때 쓴다. • 묶음표 안에 또 묶음표가 있을 때 쓴다.	• 나이[年歲] • 명령에 있어서의 불확실[단호(斷乎)하지 못함]은 불확실[모호(模糊)함]을 낳는다.
이음표	줄표 (—)	• 문자 중간에 부연하는 말이 끼어들 때 쓴다. • 정정 또는 변명하는 말이 이어질 때 쓴다.	• 그 신동은 네 살에-보통 아이는 모를 나이에-시를 지었다. • 어머님께 말했다가-아니, 말씀드렸다가-꾸중만 들었다.
	붙임표 (-)	• 사전, 논문 등에서 합성어, 접사, 어미에 쓴다. • 외래어와 고유어 또는 한자어의 결합에 쓴다.	• 겨울-나그네 불-구경 슬기-롭다 • 나일론-실 다-장조 빛-에너지
	물결표 (~)	• ‘내지’라는 뜻 • 어떤 말의 앞이나 뒤에 들어갈 말 대신	• 12월 15일~12월 31일 • 새마을 : ~운동, ~노래

3) 문서의 구성 체계

기안문 및 시행문은 <표 11-4>와 같이 두문, 본문, 결문으로 구성된다. 다만, 전자문서는 두문, 본문, 결문 및 붙임으로 구성하거나 표제부와 본문부로 구성할 수 있으며, 표제부와 본문부로 구성하는 경우에 표제부는 두문, 본문의 제목 및 결문으로 본문부는 제목 · 내용 및 붙임으로 구성한다.

〈표 11-4〉 문서의 구성

구분	포함 내용
두문	• 기관명 • 수신자
본문	• 제목 • 내용 • 붙임
결문	• 발신명의 • 기안자, 검토자, 협조자, 결재권자의 직위 또는 직급 및 서명 • 생산등록번호와 시행일자 • 접수등록번호와 접수일자 • 기관우편번호, 주소, 홈페이지 주소, 전화번호, 모사전송번호, 공무원의 공식전자우편주소 및 공개구분

(1) 두문

① **기관명** : 문서를 기안한 부서가 속한 행정기관명을 가장 윗부분 가운데에 기재한다.

② **수신자**

- 수신자명 또는 수신자 기호를 먼저 쓰고, 이어서 괄호 안에는 처리할 자의 직위를 기재한다.
- 수신자가 많아 모두 기재하기 어려운 경우 두문의 수신자란에 "수신자 참조"라고 쓰고, 결문의 발신명의 밑 왼쪽 기본선에 맞추어 수신자란을 설치하여 수신자명 또는 수신자 기호를 표시한다.
- 경유 : 수신할 곳에 앞서 먼저 경유할 기관장의 명칭을 기재한다.

(2) 본문

① **제목** : 문서의 내용을 쉽게 알 수 있도록 간단하고, 명확하게 기재한다.

② **내용** : 문서로 표현하고자 하는 뜻을 쉬운 말로 간략하게 기재한다.

③ **붙임** : 문서외 붙임물이 있을 때 표기하는 란으로 문서의 내용이 끝난 다음 줄에 표기한다.

(3) 결문

① **발신명의** : 문서를 발신하는 행정기관 장의 명의를 기재한다.

② **기안 · 검토 · 협조 · 결재권자**

- 기안 · 검토 · 협조 · 결재권자의 직위/직급을 기재하고 서명한다.

③ **생산등록번호와 시행일자**

- 시행 기획과-035(2007. 8. 21) : 시행하는 처리과명, 일련번호, 시행일자를 기재한다.
- "기획과-035"는 문서번호이며, "035"는 기록물등록대장에 등록된 순서대로 부여된 연도별 등록일련번호를 사용한다.

④ **접수등록번호와 접수일자**

- 접수 기획과-048(2007. 8. 21) : 접수하는 처리과명, 일련번호, 접수일자를 기재

한다.

⑤ **우편번호** : “우”자 다음 1타를 띄우고, 우편번호를 빈칸 없이 기재한다.

⑥ **주소** : 행정기관이 위치한 도로명 및 건물번호 다음에 괄호하여 주소를 기재하고, 사무실이 위치한 층수와 호수를 괄호 안에 기재한다.

⑦ **홈페이지 주소** : 행정기관의 홈페이지 주소를 기재한다.

⑧ **전화번호/모사전송번호** : 전화번호와 모사전송(팩시밀리) 번호를 기재하고, ( )안에는 지역번호를 기재한다.

⑨ **전자우편 주소** : 행정기관에서 공무원에게 부여한 전자우편 주소를 기재한다.

⑩ **공개 부분** : 공개, 부분 공개, 비공개로 구분하여 표시한다.

3 문서의 기안

1) 문서기안의 일반사항

(1) 기안의 준비

① 기안자는 기안에 앞서 안건에 관련된 문제를 파악하고 관계규정 및 과거 행정선례를 숙지해야 한다.

② 당해 사항을 기안하고 목적과 필요성을 파악하고 자료를 수집 · 분석하여 필요한 경우에는 회의 등을 통하여 의견을 청취한다.

③ 기안의 방법 등을 결정하여 복잡한 기안의 경우는 폐지 혹은 이면지 등에 초안을 작성하여 논리의 일관성을 해치는 내용이나 빠지는 사항이 없도록 충분히 검토한 후에 작성한다.

④ 기안자는 당해 업무에 대한 책임의식을 가지고 기안하고 당해 기관과 수신자의 관계 및 입장을 고려하여야 한다.

(2) 기안의 의의

기안이란 기관의 의사를 결정하기 위하여 문안을 작성하는 것을 말하며, 기안용지를 사용하는 일반기안, 전자문서의 일괄기안 및 공동기안이 있고, 기안용지를 사용하지 아니하는 수정기안, 서식에 의한 처리 등이 있다.

(3) 기안의 형식

① 문서의 기안은 전자문서로 함을 원칙으로 하며, 업무의 성격이나 기타 특별한 사정이 있는 경우에는 종이문서로 기안한다.

② 기안용지의 종류

- 별지 제1호의 2서식(시행문)
- 별지 제3호의 2서식(전자문서에 한함)
- 별지 제3호의 3서식(내부결재문서에 한함)
- 별지 제4호 서식 또는 별지 제4호의 2서식
- 관계서식이 따로 있는 경우 해당 서식

③ 별지 제3호의 3서식 및 별지 제4호의 2서식은 보고서 · 계획서 · 검토서 등 내부결재문서에 한하며, 시행문으로 변환하여 시행할 수 없다. 시행을 전제로 한 문서는 반드시 별지 제3호 서식 또는 별지 제4호 서식을 사용하여야 한다.

[**별지 제1호의2호서식**] 〈개정 2003.7.14〉

<table>
<tr><td>

행정기관명

수신자 (   )
(경유)
제 목

</td></tr>
<tr><td>

발신명의 [인]

기안자(직위/직급) 서명 검토자(직위/직급) 서명 결재권자(직위/직급) 서명
협조자(직위/직급) 서명

시행 처리과명-일련번호(시행일자) 접수 처리과명-일련번호(접수일자)

우 주소 / 홈페이지 주소
전화( ) 전송( ) / 공무원의 공식 전자우편주소 / 공개구분

210mm×297mm(보존용지(2종) 70g/㎡), (일반용지 60g/㎡(재활용품))
또는 (보존용지(1종) 70g/㎡)

</td></tr>
</table>

[**별지 제3호의2호서식**] 〈개정 2003.7.14〉 (표제부)

행정기관명

수신자 (　　　　　　　)
(경유)
제목

본 서식은 표제부입니다.
본문 내용은 본문부(별도파일)를 이용하시기 바랍니다.

본문 내용에 대한 의견이 있는 경우에만 아래에 기재합니다.
1. 의견내용
2. 의견을 표시한 자의 소속, 직위(직급) 및 성명

발신명의 [인]

기안자(직위/직급) 서명　　검토자(직위/직급) 서명　　결재권자(직위/직급) 서명
협조자(직위/직급) 서명

시행　처리과명-일련번호(시행일자)　　접수　처리과명-일련번호(접수일자)
우　　주소　　/ 홈페이지 주소
전화(　)　　전송(　)　　/ 공무원의 공식 전자우편주소/공개구분

210mm×297mm(보존용지(2종) 70g/㎡), (일반용지 60g/㎡(재활용품))
또는 (보존용지(1종) 70g/㎡)

(본문부)

제목

(본문내용)

붙임

[**별지 제3호의3서식**] 〈신설 2003.7.14〉

등록번호	
등록일자	
결재일자	
공개구분	

협조자			

(제목)

※ 필요한 경우 보고근거 및 보고내용을 요약하여 기재할 수 있음

○○○○부	○○○○부
(처 · 청 또는 위원회 등) 또는	(처 · 청 또는 위원회 등)
○○○○국	○○○○과

※ 비고(이 난은 서식에 포함하지 아니함)

1. 이 서식은 보고서 · 계획서 · 검토서 등 내부적으로 결재하는 문서에 한하여 사용하며, 시행문으로 변환하여 사용할 수 없다.
2. 등록번호란 : 처리과기관코드[처리과명(처리과가 없는 행정기관은 10자 이내의 행정기관명의 약칭)을 말한다]와 연도별 일련번호를 기재한다.
3. 공개구분란 : 공개, 부분공개, 비공개로 구분하여 표시한다. 부분공개, 비공개인 경우에는 공공기록물 관리에 관한 법률 시행규칙 제16조의 규정(별표 11)에 의한 공개여부 구분번호를 선택하여 (　)안에 표시한다.
4. 기안자, 검토자, 협조자, 결재권자의 직위/직급 : 직위가 있는 경우에는 직위를 온전하게 쓰고, 직위가 없는 경우에는 직급을 온전하게 쓴다. 다만, 기관장과 부기관장의 직위는 간략하게 쓴다.
5. 발의자(★), 보고자(⊙) 표시 : 해당직위 또는 직급의 앞 또는 위에 한다.
6. 전결 및 서명표시 위치 : 사무관리규정 제16조 제2항 및 동규정시행규칙 제19조 제1항의 규정에 의하여 결재권이 위임된 사항을 전결하는 경우에는 행정기관의 장의 결재란을 설치하지 아니하고 전결하는 자의 서명란에 "전결" 표시를 한 후 서명한다.
7. 전결 · 대결 및 서명표시 위치 : 사무관리규정 제16조 제3항 및 동규정시행규칙 제19조 제2항의 규정에 의하여 위임전결사항을 대결하는 경우에는 행정기관의 장의 결재란을 설치하지 아니하고 전결하는 자의 서명란에 "전결" 표시를 한 후 대결하는 자의 서명란에 "대결" 표시를 하고 서명하며, 위임전결사항이 아닌 사항을 대결한 경우에는 행정기관의 장의 결재란을 설치하지 아니하고 대결하는 자의 서명란에 "대결" 표시를 하고 서명한다.
8. 보조기관 또는 보좌기관의 전결사항이 아닌 결재사항인 경우에는 검토자는 해당란에 서명을 하고, 보조기관 또는 보좌기관은 그 보조기관 또는 보좌기관의 직위를 쓰고, 해당란에 서명한다.
9. 크기 및 결재란 수는 조정하여 사용할 수 있다.

210mm×297mm(보존용지(2종) 70g/㎡), (일반용지 60g/㎡(재활용품))
또는 (보존용지(1종) 70g/㎡)

[**별지 제4호서식**] 〈개정 2003.7.14〉

행정기관명

우　　　주소　　　　　　　　　　　　　/전화(　　)　　　　/전송(　)

<table>
<tr><td>등록번호</td><td colspan="2"></td><td colspan="2"></td><td>대통령</td></tr>
<tr><td>등록일자</td><td colspan="2"></td><td></td><td>국무총리</td><td rowspan="3"></td></tr>
<tr><td>결재일자</td><td colspan="2"></td><td rowspan="2"></td><td rowspan="2"></td></tr>
<tr><td>시행일자</td><td colspan="2"></td></tr>
<tr><td colspan="2">관련기관 협조여부</td><td colspan="3"></td><td>공개구분</td></tr>
<tr><td rowspan="2">협조기관</td><td></td><td></td><td></td><td></td><td rowspan="2"></td></tr>
<tr><td></td><td></td><td></td><td></td></tr>
<tr><td>수신자</td><td colspan="2"></td><td>발신자</td><td colspan="2">[인]</td></tr>
<tr><td>제목</td><td colspan="5"></td></tr>
<tr><td colspan="6"></td></tr>
</table>

※ 비고(이 난은 서식에 포함하지 아니함)

1. 공개구분란에는 공개, 부분공개, 비공개로 구분하여 표시한다. 부분공개, 비공개인 경우에는 공공기록물 관리에 관한 법률 시행규칙 제16조의 규정(별표 11)에 의한 공개여부 구분번호를 선택하여 (　　)안에 표시한다.
2. "수신자"는 "받는 자"로, "발신자"는 "보내는 자"로 하여 사용할 수 있다.

210mm×297mm(보존용지(1종) 70g/㎡)

[**별지 제4호의2서식**] 〈개정 2003.7.14〉

○○수석 (보좌관)	비서실장

○○장관	국무총리	대통령

협조자		

등록번호	
등록일자	
결재일자	
공개구분	

(제목)

※ 필요한 경우 보고근거 및 보고내용을 요약하여 기재할 수 있음

○○○부
(처 · 청 · 위원회 등)

※ 비고(이 난은 서식에 포함하지 아니함)

1. 이 서식은 보고서 · 계획서 · 검토서 등 내부적으로 결재하는 문서에 한하여 사용하며, 시행문으로 변환하여 사용할 수 없다.
2. ○○수석(보좌관)란 : ○○수석, ○○보좌관 등 대통령비서실직제에서 정하는 명칭으로 한다.
3. 등록번호란 : 처리과기관코드[처리과명(처리과가 없는 행정기관은 10자 이내의 행정기관명의 약칭)을 말한다]와 연도별 일련번호를 기재한다.
4. 공개구분란 : 공개, 부분공개, 비공개로 구분하여 표시한다. 부분공개, 비공개인 경우에는 공공기록물 관리에 관한 법률 시행규칙 제16조의 규정(별표 11)에 의한 공개여부 구분번호를 선택하여 (　)안에 표시한다.
5. 발의자(★), 보고자(⊙) 표시 : 해당직위 앞 또는 위에 한다.
6. 크기 및 결재란 수는 필요에 따라 조정하며 사용할 수 있다.

210mm×297mm(보존용지(2종) 70g/㎡), (일반용지 60g/㎡)
또는 (보존용지(1종) 70g/㎡)

(4) 기안자

① 직급에 관계없이 사무관리규정 제5조(사무의 분장) 규정에 의하여 분장받은 업무에 대하여 그 업무를 담당하는 자를 말한다.
② 동 규정 제23조 제4항의 규정에 의하여 그 처리담당자로 지정된 자를 말한다.

(5) 발의자 및 보고자 표시

① 기안문의 결재란에는 기안하도록 지시한 자 또는 지시자가 없는 경우 스스로 입안한 자에 대하여는 ★ 표시를, 결재 시 결재권자에게 보고하는 자는 ◉ 표시를 해야 한다. 지시여부는 기안내용의 구체성 여부를 감안하여 결정하고, 발의자와 보고자가 동일한 경우에는 ★, ◉를 함께 표시한다.
② 표시위치는 직위 또는 직급의 앞 또는 위에 표시한다.
③ 표시생략 가능 문서 : 발의자 및 보고자 표시를 생략할 수 있는 문서
- 검토 및 결정을 요하지 아니하는 문서
- 제증명 발급, 회의록, 기타 단순 사실을 기록한 문서
- 일상적 · 반복적 업무로서 경미한 사항에 관한 문서

④ 전자문서의 결재 등 결재권자에게 직접 보고하지 아니하는 경우에는 보고자 표시를 생략한다.

2) 기안문의 검토 및 협조

(1) 일반사항

기안자는 기안문에 대한 형식 · 내용을 최종적으로 확인한 후 결재권자의 결재를 받기 전에 보조기관 또는 보좌기관의 검토를 받는다. 또한 전자문서인 경우 결재 후에는 수정이 불가능하므로 결재 전에 형식 · 내용 등을 필히 확인하여 문서심사 시 다툼이 없도록 하여야 한다.

① **총괄책임자가 기안하는 경우** : 업무분담자의 의견을 들은 후 보조기관 또는 보좌기관의 검토 · 결재 등을 받아야 하며, 총괄책임자는 기안자란에, 업무분담

자는 협조자란에 서명한다.

② **업무분담자가 기안하는 경우** : 총괄책임자의 검토를 거친 후 보조기관 또는 보좌기관의 검토 · 결재 등을 받아야 하고, 업무분담자는 기안자란에, 총괄책임자는 협조자란에 서명한다.

총괄책임자란 업무분장상 수 개의 단위업무를 총괄하는 책임자로서 직제상 직위가 없는 자를 의미하며, 업무담당자는 직접 업무를 담당하는 직원을 의미한다. 또한 총괄책임자는 협조자가 아닌 검토자이다. 다만, 보조기관이 아니기 때문에 협조란을 이용하여 서명하도록 정한 것이다.

보조기관 또는 보좌기관의 출장 등의 부득이한 사유로 검토를 받을 수 없는 경우에는 이를 생략하고, 검토자의 서명란에 출장 등의 사유를 명시하여야 한다.

협조의 내용이 간단한 경우에는 기안문의 협조란을 다음과 같이 이용하며, 내용이 복잡하여 충분한 검토를 요하는 때에는 사무관리규정 제5장의 기관 간 업무협조에 관한 규정에 따라 처리한다. 기안문의 검토 및 협조의 일반적인 절차는 [그림 11-3]과 같다.

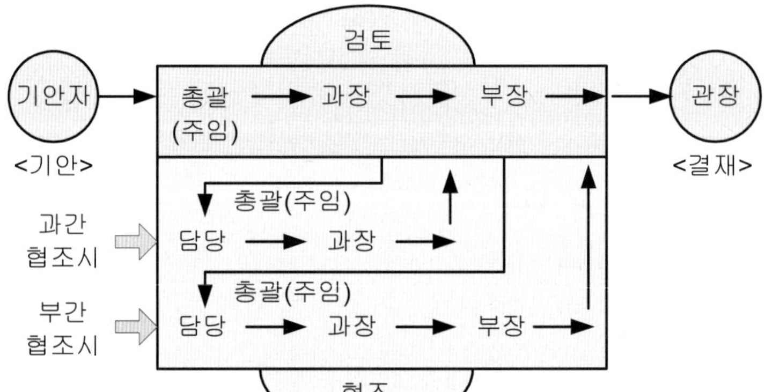

[그림 11-3] 기안문의 검토 및 협조절차

협조에 있어 과 · 부장 등의 협조가 필요한 경우 과 · 부장은 업무를 총괄하고 있으므로 실질적인 세부업무에 대한 협의는 해당업무담당자 또는 총괄담당자와 사전협의를 한 후 협조서명을 받는 것이 좋다.

(2) 다른 의견의 표시

기안문을 검토 또는 협조함에 있어서 그 내용과 다른 의견이 있는 때에는 당해 문서 또는 별지에 그 의견을 표시하여 결재권자가 결재를 함에 있어 또는 향후 그 업무를 담당하는 자로 하여금 참고하도록 한다.

① 문서를 기안한 자는 그 기안문의 기안란에 서명하고,

② 기안문의 내용에 대하여 검토 또는 협조한 자는

- 그 기안문의 해당란에 직위 또는 직급을 쓰고 서명한다.
- 다른 의견을 표시하는 때에는 기안문의 해당 직위 또는 직급 다음에 "(의견 있음)"이라고 표시하고 해당 서명란에 서명하여야 한다. 이 경우 그 의견을 당해 문서의 본문의 마지막에 표시하거나 별지에 표시하여야 한다.

③ 서명은 한글로 자기의 성명을 알아볼 수 있도록 표시하고 전자이미지서명 또는 전자서명이 가능하다. 전자이미지서명은 자기의 성명을 전자로 이미지화하여 전자문서에 사용하는 서명이며, 전자서명이란 전자문서이란 전자문서의 송신자를 식별하고 내용이 틀림없음을 증명하기 위해 전자문서에 전자적 형태로 부착되는 기호 또는 부호를 말한다.

(3) 검토자의 검토사항

① 형식면

문서기안에 대한 형식적 차원에서 검토되어야 할 사항으로는 첫째, 법령의 형식요건을 구비하고 있는가, 둘째, 소관사항임에 틀림없는가, 셋째, 결재권자의 표시는 적정한가, 넷째, 협조부서의 합의는 거쳤는가, 다섯째, 사무의 절차는 잘못이 없는가, 여섯째, 수신자 및 발신자 등의 표시는 착오가 없는가 등이다.

② 내용면

내용면에서 검토는 법률적 검토와 행정적 검토, 그리고 경제적 검토가 있는데 이를 구체적으로 살펴보면 다음과 같다.

- 법률적 검토는 첫째, 허가 · 인가 · 승인 등에 대한 법정요건은 무엇이며, 그

요건을 충족하고 있는가. 둘째, 의결기관의 의결사항은 아닌가 또는 의결을 거쳤는가. 셋째, 법정의 경유기관은 거쳤는가. 넷째, 법정의 기한, 조건 등이 붙어 있지 않은가 또는 그 기한, 조건 등을 충족하고 있는가. 다섯째, 시효와의 관계는 어떤가. 여섯째, 법령 · 예규 · 지시 등에 위배되지 않은가 등이다.

- 행정적 검토는 첫째, 공공복지와의 관계는 어떤가. 둘째, 재량의 적부범위는 적합한가. 셋째, 여론에 대한 영향은 어떤가. 넷째, 관례나 선례는 어떻게 되어 있는가. 다섯째, 처리는 지연되지 아니하였는가. 여섯째, 경과조치가 필요한 사항이 아닌가. 일곱째, 필요한 사항이 빠져 있지 않은가 등에 대한 검토이다.
- 경제적 검토는 첫째, 과다한 경비투입을 요하는 사항이 아닌가. 둘째, 예산상의 조치가 필요한 것이 아닌가. 셋째, 경비를 보다 절약할 수 있는 다른 대안은 없는가 등이 검토되어야 한다.

3) 문서기안의 방법

(1) 일반기안

① 일반기안의 의의

일반기안이라 함은 어떤 하나의 안건을 처리하기 위하여 정해진 기안용지(<표 11-5> 참조)에 문안을 작성하는 것을 말한다.

② 일반기안의 작성요령

ⓐ 행정기관명 : 그 문서를 기안한 부서가 속한 행정기관명을 기재한다.

ⓑ 수신자 (　　) : 수신자명 또는 수신자기호를 먼저 쓰고, 이어서 괄호 안에는 처리할 자(보조기관 또는 보좌기관을 말한다)의 직위를 쓰되, 처리할 자의 직위가 분명하지 아니한 경우에는 ○○업무담당과장 등으로 쓰며, 수신자가 많아 본문의 내용을 기재할 난이 줄어들어 본문의 내용을 첫 장에서 파악하기 곤란한 경우는 두문의 수신자란에 "수신자 참조"라고 쓰고, 결문의 발신명의 밑의 왼쪽 기본선에 맞추어 수신자란을 설치하여 수신자명 또는 수신자기호를 표시한다.

ⓒ (경유) : 경유문서인 경우에 (경유)란에 "이 문서는 경유기관의 장은 ○○○(또는 제1차 경유기관의 장은 ○○○, 제2차 경유기관의 장은 ○○○)이고, 최종 수신기관의 장은 ○○○입니다."라고 표시하고, 경유기관의 장은 제목란에 "경유문서의 이송"이라고 표시하여 순차적으로 이송하여야 한다.

ⓓ 제목 : 그 문서의 내용을 쉽게 알 수 있도록 간단하고, 명확하게 기재한다.

ⓔ 발신명의 : 합의제 행정기관 또는 행정기관의 장의 명의를 기재하고, 보조기관 또는 보좌기관 상호간에 발신하는 문서는 그 보조기관 또는 보좌기관의 명의를 기재한다.

ⓕ 기안자 · 검토자 · 협조자 · 결재권자의 직위/직급 : 직위가 있는 경우에는 직위를 온전하게 쓰고, 직위가 없는 경우에는 직급을 온전하게 쓴다. 다만, 기관장과 부기관장의 직위는 간략하게 쓴다.

ⓖ 시행 처리과명-일련번호(시행일자) 접수 처리과명-일련번호(접수일자) : 처리과명(처리과가 없는 행정기관은 10자 이내의 행정기관명의 약칭)을 기재하고, 일련번호는 연도별 일련번호를 기재하며, 시행일자와 접수일자란에는 연월일을 각각 온점(.)을 찍어 숫자로 기재한다. 다만, 민원문서인 경우로서 필요한 경우에는 시행일자와 접수일자란에 시 · 분까지 기재한다.

ⓗ 우 / 주소 : 우편번호를 기재한 다음, 행정기관이 위치한 도로명 및 건물번호 다음에 괄호하여 주소를 기재하고, 사무실이 위치한 층수와 호수를 괄호안에 기재한다.

ⓘ 홈페이지 주소 : 행정기관의 홈페이지 주소를 기재한다.

ⓙ 전화(　) / 전송(　) : 전화번호와 모사전송번호를 각각 기재하되, (　)안에는 지역번호를 기재한다. 기관 내부문서의 경우는 구내 전화번호를 기재한다.

ⓚ 공무원의 공식 전자우편주소 : 행정기관에서 공무원에게 부여한 전자우편주소를 기재한다.

ⓛ 공개구분 : 공개 · 부분공개 · 비공개로 구분하여 표시한다. 부분공개 · 비공개인 경우에는 공공기록물 관리에 관한 법률 시행규칙 제16조의 규정(별표11)에 의한 공개여부 구분번호를 선택하여 (　)안에 표시한다.

ⓜ 관인생략 등 표시 : 발신명의의 오른쪽에 관인생략 또는 서명생략을 표시한다.

〈표 11-5〉 일반기안의 서식

[**별지 제1호의2호서식**] 〈개정 2003.7.14〉

<table>
<tr><td>

ⓐ **행정기관명**

ⓑ 수신자 ( )
ⓒ (경유)
ⓓ 제 목

</td></tr>
<tr><td>

ⓔ 발신명의 [인] ⓜ

ⓕ 기안자(직위/직급) 서명 검토자(직위/직급) 서명 결재권자(직위/직급) 서명
협조자(직위/직급) 서명

ⓖ 시행 처리과명-일련번호(시행일자) 접수 처리과명-일련번호(접수일자)

ⓗ 우 주소 / ⓘ 홈페이지 주소
ⓙ 전화( ) 전송( ) / ⓚ 공무원의 공식 전자우편주소 / ⓛ 공개구분

210mm×297mm(보존용지(2종) 70g/㎡), (일반용지 60g/㎡(재활용품))
또는 (보존용지(1종) 70g/㎡)

</td></tr>
</table>

- 기안자 · 검토자 및 결재권자(직위/직급) 서명 : "기안자 · 검토자 및 결재권자"의 용어는 표시하지 아니하고, 기안자 · 검토자 및 결재권자의 직위/직급을 쓰고 서명한다.
- 협조자(직위/직급) 서명 : "협조자"의 용어를 표시한 다음, 이어서 직위/직급을 쓰고 서명한다.
- 전결 및 서명표시 위치 : 사무관리규정 제16조 제2항 및 동규정시행규칙 제19조 제1항의 규정에 의하여 결재권이 위임된 사항을 전결하는 경우에는 행정기관의 장의 결재란을 설치하지 아니하고 전결하는 자의 서명란에 "전결" 표시를 한 후 서명한다.
- 전결 · 대결 및 서명표시 위치 : 사무관리규정 제16조 제3항 및 동규정시행규칙 제19조 제2항의 규정에 의하여 위임전결사항을 대결하는 경우에는 행정기관의 장의 결재란을 설치하지 아니하고 전결하는 자의 서명란에 "전결" 표시를 한 후 대결하는 자의 서명란에 "대결" 표시를 하고 서명하며, 위임전결 사항이 아닌 사항을 대결한 경우에는 행정기관의 장의 결재란을 설치하지 아니하고 대결하는 자의 서명란에 "대결" 표시를 하고 서명한다.
- 발의자(★) · 보고자(⊙)의 표시는 직위 또는 직급 앞 또는 위에 한다.
- "수신자"는 "받는 자"로 사용할 수 있다.

(2) 일괄기안

① 일괄기안의 의의

일괄기안이라 함은 서로 관련성이 있는 2개 이상의 안건을 일괄하여 한 기안용지(<표 11-6> 참조)에 기안하는 것을 말한다.

② 일괄기안의 작성요령

ⓐ 기안용지의 수신란 위에 "(제1안)"이라 쓴 다음 제1안의 수신란과 본문 및 결문을 작성한다. (제1안)이 경유문서일 경우에는 경유기관명 위에 "(제1안)"이라고 쓴다.

ⓑ 제1안의 결문이 끝난 다음 칸에 "(제2안)"이라 쓰고, 제2안의 수신란과 본문 및 결문을 작성한다.

〈표 11-6〉 일괄기안의 서식

기관명

(제1안)

(경 유)

제 목

(본문 내용)

① [○○관장]

수신처

(제2안)

수 신

제 목

(본문 내용)

② [총무과장]

수신처

(제1안)과 (제2안)의 발신명의가 같을 경우 ①을 생략하고 ②에만 표기할 수 있다.
내부결재문서에는 발신명의를 표시하지 않는다.

ⓒ 제3안, 제4안 등의 경우에도 제2안과 같은 요령으로 구분하여 작성한다.
ⓓ 제목은 각 안의 내용 및 성격에 따라 다르게 설정이 가능하다.
ⓔ 시행문은 각 안별로 따로 작성하고 특별한 경우를 제외하고는 동일한 문서 번호를 부여하여 같은 일시에 시행하여야 한다.
ⓕ 외부에 발송할 것을 전제로 하는 기안문(제2안)이 제1안의 내부결재의 내용과 동일한 경우에는 내부결재 안건의 별도 작성은 생략한다.
ⓖ 각 안의 발신명의 표기에 있어 발신명의가 다를 경우에는 각 안별로 발신명의를 기재하되 각 안의 발신명의가 동일하면 최종안에만 발신명의를 표기한다.

(3) 공동기안

① 공동기안의 의의

공동기안이라 함은 2 이상의 행정기관의 결재를 받아 공동의 명의로 시행하는 문서를 말한다.

② 공동기안의 시행방법

ⓐ 공동기안 문서의 처리를 주관하는 기관에서 기안하여 먼저 당해 기관의 장의 결재를 받은 후 관계 행정기관의 장의 결재를 받는다.
ⓑ 관계기관의 장의 결재를 받는 형식 : 관계기관이 1개 기관인 경우는 결재란을 나누어 주관기관의 자체 결재절차를 마친 다음 그 오른쪽에 관계기관의 장의 결재를 받는다.

• A사회복지관과 B사회복지센터가 공동기안하는 경우의 결재는 다음과 같다.

A사회복지관장	B사회복지센터장
이 복 지 12/20	*김 시 설 12/21*

※ 주관 : A사회복지기관인 경우임

• 관계기관이 2 이상인 경우는 별지에 기안용지의 결재란에 준하여 필요한 수만큼 결재란을 작성 · 첨부하여 결재를 받는다.

○○종합사회 복지관장	○○종합사회 복지관장	○○전문요양 원장	○○전문요양 원장
이사회 12/20	*김복지 12/20*	*○○○ 12/20*	*○○○ 12/21*

- 당해 문서의 처리를 주관하는 기관의 장의 명의를 맨 위에 표시한다.

○○종합사회복지관장	*이사회 12/20*
○○종합사회복지관장	*김복지 12/20*
○○전문요양원장	*○○○ 12/20*
○○전문요양원장	*○○○ 12/21*

- 관계기관의 장의 명의를 그 밑에 표시하되, 관계기관의 장이 동일 직급일 때에는 부 · 처 · 청의 순위에 따라 표시하고, 관계기관의 장이 동일 직급이 아닌 때에는 상위직급의 행정기관의 장의 명의부터 표시하여 공동명의로 시행한다.당해 문서의 처리를 주관하는 기관의 장의 명의를 맨 위에 표시한다.

○○종합사회복지관장(관인)
○○종합사회복지관장
○○전문요양원장
○○전문요양원장

(4) 수정기안

① 수정기안의 의의

수정기안이라 함은 수신한 문서 그 자체에 간단한 수정을 하거나 필요한 사항을 추가하여 기안에 갈음하는 것을 말한다.

② 수정기안의 시행방법

- 수신한 문서의 내용을 알아볼 수 있도록 수정하는 글자의 중앙에 가로로 선을 긋고 그 위의 여백에 수신한 문서와 다른 색깔의 글자로 수정 또는 기입한다.
- 문서내용이 경미하여 선람을 받지 않고 바로 수정기안하는 경우 접수문서에

수정기안하는 사항을 사전에 모두 수정 또는 기입한 후에 문서처리인의 결재란에 계통적으로 결재를 받고, 문서를 시행할 때에는 수정기안문대로 시행문을 작성한 후 수정기안문에 문서심사를 받아 시행한다(심사자 등 기재).

- 문서내용이 중요하여 선람을 받은 문서를 수정기안하여 시행하고자 하는 때에는 다시 결재권자의 결재를 받아야 한다.

(5) 서식에 의한 처리

문서번호란 · 수신란 등 두문이 설치된 서식에 작성한 문서는 별도의 기안문을 작성하지 아니하고 [별표 4]의 표시를 하여 결재함으로써 기안에 갈음할 수 있으며, 직위명칭 및 결재란의 수는 기관에 따라 적절하게 조정 · 사용할 수 있다.

[**별표 4**] 〈개정 2003.7.17〉 간이 결재인(제16조 관련)

※ 결재란의 수는 기관에 따라 적절하게 조정하여 사용한다.

※ 기재요령 : 위 칸에는 기안자 · 검토자 또는 결재권자의 직위 또는 직급을 표시하고, 아래 칸에는 서명을 표시한다.

4 문서의 결재

1) 결재의 의의

결재란 당해 사안에 대하여 기관의 의사를 결정할 권한이 있는 자의 의사결정을 얻는 것 또는 그 의사를 결정하는 것을 말한다. 즉, 문서의 내용인 이의처리를 위하여 최종적 권한을 가진 결재권자에게 실시 예정안의 가부를 물어 그 결정을 얻는 것을 말한다.

좁은 의미의 결재는 법령의 규정에 의하여 소관사항에 대한 기관의 의사를 결정할 권한을 가진 자(주로 기관의 장)가 직접 그 의사를 결정하는 행위를 말한다.

그리고 전결이라 함은 기관의 장으로부터 사회복지 사무의 내용에 따라 결재권을 위임받은 자가 행하는 결재를 말하며, 그 위임전결사항은 당해 기관의 장이 훈령(위임전결규정 또는 지방자치단체의 규칙)으로 정한다. 한편 대결이라 함은 결재권자가 휴가 · 출장 기타의 사유로 결재권자의 사정에 의하여 결재할 수 없는 때에 그 직무를 대리하는 자가 행하는 결재를 말한다.

2) 전결 및 대결의 표시

(1) 전결의 표시

① 위임된 사항을 전결하는 경우에는 행정기관의 장의 결재란을 설치하지 아니하고 전결하는 자의 서명란에 "전결" 표시를 한 후 서명하여야 한다.

② 전결한 문서를 시행하는 때에는 그 시행문의 발신명의 밑에 다음과 같이 전결의 표시를 한다.

○○복지관장
전결 ○○과장 홍 길 동

③ 행정기관 외의 자에게 시행하는 문서와 서식에 의하여 시행하는 문서에는 전결의 표시를 생략한다.

(2) 대결의 표시

① 위임전결사항을 대결하는 경우에는 행정기관의 장의 결재란을 설치하지 아니하고 전결하는 자의 서명란에 "전결" 표시한 후 대결하는 자의 서명란에 "대결" 표시를 하고 서명하여야 하며, 위임전결사항이 아닌 사항을 대결하는 경우에는 행정기관의 장의 결재란을 설치하지 아니하고 대결하는 자의 서명란에 "대결" 표시를 하고 서명하여야 한다.

② 대결한 문서를 시행하는 때에는 그 시행문의 발신명의 밑에 다음과 같이 대

결의 표시를 한다.

○○재가복지센터소장
대결　○○사회복지관 부장　박 길 동

③ 행정기관 외의 자에게 시행하는 문서와 서식에 의하여 시행하는 문서에는 대결의 표시를 생략한다. "직무대리(법정대리, 지정대리)", "권한대행" 등은 대리행위이므로 이들이 결재하는 문서는 "대결"로 표시한다.

3) 결재문서의 간인

(1) 간인의 의의

간인은 2장 이상으로 이루어지는 중요 문서의 앞장의 뒷면과 뒷장의 앞면에 걸쳐 찍는 도장 또는 그 행위를 말하며, 그 도장을 사잇도장 또는 거멀도장이라고도 한다. 이는 결재받은 문서의 변조 가능성을 예방하기 위한 것이다.

(2) 간인 대상문서

간인의 대상문서로는 전후관계를 명백히 할 필요가 있는 문서, 사실 또는 법률관계의 증명에 관계되는 문서, 허가 · 인가 · 등록 등에 관계되는 문서, 기타 결재권자가 중요하다고 인정되는 문서 등이 있다.

전후관계를 명백히 할 필요가 있는 문서로는 각종 인사발령 관계 중요 문서, 각종 법령 · 훈령 · 예규 관계 중요 문서, 각종 정책 · 계획 · 방침의 입안 및 결정에 관한 중요 문서, 각종 고시 · 공고 중 중요 문서, 법령해석 및 질의응답 문서, 국회에 제출하는 중요한 문서 등이 있다. 사실 또는 법률관계의 증명에 관계되는 문서는 각종 결재, 결정관계 문서, 각종 계약에 관한 결재문서 등이 해당된다.

(3) 간인의 방법

결재권자가 기안문서에 결재함과 동시에 결재권자가 비치하는 간인용 결재인으로 날인하며, 시행문에는 관인관리자가 관인으로 간인한다.

민원서류 발급에는 간인에 갈음하여 천공방식으로 할 수 있으며, 전자문서는 행정안전부령이 정하는 면 표시 또는 발급번호 기재 등의 방법으로 할 수 있다. 이때 면 표시는 제 증명 발급문서를 제외한 문서는 사무관리규정 시행규칙 제7조의 규정에 준용하며, 발급번호에 대한 기재는 제 증명 발급문서는 왼쪽 기본선 아래에서 시작하며 기재하되, 단말번호-출력 연월일, 시 · 분 · 초-발급일련번호-쪽번호로 표시한다.

5 문서의 등록

1) 문서등록의 일반사항

(1) 문서등록

일반적으로 기관이 생산한 문서는 당해 문서에 대한 결재가 끝난 즉시 결재일자순에 따라 각 처리과별로 비치된 문서등록대장에 등록하여 관리하는데 주로 당해 부서에서 기안하여 결재를 받은 모든 문서, 기안문 형식 외의 방법으로 작성하여 결재권자의 결재를 받은 문서, 결재권자의 결재를 받지 아니하여 문서로서 성립하지 아니 하였으나 처리과의 장이 중요하다고 인정하는 문서가 주로 등록대상 문서라고 할 수 있다.

① 등록대상

- 공문서, 조사 · 연구 · 검토서, 회의록, 시청각물
- 대통령, 국무총리, 중앙행정기관의 장 등 주요 직위자의 업무노트, 일정표, 방문객 명단 등
- 결재 또는 검토과정에서 반려 또는 수정된 주요 원본문서
- 공공기관의 주요 행사 · 사업에 관한 시청각기록물

② 등록방법

- 기록물 등록은 반드시 처리과별로 전산으로 등록한다.
- 처리과별로 생산 · 접수기록물을 통합하여 등록관리 등록번호인 처리과 기관코드 + 연도별 등록일련번호로 구성한다.

③ 등록시기

- 결재 또는 보고종료 시, 수정 또는 반려 시, 접수 시
- 사진, 필름 등은 보존기록물로 선정 시
- 녹음 · 비디오 등은 편집 및 작품완성 시

④ 등록번호 표기

- 기안문 · 시행문은 문서번호란에 표기한다.
- 카드 · 도면 · 보고서는 좌측 상단에 등록번호를 표기한다.
- 접수문서는 접수번호란에 표기(처리과 기관코드 + 연도별 일련번호)하며, 접수한 기록물은 처리과의 접수번호가 곧 등록번호가 된다.

⑤ 첨부물의 분리등록

일반문서에서 첨부된 녹음테이프, 큰 도면 등 기록물 종류나 규칙이 달라 함께 관리가 곤란한 첨부물은 별도로 등록한다. 첨부물 분리 등록시 등록번호는 본문과 동일한 등록번호에 첨부일련번호를 추가로 부여한다(처리과 기관코드 + 연도별 일련번호 + 첨부일련번호).

⑥ 등록파일의 제출

- 모든 등록파일은 기록물 관리기관에 제출한다.
- 기록물 등록파일은 임의로 삭제 또는 수정이 불가하며, 삭제 또는 수정 시는 본래의 내용도 남아 있게 해야 한다.

2) 기록물등록대장(〈표 11-7〉 참조)의 기입요령

① 등록구분 : 기록물의 등록종류(1. 일반문서류 생산 · 발송 2. 일반문서류 접수 3. 도

면류 생산 · 발송 4. 도면류 접수 5. 사진 · 필름류 6. 녹음 · 동영상류 7. 카드류 생산 · 접수 8. 카드류 이첩발송)를 선택하여 기입한다. 첨부물이 본문과 형태 또는 종류가 상이(예 : 본문은 전자문서로 작성되었으나 첨부물은 전자문서가 아닌 경우, 일반문서에 도면, 카드, 시청각기록물 등과 같은 기록물이 첨부물로 되어 있는 경우 등)하여, 본문에서 분리하여 별도의 등록관리가 필요한 경우에는 첨부등록 해당 여부를 추가로 선택하여 기입한다.

② **생산(접수)등록일자** : 생산 또는 접수 기록물의 등록일자를 기입한다(예 : 2002. 6. 4.). 다만, 민원문서 등 시 · 분까지 기입이 필요한 경우에는 시 · 분까지 기입한다(예 : 2002. 6. 4. 14:00).

③ **생산(접수)등록번호** : 처리과기관코드와 연도별 일련번호를 기입한다(행정안전부 정부기록보존소 행정과의 예 : 1310092-1). 다만, 외관상 처리과를 바로 알 수 있도록 처리과명과 연도별 일련번호가 동시에 연계되도록 하여야 한다(예 : 행정과-1).

※ 카드류는 등록번호를 부여한 후, 이를 해당카드류에 반드시 연필로 표기한다. 생산한 카드류를 이첩하는 경우에는 시행일자와 수신자란에 이첩발송일과 받은 기관명을 기입하여야 한다. 다른 기관에서 이첩받는 경우에는 이전기관에서 표시한 생산등록번호를 지우고, 접수기관의 접수등록번호를 표기하여 관리한다.

〈표 11-7〉 기록물등록대장의 서식

[**별지 제1호 서식**] 〈개정 2003.3.17〉

기록물등록대장

(처리과 기관코드 : 연도 :)

기본등록사항												분류등록사항						시청각 기록물 추가등록 사항	
등록 구분	생산 (접수) 등록 일자	생산 (접수) 등록 번호	첨부 번호	제목	쪽수	결재 권자	기안자 (업무 담당자)	시행 일자*	수신자* (발신자)	문서과 배부 번호	생산 기관 등록 번호	전자 기록물 여부	분류 번호	특수 기록물*	공개 여부	공개 제한 부분 표시*	특수 목록*	내용 요약	기록물 형태
①	②	③	④	⑤	⑥	⑦	⑧	⑨	⑩	⑪	⑫	⑬	⑭	⑮	⑯	⑰	⑱	⑲	⑳

비고 : * 표시는 동일건에 대하여 2건 이상 복수등록이 가능한 항목임.

④ **첨부번호** : 첨부물이 본문과 형태 또는 종류가 상이하여 본문에서 분리하여 별도의 등록관리가 필요한 경우에는 첨부물 분리등록의 방법을 사용하여 본문의 생산 · 접수등록번호에 첨부일련번호를 추가한 번호를 기입한다(예 : 1310092-1-1).

⑤ **제목** : 기록물의 제목을 기입한다. 다만, 첨부등록의 경우에는 본문에 기재되어 있는 첨부제목을 기입한다.

⑥ **쪽수** : 기록물의 총 쪽수(분리등록하는 첨부물이 있는 경우를 제외하고, 첨부물의 쪽수까지 포함된 총 쪽수)를 기입하며, 사진 · 필름류는 총 매수를 기입하지 아니하고, 녹음 · 동영상류 시청각기록물은 수록된 분량을 시간(분단위)으로 환산하여 기입한다(예 : 녹음테이프가 10분짜리일 경우 "10분"으로 기입).

⑦ **결재권자** : 결재권자의 직위(직급)명칭을 기입한다.

⑧ **기안자**(업무담당자) : 생산문서의 경우에는 기안자의 성명을, 접수문서의 경우에는 해당업무담당자의 성명을 기입한다.

⑨ **시행일자** : 기록물의 시행일자를 기입한다(예 : 2002. 6. 4.).

⑩ **수신자**(발신자) : 독임제 행정기관의 권한인 경우에는 당해 행정기관의 장의 직위를, 합의제 기관의 권한인 경우에는 당해 기관의 명칭을, 합의제 기관의 장의 권한인 경우에는 당해 기관의 장의 직위를 기입한다.

⑪ **문서과 배부번호** : 문서과에서 접수하여 배부한 경우에는 문서과의 기록물배부 대장에 기재된 해당기록물의 배부번호를 기입한다.

⑫ **생산기관 등록번호** : 접수된 기록물에 표기되어 있는 생산기관에서 부여한 등록번호를 기입한다.

⑬ **전자기록물여부** : 해당기록물의 전자기록여부를 전자, 비전자 중 하나를 선택하여 기입한다.

⑭ **분류번호** : 해당기록물이 편철되는 기록물철의 분류번호(처리과기관코드 + 단위업무코드 + 연도별 기록물철 등록연번)를 선택하여 기입한다.

※ 기록물등록대장에 분류번호를 선택 · 기입하기 위하여는 기록물철이 먼저 기록물철등록부에 등록되어 있어야 한다.

⑮ **특수기록물** : 대통령관련 기록물, 비밀기록물, 개별관리기록물, 저작권보호기록물, 특수규격기록물의 해당여부를 선택하여 기입하며, 2가지 이상에 해당

되는 경우에는 복수로 선택하여 기입하여야 한다.

⑯ **공개여부** : 공개, 부분공개, 비공개 중 하나를 선택하여 기입하되, 부분공개 또는 비공개의 경우에는 "부분공개( )" 또는 "비공개( )"로 표시하여 괄호 안에 별표 11의 규정에 따라 비공개 대상정보의 구분번호를 선택하여 기입한다. 2가지 이상에 해당하는 경우에는 복수로 선택하여 기입하여야 한다.

⑰ **공개제한부분표시** : 부분공개기록물로 선택된 기록물은 반드시 공개가 제한되어야 할 부분의 범위를 기입한다(예 : 3쪽부터 4쪽까지만 비공개일 경우 3-4).

⑱ **특수목록** : 기록물분류기준표에 특수목록이 지정되어 있는 경우에는 지정된 항목의 목록을 기입한다.

※ 사진 · 필름류 녹음 · 동영상류 기록물의 경우에는 다음의 사항을 추가로 기입한다.

⑲ **내용요약** : 사진 · 필름류 시청각기록물의 경우에는 촬영일시, 촬영장소와 내용에 대한 간단한 설명을 기입하고, 사진상의 주요인물의 성명과 직위, 위치정보(예 : "앞 열 좌측에서 4번째", "두 번째 줄의 중앙", "맨 뒷줄 왼쪽에서 3번째")를 기입한다. 녹음 · 동영상류 시청각기록물의 경우에는 녹음 또는 촬영일시와 수록내용을 요약하여 기입하되, 내용 중에 등장하는 주요인물의 성명, 직위와 위치정보를 반드시 기입한다.

⑳ **기록물형태** : 사진 · 필름류 시청각기록물의 경우에는 사진, 필름, 슬라이드 중 해당사항을 선택하여 기입하되, 2종 이상인 경우(예 : 사진과 필름이 모두 있는 경우)에는 해당항목을 모두 복수로 선택하여 기입한다. 녹음 · 동영상류 시청각기록물의 경우에는 녹음테이프 카세트, 녹음테이프 릴, 녹음테이프 카트리지, 음반SP, 음반LP, 음반CD, 음반LD, 음반DAT 등 중에서 하나를 선택하여 기입한다.

6 문서의 심사

1) 문서심사의 시기와 대상문서

(1) 문서심사의 시기

당해 문서를 시행하는 날 기안문서와 시행문서를 함께 문서심사관에게 제시하여 받는다. 이때 시행일자와 문서심사일자는 일치하여야 한다.

(2) 문서심사의 대상문서

문서심사의 대상문서는 대외문서로서 시행문의 작성 여부와 관계없이 행정기관의 장 또는 합의제기관의 명의로 발신하는 문서가 해당되지만, 대내문서와 내부결재문서는 문서심사에서 제외된다.

2) 문서심사관

문서심사관은 처리과에 두되, 처리과의 장이 되며, 처리과의 장은 문서의 심사에 관한 사무를 소속직원으로 하여금 처리할 수 있다. 일반적으로 문서심사관은 처리과마다 1인의 원칙이나 처리과의 실정(발송량이 많은 경우 등)에 따라 2인 이상도 가능하다. 문서심사관이 심사할 사항에 대해서 살펴보면 다음과 같다.

① 결재권자의 결재 여부
② 다른 문서와의 내용상 중복 또는 상충 여부
③ 기안문과 시행문의 일치 여부
④ 분류번호, 보존기간 등 정형화된 기재사항의 정확도 및 누락 여부
⑤ 전결 또는 대결의 표시 및 착오 여부
⑥ 첨부물의 확인
⑦ 발신방법의 지정 여부
⑧ 보고심사 대상문서의 심사 여부 및 업무협조문서의 심사 여부

3) 미비사항의 보완

문서심사 결과 미비사항이 있는 경우에는 그 사항을 기안자에게 통보하여 보완하도록 하여야 한다.

7 문서의 시행

1) 시행문의 작성

시행문을 작성하는 대상문서는 인편 · 우편 · 모사전송 · 정보통신망에 의한 방법으로 발송하는 문서이며, 제외되는 문서로 전신 · 전신타자 · 전화로 발신하는 문서는 시행문을 작성하지 않지만 시행문 작성형식으로 발신한다.

시행문의 서식(<표 11-8> 참조)은 규칙 별지 제1호의 2서식에 준하며, 구체적인 작성요령은 다음과 같다.

① **행정기관명** : 그 문서를 기안한 부서가 속한 행정기관명을 기재한다.

② **수신자(　　)** : 수신자명 또는 수신자기호를 먼저 쓰고, 이어서 괄호 안에는 처리할 자(보조기관 또는 보좌기관을 말한다)의 직위를 쓰되, 처리할 자의 직위가 분명하지 아니한 경우에는 ○○업무담당과장 등으로 쓰며, 수신자가 많아 본문의 내용을 기재할 난이 줄어들어 본문의 내용을 첫 장에서 파악하기 곤란한 경우는 두문의 수신자란에 "수신자 참조"라고 쓰고, 결문의 발신명의 밑의 왼쪽 기본선에 맞추어 수신자란을 설치하여 수신자명 또는 수신자기호를 표시한다.

③ **(경유)** : 경유문서인 경우에 (경유)란에 "이 문서는 경유기관의 장은 ○○○(또는 제1차 경유기관의 장은 ○○○, 제2차 경유기관의 장은 ○○○)이고, 최종 수신기관의 장은 ○○○입니다."라고 표시하고, 경유기관의 장은 제목란에 "경유문서의 이송"이라고 표시하여 순차적으로 이송하여야 한다.

〈표 11-8〉 시행문의 서식

[**별지 제1호의2호서식**] 〈개정 2003.7.14〉

① 행정기관명

② 수신자 ( )

③ (경유)

④ 제 목 시행문의 작성 요령

1.*(본문 내용)____________________________

×가.* ____________________________

××1)* ____________________________

2.* ____________________________

붙임×______________ 1부.×끝.

{×는 2타(한글 1자), *는 1타(숫자 1자)를 띄움}

⑤ 발신명의 [인] ⑬

⑥ 기안자(직위/직급) 서명 검토자(직위/직급) 서명 결재권자(직위/직급) 서명
협조자(직위/직급) 서명

⑦ 시행 처리과명-일련번호(시행일자) 접수 처리과명-일련번호(접수일자)

⑧ 우 주소 / ⑨ 홈페이지 주소
⑩ 전화( ) 전송( ) / ⑪ 공무원의 공식 전자우편주소 / ⑫ 공개구분

210mm×297mm(보존용지(2종) 70g/㎡), (일반용지 60g/㎡(재활용품))
또는 (보존용지(1종) 70g/㎡)

④ **제목** : 그 문서의 내용을 쉽게 알 수 있도록 간단하고, 명확하게 기재한다.

⑤ **발신명의** : 합의제 행정기관 또는 행정기관의 장의 명의를 기재하고, 보조기관 또는 보좌기관 상호간에 발신하는 문서는 그 보조기관 또는 보좌기관의 명의를 기재한다.

⑥ **기안자 · 검토자 · 협조자 · 결재권자의 직위/직급** : 직위가 있는 경우에는 직위를 온전하게 쓰고, 직위가 없는 경우에는 직급을 온전하게 쓴다. 다만, 기관장과 부기관장의 직위는 간략하게 쓴다.

⑦ **시행 처리과명-일련번호**(시행일자) **접수 처리과명-일련번호**(접수일자) : 처리과명(처리과가 없는 행정기관은 10자 이내의 행정기관명의 약칭)을 기재하고, 일련번호는 연도별 일련번호를 기재하며, 시행일자와 접수일자란에는 연월일을 각각 온점(.)을 찍어 숫자로 기재한다. 다만, 민원문서인 경우로서 필요한 경우에는 시행일자와 접수일자란에 시 · 분까지 기재한다.

⑧ **우 / 주소** : 우편번호를 기재한 다음, 행정기관이 위치한 도로명 및 건물번호 다음에 괄호하여 주소를 기재하고, 사무실이 위치한 층수와 호수를 괄호안에 기재한다.

⑨ **홈페이지 주소** : 행정기관의 홈페이지 주소를 기재한다.

(예) www.mogaha.go.kr

⑩ **전화( ) / 전송( )** : 전화번호와 모사전송번호를 각각 기재하되, ( )안에는 지역번호를 기재한다. 기관 내부문서의 경우는 구내 전화번호를 기재한다.

⑪ **공무원의 공식 전자우편주소** : 행정기관에서 공무원에게 부여한 전자우편 주소를 기재한다.

⑫ **공개구분** : 공개 · 부분공개 · 비공개로 구분하여 표시한다. 부분공개 · 비공개인 경우에는 공공기록물 관리에 관한 법률 시행규칙 제16조의 규정(별표 11)에 의한 공개여부 구분번호를 선택하여 ( )안에 표시한다.

⑬ **관인생략 등 표시** : 발신명의의 오른쪽에 관인생략 또는 서명생략을 표시한다.

- 기안자 · 검토자 및 결재권자(직위/직급) 서명 : "기안자 · 검토자 및 결재권자"의 용어는 표시하지 아니하고, 기안자 · 검토자 및 결재권자의 직위/직급을 쓰고 서명한다.
- 협조자(직위/직급) 서명 : "협조자"의 용어를 표시한 다음, 이어서 직위/직급을

쓰고 서명한다.

- 전결 및 서명표시 위치 : 사무관리규정 제16조 제2항 및 동규정 시행규칙 제19조 제1항의 규정에 의하여 결재권이 위임된 사항을 전결하는 경우에는 행정기관의 장의 결재란을 설치하지 아니하고 전결하는 자의 서명란에 "전결" 표시를 한 후 서명한다.
- 전결 · 대결 및 서명표시 위치 : 사무관리규정 제16조 제3항 및 동규정 시행규칙 제19조 제2항의 규정에 의하여 위임전결사항을 대결하는 경우에는 행정기관의 장의 결재란을 설치하지 아니하고 전결하는 자의 서명란에 "전결" 표시를 한 후 대결하는 자의 서명란에 "대결" 표시를 하고 서명하며, 위임전결 사항이 아닌 사항을 대결한 경우에는 행정기관의 장의 결재란을 설치하지 아니하고 대결하는 자의 서명란에 "대결" 표시를 하고 서명한다.
- 발의자(★) · 보고자(⊙)의 표시는 직위 또는 직급 앞 또는 위에 한다.
- "수신자"는 "받는 자"로 사용할 수 있다.

2) 관인날인 및 인영인쇄 사용

기관의 장의 명의로 발신하는 문서의 시행문과 임용장 · 상장 및 각종 증명서에 속하는 문서에는 관인(전자관인을 포함한다)을 찍거나 기관의 장이 서명하지만, 대내문서를 제외하고는 행정기관의 장 외에는 서명하여 시행할 수 없다.

보조기관 또는 보좌기관의 명의로 발신하는 문서의 시행문에는 발신명의 표시의 마지막 글자 위에 보조기관 또는 보좌기관이 서명하여 시행하되, 필요한 경우에는 담당직원으로 하여금 발신명의자의 서명표시인을 찍어 시행할 수 있다. 다만, 전자문서는 서명표시인을 사용하지 않고 전자이미지서명이 자동적으로 생성되도록 하여 시행한다.

전신 · 전신타자 또는 전화로 발신하는 문서나 관보 · 신문 등에 게재하는 문서에는 관인 또는 서명을 생략한다. 또한 경미한 내용의 문서로서 일일명령 등 단순업무 처리에 관한 지시문서와 행정기관 또는 행정기관 내 보조(보좌)기관 간의 단순한 자료요구 · 업무연락 · 통보 등을 위한 문서의 경우에는 다음의 요령에 따라 관인날인 또는 서명을 생략할 수 있다.

관인날인 생략의 표시는 대외문서에 한하며, 표시위치는 기안문 및 시행문의 발신기관명 위에 표시하고, 문서심사관은 이 같은 관인의 생략을 결정한다.

- [별표 9]의 관인생략 표시인

관인생략

서명날인 생략의 표시는 대내문서에 한하며, 표시위치는 기안문 및 시행문의 발신기관명 위에 표시하고, 문서심사관은 이 같은 서명의 생략을 결정한다.

- [별표 9]의 서명생략 표시인

서명생략

한편 관인인영의 인쇄 사용에 있어서는 관인을 찍어야 할 문서로서 다수의 수신자에게 동시에 발신 또는 교부하는 문서는 관인날인에 갈음하여 관인의 인영을 그 문서에 인쇄하여 사용이 가능하다. 또한 관인의 인영을 인쇄하여 사용하고자 할 때에는 처리과의 장은 당해 기관의 장의 승인을 얻기 전에 당해 관인을 관리하는 부서의 장과 협의하여야 한다. 그리고 관인의 인영을 인쇄하여 사용하는 경우 문서의 크기나 용도에 따라 인영의 크기를 적절하게 축소인쇄하여 사용하는 것이 가능하다.

3) 문서의 발송

문서를 발송하는 방법에는 우편 · 인편 · 전신 · 텔렉스 · 전화 · 모사전송(FAX) 또는 전신망 등이 있다. 문서의 대외발송사무는 집중관리제도를 채택하는 것이 바람직하다.

발송문서는 기안용지를 사용한 중요한 대외문서와 기타의 문서, 즉 경미한 대외문서나 대내문서 등으로 나눌 수 있는데, 기안용지를 사용하는 것이 원칙으로 집중관리부서에서 문서번호를 통일적으로 부여하고 건명등록까지 맡는 것이 일반적이다. 또한 발송문서는 집중관리부서에서 모두 우편물발송대장에 등록하는 것이 원칙이다.

(1) 문서발송의 원칙

구체적인 문서발송에 있어서 원칙을 살펴보면 다음과 같다.

① 문서는 처리과에서 직접 발송한다.
② 문서는 정보통신망을 이용하여 발송하는 것을 원칙으로 한다.
③ 업무의 성격 기타 특별한 사정이 있는 경우에는 인편 · 우편 · 모사전송 · 전신 · 전신타자 · 전화 등으로 발신한다.
④ 내용이 중요한 문서는 인편 · 등기우편 기타 발송사실을 증명할 수 있는 특수한 방법으로 발송한다.
⑤ 인편(문서 전송) · 우편으로 발송하는 문서는 문서과의 지원을 받아 발송할 수 있다.
⑥ 전자관인을 찍은 문서 중 정보통신망을 이용하여 시행할 수 없는 문서는 출력하여 시행이 가능하다.
⑦ 우편에 의하여 발송하는 때에는 행정안전부장관이 정하는 행정사회복지 사무용 봉투에 넣어 발송한다.
⑧ 관인(전자관인)을 찍어 시행하는 문서는 관인관리자가 관인을 찍은 후 처리과에서 발송한다.

(2) 문서발송의 일반절차

행정기관의 장은 공문서를 수발함에 있어 문서의 보안유지와 분실 · 훼손 및 도난방지를 위하여 적절한 조치를 강구하여야 하며, 문서발송의 일반적인 절차는 다음과 같다.

① 전자결재문서를 정보통신망을 통하여 발송하는 경우

<처리과>

결재 ⇨ 문서 등록 ⇨ 시행문 변환 ⇨ 문서 심사 ⇨ 전자 관인날인 ⇨ 발송

※ 관인생략 또는 서명생략문서에는 "관인생략" 또는 "서명생략" 표시

② 전자결재를 하여 전자관인을 날인한 후 정보통신망이 아닌 수단을 이용하여 발신하는 경우

<처리과>

결재 ⇨ 문서 등록 ⇨ 시행문 변환 ⇨ 문서 심사 ⇨ 전자 관인날인 ⇨ 출력 ⇨ 발송

③ 일반결재문서를 시행하는 경우

<처리과>

결재 ⇨ 문서 등록 ⇨ 시행문 변환 ⇨ 문서 심사 ⇨

<관인관리자>

문서심사여부확인 및 문서등록대장 비고란 서명 ⇨ 관인 날인 ⇨

<처리과>

발송

※ 관인생략문서는 처리과에서 "관인생략" 표시 후 발송

(3) 발신방법의 지정

① 전신 또는 정보통신망으로 시행할 문서의 내용이 비밀이거나 비밀이 아니라도 누설될 경우 국가안전보장, 질서유지, 경제안정 기타 국익을 해칠 수 있는 사항은 결재권자가 그 발신방법을 기안문의 취급란에 "암호" 또는 "음어"로 지정한다.

② 전신 · 전신타자 · 전화 · 모사전송 또는 정보통신망으로 발신하고자 할 때에는 처리과의 장이 기안용지의 취급란에 발신방법을 표시한다.

③ 문서심사관은 문서심사 시 발신방법의 지정 여부를 확인한다.

(4) 전신 또는 정보통신망 등에 의한 문서의 취급

① 모사전송 또는 전신 등의 방법으로 발신하는 경우 통신보안에 필요한 조치를 하여야 한다.
② 비밀로 분류된 문서를 암호 또는 음어로 송수신할 경우에는 반드시 송수신기관 사이에 서로 응답이 있는 경우에 한하여 송신한다.
③ 전화로 문서를 수발하는 경우 당해 문서의 아래 여백에 송수신자의 직급·성명과 또는 송수신시간 등을 기록한다.
④ 모사전송으로 발송한 문서의 원본은 기안문과 함께 보관한다.

(5) 비밀번호 및 전자이미지서명 등록

① 행정기관의 장은 보유하고 있는 컴퓨터에 비밀번호를 부여한다.
② 정보통신망을 이용하여 문서를 작성·처리하고자 하는 자는 개인별 사용자계정(ID)·비밀번호 및 전자이미지서명을 등록하여야 하며, 이 경우 비밀번호는 최초로 등록한 후, 즉시 변경하여야 한다.
③ 비밀번호는 문서의 보호 및 보안유지를 위하여 수시로 변경하여야 한다.

[**별지 제6호의 2서식**] 〈신설 1999.9.2〉

사용자 계정 및 전자이미지서명 등록신청서

① 소 속			② 전 화 번 호		
③ 성 명		④ 직 위		⑤ 직 급	
⑥ 주민 등록 번호					
⑦ 사용자 계정(ID)	㉠				
	㉡				
	㉢				
⑧ 비 밀 번 호					
⑨ 전자이미지서명					

사무관리규정 시행규칙 제29조 제2항의 규정에 의하여 사용자 계정(ID) 및 전자이미지서명 등록을 신청합니다.

년 월 일

신청인 (서명 또는 인)

○○기관의 장 귀하

※ 작성방법

1. ① 소속은 과 단위까지 구체적으로 기재한다.
   (예 : 행정안전부 행정관리국 행정능률과)
2. ⑦ 사용자 계정(ID)은 ㉠㉡㉢란에 다음 기준에 의하여 기재한다. 첫 자는 영문으로 그 외 문자는 영문과 숫자를 조합해서 6~8자 이내로 기재한다(중복되는 사용자 계정이 있을 경우에는 ㉡㉢순으로 부여된다). 다만, 사용자 계정은 기관의 실정에 따라 달리 정할 수 있다.
3. ⑧ 비밀번호는 영문과 숫자로 6~8자 이내로 기재하되, 최초로 등록한 후 즉시 변경하여 사용하여야 한다.
4. ⑨ 전자이미지서명은 서명자의 성명을 반드시 한글로 알 수 있도록 표시하되, 사인펜 등으로 네모 안에 꽉 차도록 진하고 크게 표시한다.
5. 본 서식과 작성방법은 예시이므로 기관의 실정에 따라 변경하여 사용할 수 있다.

15012-15711일 210mm×297mm

99.8.20 승인 (일반용지 60g/㎡(재활용품))

8 문서의 접수

1) 문서의 접수요령

(1) 문서과

문서과에서는 수령한 문서를 기록물배부대장(2001. 1. 1일부터 사용)에 기록하고, 접수한 문서 두문의 오른쪽 여백에 접수인을 찍어야 한다. 그리고 처리과에 배부하고, 기록물배부대장의 인수자란에 처리과의 인수자를 기재한다.

[**별표 11**] 〈개정 2003.7.14〉

접수인(제31조 제2항 관련)

접수	- (. . . :)

※ 접수란의 크기는 기관에 따라 적절하게 조정하여 사용한다.
※ 기재요령
1. 접수등록번호는 처리과명과 일련번호를 기재한다.
   (예1) 행정능률과인 경우 : 행정능률과-23
   (예2) 행정관리담당관인 경우 : 행정관리담당관-25
2. 괄호 안에는 접수일자를 기재한다. 민원문서 등 시 · 분까지 기재가 필요한 경우에는 시 · 분까지 기재한다.
   (예) 2007. 12. 31 또는 2007. 12. 31. 14 : 23

(2) 처리과

해당문서 처리과에서는 처리과에서 직접 받은 문서(대내 · 외문서 불문)와 문서과로부터 받은 문서를 기록물배부대장에 등재하고, 접수문서의 문서처리란에 접수일시(문서과에서 받은 문서는 문서과에서 기재) 및 접수번호(등록번호)를 기재한다. 단, 문서처리란이 없는 문서는 오른쪽 여백 또는 뒷면에 문서처리인을 찍어서 기재한다.

그리고 처리담당자에게 배부하고 기록물배부대장의 인수자란에 인수자를 기재(가능한 한 인수자가 직접 서명하도록 한다)한다. 또한 처리과가 원격지에 분산되어 있는 경우에는 따로 접수가 가능하다.

(3) 2개 이상의 보조기관 및 보좌기관에 관련된 문서인 경우

문서과는 그 관련성의 정도가 가장 높다고 판단되는 보조기관 또는 보좌기관에 보내고, 처리과에서 직접 접수한 경우에도 동일처리하고, 이 경우 문서를 접수한 처리과(관련성이 가장 높은)는 당해 문서를 복사하여 관련 보조(보좌)기관에 보조(보좌)기관 명의로 이송한다.

(4) 당직근무자가 받은 문서의 경우

당직근무자가 받은 문서는 다음 정상 근무시각 시작 후, 지체 없이 문서과에 인계하면 된다.

- [사례] 토요일 18 : 00 접수 → 월요일 출근시간 직후

(5) 모사전송(FAX) 문서

감열기록방식의 모사전송기(FAX)에 의하여 수신한 문서 중 보존기간이 3년 이상인 문서는 복사하여 접수하고, 이 경우 수신한 FAX 문서는 즉시 폐기한다. 그리고 감열기록방식이 아닌 FAX 문서는 그대로 접수하면 된다.

(6) 우편으로 발송한 문서를 접수한 경우

발송기관의 요구가 있는 때에는 공문서 영수증을 보내 주어야 한다.

[별지 제7호 서식] 〈개정 1996.5.28〉

공문서 영수증

일련번호	받음					
	문서번호	시행일자	제목	부수	붙임물	접수일자
년 월 일 받은 사람 : 소속 직급 성명 서명 ㉿						

15012-03011일 182mm×257mm
95.11.30 개정 (일반용지 60g/㎡, 신문용지 54g/㎡(재활용품))

2) 문서의 반송 및 재배부

접수한 문서가 형식상의 흠이 있을 때 행정기관의 장은 그 문서의 생산등록번호, 시행일자, 제목과 반송사유를 명시하여 발신 행정기관의 장에게 이를 반송할 수 있다.

문서과로부터 그 소관에 속하지 아니하는 문서를 인계 받은 경우에는 지체 없이 문서과에 반송하고, 문서과의 장은 당해 문서를 즉시 재분류하여 처리과로 보낸다. 처리과에서 직접 접수한 문서가 그 소관에 속하지 아니하는 경우 지체 없이 문서과에 보내 해당 처리과에 배부하도록 요청하고, 문서과의 장은 당해 문서를 즉시 재분류하여 처리과로 보낸다. 행정기관의 장은 접수한 문서가 다른 기관의 소관사항인 경우 지체 없이 소속기관에 이송한다.

3) 경유문서의 처리요령

(1) 경유문서의 접수

우선 문서과에서 받은 경유문서의 경우에는 먼저 기록물배부대장에 기재하고, 그 다음 경유문서의 적당한 여백에 문서처리인 대신 경유표시인을 찍고 접수일자를 기재한 후 처리과에 보낸다. 기록물배부대장의 작성요령은 다음과 같다.

① **배부번호** : 배부번호(접수단위 기관코드 + 접수연도 + 일련번호) 중의 일련번호를 기입한다.
② **접수일자** : 문서과에서 해당 기록물을 접수한 일자를 기입한다(예 : 2007. 12. 31.). 다만, 민원문서 등 시 · 분까지 기입이 필요한 경우에는 시 · 분까지 기입한다(예 : 2007. 12. 31. 14:00).
③ **생산기관 등록번호** : 접수된 기록물에 표시되어 있는 생산기관에서 부여한 생산등록번호를 기입한다.
④ **제목** : 접수한 기록물의 제목을 기입한다.
⑤ **배부일자** : 해당 기록물을 처리과로 배부한 일자를 기입한다.
⑥ **받은 기관명** : 해당 기록물을 받은 처리과명을 기입한다.

⑦ **인수자** : 해당 기록물을 인수한 사람의 성명을 기입한다.

⑧ **기관코드** : 당해 문서과가 속하는 단위기관의 코드를 기입한다.

한편 처리과에서 접수한 경유문서의 경우에는 문서과로부터 받은 경유문서의 경유표시인란에 등록번호를 기재하고, 처리과에서 직접 받은 경유문서는 경유표시인란에 접수일자와 등록번호를 기재한 후, 기록물등록대장에 접수하고, 경유표시인이 없는 경우에는 경유표시인을 찍어 접수한다.

(2) 경유문서의 발송

관인관리자로부터 경유기관의 장에 직인을 날인 받아 수신기관에 발송하며, 이때 문서심사는 받지 않는다.

[**별지 제2호 서식**] 〈개정 2003.3.17〉

기록물배부대장(문서과용)

(기관코드 : ⑧ 연도 :)

접수사항				배부사항		
배부번호	접수일자	생산기관 등록번호	제목	배부일자	받은 기관명	인수자
①	②	③	④	⑤	⑥	⑦

4) 문서의 공람

"행정안전부령이 정하는 문서"라 함은 다음 각 호의 문서를 말한다. 다만, 통계·설문조사 등을 위하여 각 기관으로부터 취급하는 문서를 제외한다.

① 결재권자로부터 처리지침을 받아야 할 필요가 있는 문서
② 민원문서
③ 행정기관 간 또는 행정기관 내 보조기관 또는 보좌기관 간 업무협조에 관한 문서
④ 접수된 문서를 처리하기 위하여 소관사항 등 형식적인 면 또는 법률·예산 등 내용적인 면에서 검토가 필요한 문서
⑤ 그 밖에 공무원의 신상, 교육훈련 등과 관련하여 공무원이 개별적으로 또는 전체적으로 알아야 할 필요가 있는 문서

9 문서의 정리

1) 문서정리의 일반사항

(1) 문서정리의 의의

사무실에서 생산·접수되는 문서는 형식과 종류가 다양하며 일정한 기준에 따라 분류·편철되지 않을 경우 필요한 문서를 찾아 활용하기가 매우 어려울 것이다. 따라서 처리·완결된 문서를 일정한 기준에 따라 분류·편철하여 보관·보존하며 불필요한 문서를 적시에 폐기하는 것이 필요한데, 이것이 문서정리이다.

(2) 문서정리의 목적

① 문서를 체계적으로 관리함으로써 필요한 문서의 색출을 신속·용이하게 한다.

② 개인 본위의 문서관리방식을 지양하고 기관단위 관리방식을 확립하여 각종 행정정보를 공동 활용할 수 있도록 한다.
③ 행정기관의 의사결정에 필요한 정보를 효과적으로 이용할 수 있게 한다.
④ 불필요한 문서를 적시에 폐기하여 보관 · 보존문서의 관리를 효율화한다.
⑤ 사무실의 사무환경을 개선한다.

(3) 문서정리의 내용

① **문서의 편철** : 다음 보존 · 활용할 문서를 묶어 문서철을 만든다.
② **문서의 보관** : 문서철은 처리가 끝난 날이 속하는 연도의 말일까지 처리과의 서류보관함에 보관한다.
③ **문서의 보존** : 보관이 끝난 문서는 보존문서기록대장에 등록하고, 처리과에서 1년간 보존한다.
④ **문서의 인계** : 처리과의 보존기간(1년)이 끝난 문서는 보존문서 인계 · 이관서를 작성하여 문서과에 인계한다.
⑤ **문서의 이관** : 문서과는 영구 · 준영구 보존문서를 5년간 보존한 후 보존문서 인계 · 이관서를 작성하여 정부기록보존소에 이관한다.
⑥ **문서의 폐기** : 처리과와 문서과는 보존기간이 만료된 문서를 폐기한다.

2) 문서의 보관

문서의 보관이란 문서의 처리 완결 후부터 보존되기 전까지의 문서를 보관하는 것을 말한다. 즉, 문서의 보관이라 함은 문서를 처리 · 완결한 날이 속하는 연도의 말일까지 처리과에서 보관하는 것을 말하며, 그 이듬해 1월 1일부터 그 문서는 보존단계에 들어간다.

(1) 집중식 관리

집중식 관리는 한 조직 내에 있는 문서의 보관과 보존을 전담하는 부서에 있어서 처리가 완결된 문서를 집중관리하는 방법으로 다음과 같은 장·단점이 있다

① 문서 분실의 우려가 없다.
② 어느 부서이든 누구나 이용할 수 있다.
③ 문서 수송 시설이 완비되어 있지 않는 한 실제적이지 못하다.
④ 이용에 따른 절차가 복잡하다.
⑤ 시간이 많이 걸린다.

(2) 분산식 관리

분산식 관리는 처리 완결된 문서를 각 처리과(주무부서)에서 일괄 · 보존하는 체제를 말하는 것으로 다음과 같은 장단점이 있다.

① 해당 부서가 문서를 쉽게 이용할 수 있다.
② 다른 부서에서 이용하기가 어렵다.
③ 분실의 위험이 크다.

(3) 절충식 관리

절충식 관리는 집중식 관리와 절충식 관리의 장점을 최대한 활용하는 방법을 말한다. 즉, 일정 한도의 문서 파일은 각 부서별로 분산 관리하여 이용에 편리하도록 하되, 중요한 문서나 영구 보존 문서 등은 문서 전담 부서가 집중관리하는 방법이다. 일반적으로 회사나 정부기관에서 많이 사용한다.

3) 파일링 시스템

파일링(Filing)이란 문서를 이용하여 업무활용에 필요한 정보를 얻을 수 있도록 문서를 정리 · 보관 · 폐기하는 것을 말하며, 파일링 시스템(Filing System)이란 보관문서를 일정한 기준에 의하여 여러 건을 한데 철하여 보관하는 방법을 총칭하는 말이다. 즉, 파일링 시스템은 원하는 문서를 쉽게 찾아볼 수 있고, 필요 없는 문서는 적시에 폐기시킬 수 있도록 문서류를 체계적으로 정리, 보관, 폐기하는 일련의 제도를 말한다. 파일링 시스템의 효율적인 운영을 위한 6하 원칙은 다음과 같다.

① **왜**(Why) : 무엇 때문에 파일링하는가?(필요성)
② **무엇을**(What) : 어떤 문서를 파일링하는가?(문서의 대상)
③ **누가**(Who) : 누가 파일링하는가?(취급자, 기관)
④ **언제**(When) : 언제부터 언제까지 파일링하는가?(기간)
⑤ **어디에**(Where) : 어디에 파일을 보관하는가?(보관 장소)
⑥ **어떻게**(How) : 어떤 방법으로 파일링하는가?(방법)

(1) 파일링 시스템의 목적

① 정확하게 필요한 자료를 보관 또는 보존하기 위해서
② 다시 문서를 이용하는 경우 쉽게 활용하기 위해서
③ 필요한 때에 필요한 문서를 용이하게 이용하기 위해서

(2) 파일링 시스템의 특징

① 문서의 보관 · 보존뿐만 아니라 문서의 발생으로부터 문서의 폐기에 이르기까지 모든 과정을 통일적으로 관리하기 때문에 문서관리 전반에 대하여 명확하게 정리된다.
② 사용 도구나 정리 방법이 조직 전체에서 동일하기 때문에 인사이동이나 조직 변경 등에 의한 능률 저하를 피할 수 있고 문서관리가 쉽다.
③ 문서를 소속과 단위로 묶어서 보관하는 것이 철저하게 이행될 수 있기 때문에 항상 문서가 어디에 보관되어 있는지를 명확하게 알 수 있다.

(3) 파일링 시스템의 조건

효율적인 파일링 시스템이 구성되기 위해서는 다음과 같은 4가지 조건을 구비하여야 한다.

① **정확성** : 파일 체계가 잘못되면 많은 노력과 시간이 낭비되기 때문에 파일링 방법이 표준화되고 과학적인 정확성을 가진 시스템이 되어야 한다.
② **경제성** : 시스템이 완전하다고 하더라도 성과에 비해서 경비가 과다하게 지출

된다면 실현 가능성이 없기 때문에 파일링 시스템은 가능한 한 경비를 절감하는 경제성이 있어야 한다.

③ **융통성** : 파일링 시스템은 모든 조건 변화에 확장과 축소가 가능하도록 적응할 수 있는 융통성이 있어야 한다.

④ **간이성** : 파일링 시스템은 취급이 정확하고 이용이 쉽도록 간이성을 가져야 한다.

(4) 파일링 시스템의 원칙

파일링 시스템을 효율적으로 운영하려면 기본적으로 다음과 같은 원칙을 지켜야 한다.

① **개인별 점유, 보관의 금지** : 문서 처리담당자가 자기 소관 문서라고 하여 해당 문서를 자기만 알 수 있는 책상 서랍 속이나 다른 문서 속에 끼워 두어서는 안 된다.

② **문서의 소재 명시** : 문서가 보관된 서류함이나 서랍의 위치를 누구나 쉽게 알 수 있도록 소재를 명시해 둔다.

③ **문서 색출의 용이 및 신속화** : 필요한 문서를 쉽게, 그리고 신속하게 찾아낼 수 있도록 한다.

④ **문서의 적시 폐기** : 보관의 필요성이 사라진 문서는 가려내서 지체 없이 적시에 폐기하도록 한다.

⑤ **파일링 방법의 표준화** : 문서의 파일링 방법 전반에 대해서 내부 규정을 제 정하여 표준화한다.

(5) 파일링 시스템의 분류

문서 관리 방법은 관리 형태에 따라 수직식 파일링 시스템과 수평식 파일링 시스템으로 분류할 수 있다.

수직식 파일링 시스템은 문서를 보관철에 끼운 다음, 수직으로 세워서 보관하는 방식으로 다음과 같은 특징을 가지고 있다.

① 문서를 찾을 때는 수직으로 세워진 폴더(Folder)의 조건표를 이용해 신속하게 찾아낼 수 있기 때문에 문서 찾기가 쉬우며, 시간이 절약된다.
② 일반적인 거래에 사용되는 문서를 보관하기에 적당하다.
③ 문서의 훼손이나 분실이 적다.

수평식 파일링 시스템은 문서를 수평식의 선반형 보관함에 보관하는 서가식 파일링 시스템으로 장기간 문서를 보관하여야 할 경우에 많이 사용된다.

10 기록물의 관리

1) 기록물 관리의 목적

공공기록물 관리에 관한 법률은 공공기관의 투명하고 책임 있는 행정의 구현과 공공기록물의 안전한 보존 및 효율적 활용을 위하여 공공기록물의 관리에 관하여 필요한 사항을 정함을 목적으로 하며, 이 법에서 사용하는 용어의 정의는 다음과 같은 한다.

① **공공기관** : 국가기관 · 지방자치단체 그 밖에 대통령령이 정하는 기관을 말한다.
② **기록물** : 공공기관이 업무와 관련하여 생산 또는 접수한 문서 · 도서 · 대장 · 카드 · 도면 · 시청각물 · 전자문서 등 모든 형태의 기록정보 자료와 행정박물을 말한다.
③ **기록물 관리** : 기록물의 생산 · 분류 · 정리 · 이관 · 수집 · 평가 · 폐기 · 보존 · 공개 · 활용 및 이에 부수되는 제반업무를 말한다.
④ **기록물관리기관** : 일정한 시설 및 장비와 이를 운영하기 위한 전문인력을 갖추고 기록물관리업무를 수행하는 기관을 말하며, 영구기록물관리기관 · 기록관 및 특수기록관으로 구분한다.

⑤ **영구기록물 관리기관** : 기록물의 영구보존에 필요한 시설 및 장비와 이를 운영하기 위한 전문 인력을 갖추고 기록물을 영구적으로 관리하는 기관을 말하며, 중앙기록물관리기관 · 헌법기관기록물관리기관 · 지방기록물관리기관 및 대통령기록관으로 구분한다.

2) 기록물관리기관

(1) 중앙기록물관리기관

중앙기록물관리기관은 기록물 관리를 총괄 · 조정하고 기록물의 영구보존 및 관리를 위하여 행정안전부장관은 그 소속 하에 영구기록물 관리기관을 설치 · 운영하여야 하며, 다음과 같은 업무를 수행한다.

① 기록물관리에 관한 기본정책의 수립 및 제도의 개선
② 기록물관리 표준화 정책의 수립 및 기록물관리 표준의 개발 · 운영
③ 기록물관리 및 기록물관리 관련 통계의 작성 · 관리
④ 기록물의 전자적 관리체계 구축 및 표준화
⑤ 기록물관리의 방법 및 보존기술의 연구 · 보급
⑥ 기록물관리 종사자에 대한 교육 · 훈련
⑦ 기록물관리에 관한 지도 · 감독 및 평가
⑧ 다른 기록물관리기관과의 연계 · 협조
⑨ 기록물관리에 관한 교류 · 협력
⑩ 그 밖에 이 법에서 정하는 사항

(2) 헌법기관기록물 관리기관

헌법기관기록물 관리기관은 국회 · 대법원 · 헌법재판소 및 중앙선거관리위원회에 대한 소관 기록물의 영구보존 및 관리를 위하여 영구기록물관리기관을 설치 · 운영하는 것으로서, 다음과 같은 업무를 수행한다.

① 관할 공공기관의 기록물관리에 관한 기본계획의 수립 · 시행
② 관할 공공기관의 기록물관리 및 기록물관리 관련 통계의 작성 · 관리
③ 관할 공공기관의 기록물관리에 관한 지도 · 감독 및 지원
④ 중앙기록물관리기관과의 협조에 의한 기록물의 상호활용 및 보존의 분담
⑤ 관할 공공기관의 기록물관리 종사자에 대한 교육 · 훈련
⑥ 그 밖에 기록물 관리에 관한 사항

(3) 지방기록물관리기관

지방기록물관리기관은 특별시 · 광역시 · 도 또는 특별자치도에 대한 소관 기록물의 영구보존 및 관리를 위하여 영구기록물 관리기관을 설치 · 운영하는 것으로서, 다음과 같은 업무를 수행한다.

① 관할 공공기관의 기록물 관리에 관한 기본계획의 수립 · 시행
② 관할 공공기관의 기록물 관리 및 기록물관리 관련 통계의 작성 · 관리
③ 관할 공공기관의 기록물 관리에 관한 지도 · 감독 및 지원
④ 관할 지방자치단체의 기록물 관리에 관한 지도(시 · 도 기록물관리기관에 한한다)
⑤ 중앙기록물 관리기관과의 협조에 의한 기록물의 상호활용 및 보존의 분담
⑥ 관할 공공기관의 기록물관리 종사자에 대한 교육 · 훈련
⑦ 관할 공공기관 관련 향토자료 등의 수집
⑧ 그 밖에 기록물 관리에 관한 사항

(4) 기록관

공공기관의 기록물을 효율적으로 관리하기 위하여 대통령령이 정하는 공공기관은 기록관을 설치 · 운영하여야 하며, 다음과 같은 업무를 수행한다.

① 당해 공공기관의 기록물 관리에 관한 기본계획의 수립 · 시행
② 당해 공공기관의 기록물의 수집 · 관리 및 활용
③ 기록관이 설치되지 아니한 관할 공공기관의 기록물관리

④ 영구기록물관리기관으로의 기록물의 이관
⑤ 당해 공공기관의 기록물에 대한 정보공개청구의 접수
⑥ 관할 공공기관의 기록물 관리에 대한 지도 · 감독 및 지원
⑦ 그 밖에 기록물 관리에 관한 사항

(5) 특수기록관

특수기록관은 통일 · 외교 · 안보 · 수사 · 정보 분야의 기록물을 생산하는 공공기관에 대한 소관 기록물을 장기간 관리하고자 하는 경우에는 중앙기록물관리기관의 장과 협의하여 특수기록관을 설치 · 운영할 수 있으며, 다음과 같은 업무를 수행한다.

① 관할 공공기관의 기록물 관리에 관한 기본계획의 수립 · 시행
② 당해 공공기관의 기록물의 수집 · 관리 및 활용
③ 특수기록관이 설치되지 아니한 관할 공공기관의 기록물 관리
④ 중앙기록물관리기관으로의 기록물의 이관
⑤ 당해 공공기관의 기록물에 대한 정보공개청구의 접수
⑥ 관할 공공기관의 기록물 관리에 대한 지도 · 감독 및 지원
⑦ 그 밖에 기록물 관리에 관한 사항

3) 기록물의 생산 및 관리

(1) 기록물의 생산의무

① 공공기관은 주요 정책 또는 사업 등을 추진하고자 하는 경우에는 대통령령이 정하는 바에 따라 미리 그 조사 · 연구서 또는 검토서 등을 생산하여야 한다.
② 공공기관은 대통령령이 정하는 바에 따라 주요 회의의 회의록 · 속기록 또는 녹음기록을 작성하여야 한다. 이 경우 속기록 또는 녹음기록에 대하여는 당해 기록물의 원활한 생산 및 보호를 위하여 대통령령이 정하는 기간 동안

공개하지 아니할 수 있다.

③ 공공기관은 주요 업무수행과 관련된 시청각 기록물 등을 대통령령이 정하는 바에 따라 생산하여야 한다.

④ 영구기록물 관리기관의 장은 주요 기록물의 보존을 위하여 관련 기록물을 직접 생산할 필요가 있다고 인정되는 경우에는 관련 공공기관의 장과 협의하여 그 공공기관 또는 행사 등에 소속 공무원을 파견하여 기록하게 할 수 있다.

(2) 기록물의 관리

① 공공기관은 대통령령이 정하는 바에 따라 기록물의 보존기간, 공개 여부, 비밀 여부 및 접근권한 등을 분류하여 관리하여야 한다.

② 공공기관은 대통령령이 정하는 기간 이내에 기록물을 소관 기록관 또는 특수기록관으로 이관하여야 한다. 다만, 소관 기록관 또는 특수기록관이 설치되지 아니한 공공기관의 경우에는 대통령령이 정하는 바에 따라 공공기관의 장이 지정하는 부서에 기록물을 이관하여야 한다.

③ 기록관 또는 특수기록관은 보존기간이 30년 이상으로 분류된 기록물에 대하여는 대통령령이 정하는 기간 이내에 이를 소관 영구기록물관리기관으로 이관하여야 한다.

④ 특수기록관은 제3항의 규정에 불구하고 소관 비공개 기록물에 대하여는 생산연도 종료 후 30년까지 그 이관시기를 연장할 수 있으며, 30년 경과 후에도 업무수행에 사용할 필요가 있는 경우에는 대통령령이 정하는 바에 따라 중앙기록물관리기관의 장에게 이관시기의 연장을 요청할 수 있다.

⑤ 국가정보원장은 제4항의 규정에 불구하고 소관 비공개 기록물에 대하여 생산연도 종료 후 50년까지 그 이관시기를 연장할 수 있으며, 공개될 경우 국가안전보장에 중대한 지장을 초래할 것이 예상되는 정보업무 관련 기록물에 대하여는 대통령령이 정하는 바에 따라 중앙기록물관리기관의 장과 협의하여 이관시기를 따로 정할 수 있다.

⑥ 공공기관은 기록물의 원활한 수집 및 이관을 위하여 대통령령이 정하는 바

에 따라 매년 기록물의 생산현황을 소관 기록물관리기관에 통보하여야 한다. 이 경우 중앙행정기관의 소속 기관에 기록관 또는 특수기록관을 설치한 경우에는 중앙행정기관의 기록관 또는 특수기록관이 그 생산현황을 취합하여 중앙기록물관리기관으로 통보하여야 한다.

⑦ 중앙기록물관리기관의 장은 공공기관 기록물의 관리 상태를 정기 또는 수시로 점검하여야 한다. 다만, 국가정보원의 소관 기록물에 대하여는 국가정보원장과 협의하여 그 방법 및 절차 등을 따로 정할 수 있다.

(3) 기록물의 공개 여부

① 공공기관은 소관 기록물관리기관으로 기록물을 이관하고자 하는 때에는 당해 기록물의 공개 여부를 재분류하여 이관하여야 한다.

② 기록물관리기관은 비공개로 재분류된 기록물에 대하여는 재분류된 연도부터 매 5년마다 공개 여부를 재분류하여야 한다.

③ 비공개 기록물은 생산연도 종료 후 30년이 경과하면 모두 공개함을 원칙으로 한다. 다만, 제19조 제4항 및 제5항의 규정에 따라 이관시기가 30년 이상으로 연장되는 기록물의 경우에는 그러하지 아니하다.

④ 영구기록물관리기관의 장은 기록물 생산기관으로부터 기록물 비공개 기간의 연장 요청이 있는 경우에는 제3항 본문의 규정에 불구하고 제38조의 규정에 따른 기록물공개심의회 및 위원회의 각 심의를 거쳐 당해 기록물을 공개하지 아니할 수 있다. 이 경우 비공개로 재분류된 기록물에 대하여는 재분류한 연도부터 5년마다 공개 여부를 재분류하여야 한다.

⑤ 기록물관리기관의 장은 통일 · 외교 · 안보 · 수사 · 정보 분야의 기록물을 공개하고자 하는 경우에는 미리 당해 기록물을 생산한 기관의 장의 의견을 들어야 한다.

11 관인의 관리

1) 관인의 일반사항

(1) 관인의 개념

관인은 행정기관의 명의로 발송 또는 교부하는 문서에 사용하는 청인과 행정기관의 장 또는 보조기관의 명의로 발송 또는 교부하는 문서에 사용하는 직인을 총칭하는 것이다.

(2) 관인의 종류 및 비치

관인의 종류 및 비치에 대한 내용은 <표 11-9>와 같다.

〈표 11-9〉 관인의 종류 및 비치

종류	비치기관
청인	• 의결기관 · 자문기관 기타 합의제기관
직인	• 합의제 기관 이외의 각급 행정기관(독립제 행정기관) • 정부조직법 제6조 제2항의 규정에 의하여 위임받은 사회복지 사무를 행정기관으로서 처리하는 보조기관 • 법령에 의하여 합의제기관의 장으로서 사회복지 사무를 처리하는 경우의 합의제기관의 장

2) 특수관인

(1) 특수관인의 개념

특수관인은 기관 또는 업무의 특수성을 감안하여 관인의 규격 · 교부 · 등록 등 관인관리에 필요한 사항을 소관 중앙행정기관의 장이 따로 정하도록 한 관인을 말한다. 또는 특수관인의 비치 · 사용에 관하여 국무총리 또는 행정안전부장관의 승인을 받아 따로 비치하여 사용하는 관인을 말한다.

(2) 특수관인의 종류 및 비치

특수관인의 종류 및 비치에 대한 내용은 <표 11-10>과 같다.

〈표 11-10〉 특수관인의 종류 및 비치

구분	종류	관인규정 및 관인등록기관
특별한 기관에서 사용하는 관인	• 각급 학교에서 사용하는 관인 • 군 기관에서 사용하는 관인 • 검찰 기관에서 사용하는 관인	• 소속 중앙행정기관의 장 • 국립 및 공립 각급 학교 관인규칙 • 국군 각 기관 관인 규격규정 • 검찰청 관인규칙
특별한 용도에 사용하는 관인 (당해 기관의 관인 외 따로 비치사용)	• 외무부 및 재외공관에서 외교문서에 사용하는 관인	• 외교통상부장관 • 외무 관인규칙
	• 세입징수관 · 지출관 회계 기타 재무에 관한 사무를 담당하는 공무원의 직인	• 기획재정부장관 • 회계관계 공무원 직인규칙
	• 유가증권 기타 특수한 증표발행에 필요한 직인	• 중앙행정기관 - 행정안전부에 등록 • 기타 - 직근 상급기관에 등록
	• 민원업무 등 특수업무를 처리하기 위한 관인 • 분리된 청사에서 사용하는 관인	

3) 관인의 규격

관인의 모양은 행정기관의 장이 정하되, 그 크기는 <표 11-11>의 규격을 초과할 수 없다.

〈표 11-11〉 관인의 규격

구분		한 변의 길이
청인	• 국무회의	5.4cm
	• 기타의 합의제 기관	3.6cm
직인	• 대통령	4.5cm
	• 국무총리	3.6cm
	• 행정기관의 장	3.0cm

위 길이는 사각형인 경우 한 변의 최대 길이, 원 또는 다각형인 경우에는 최대의 지름 또는 대각선이며, 지방자치단체의 공인규격에 대해서는 이 규격을 참고

하여 당해 조례로 정하여 사용하여야 한다. 또한 관인에 대한 다른 규정이 있는 경우에는 그 규정에 따른다.

4) 관인의 조각 및 사용

(1) 재료

관인의 재료는 쉽게 마멸되거나 부식되지 않는 재질을 사용하는 것이 좋다.

(2) 직인의 사용

직인은 그 직의 서리도 이를 사용할 수 있다.

(3) 찍는 위치

관인은 그 기관 또는 직위의 명칭의 끝 자가 인영의 가운데 오도록 찍는다. 다만, 등 · 초본 등 민원서류를 발급하는 직인의 경우에는 발급기관장 표시의 오른쪽 여백에 찍을 수 있다.

• [사례]

○ ○ 종 합 사 회 복 지 관 장

(4) 관인인영의 색깔

관인을 찍는 인영의 색깔은 빨간색으로 하며, 다만 전자문서를 출력하여 시행하거나 모사전송기를 통하여 문서를 접수하는 경우에는 검정색으로 할 수 있다.

(5) 인영

① 관인의 인영은 한글 전서체로 하여 가로로 새기되, 그 기관 또는 직위의 명칭에 “인” 또는 “의인”자를 붙인다.

• [사례]

한가람종 합사회복 지관장인	성 심 원 장 의 인

② 민원업무 등 특수업무를 처리하기 위한 관인은 그 업무의 집행을 위해서만 사용하는 것임을 그 인영에 명시하여 사용한다.

• [사례]

정부합동민 원실장의인	국 세 청 장 의 인
민원사무용	제2청사전용

(6) 인영의 인쇄 사용

① 대상문서

대상문서는 관인을 찍어야 할 문서로서 다수의 수신자에게 동시에 발신 또는 교부하는 문서에는 관인날인을 갈음하여 관인의 인영을 당해 문서에 인쇄하여 사용할 수 있다.

② 인쇄 사용 협의

관인의 인영을 인쇄하여 사용하고자 할 때에는 처리과의 장은 인쇄용도 · 인쇄량 · 인쇄관인규격 등에 관하여 관인 관리부서의 장과 사전협의를 한 후 기관장의 승인을 얻어야 한다.

③ 축소 인쇄

인영을 인쇄할 때에는 당해 관인의 규격대로 인쇄하여야 하나, 업무수행에 지장이 없다고 인정되는 때에는 문서의 크기나 용도에 따라 인영의 크기를 적절히 축소 인쇄하여 사용할 수 있다.

④ 인쇄용지 사용내역 기록 · 유지

관인의 인영을 인쇄하여 사용하는 처리과의 장은 다른 법령에 특별한 규정이 없는 한 관인 인쇄용지관리대장을 비치하여 그 사용내역을 기록 · 유지하고, 인쇄용지가 용도 외로 잘못 사용하거나 유실되지 않도록 관리한다.

(7) 관인의 생략

① "경미한 내용의 문서"라 함은 일일명령 등 단순업무처리에 관한 지시문서와 행정기관간의 단순한 자료요구, 업무연락, 통보 등을 위한 문서로서 기안자가 결정한 문서를 말한다.

② 기안문 및 시행문의 발신명의 표시의 오른쪽에 [별표 9]의 관인생략 또는 서명생략(보조기관 및 보좌기관 상호간에 발신하는 문서에 한한다)의 표시를 하여야 한다.

[**별표 9**] 〈개정 1999.9.2〉

관인생략 또는 서명생략의 표시(제25조 제2항 관련)

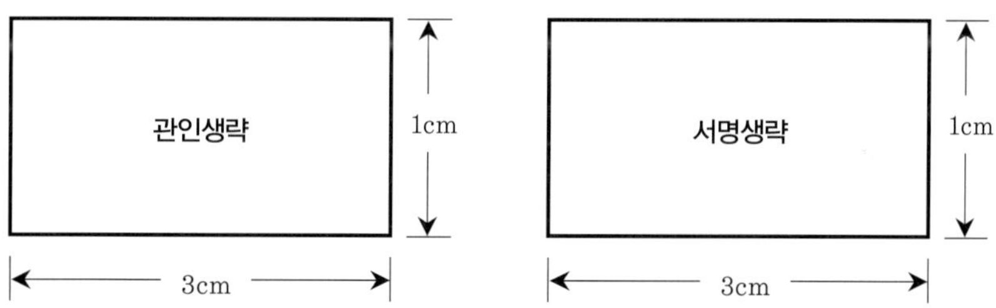

③ 보조기관 및 보좌기관 상호간에 발신하는 시행문에는 보조기관 및 보좌기관이 발신명의 표시의 마지막 글자 위에 서명(전자문서서명, 전자이미지서명 및 행정전자서명을 제외한다)하여 시행하되, 필요한 경우에는 소속공무원으로 하여금 발신명의인의 서명표시인을 찍어 시행하게 할 수 있다. 다만, 전자문서인 경우에는 서명표시인을 사용하지 아니하고 전자문서서명, 전자이미지서명 또는 행정전자서명이 자동적으로 생성되도록 하여 시행하여야 한다.

④ 군의 기관 상호간에 발신하는 문서 중 경미한 내용의 문서는 일반 행정을

담당하는 참모 또는 기관의 장이 따로 지정하는 자의 서명에 한하여 발신할 수 있다.

5) 관인의 등록 및 재등록

(1) 등록 및 재등록 사유

① 행정기관이 신설 또는 분리된 경우
② 기존기관의 명칭이 변경된 경우
③ 관인을 분실한 경우
④ 관인이 마멸된 경우
⑤ 법령에 의하여 권한을 위임받은 경우
⑥ 기타 관인을 다시 새길 필요가 있는 경우 등

(2) 등록(재등록)기관 및 등록대상기관

관인의 등록기관 및 등록대상기관은 <표 11-12>와 같다.

〈표 11-12〉 등록기관 및 등록대상기관

등록대상기관	등록기관
중앙행정기관	행정안전부
중앙행정기관이 아닌 경우	직근 상급기관

(3) 등록절차

① **등록신청** : 행정기관이 관인을 등록 또는 재등록하고자 할 때에는 관인등록(재등록) 신청서 1부를 작성하여 등록기관에 신청한다.
② 등록 : 행정기관이 관인등록신청서를 접수한 때에는 등록대상기관인지의 여부, 관인의 종류 및 규격 등을 심사한 후 등록하되, 그 인영을 관인대장에 등록하여 보존한다.
③ 관인은 등록하지 아니하면 이를 사용하지 못한다.

(4) 전자관인의 등록 및 관리

① 각급 행정기관은 전자문서에 사용하기 위하여 전자관인을 가질 수 있으며, 전자관인은 관인을 전자입력하여 사용한다.

② 전자관인을 사용하고자 하는 기관은 "전자관인등록대장"에 의하여 문서과에 등록(또는 재등록)하여 컴퓨터파일 및 대장으로 관리한다. 이 경우 행정기관의 장은 전자관인을 위조 또는 부정사용하지 못하도록 필요한 조치를 하여야 한다.

③ 문서과의 장은 전자관인을 등록하는 경우에 일반관인의 인영을 전자관인등록대장의 해당란에 찍고, 그 찍은 인영을 전자적 이미지 형태로 컴퓨터파일에 등록한 후 이를 출력하여 전자관인등록대장의 해당란에 붙인다.

④ 전자관인을 사용하는 기관은 관인을 재등록하는 경우 즉시 사용 중인 전자관인을 삭제하고, 재등록한 관인을 전자입력하여 사용한다.

6) 관인의 폐기

(1) 폐기사유

① 관인을 분실하거나 관인이 마멸된 경우
② 행정기관이 폐지된 경우
③ 행정기관의 명칭이 변경된 경우
④ 기타 관인을 폐기할 필요가 있는 경우

(2) 폐기신고

관인을 폐기하고자 하는 때에는 관인 폐기신고서를 폐기대상관인을 첨부하여 관인등록기관에 신고한다.

(3) 폐기관인의 등록

관인등록기관은 관인폐기 신고내용을 관인대장에 기재한 후, 그 관인의 인영을 등록하여 보존한다.

(4) 폐기방법

관인을 폐기하는 때에는 이를 소각하거나 기타 적절한 방법으로 그 인영의 글씨를 알아볼 수 없도록 조치하여야 하며, 전자관인은 컴퓨터파일에서 삭제하여야 한다.

(5) 폐기대상관인의 보존

폐기대상관인을 역사적 유물이나 당해 기관의 자료로 활용하고자 할 경우 또는 기타 특별한 사유로 보존할 필요가 있을 때(예 : 철도박물관 등)에는 이를 정부기록보존소나 상급기관 기타 관계기관에 이관하여 보존할 수 있다.

7) 관인공고

(1) 공고사유

① 관인을 등록 또는 재등록한 경우
② 관인을 폐기한 경우

(2) 공고시기 및 절차

관인등록기관은 관인을 등록 · 재등록 또는 폐기한 때에는 지체 없이 해당 기관장에게 게재를 의뢰하여 공고한다. 관인을 폐기하고 재등록받을 경우에는 재등록 공고와 폐기공고를 함께 할 수 있다.

(3) 공고내용

① 관인의 등록 · 재등록 또는 폐기사유
② 등록 · 재등록 관인의 최초 사용 연월일 또는 폐기관인의 폐기 연월일
③ 등록 · 재등록 또는 폐기관인의 관인명 및 인영
④ 공고기관의 장

[**별지 제24호서식**] 〈개정 2003.7.14〉

관인대장

<table>
<tr><td>관인명</td><td colspan="5"></td></tr>
<tr><td>종류</td><td colspan="2">□청인 □직인 □특수관인</td><td>관리부서</td><td colspan="2"></td></tr>
<tr><td rowspan="8">□등록
·
□재등록관인</td><td rowspan="8">(인영)</td><td>등 록 일 (재등록일)</td><td colspan="3">년 월 일</td></tr>
<tr><td>새 긴 날</td><td colspan="3">년 월 일</td></tr>
<tr><td>새 긴 사 람</td><td colspan="3">주소 :
성명 및 상호 :
주민등록번호 :</td></tr>
<tr><td>최 초 사 용 일</td><td colspan="3">년 월 일</td></tr>
<tr><td>재 료</td><td colspan="3"></td></tr>
<tr><td>등 록 (재등록) 사 유</td><td colspan="3"></td></tr>
<tr><td>관 보 공 고</td><td colspan="3">년 월 일
공고 제 - 호</td></tr>
<tr><td>비 고</td><td colspan="3"></td></tr>
<tr><td rowspan="7">폐기관인</td><td rowspan="7">(인영)</td><td>등 록 일 (재등록일)</td><td colspan="3">년 월 일</td></tr>
<tr><td>폐 기 일 (분실일)</td><td colspan="3">년 월 일</td></tr>
<tr><td>폐 기 사 유</td><td colspan="3">□마멸 □분실 □기타( )</td></tr>
<tr><td>폐 기 방 법</td><td colspan="3">□소각 □이관 □기타( )</td></tr>
<tr><td>폐 기 자 (분실자)</td><td colspan="3">소속:
직급: 성명:</td></tr>
<tr><td>관 보 공 고</td><td colspan="3">년 월 일
공고 제 - 호</td></tr>
<tr><td>비 고</td><td colspan="3"></td></tr>
<tr><td colspan="6">※ 관인을 최초로 등록한 때에는 □등록란에 ∨표를, 재등록한 때에는 □재등록란에 ∨표를 한다.
※ 비고란은 관련문서의 등록번호 및 시행일자 등 참고사항을 기록한다.</td></tr>
</table>

210mm×297mm(보존용지(1종) 70g/㎡) 또는 210mm×297mm(한지)

[**별지 제25호서식**] 〈개정 2003.7.14〉

행정기관명

수신자 (　　　　　　)

제목 □관인등록(재등록) 신청
□관인폐기신고
□전자이미지관인등록(재등록) 신청

<table>
<tr><td colspan="2">관인명</td><td colspan="3"></td></tr>
<tr><td colspan="2">종류</td><td>□청인</td><td>□직인</td><td>□특수관인</td></tr>
<tr><td colspan="2">등록(재등록, 폐기)사유</td><td colspan="3"></td></tr>
<tr><td rowspan="3">폐기대상
관인처리</td><td>폐기예정일
(분실일)</td><td colspan="3">년 월 일</td></tr>
<tr><td>폐기방법</td><td colspan="3">□이관 □기타(　　　　　　)</td></tr>
<tr><td>폐기자
(분실자)</td><td colspan="3">소속 :
직급 : 성명 :</td></tr>
<tr><td colspan="2">비고</td><td colspan="3"></td></tr>
</table>

발신명의 [인]

기안자(직위/직급) 서명 검토자(직위/직급) 서명 결재권자(직위/직급) 서명

협조자(직위/직급) 서명

시행 처리과명-일련번호(시행일자) 접수 처리과명-일련번호(접수일자)

우 주소 /홈페이지 주소

전화( ) 전송( ) /공무원의 공식 전자우편주소/공개구분

210mm×297mm(일반용지 60g/㎡(재활용품))

[**별지 제25호의2서식**] 〈개정 2003.7.14〉

전자이미지관인대장

<table>
<tr><td colspan="2">관인명</td><td colspan="2"></td></tr>
<tr><td colspan="2">종류</td><td colspan="2">□청인 □직인 □특수관인</td></tr>
<tr><td rowspan="4">□등록
·
□재등록</td><td>전자이미지
관인인영</td><td colspan="2">등록일(재등록일) : 년 월 일
최초사용일 : 년 월 일</td></tr>
<tr><td rowspan="3">전자이미지관인
등록 당시의
일반관인인영</td><td>등록(재등록)사유</td><td></td></tr>
<tr><td>관 리 부 서</td><td></td></tr>
<tr><td>비 고</td><td></td></tr>
<tr><td rowspan="4">폐기</td><td rowspan="4">전자이미지
관인인영</td><td colspan="2">등록일(재등록일) : 년 월 일
폐기일 : 년 월 일</td></tr>
<tr><td>폐 기 사 유</td><td></td></tr>
<tr><td>폐 기 자</td><td>소속 : 직급 : 성명 :</td></tr>
<tr><td>비 고</td><td></td></tr>
</table>

※ 비고 : 전자이미지관인을 등록할 당시의 일반관인의 인영을 해당란에 찍고, 그 찍은 인영을 전자적인 이미지형태로 컴퓨터파일에 등록하며, 컴퓨터파일에 등록된 전자이미지관인을 출력하여 그 전자이미지관인의 인영을 해당란에 붙여야 한다.

210mm×297mm(보존용지(1종) 70g/㎡) 또는 210mm×297mm(한지)

[**별지 제26호서식**] 〈개정 1996.5.28〉

관인인쇄용지관리대장

<table>
<tr><td>인쇄문서명</td><td colspan="3"></td></tr>
<tr><td>관 인 명</td><td></td><td>인쇄관인규격</td><td></td></tr>
</table>

일자	인쇄량(매)	사용량(매)	사용내역	잔여량(매)	확인(서명)

15012-09011비
95.11.30 개정

210mm×297mm
(보존용지(2종) 70g/㎡)

12 서식의 관리

1) 서식관리의 개요

서식이란 각종 법령(헌법 · 대통령령 · 행정안전부령 · 부령) 또는 고시 · 훈령 · 예규 등에서 조문형식으로 나열할 수 없는 행정상의 필요사항을 상자형 · 비상자형 또는 기안(시행)문서 형태의 표현기법을 적절히 이용하여 신속성과 정확성 그리고 경제성을 확보할 수 있도록 글씨의 크기, 항목 간의 간격, 기재할 여백의 크기 등을 균형 있게 조절하여 사용하기 편리하도록 도안한 일정한 형식의 여백 있는 사무용지를 말한다.

서식의 종류로는 법령서식과 일반서식으로 구분되는데, 법령서식은 법률 · 대통령령 · 총리령 · 부령 · 조례 · 규칙 등 법령으로 정한 서식을 말하며, 일반서식은 법령서식을 제외한 모든 서식을 말한다.

2) 서식의 설계

(1) 서식설계의 일반원칙

서식설계의 일반적인 원칙은 다음과 같다.

① 서식에 사용되는 용지의 크기는 A4 규격(가로 210mm×세로 297mm)을 기본으로 하되, 부득이한 경우에는 별표에서 따로 정하는 규격용지 중에서 선택하여 사용한다. 다만, 증표류 또는 컴퓨터에 의한 기록서식 등 기타 특별한 사유가 있는 경우에는 그에 적합한 규격의 용지를 사용할 수 있다.

② 서식은 특별한 사유가 있는 경우를 제외하고는 별도의 기안문 및 시행문을 작성하지 아니하고 서식자체를 기안문 및 시행문으로 갈음할 수 있도록 생산등록번호 · 접수등록번호 · 수신자 · 시행일자 및 접수일자 등의 항목을 넣어 설계한다.

③ 전자문서의 서식에 대하여는 「전자정부법 시행령」 제4조의 규정이 정하는

바에 의한다.

④ 서식에는 호적 · 병적 · 연고지 조사 등의 필요가 있는 경우를 제외하고는 본적란을 설치하지 아니한다.

⑤ 민원서식에는 당해 민원사무의 처리절차 · 연락처 · 처리기간 및 전자적 처리가능 여부 등을 표시하여 민원인의 편의를 도모하여야 한다.

⑥ 서식은 누구나 쉽게 이해할 수 있는 용어를 사용하여 설계하여야 하며, 불필요하거나 활용도가 낮은 항목을 넣어서는 아니된다.

⑦ 서식은 법령에 의하여 서식에 날인하도록 정한 경우를 제외하고는 서명이나 날인을 선택적으로 할 수 있도록 설계하여야 한다.

⑧ 서식은 글씨의 크기, 항목 간의 간격, 기재할 여백의 크기 등을 균형있게 조절하여 기입항목의 식별이 쉽도록 설계하여야 한다.

⑨ 서식에는 가능한 한 행정기관의 로고 · 상징 · 마크 또는 홍보문구 등을 표시하여 행정기관의 이미지가 제고될 수 있도록 하여야 한다.

(2) 용지의 지질 및 중량

서식용지의 지질 및 단위당 중량을 결정할 때에는 다음 사항을 참작하여야 한다.

① 사용목적

② 보존기간 및 보존방법

③ 기재방법

④ 복사방법 및 복사매수

⑤ 사용빈도

⑥ 사무자동화기기의 활용여부

보다 구체적인 서식용지의 사용용도별 지질 · 중량기준은 다음과 같다.

[**별표 23**] 〈개정 1996.5.28〉

서식용지의 사용용도별 지질 · 중량기준(제84조관련)

번호	서식용지의 용도	지질 및 중량
1	비치카드 · 상장 · 통지서(엽서) · 임용장, 휴대 또는 게시하는 각종 증서 등	보존용지(1종) 120g/m²
2	보존기간이 20년 이상인 문서의 서식, 보존기간이 10년 이상인 기안용지 · 회계장부 및 특수대장	보존용지(1종) 70g/m²
3	보존기간이 10년 이상인 문서의 서식(제2호의 서식 제외), 보존기간이 5년 이하인 문서의 서식, 일반대장(보존기간 10년 미만) 및 회의안건 · 보고서 등	보존용지(2종) 70g/m² 또는 일반용지 60g/m²(재활용품)
4	각종 민원신청서 및 신고서 · 통지서	일반용지 60g/m²(재활용품) 또는 신문용지 54g/m²(재활용품)
5	행정간행물(보존기간 10년 이상)	보존용지(2종) 70g/m²

(3) 서식의 설계기준

① 행정기관명, 발신명의 및 결재란 등

- 행정기관명 : 그 문서를 기안한 부서가 속한 행정기관명을 가장 윗부분 가운데에 둔다.
- 발신명의 : 본문의 아랫부분 가운데에 둔다.
- 결재란 등 : 공문서의 발신명의의 아래에 다음 사항을 설치한다.
  - 기안자, 검토자, 협조자, 결재권자의 직위(직급) 및 서명
  - 우편번호, 주소, 홈페이지 주소
  - 전화번호, 모사전송번호, 공무원의 공식 전자우편주소, 공개구분

② 표제란

- 서식명
  - 다른 서식과 혼동을 일으키지 않도록 서식의 내용을 확실히 알 수 있는 명칭을 붙인다.
  - 위치는 윗부분 가운데에 둠을 원칙으로 한다.

- 수신자명
- 수신자명의 위치는 윗부분 왼쪽에 둠을 원칙으로 한다.
- 수신자가 일정한 경우에는 이를 명시한다.
- 발행일자
- 위치는 윗부분 또는 아랫부분 오른쪽에 둠을 원칙으로 한다.
- 시행문서로서의 성격을 가진 것은 문서번호와 함께 시행일자를 명시한다.
- 발행번호
- 각종 증명서 등의 서식에 발행번호를 둔다.
- 발신명의
- 위치는 아랫부분 가운데에 둠을 원칙으로 한다.
- 발신명의를 명시함을 원칙으로 한다.
- 발신명의 다음에는 성명을 표시하지 않는 것을 원칙으로 한다.

③ 본란

- 항목란
- 구비서류를 따로 받지 않도록 그 내용을 기입할 수 있는 항목을 둠을 원칙으로 한다.
- 항목의 일련번호는 왼쪽에서 오른쪽으로, 위에서 아래로 정한다.
- 항목은 서식의 내용을 쉽고 일관성 있게 파악할 수 있도록 배열한다.
- 검토 · 분류 · 선별의 대상 및 기준이 되는 항목은 다음의 위치에 둔다.
  첫째, 왼쪽에서 철하는 경우는 오른쪽에
  둘째, 위에서 철하는 경우에는 아랫부분에
  셋째, 카드의 경우에는 윗부분의 위치에 둔다.
- 다른 서식에 옮겨 적어야 하는 항목은 그 서식에 따라 배열함을 원칙으로 한다.
- 민원서식은 다음과 같이 배열함을 원칙으로 한다.
  첫째, 인적사항은 서식명 바로 아랫부분에
  둘째, 구비서류의 종류 및 부수는 왼쪽 아랫부분에
  셋째, 처리기간은 오른쪽 윗부분에

넷째, 수수료는 오른쪽 아랫부분에

다섯째, 업무흐름도는 아랫부분 또는 뒤쪽에 위치한다.

여섯째, 전자신청 가능여부는 오른쪽 윗부분 여백에 다음 사례와 같이 전자신청 가능여부를 표시한다.

[사례] 이 서식은 전자신청이 가능한 서식입니다.

- 행정편의와 단순한 관행상의 이유만으로 민원서식상의 날인란을 두지 아니하며, 필요한 경우에는 서명 또는 손도장으로 갈음한다.
- 주소 변경 시 법령에 신고규정이 없는 허가증, 인가증, 자격증, 신고필증 등의 서식에는 주소란을 두지 않는다.
- 오른쪽 상단에 전자적 신청이 가능한 경우에는 이를 표시한다.

• 기입란

- 너비는 타장의 경우는 9mm, 필기의 경우는 10mm, 다기능 사무기기의 경우는 8.5mm로 함을 원칙으로 한다.
- 길이는 해당란에 기입할 내용에 따라 정한다.
- 기입란 명은 기입할 내용을 확실히 알 수 있는 명칭을 붙인다.

• 금액 및 숫자란

- 계산이 필요한 숫자란은 계산의 순서를 고려하여 상하 또는 좌우로 배열하고 계산부호를 붙인다.

④ 부가란

• 기재상 주의사항 : 서식의 윗부분에 기입하되, 부득이한 경우에는 앞 면의 윗부분에 주의사항에 대한 안내문구를 표시하고 벽지 또는 뒷면에 그 내용을 기입한다.

• 비고란 : 기재할 내용이 있는 경우에만 둔다.

• 공지사항 : 공지할 필요가 있는 사항은 서식의 아랫부분에 둠을 원칙으로 한다.

3) 서식의 제정 · 승인 및 관리

(1) 서식의 제정

다음에 해당하는 서식은 법령으로 정한다.

첫째, 국민의 권리 · 의무와 직접 관계되는 사항을 정하는 서식

둘째, 인가 · 허가 및 승인 등 민원에 관계되는 서식

셋째, 행정기관에 공통적으로 사용되는 서식 중 중요한 서식 등

법령에서 고시 등으로 정하도록 한 경우와 기타 특별한 사유가 있는 경우에는 그 서식을 고시 · 훈령 또는 예규 등으로 정할 수 있다.

(2) 서식의 승인

중앙행정기관이 법령으로 서식을 제정 또는 개정하고자 하는 경우에는 국무총리의 승인을 얻어야 한다.

중앙행정기관의 소속기관이 서식을 제정 또는 개정하고자 하는 경우에는 소속 중앙행정기관의 장의, 지방자치단체의 경우에는 행정안전부장관의, 교육행정기관의 경우에는 교육과학기술부장관의 승인을 얻어야 한다. 다만, 지방자치단체 간 또는 지방교육행정기관 간 공통으로 사용되지 아니하는 서식이나 단순 · 경미한 서식은 지방자치단체의 장 또는 지방교육행정기관의 장이 정한다.

행정기관은 서식의 제정 또는 개정의 승인신청을 하는 때에는 서식승인신청서에 서식초안 2부를 첨부하여야 한다. 이 경우 서식초안은 특별한 사유가 있는 경우를 제외하고는 전산기기에 의하여 작성하여야 하며, 2 이상의 기관에 관계되는 서식은 관계기관 간의 사전협의를 거쳐야 한다.

승인된 서식에는 당해 서식의 아래 한계선 오른쪽 밑에 용지의 규격 · 지질 및 단위당 중량을 표시하여야 한다.

서식승인기관은 서식을 승인한 때에는 승인서식목록, 당해 서식 및 별지 제38호 서식의 서식제원표를 붙여 당해 서식의 승인신청기관에 통보하여야 한다.

서식의 수정은 승인된 서식에 대하여 전산화 등으로 승인된 서식을 그대로 사용할 수 없는 경우와 단순히 자구수정이나 활자크기, 종이류 등을 변경하고자 할

경우에는 서식제정의 근본목적을 침해하지 아니하는 범위 안에서 이를 변경 사용할 수 있으며, 사후통보로 승인에 갈음한다. 그리고 서식승인기관이 서식을 승인한 때에는 당해 서식승인사항을 서식승인신청기관에 송부한다.

(3) 서식의 관리 및 규격

① 서식관리

행정기관의 장은 부득이한 경우를 제외하고는 서식을 전산기기에 의한 전산관리를 하고 이를 사용자에게 제공하여야 하며, 국민의 편의를 위하여 필요하다고 인정되는 서식은 디스크 등에 수록하여 정부 전산정보관리장에게 통보하여야 한다.

② 서식규격

서식의 아래 한계선 오른쪽 밑에 용지의 규격, 지질 및 단위당 중량을 표시하는 때에는 다음의 사례와 같이 용지의 규격 다음에 괄호하여 지질 및 단위당 중량을 표시하여야 한다.

- [사례] 210mm×297mm(일반용지 60g/m^2(재활용품))

13 보고사무 및 협조사무

1) 보고사무

(1) 보고의 개념

보고란 상하계층 간이나 기관상호 간에 법령의 규정 또는 지시나 명령에 의하여 구두 · 전화 · 전신 또는 서면 등으로 일정한 의사 또는 자료를 전달하는 것을 말한다.

(2) 보고의 목적

보고는 정책결정 및 방침설정을 위한 현황을 파악하고, 사업추진 상황을 확인하여 합리적인 통제 · 조정 등을 하기 위하여 실시된다.

(3) 보고의 필요성

보고는 ① 정책수립, ② 사업지원 또는 사업결과 평가, ③ 업무의 독려 및 촉구, ④ 업무의 협조, ⑤ 사실확인 등을 위하여 필요하다.

(4) 행정기관 간 보고

행정기관이 다른 행정기관으로부터 보고를 받으려는 경우에는 충분한 보고기일을 징하여 필요한 범위에서 보고를 요구하여야 한다(규정 제42조).

(5) 보고기일

보고기일은 보고기관의 범위, 보고내용의 난이도 및 보고작성에 소요되는 시간 등을 참작하여 정한다(규정 제51조).

(6) 보고의 촉구

보고요구기관의 장은 보고가 기일 내에 도달되지 아니한 경우에는 보고기관의 장에게 보고를 촉구할 수 있다(규정 제52조).

2) 협조사무

(1) 기관 간 업무협조의 의의

기관 간 업무협조란 행정기관이 업무를 처리함에 있어서 그 업무를 직접 담당하는 기관과 그 업무와 관계되는 다른 기관의 공동 목적 달성을 위한 쌍방의 노력으로 협의에 의하여 관련사항의 상호균형과 조화를 유지하도록 하는 것을 말한다.

(2) 협조대상업무

행정기관이 다음에 해당하는 업무를 행하고자 하는 때에는 당해 업무의 기획 ·

확정 · 공표 또는 시행 전에 관계기관의 업무협조를 받아야 한다(규정 제55조 제1항).

① 2이상의 행정기관이 공동으로 행하는 것이 필요한 업무
② 다른 행정기관의 행정지원을 필요로 하는 업무
③ 다른 행정기관이나 상급기관의 인가 · 승인 등을 거쳐야 하는 업무
④ 기타 다른 행정기관의 협의 · 동의 및 의견조회 등이 필요한 업무

[필수 협조사항]

- 정부의 중 · 장기계획에 관한 사항
- 국민생활에 직접적인 영향을 미치는 사항
- 대규모 투자 · 개발사업, 공공요금 결정사항 등에 관한 사항
- 다수 국민의 관심이 높고 이해가 상충되는 사항
- 업무가 다수 기관에 관련되어 의견조정 등이 필요한 사항 등

(3) 업무협조 요청

① 업무협조를 요청함에 있어서는 그 취지와 추진계획 및 파급효과 등 당해 업무협조사안에 대한 이해를 도울 수 있는 관계자료를 함께 송부하여야 한다(규정 제55조 제2항).
② 업무협조의 요청을 받은 기관은 정부업무가 효율적으로 수행되도록 적극 협조하여야 한다(규정 제55조 제1항). 또한 협조요청문서에 흠이 있음을 발견한 때에는 보완을 요구할 수 있다(규정 제65조 제1항).

(4) 협조 처리기간

협조업무의 처리기간은 업무협조를 요청하는 기관이 업무협조 내용과 그 처리 및 회신에 필요한 기간 등을 참작하여 정한다(규정 제64조).

(5) 업무협조의 촉구

업무협조 요청기관은 협조문서가 처리기간 내에 도달되지 아니한 때에는 당해 협조기관에 대하여 업무협조를 촉구할 수 있다(규정 제66조 제1항).

14 업무편람

1) 업무편람의 개요

업무편람이란 업무수행에 합리적 방향을 제시해 주는 것으로서 능률성과 경제성의 원칙에 따라 단순화하고 표준화하여 이해하기 쉽고 업무처리에 편리하도록 작성한 업무지침서이다.

업무편람의 종류에는 행정편람과 직무편람이 있으며, 행정편람은 행정기관에서 발간 · 배포하여 활용하는 편람을 말하며, 직무편람은 부서별로 작성 · 활용하는 편람으로 부서편람이라고도 한다.

2) 행정편람

행정편람이라 함은 다수의 행정기관 또는 담당자가 공통적으로 활용하는 업무지침서 또는 업무참고서를 말한다.

행정편람의 심의에 있어서 행정기관의 장은 행정편람을 발간함에 있어 필요한 경우에 해당 기관의 공무원 및 관계 전문가를 심의자문위원으로 위촉할 수 있으며, 심의자문위원회에 대해서는 예산의 범위 안에서 수당 기타 필요한 경비 등 수당을 지급할 수 있다.

행정편람은 당해 행정기관의 장이 발간하며, 행정편람의 관리는 개인소장을 금지하고 서가 또는 책장에 비치하여 관계자가 누구든지 항상 손쉽게 참조 · 활용할 수 있도록 하여야 하며, 관리책임자를 지정하여 자료관리대장에 등록 · 관리하여야 한다. 또한 행정편람의 발간기관은 관련제도의 변경 등으로 행정편람의 내용을 수정 또는 보완하여야 하는 사유가 발생한 때에는 그 내용을 수정 또는 보완하여야 한다.

3) 직무편람

직무편람 혹은 부서편람이라 함은 부서별로 그 소관업무에 대한 업무계획 · 관련업무현황 · 기타 참고자료 등을 체계적으로 정리하여 활용하는 업무현황철 또는 업무참고철을 말한다.

부서편람의 작성대상은 특별한 사유가 있는 경우를 제외하고는 행정기관의 직제에 규정된 최하 단위 부서(과 또는 담당관)별로 작성한다. 직무편람에 포함될 내용은 다음과 같다.

① 업무연혁 · 관련 업무현황 및 주요 업무계획
② 업무의 처리절차 및 흐름도
③ 소관 보존문서 현황
④ 기타 업무처리에 필요한 참고사항 등

업무를 담당하는 직원의 교체 또는 조직개편, 사회복지 사무의 재분장 등으로 소관업무를 인계 · 인수하는 때에는 직무편람과 함께 인계 · 인수하여 업무현황의 파악이 용이하도록 하고 업무처리지식 등이 축적될 수 있도록 하여야 한다.

직무편람의 관리는 처리과의 장이 정기 또는 수시로 직무편람의 내용을 점검하여야 하며, 업무편람은 컴퓨터파일로 관리할 수 있다.

참고문헌 〉〉〉〉〉

권용우(2001). 민법총칙. 서울 : 법문사.

김용범(2006). 사회복지행정실무. 서울 : 양서원.

김형수(2006). 한국 비영리법인 복지시설의 유형분류와 발전방안에 관한 연구. 동신대학교 대학원 박사학위 논문.

문순영(2000). 한국 민간사회복지부분의 구조적 특성에 관한 연구. 동국대학교 대학원 박사학위 논문.

박태영(2008). 사회복지시설운영론. 서울 : 학현사.

법제처(2011). 사무관리규정.

보건복지부(2011). 노인복지사업안내.

보건복지부(2011). 아동복지사업안내.

보건복지부(2011). 장애인복지사업안내.

보건복지부(2011). 사회복지시설 관리안내.

서찬교(2004). 사회복지시설운영론. 서울 : 홍익제

오정수 · 류진석(2005). 지역사회복지론. 서울 : 학지사

원요한(2004). 사회복지시설론. 서울 : 학현사.

이만우 · 노준화(2005). 사회복지법인의 회계와 세무. 서울 : 탐진.

이영희(2003). 사회복지시설운영론. 대구 : 홍익출판사.

이창희(2011). 사무관리개론. 서울 : 정익사.

한국사회복지사협회(2006). 사회복지행정 · 회계 매뉴얼.

O'Neill, Michael. (1989). "Responsible Management in the Nonprofit Sector." in Virginia A. Hodgkinson. Richard W. Lyman and Associates eds., The Future of the Nonprofit Sector : Challengers, changes, and Policy Considerations. The Jossey-Bass nonprofit sector series.

Salamon, L. & Anheier, H. (1993). "A Comparative Study of the Nonprofit Sector : Purpose, Methodology, Definition and Classification." S. Saxon-Harrod & J. Kendall, eds. Researching the Voluntary Sector. Vol 1. Tonbridge Charites Aid Fund.

[부 록 1]

사무관리규정

[대통령령 제22322호 일부개정 2010. 08. 04.]

제1장 총칙

제1조(목적) 이 영은 행정기관의 사무관리에 관한 사항을 규정함으로써 사무의 간소화·표준화·과학화 및 정보화를 기하여 행정의 능률을 높임을 목적으로 한다. [개정 2002.12.26.] [[시행일 2004.01.01.]]

제2조(적용범위) 중앙행정기관(대통령직속기관 및 국무총리직속기관을 포함한다. 이하 같다) 및 그 소속기관, 지방자치단체의 기관과 군의 기관(이하 "행정기관"이라 한다)의 사무관리에 관하여는 다른 법령에 특별한 규정이 있는 경우를 제외하고는 이 영이 정하는 바에 의한다.

제3조(정의) 이 영에서 사용하는 용어의 정의는 다음과 같다. [개정 96.5.3, 99.8.7, 2001.2.14, 2002.12.26, 2006.3.29]

1. "공문서"라 함은 행정기관 내부 또는 상호간이나 대외적으로 공무상 작성 또는 시행되는 문서(도면·사진·디스크·테이프·필름·슬라이드·전자문서 등의 특수매체기록을 포함한다. 이하 같다) 및 행정기관이 접수한 모든 문서를 말한다.
2. "문서과"라 함은 행정기관 내의 공문서의 분류·배부·수발업무지원 및 보존 등 문서에 관한 사무를 주관하는 과·담당관 또는 계를 말한다.
3. "처리과"라 함은 문서의 수발 및 사무처리를 주관하는 과·담당관 또는 계를 말한다.
4. 및 5. 삭제 [99·12·7]
6. "정보통신망"이라 함은 전기통신설비를 활용하거나 전기통신설비와 컴퓨터 및 컴퓨터의 이용기술을 활용하여 정보를 수집·가공·저장·검색·송신 또는 수신하는 정보통신체제를 말한다.
7. "전자문서"라 함은 컴퓨터 등 정보처리능력을 가진 장치에 의하여 전자적인 형태로 작성, 송·수신 또는 저장된 문서를 말한다.
8. "서명"이라 함은 기안자·검토자·협조자·결재권자 또는 발신명의인이 공문서(전자문서를 제외한다) 상에 자필로 자기의 성명을 다른 사람이 알아볼 수 있도록 한글로 표시하는 것을 말한다. [[시행일 2004.01.01.]]

8의2. "전자문자서명"이라 함은 기안자·검토자·협조자·결재권자 또는 발신명의인이 전자문서 상에 전자적 결합으로 자동 생성된 자기의 성명을 전자적인 문자 형태로 표시하는 것을 말한다. [신설 2002.12.26.][[시행일 2004.01.01.]]

9. "전자이미지서명"이라 함은 기안자·검토자·협조자·결재권자 또는 발신명의인이 전자문서상에 전자적인 이미지 형태로 된 자기의 성명을 표시하는 것을 말한다. [[시행일 2004.01.01.]]
10. "행정전자서명"이라 함은 기안자·검토자·협조자·결재권자 또는 발신명의인의 신원과 전자문서의 변경여부를 확인할 수 있도록 당해 전자문서에 첨부되거나 논리적으로 결합된 전자적 형태의 정보로서 인

증을 받은 것을 말한다. [[시행일 2004.01.01.]]

11. “전자이미지관인”이라 함은 관인의 인영을 컴퓨터 등 정보처리능력을 가진 장치에 전자적인 이미지 형태로 입력하여 사용하는 관인을 말한다. [[시행일 2004.01.01.]]

12. “전자문서시스템”이라 함은 문서의 기안·검토·협조·결재·등록·시행·분류·편철·보관·보존·이관·접수·배부·공람·검색·활용 등 문서의 모든 처리절차가 전자적으로 처리되는 시스템을 말한다. [신설 2002.12.26.][[시행일 2004.01.01.]]

13. “행정정보시스템”이라 함은 행정기관이 행정정보를 생산·수집·가공·저장·검색·제공·송신·수신 및 활용하기 위한 하드웨어·소프트웨어·데이터베이스와 처리절차 등을 통합한 시스템을 말한다. [신설 2002.12.26.][[시행일 2004.01.01.]]

14. “업무관리시스템”이라 함은 행정기관이 업무처리의 전 과정을 과제관리카드 및 문서관리카드 등을 이용하여 전자적으로 관리하는 시스템을 말한다.

제4조(사무관리의 원칙) 행정기관의 사무는 용이성·정확성·신속성 및 경제성이 확보될 수 있도록 관리하여야 한다.

제5조(사무의 분장) 각 처리과의 장은 사무의 능률적 처리와 책임소재의 명확을 기하기 위하여 소관사무를 단위업무별로 분장하되, 소속공무원간의 업무량이 균형되게 하여야 한다.

제6조(사무의 인계·인수) 공무원이 조직개편, 인사발령 또는 사무분장의 조정 등의 사유로 사무를 인계·인수하는 때에는 담당사무에 관한 진행상황·관계문서·자료 기타 업무와 관련되는 사항을 구체적으로 문서로 작성하여 인계·인수하여야 한다. 이 경우 본문에 따른 문서의 작성은 전자문서시스템을 이용하여 할 수 있다. [개정 1999.8.7, 2010.3.23]

제1장의2 업무관리시스템 [본장신설 2006.3.29]

제6조의2(업무관리시스템) ① 행정기관의 장은 업무처리의 전 과정을 효율적으로 관리하기 위하여 업무관리시스템을 구축·운영하여야 한다. 다만, 업무의 성격 그 밖의 특별한 사유가 있는 경우에는 그러하지 아니하다.

② 행정안전부장관은 제1항에 따른 업무관리시스템의 구축·운영을 지원하기 위한 계획을 수립·시행할 수 있다. [개정 2008.2.29 제20741호(행정안전부와 그 소속기관 직제)]

[본조신설 2006.3.29]

제6조의3(업무관리시스템의 구성 및 운영) ① 업무관리시스템에는 과제관리카드 및 문서관리카드 등이 포함되어야 한다.

② 과제관리카드는 행정기관의 소관 업무를 기능 및 목적 등의 기준에 따라 구분하고, 과제 담당자·내용 및 추진실적 등을 기록·관리할 수 있도록 구성되어야 한다. [개정 2008.9.2]

③ 문서관리카드는 단위과제 및 관리과제의 효율적인 관리를 위하여 문서의 작성·검토·결재·등록·시행·접수·활용 등 문서처리의 모든 과정을 기록할 수 있도록 다음 각 호의 사항을 포함하여 구성되어야 한다. [개정 2008.9.2]

1. 기안한 내용

2. 의사결정과정에서 제기된 의견, 수정된 내용 및 지시 사항
3. 의사결정내용
④ 문서관리카드는 당해 문서관리카드에 대한 결재권자의 전자문자서명 및 처리일자의 표시에 의한 결재가 있음으로써 공문서로 성립한다.
⑤ 과제관리카드 및 문서관리카드는 공공기록물 관리에 관한 법령이 정하는 바에 따라 관리하여야 한다. [개정 2010.3.23]
⑥ 그 밖에 업무관리시스템의 구성 및 운영 등에 관하여 필요한 세부적인 사항은 행정안전부령으로 정한다. [개정 2008.2.29 제20741호(행정안전부와 그 소속기관 직제)]
[본조신설 2006.3.29]

제6조의4(업무관리시스템의 연계・운영) ① 행정기관의 장은 효율적인 업무관리를 위하여 업무관리시스템을 행정정보시스템 및 그 밖의 정부 기능분류 관련 시스템과 연계・운영하여야 한다. 다만, 업무의 성격 그 밖의 특별한 사유가 있는 경우에는 그러하지 아니하다.
② 행정기관의 장은 업무관리시스템으로 관리한 업무실적 등을 효과적으로 활용하도록 노력하여야 한다.
[본조신설 2006.3.29]

제6조의5(업무관리시스템의 표준 고시 등) ① 행정안전부장관은 업무관리시스템 관련 규격표준 및 유통표준 등을 정하여야 한다. 이 경우 「산업표준화법」 제12조에 따른 한국산업표준이 제정되어 있는 사항에 대하여는 그 표준에 따른다. [개정 2008.2.29 제20741호(행정안전부와 그 소속기관 직제), 2008.5.21 제20789호(산업표준화법 시행령)]
② 행정안전부장관은 제1항에 따라 규격표준 및 유통표준 등을 정한 경우에는 이를 관보에 고시하고 인터넷에 게시하여야 한다. 그 표준을 변경하는 경우에도 또한 같다. [개정 2008.2.29 제20741호(행정안전부와 그 소속기관 직제)]
③ 행정기관의 장은 특별한 사유가 없는 한 제1항의 표준에 적합한 업무관리시스템을 사용하여야 한다.
[본조신설 2006.3.29]

제2장 공문서관리

제1절 일반사항

제7조(공문서의 종류) 공문서(이하 "문서"라 한다)는 다음과 같이 법규문서·지시문서·공고문서·비치문서·민원문서 및 일반문서로 나눈다. [개정 96·5·3]
1. 법규문서는 헌법·법률·대통령령·총리령·부령·조례 및 규칙 등에 관한 문서를 말한다.
2. 지시문서는 훈령·지시·예규 및 일일명령 등 행정기관이 그 하급기관 또는 소속공무원에 대하여 일정한 사항을 지시하는 문서를 말한다.
3. 공고문서는 고시·공고 등 행정기관이 일정한 사항을 일반에게 알리기 위한 문서를 말한다.
4. 비치문서는 비치대장·비치카드 등 행정기관이 일정한 사항을 기록하여 행정기관 내부에 비치하면서 업무에 활용하는 문서를 말한다.
5. 민원문서는 민원인이 행정기관에 대하여 허가·인가·기타 처분 등 특정한 행위를 요구하는 문서 및 그에 대한 처리문서를 말한다.

6. 일반문서는 제1호 내지 제5호에 속하지 아니하는 모든 문서를 말한다.

제8조(문서의 성립 및 효력발생) ① 문서는 당해 문서에 대한 서명(전자문자서명·전자이미지서명 및 행정전자서명을 포함한다. 이하 같다)에 의한 결재가 있음으로써 성립한다. [개정 96·5·3, 99·8·7, 2001·2·14, 2002.12.26.] [[시행일 2004.01.01.]]

② 문서는 수신자에게 도달(전자문서는 수신자의 컴퓨터 파일에 기록되는 것을 말한다)됨으로써 그 효력을 발생한다. 다만, 공고문서의 경우에는 공고문서에 특별한 규정이 있는 경우를 제외하고는 그 고시 또는 공고가 있은 후 5일이 경과한 날부터 효력을 발생한다. [개정 96·5·3, 99·8·7]

③ 삭제 [99·8·7]

④ 민원문서를 정보통신망을 이용하여 접수·처리한 경우에는 당해 민원사항을 규정한 법령에서 정한 절차에 따라 접수·처리된 것으로 본다. [신설 96·5·3, 99·8·7]

제8조의2 삭제 [2010.3.23]

제9조(문서의 발신원칙) ① 문서는 직접 처리하여야 할 행정기관에 발신한다. 다만, 필요한 경우에는 행정조직상의 계통에 따라 발신한다. [개정 99·8·7]

② 하급기관이 직근 상급기관 외의 상급기관(당해 하급기관에 대한 지휘·감독권을 가지는 상급기관을 말한다. 이하 이 조에서 같다)에 발신하는 문서 중 필요하다고 인정되는 문서는 그 직근 상급기관을 경유하여 발신하여야 한다. [개정 99·8·7]

③ 제2항의 규정은 상급기관에서 직근 하급기관 외의 하급기관(당해 상급기관이 지휘·감독권을 가지는 하급기관을 말한다)에 문서를 발신하는 경우에 이를 준용한다.

제9조의2 삭제 [2001.6.30.]

제9조의3 삭제 [2001.6.30.]

제2절 문서의 작성 및 처리

제10조(문서작성의 일반원칙) ① 문서는 「국어기본법」 제11조에 따른 어문규범에 맞게 한글로 작성하되, 쉽고 간명하게 표현하고, 뜻을 정확하게 전달하기 위하여 필요한 경우에는 괄호 안에 한자 그 밖의 외국어를 넣어 쓸 수 있으며, 특별한 사유가 있는 경우를 제외하고는 가로로 쓴다. [개정 2002.12.26, 2008.9.2]

② 문서에 쓰는 숫자는 특별한 사유가 있는 경우를 제외하고는 아라비아숫자로 한다.

③ 문서에 쓰는 날짜의 표기는 숫자로 하되, 연·월·일의 글자는 생략하고 그 자리에 온점을 찍어 표시하며, 시·분의 표기는 24시각제에 따라 숫자로 하되, 시·분의 글자는 생략하고 그 사이에 쌍점을 찍어 구분한다. 다만, 특별한 사유로 인하여 다른 방법으로 표시할 필요가 있는 경우에는 그러하지 아니하다.

④ 문서의 작성에 쓰이는 용지의 크기는 특별한 사유가 있는 경우를 제외하고는 가로 210밀리미터, 세로 297밀리미터로 한다.

[본조제목개정 2002.12.26.] [[시행일 2004.01.01.]]

제10조의2(문서의 전자적 처리) 행정기관의 장은 문서의 기안·검토·협조·결재·등록·시행·분류·편철·보관·보존·이관·접수·배부·공람·검색·활용 등 문서의 처리절차가 전자문서시스템 또는 업무관리시스템 상에서

전자적으로 처리되도록 하여야 한다.
[본조신설 2002.12.26, 2006.3.29]

제11조(문서의 수정) 문서의 일부분을 삭제하거나 수정한 때에는 행정안전부령이 정하는 바에 따라 삭제하거나 수정한 곳에 서명 또는 날인하여야 한다. 다만, 전자문서를 본문의 규정에 따라 수정할 수 없을 경우에는 수정한 내용대로 재작성하여 결재를 받아 시행하되, 수정 전의 전자문서는 기안자·검토자 또는 결재권자가 보존할 필요가 있다고 인정하는 경우에는 이를 보존하여야 한다. [개정 1996.5.3, 1998.7.1, 1999.8.7, 2002.12.26, 2008.2.29 제20741호(행정안전부와 그 소속기관 직제)]

제12조(문서의 간인) ① 다음 각호의 1에 해당하는 2장 이상으로 이루어지는 문서에는 행정안전부령이 정하는 바에 따라 간인하여야 한다. [개정 1998.7.1, 1999.8.7, 2008.2.29 제20741호(행정안전부와 그 소속기관 직제)]

1. 전후관계를 명백히 할 필요가 있는 문서
2. 사실 또는 법률관계의 증명에 관계되는 문서
3. 허가·인가 및 등록 등에 관계되는 문서

② 제1항의 규정에 불구하고 민원서류 기타 필요하다고 인정되는 문서는 간인에 갈음하여 천공방식으로 할 수 있다. [신설 1999.8.7]

③ 전자문서의 간인은 행정안전부령이 정하는 면 표시 또는 발급번호 기재 등의 방법으로 할 수 있다. [신설 1999.8.7, 2008.2.29 제20741호(행정안전부와 그 소속기관 직제)]

제13조(발신명의) ① 문서의 발신명의는 행정기관의 장(법령에 의하여 행정권한이 위임 또는 위탁된 경우에는 그 위임 또는 위탁을 받은 자를 말한다. 이하 같다)으로 한다. 다만, 행정기관 내의 보조기관 또는 보좌기관 상호간에 발신하는 문서(이하 “대내문서”라 한다)는 당해 보조기관 또는 보좌기관의 명의로 한다. [개정 96·5·3]

② 제1항 본문의 규정에 불구하고 합의제 기관의 권한에 속하는 문서의 발신명의는 당해행정기관으로 한다. [신설 99·8·7]

③ 내부결재문서는 발신명의를 표시하지 아니한다. [신설 2002.12.26.] [[시행일 2004.01.01.]]

제14조(문서의 기안) ① 문서의 기안은 전자문서로 함을 원칙으로 한다. 다만, 업무의 성격 기타 특별한 사정이 있는 경우에는 그러하지 아니하다. [신설 1999.8.7]

② 문서의 기안은 행정안전부령이 정하는 기안문서(이하 “기안문”이라 한다)로 하여야 한다. 다만, 관계서식이 따로 있는 경우에는 그 내용을 관계서식에 기입하는 방법으로 할 수 있다. [개정 1999.8.7, 2008.2.29 제20741호(행정안전부와 그 소속기관 직제)]

③ 삭제 [2002.12.26]

④ 2이상의 행정기관의 장의 결재를 요하는 문서는 그 문서의 처리를 주관하는 기관에서 기안하여야 한다.

⑤ 기안문에는 행정안전부령이 정하는 바에 따라 발의자(기안하도록 지시한 자를 말하며, 기안자가 스스로 입안한 경우에는 기안자를 말한다)와 보고자(결재권자에게 직접 보고하는 자를 말한다)를 알 수 있도록 표시하여야 한다. 다만, 다음 각호의 문서는 이를 생략할 수 있다. [개정 1999.8.7, 2002.12.26, 2008.2.29 제20741호(행정안전부와 그 소속기관 직제)]

1. 검토 및 결정을 요하지 아니하는 문서
2. 제증명 발급, 회의록 기타 단순사실을 기록한 문서

3. 일상적·반복적인 업무로서 경미한 사항에 관한 문서

제15조(검토 및 협조) ① 기안문은 결재권자의 결재를 받기 전에 보조기관 또는 보좌기관의 검토를 받아야 한다. 다만, 보조기관 또는 보좌기관의 출장 등의 사유로 검토를 받을 수 없는 등 부득이한 경우에는 이를 생략할 수 있으며, 이 경우 검토자의 서명란에 출장 등의 사유를 명시하여야 한다. [개정 99·8·7, 2002.12.26.] [[시행일 2004.01.01.]]

② 문서의 내용이 행정기관 내의 다른 보조기관 또는 보좌기관이나 다른 행정기관의 업무와 관련이 있는 때에는 그 기관의 협조를 받아야 한다.

③ 제1항 및 제2항의 규정에 의하여 기안문을 검토 또는 협조함에 있어서 그 내용과 다른 의견이 있는 때에는 당해 문서 또는 별지에 그 의견을 표시하여야 한다.

제15조의2(검토자의 수) 행정기관의 장은 결재권자의 결재에 이르기까지 검토자의 수가 2인을 넘지 아니하도록 노력하여야 한다.

[본조신설 2002.12.26.] [[시행일 2004.01.01.]]

제16조(결재) ① 문서는 당해 행정기관의 장의 결재를 받아야 한다. 다만, 보조기관 또는 보좌기관의 명의로 발신하는 문서는 그 보조기관 또는 보좌기관의 결재를 받아야 한다.

② 행정기관의 장은 사무의 내용에 따라 그 보조기관·보좌기관 또는 당해 업무담당 공무원으로 하여금 위임전결하게 할 수 있으며, 그 위임전결사항은 당해 기관의 장이 훈령 또는 지방자치단체의 규칙으로 정한다. [개정 96·5·3, 2002.12.26.] [[시행일 2004.01.01.]]

③ 결재권자가 휴가·출장 기타의 사유로 결재할 수 없는 때에는 그 직무를 대리하는 자가 대결할 수 있되, 내용이 중요한 문서에 대하여는 결재권자에게 사후에 보고하여야 한다. [개정 99·8·7]

제16조의2(검토·협조 및 결재중인 문서의 열람체계 구축) 행정기관의 장은 검토·협조 및 결재중인 전자문서를 검토자·협조자 및 결재권자가 동시에 볼 수 있도록 전자문서의 열람체계를 구축할 수 있다.

[본조신설 2002.12.26.] [[시행일 2004.01.01.]]

제17조(발신방법의 지정) 결재권자가 전신 또는 정보통신망에 의하여 시행할 문서에 결재를 함에 있어서 그 내용이 비밀사항이거나 비밀사항이 아니라도 누설되는 경우 국가안전보장, 질서유지, 경제안정 기타 국가이익을 해할 우려가 있는 사항은 그 발신방법을 암호 또는 음어로 지정하여야 한다. [개정 96·5·3, 99·8·7]

제18조(시행문의 작성) ① 결재를 받은 문서 중 발신을 하여야 할 문서에 대하여는 행정안전부령이 정하는 바에 따라 수신자별로 시행문서(이하 "시행문"이라 한다)를 작성하여야 한다. 다만, 관보규정 제17조의 규정에 의하여 시행문에 갈음하여 관보에 게재·공포하도록 한 문서에 대하여는 그 시행문을 1부만 작성할 수 있으며, 전신·전신타자 또는 전화로 발신하는 문서에 대하여는 시행문을 작성하지 아니한다. [개정 1996.5.3, 1998.7.1, 2008.2.29 제20741호(행정안전부와 그 소속기관 직제)]

② 삭제 [2002.12.26]

제19조 삭제 [2002.12.26.] [[시행일 2004.01.01.]]

제20조 삭제 [2002.12.26.] [[시행일 2004.01.01.]]

제21조(관인날인 및 서명) ① 행정기관의 장 또는 합의제기관의 명의로 발신하는 문서의 시행문, 게시판 등에 고시 또는 공고하는 문서, 임용장·상장 및 각종 증명서에 속하는 문서에는 관인(전자이미지관인을 포함한다. 이하 같다)을 찍거나 행정기관의 장이 서명(전자문자서명 및 행정전자서명을 제외한다)을 하고, 보조기관 및 보좌기관의 명의로 발신하는 문서의 시행문에는 보조기관 또는 보좌기관이 서명을 한다. 다만, 전신·전신타자 또는 전화로 발신하는 문서나 관보·신문 등에 게재하는 문서에는 관인을 찍거나 서명하지 아니하며, 경미한 내용의 문서에는 행정안전부령이 정하는 바에 따라 관인을 찍는 것과 서명하는 것을 생략할 수 있다. [개정 1999.8.7, 2001.2.14, 2002.12.26, 2008.2.29 제20741호(행정안전부와 그 소속기관 직제)]

② 관인을 찍어야 할 문서로서 다수의 수신자에게 동시에 발신 또는 교부하는 문서에는 관인날인에 갈음하여 관인의 인영을 인쇄하여 사용할 수 있다.

제22조(문서의 발송) ① 시행문은 처리과에서 발송하되, 종이문서인 경우에는 이를 복사하여 발송하고, 전자문서인 경우에는 전자문서시스템 또는 업무관리시스템 상에서 발송하여야 한다. [개정 2002.12.26, 2008.9.2]

② 문서는 정보통신망을 이용하여 발신함을 원칙으로 한다. 다만, 업무의 성격 기타 특별한 사정이 있는 경우에는 인편·우편·모사전송·전신·전신타자·전화 등의 방법으로 발신할 수 있으며, 내용이 중요한 문서는 인편·등기우편 기타 발송사실을 증명할 수 있는 특수한 방법으로 발송하여야 한다. [개정 99·8·7, 2002.12.26.] [[시행일 2004.01.01.]]

③ 제1항의 규정에 불구하고 전자문서는 행정기관의 홈페이지 또는 공무원의 공식 전자우편주소(행정기관이 공무원에게 부여한 전자우편주소를 말한다. 이하 같다)를 이용하여 행정기관외의 자에게 발송할 수 있다. [신설 2002.12.26.] [[시행일 2004.01.01.]]

④ 인편 또는 우편으로 발송하는 문서는 문서과의 지원을 받아 발송할 수 있다. [신설 99·8·7]

⑤ 전자문서 중 정보통신망을 이용하여 발송할 수 없는 문서는 이를 출력하여 발송할 수 있다. [신설 99·8·7, 2001·2·14,2002.12.26.] [[시행일 2004.01.01.]]

제22조의2(문서의 수신자 변경 및 추가 등) ① 다음 각 호의 어느 하나에 해당하는 경우에는 해당 문서를 생산한 처리과의 장의 승인을 받아 이미 발송한 문서의 수신자를 변경하거나 추가하여 다시 발송할 수 있다.

1. 결재자 또는 해당 문서를 생산한 처리과의 장의 지시가 있는 경우
2. 수신자의 명칭이 변경된 경우
3. 착오로 인하여 수신자를 누락하였거나 잘못 지정한 경우
4. 해당 업무와 관련된 기관의 요청이 있는 경우

② 제1항에 따른 처리과의 장의 승인은 기안문의 결재자의 서명란 오른쪽 여백에 처리과의 장의 직위 또는 직급 및 서명과 서명일을 기재하는 방법으로 표시하되, 전자문서인 경우에는 전자문서시스템 상에 표시하여야 한다.

[본조신설 2010.3.23]

제23조(문서의 접수·처리) ① 문서는 처리과에서 접수하여야 하며, 문서과에서 직접 받은 문서는 지체 없이 처리과에 이를 배부하여 접수하게 하되, 이 경우 배부정보는 「공공기록물 관리에 관한 법률 시행령」 제20조에 따른 등록정보로 관리하여야 한다. [개정 2007.4.4 제19985호(공공기록물 관리에 관한 법률 시행령), 2010.3.23]

② 접수된 문서에는 행정안전부령이 정하는 접수인을 찍고, 접수일시와 「공공기록물 관리에 관한 법률 시행령」 제20조에 따른 접수 등록번호를 기재하여야 하며, 전자문서인 경우에는 그 접수일시와 접수 등록번호가 자동으로 표시되도록 하여야 한다. 다만, 제1항의 규정에 의하여 문서과에서 직접 받은 문서는 문서과가 접수일시를 기재하여 이를 처리과로 보낸다. [개정 1998.7.1, 1999.8.7, 2002.12.26, 2007.4.4 제19985호(공공기록물 관리에 관한 법률 시행령), 2008.2.29 제20741호(행정안전부와 그 소속기관 직제), 2010.3.23]

③ 처리과의 문서수발사무를 담당하는 자는 접수된 문서를 처리담당자에게 인계하고, 처리담당자는 행정안전부령이 정하는 문서에 해당하는 경우에는 공람할 자의 범위를 정하여 그 문서를 공람하게 할 수 있다. 다만, 전자문서인 경우에는 공람하였다는 기록이 전자문서시스템 또는 업무관리시스템 상에서 자동으로 표시되도록 하여야 한다. [개정 2002.12.26, 2008.2.29, 2008.9.2]

④ 제3항의 규정에 의한 공람을 하는 결재권자는 문서의 처리기한 및 처리방법을 지시할 수 있으며, 필요하다고 인정하는 때에는 그 처리담당자를 따로 지정할 수 있다. [개정 1999.8.7, 2002.12.26]

⑤ 행정기관의 장은 정보통신망을 이용하여 행정기관외의 자로부터 문서를 접수할 수 있도록 필요한 조치를 할 수 있으며, 정보통신망을 이용하여 접수된 문서는 제1항 내지 제4항의 규정에 의하여 처리하여야 한다. 다만, 발신자의 주소·성명 등이 불분명한 경우에는 접수하지 아니할 수 있다. [신설 1999.8.7, 2002.12.26]

⑥ 행정기관의 장은 행정기관의 홈페이지 또는 공무원의 공식 전자우편주소를 이용하여 행정기관 외의 자로부터 문서를 받아 처리과에서 접수할 수 있다. [신설 2002.12.26]

⑦ 민원문서의 접수 및 처리는 「민원사무처리에 관한 법률」이 정하는 바에 의한다. [신설 1999.8.7, 2010.3.23]

제24조(문서의 등록) 문서는 생산한 즉시 「공공기록물 관리에 관한 법률 시행령」 제20조에 따라 등록하여야 한다.

[전문개정 2010.3.23]

제25조(외국어로 된 문서 등에 대한 특례) 외국어로 된 문서에 대하여는 제10조 내지 제13조 및 제21조의 규정을 적용하지 아니할 수 있고, 법규문서 중 법률에 관한 문서에 대하여는 이 영의 적용을 받는 기관 외의 기관에서 다른 관행이 있는 경우에는 그에 의할 수 있다.

[전문개정 99·12·7]

제3절 전자문서의 표준 및 유통

제26조(전자문서의 표준 고시 등) ① 행정안전부장관은 전자문서시스템 기능의 규격표준, 전자문서시스템 간 전자문서의 유통표준, 전자문서시스템과 행정정보시스템 간 전자문서 또는 행정정보의 유통표준 등을 정하여야 한다. 다만, 「산업표준화법」에 따른 한국산업표준이 제정되어 있는 사항에 대하여는 그 표준에 따른다. [개정 2008.2.29 제20741호(행정안전부와 그 소속기관 직제), 2008.5.21 제20789호(「산업표준화법 시행령」)]

② 행정안전부장관은 제1항의 규정에 의하여 규격표준·유통표준 등을 정한 경우에는 이를 관보에 고시하고 인터넷에 게시하여야 한다. 그 표준을 변경하는 경우에도 또한 같다. [개정 2008.2.29 제20741호(행정안전부와 그 소속기관 직제)]

③ 행정기관의 장은 특별한 사유가 없는 한 제1항의 표준에 적합한 전자문서시스템을 사용하여야 한다.

[개정 2008.9.2]
④ 삭제 [2008.9.2]
[본조신설 2002.12.26]

제27조(행정정보시스템과 전자문서시스템 간 연계) 행정기관의 장은 자체적으로 운영·관리하고 있는 행정정보시스템을 전자문서시스템 등과 연계하여 행정정보를 공동활용하는 등의 조치를 취하여야 한다.
[본조신설 2002.12.26.] [[시행일 2004.01.01.]]

제28조(정부전자문서유통지원센터) ① 행정안전부장관은 행정기관 간, 행정기관과 행정기관 외의 기관 또는 단체 간 그 밖에 공공기관 및 단체 간의 전자문서의 원활한 유통을 지원하기 위하여 행정안전부에 정부전자문서유통지원센터(이하 이 조에서 "센터"라 한다)를 둔다. 다만, 행정안전부장관은 전자문서유통관리의 안정성 및 용이성 등을 위하여 필요한 경우에는 센터 업무의 일부를 다른 행정기관으로 하여금 수행하게 할 수 있다. [개정 2004.5.24 대통령령 제18392호(행정자치부와그소속기관직제), 2005.3.24, 2006.3.29, 2008. 2.29 제20741호(행정안전부와 그 소속기관 직제)]
② 센터는 다음 각호의 업무를 행한다.
1. 전자문서 또는 행정정보의 원활한 유통을 위한 지원 및 규격표준·유통표준 등의 운영
2. 전자문서시스템 및 행정정보시스템의 전자적 주소 등의 배포 및 관리
3. 전자문서 또는 행정정보의 효율적인 유통을 위한 프로그램의 개발·보급
4. 전자문서 또는 행정정보의 유통시 발생하는 장애의 복구를 위한 지원
③ 전자문서의 원활한 유통을 위하여 센터의 운영에 관하여 필요한 세부사항은 행정안전부령으로 정한다. [개정 2008.2.29 제20741호(행정안전부와 그 소속기관 직제)]
[본조신설 2002.12.26]

제29조 삭제 [99·12·7]

제2장의2 정책실명제 등

제34조의2(정책실명제) ① 행정기관의 장은 주요정책의 결정 또는 집행과 관련되는 다음 각호의 사항을 종합적으로 기록·보존하여야 한다. [개정 2006.6.12 제19513호(고위공무원단 인사규정)] [[시행일 2006.7.1]]
1. 주요정책의 결정 및 집행과정에 참여한 관련자의 소속·직급 또는 직위 및 성명과 그 의견
2. 주요정책의 결정 및 집행과 관련된 각종 계획서, 보고서, 회의·공청회·세미나 관련 준비자료 및 토의내용
② 행정기관의 장은 주요정책의 결정을 위하여 공청회·세미나·관계자회의 등을 개최하는 경우에는 개회일시·참석자·발언내용·결정사항·표결내용 등을 처리과의 직원으로 하여금 기록하게 하여야 한다.
[본조신설 98·7·1]

제34조의3(정책자료집) ① 행정기관의 장은 매년 처리과로 하여금 다음 각호에 관한 정책자료집을 만들게 하여야 한다. [개정 99·8·7]
1. 주요 국정현안 사항
2. 대규모의 국책공사 기타 대규모의 예산이 투입되는 사업
3. 주요 외교 및 통상협상의 내용

4. 대통령령이상의 법령의 제정
5. 국민생활에 큰 영향을 미치는 제도
6. 기타 정책자료집으로 만들어 보존할 필요가 있는 사항

② 제1항의 규정에 의한 정책자료집에는 다음 각호의 사항이 포함되어야 한다.

1. 추진배경
2. 추진경과
3. 계획에서부터 시행·완결까지에 관련된 다음 각목의 문서
   가. 계획서·보고서·추진계획표·일정표·심사분석결과 등
   나. 관련자 및 관련자별 업무분담내용
   다. 공청회·세미나 및 관계자회의의 기록
   라. 정책·사업 등을 변경하는 경우 변경하게 된 경위, 관련자 및 관련기록

③ 행정기관의 장은 제1항 및 제2항의 규정에 의하여 만든 정책자료집 중 1부는 당해 기관에 보관하고, 3부는 국가기록원에 제출하여야 한다. 이 경우 제1항 제3호에 관한 정책자료집은 외교통상부령이 정하는 바에 따라 일반에게 공개한 해부터 국가기록원에 이관하여야 한다. [개정 1999.12.7, 2004.5.24 제18392호(행정자치부와 그 소속기관직제), 2008.9.2]

④ 국가기록원장은 제3항의 규정에 의하여 제출받은 정책자료집을 영구보존하여야 한다. [개정 2004.5.24 대통령령 제18392호(행정자치부와 그 소속기관직제)]

[본조신설 98·7·1]

제34조의4(행정보도자료의 실명제공) 행정기관이 언론기관에 보도자료를 제공하는 경우에는 당해 자료에 담당부서·담당자·연락처 등을 함께 기재하여야 한다.

[본조신설 98·7·1]

제3장 관인관리

제35조(종류 및 비치) ① 관인은 행정기관의 명의로 발송 또는 교부하는 문서에 사용하는 청인과 행정기관의 장 또는 보조기관의 명의로 발송 또는 교부하는 문서에 사용하는 직인으로 구분한다.

② 각급 행정기관은 다음의 구분에 따라 관인을 비치한다. [개정 1998.7.1, 1999.8.7, 2010.3.23]

1. 의결기관·자문기관 기타 합의제기관은 청인을 가지되, 자문기관은 필요한 경우에 한하여 이를 가진다.
2. 제1호 외의 기관은 그 기관장의 직인을 가진다.
3. 「정부조직법」 제6조 제2항에 따라 보조기관이 위임받은 사무를 행정기관으로서 처리하는 경우에는 그 사무처리를 위하여 직인을 가진다.
4. 합의제기관의 장은 법령에 의하여 합의제기관의 장으로서 사무를 처리하는 경우에는 그 사무처리를 위하여 직인을 가질 수 있다.

제36조(특수관인) ① 각급 학교에서 사용하는 관인은 교육과학기술부장관이, 군기관에서 사용하는 관인은 국방부장관이, 검찰기관이 사용하는 관인은 법무부장관이, 외교통상부 및 재외공관에서 외교문서에 사용할 관인은 외교통상부장관이, 세입징수관·지출관·회계 기타 재무에 관한 사무를 담당하는 공무원의 직인은 기획재정부장관이 각각 그 규격·등록 등 관리에 관하여 필요한 사항을 정한다. [개정 1994.12.23, 1998.7.1, 2001.1.29, 2008.2.29 제20741호(행정안전부와 그 소속기관 직제)]

② 행정기관의 장은 유가증권 기타 특수한 증표발행에 필요한 관인과 민원업무 등 특수업무를 처리하기 위한 관인을 따로 가질 수 있다. [개정 1999.8.7]

③ 각급 행정기관은 전자문서에 사용하기 위하여 전자이미지관인을 가지며, 전자이미지관인은 관인을 전자입력하여 사용하여야 한다. [신설 1996.5.3, 1999.8.7, 2001.2.14]

제37조(규격) 관인의 모양은 행정기관의 장이 정하되, 그 크기는 별표 1의 규격을 초과할 수 없다.
[전문개정 99·8·7]

제38조(등록) ① 행정기관은 행정안전부령이 정하는 바에 따라 관인의 인영을 당해 행정기관의 관인대장에, 전자이미지관인의 인영을 당해 행정기관의 전자이미지관인대장에 각각 등록하여야 한다. 다만, 제3차 소속기관은 직근 상급기관에 등록할 수 있다. [개정 2002.12.26, 2008.2.29 제20741호(행정안전부와 그 소속기관 직제)]

② 관인은 등록하지 아니하면 이를 사용하지 못한다. [신설 1999.8.7]

제39조(재등록 및 폐기) ① 관인이 분실 또는 마멸되거나 갱신할 필요가 있는 때에는 그 사유를 들어 제38조의 규정에 의한 등록기관에 관인을 재등록하여야 한다. [개정 99·8·7]

② 제1항 또는 그 밖의 사유로 관인을 폐기하고자 하는 때에는 관인대장에 관인폐기내역을 기재하고, 그 관인을 국가기록원(시·군 및 자치구는 「공공기록물 관리에 관한 법률」 제11조에 따른 지방기록물관리기관을 말한다)에 관인폐기공고문과 함께 이관하여야 한다. 국가기록원 또는 지방기록물관리기관은 폐기된 관인이 잘못 사용되거나 유출되지 아니하도록 하여야 한다. [개정 2002.12.26, 2004.5.24 제18392호(행정자치부와 그 소속기관직제), 2008.9.2]

③ 전자이미지관인을 사용하는 기관은 관인을 재등록한 경우 즉시 사용 중인 전자이미지관인을 삭제하고, 재등록한 관인의 인영을 전자이미지관인으로 전환하여 사용하여야 한다. [신설 99·8·7, 2001·2·14, 2002.12.26.] [[시행일 2004.01.01.]]

④ 전자이미지관인을 사용하는 기관은 사용 중인 전자이미지관인의 인영의 원형이 제대로 표시되지 아니하는 경우 전자이미지관인을 재등록하여 사용하여야 한다. [신설 2002.12.26.] [[시행일 2004.01.01.]]

제39조의2(전자이미지관인의 제출 및 관리) ① 둘 이상의 행정기관이 공동으로 사용하는 행정정보시스템을 구축·운용하는 행정기관의 장은 해당 행정정보시스템에 전자이미지관인을 전자입력하기 위하여 해당 행정정보시스템을 사용하는 행정기관의 장에게 전자이미지관인을 제출하게 할 수 있다.

② 제1항에 따라 전자이미지관인을 제출한 행정기관의 장은 제39조에 따라 전자이미지관인을 재등록하거나 폐기하려는 경우에는 그 사실을 지체 없이 공동으로 사용하는 행정정보시스템을 구축·운용하는 행정기관의 장에게 통보하여야 한다.

③ 제39조에 따라 전자이미지관인을 재등록하거나 폐기한 행정기관의 장은 공동으로 사용하는 행정정보시스템에 재등록한 전자이미지관인을 전자입력하거나 폐기한 전자이미지관인을 삭제하여야 한다. 다만, 본문의 행정기관의 장이 직접 전자이미지관인을 전자입력하거나 삭제할 수 없는 경우에는 제2항에 따라 통보를 받은 행정기관의 장이 제39조에 따라 재등록된 전자이미지관인을 제출받아 전자입력하거나 폐기된 전자이미지관인을 삭제할 수 있다.
[본조신설 2010.3.23]

제40조(공고) 관인 또는 전자이미지관인을 등록 또는 재등록하거나 폐기한 때에는 등록기관은 이를 관보에

공고하여야 한다. 다만, 제3차 소속기관의 관인 또는 전자이미지관인의 경우에는 직근 상급기관이 이를 공고할 수 있다. [개정 99·8·7, 2001·2·14, 2002.12.26.] [[시행일 2004.01.01.]]

제41조(공인) 지방자치단체의 공인에 관하여는 이 장의 규정에 불구하고 당해 지방자치단체의 조례가 정하는 바에 의한다.

제4장 보고사무

제42조(행정기관 간 보고) 행정기관이 다른 행정기관으로부터 보고를 받으려는 경우에는 충분한 보고기일을 정하여 필요한 범위에서 보고를 요구하여야 한다.
[전문개정 2008.9.2]
[본조제목개정 2008.9.2]

제43조 삭제 [2008.9.2]
제45조 및 제46조 삭제 [99·8·7]
제46조 삭제 [1999.8.7]
제47조 삭제 [2008.9.2]
제48조 삭제 [2008.9.2]
제49조 삭제 [2008.9.2]
제50조 삭제 [2008.9.2]

제51조(보고기일) 제42조에 따른 보고기일은 보고기관의 범위, 보고내용의 난이도 및 보고작성에 소요되는 시간 등을 참작하여 정한다.
[전문개정 2008.9.2]

제52조(보고의 촉구) 보고요구기관의 장은 보고가 기일 내에 도달되지 아니한 경우에는 보고기관의 장에게 보고를 촉구할 수 있다.
[전문개정 2008.9.2]
[본조제목개정 2008.9.2]

제53조 삭제 [2008.9.2]
제54조 삭제 [2002.12.26.] [[시행일 2004.01.01.]]

제5장 협조사무

제55조(기관 간 업무협조) ① 행정기관이 다음 각호의 1에 해당하는 업무를 행하고자 하는 때에는 당해 업무의 기획·확정·공표 또는 시행 전에 관계기관의 업무협조를 받아야 한다. 이 경우 업무협조의 요청을 받은 기관은 정부업무가 효율적으로 수행되도록 적극 협조하여야 한다.
1. 2이상의 행정기관이 공동으로 행하는 것이 필요한 업무
2. 다른 행정기관의 행정지원을 필요로 하는 업무

3. 다른 행정기관 또는 상급기관의 인가·승인 등을 거쳐야 하는 업무
4. 기타 다른 행정기관의 협의·동의 및 의견조회 등이 필요한 업무
② 업무협조를 요청함에 있어서는 그 취지와 추진계획 및 파급효과 등 당해 업무협조사안에 대한 이해를 도울 수 있는 관계자료를 함께 송부하여야 한다.

제56조 삭제 [2008.9.2]
제57조 삭제 [2008.9.2]
제58조 삭제 [2008.9.2]
제59조 삭제 [2008.9.2]
제60조 삭제 [2008.9.2]
제61조 삭제 [2008.9.2]
제62조 및 제63조 삭제 [99·8·7]
제63조 삭제 [1999.8.7]

제64조(처리기간) 협조사무의 처리기간은 업무협조를 요청하는 기관이 업무협조내용과 그 처리 및 회신에 필요한 기간 등을 참작하여 정한다.
[전문개정 2008.9.2]

제65조(업무협조문서의 보완) ① 업무협조요청을 받은 기관이 협조요청문서에 흠이 있음을 발견한 때에는 보완을 요구할 수 있다. [개정 2008.9.2]
② 삭제 [1999.8.7]
③ 삭제 [2008.9.2]
④ 삭제 [1999.8.7]

제66조(업무협조의 촉구) ① 업무협조요청기관은 협조문서가 처리기간 내에 도달되지 아니한 때에는 당해 협조기관에 대하여 업무협조를 촉구할 수 있다. [개정 1998.7.1, 2008.2.29 제20741호(행정안전부와 그 소속기관 직제), 2008.9.2]
② 삭제 [1999.8.7]

제67조 내지 제69조 삭제 [99·8·7]

제6장 서식관리

제70조(서식의 제정) 행정기관에서 장기간에 걸쳐 반복적으로 사용하는 문서로서 정형화할 수 있는 문서는 특별한 사유가 있는 경우를 제외하고는 서식으로 정하여 사용한다.

제71조(서식의 종류) 서식은 다음과 같이 법령서식과 일반서식으로 나눈다.
1. 법령서식은 법률·대통령령·총리령·부령·조례·규칙 등 법령으로 정한 서식을 말한다.
2. 일반서식은 법령서식을 제외한 모든 서식을 말한다. [전문개정 99·8·7]

第72条(서식제정의 방법) 다음의 서식은 법령으로 정한다. 다만, 법령에서 고시 등으로 정하도록 한 경우와 기타 특별한 사유가 있는 경우에는 그 서식을 고시·훈령·예규 등으로 정할 수 있다. [개정 96·5·3, 99·8·7]

1. 당해 서식의 기재사항이 국민의 권리·의무와 직접 관련되는 사항을 정하는 서식
2. 인가·허가 및 승인 등 민원에 관계되는 서식
3. 행정기관에서 공통적으로 사용되는 서식 중 중요한 서식
4. 및 5. 삭제 [99·8·7]

第73条(서식설계의 일반원칙) ① 서식에 사용되는 용지의 규격은 제10조 제4항의 규정에 의한 용지의 규격과 같게 하되, 부득이한 경우에는 별표3의 규격에 해당하는 용지를 사용한다. 다만, 증표류 또는 컴퓨터에 의한 기록서식 등 기타 특별한 사유가 있는 경우에는 그에 적합한 규격의 용지를 사용할 수 있다. [개정 96·5·3]

② 서식은 특별한 사유가 있는 경우를 제외하고는 별도의 기안문 및 시행문을 작성하지 아니하고 서식 자체를 기안문 및 시행문으로 갈음할 수 있도록 생산등록번호·접수등록번호·수신자·시행일자 및 접수일자 등의 항목을 넣어 설계한다. [개정 2002.12.26.] [[시행일 2004.01.01.]]

③ 전자문서의 서식에 대하여는 「전자정부법 시행령」 제24조의 규정이 정하는 바에 의한다. [개정 2001·6·30, 2007.7.18 2010.5.4 제22151호(전자정부법 시행령)] [[시행일 2010.5.5]]

④ 삭제 [2008.9.2]

⑤ 민원서식에는 당해 민원사무의 처리절차·연락처·처리기간 및 전자적 처리가능 여부 등을 표시하여 민원인의 편의를 도모하여야 한다. [개정 2002.12.26.] [[시행일 2004.01.01.]]

⑥ 서식은 누구나 쉽게 이해할 수 있는 용어를 사용하여 설계하여야 하며, 불필요하거나 활용도가 낮은 항목을 넣어서는 아니된다. [신설 99·8·7, 2002.12.26.] [[시행일 2004.01.01.]]

⑦ 서식은 법령에 의하여 서식에 날인하도록 정한 경우를 제외하고는 서명이나 날인을 선택적으로 할 수 있도록 설계하여야 한다. [신설 99·8·7]

⑧ 서식은 글씨의 크기, 항목 간의 간격, 기재할 여백의 크기 등을 균형 있게 조절하여 기입항목의 식별이 쉽도록 설계하여야 한다. [신설 99·8·7]

⑨ 서식에는 가능한 한 행정기관의 로고·상징·마크 또는 홍보문구 등을 표시하여 행정기관의 이미지가 제고될 수 있도록 하여야 한다. [신설 2002.12.26.] [[시행일 2004.01.01.]]

⑩ 제1항부터 제9항까지에서 규정한 사항 외에 서식의 설계에 관한 세부기준은 행정안전부령으로 정한다. [신설 2010.8.4]

第74条(중앙행정기관 등의 서식의 승인 등) ① 중앙행정기관이 법령으로 서식을 제정 또는 개정하고자 하는 경우에는 행정안전부장관의 승인을 받아야 한다. [개정 2010.3.23]

② 중앙행정기관의 소속기관이 서식을 제정하거나 개정하려는 경우에는 소속 중앙행정기관의 장의 승인을 받아야 한다. [개정 2010.3.23]

③ 삭제[2008.9.2]

④ 제1항 및 제2항에 따라 승인된 서식에 대하여 업무의 전산화 등으로 승인된 서식을 그대로 사용할 수 없는 경우와 단순히 자구수정이나 활자크기·종이류 등을 변경하고자 할 경우에는 서식제정의 근본목적을 침해하지 아니하는 범위 안에서 기재항목 또는 형식 등을 변경하거나 자구수정, 활자크기 또는 종이류 등을 변경하여 사용할 수 있다. 이 경우 제1항 및 제2항에도 불구하고 사후통보로 승인에 갈음할 수 있다. [개정 1996.5.3, 2008.9.2]

⑤ 서식제정기관은 서식을 폐지한 때에는 지체 없이 그 사실을 서식승인기관에 통보하여야 한다.

⑥ 중앙행정기관의 장이 고시·훈령 또는 예규 등으로 서식을 제정 또는 개정하려는 경우의 서식의 표시에 관하여는 제76조의 규정을 준용한다. [신설 1996.5.3, 2010.3.23]
[본조제목개정 2010.3.23]

제75조(서식승인의 신청) ① 중앙행정기관 및 중앙행정기관의 소속기관은 서식의 제정 또는 개정의 승인신청을 하는 때에는 서식승인신청서에 서식초안 1부를 첨부하여야 한다. 이 경우 서식초안은 특별한 사유가 있는 경우를 제외하고는 전산기기에 의하여 작성하여야 한다. [개정 2010.3.23]
② 2이상의 기관에 관계되는 서식은 관계기관 간의 사전협의를 거쳐야 한다.
③ 제1항에 따른 서식의 승인 신청은 해당 법령의 입법예고와 동시에 하여야 한다. [신설 2010.3.23]

제75조의2(지방자치단체 등의 서식) ① 지방자치단체 또는 지방교육행정기관의 서식은 지방자치단체의 장 또는 지방교육행정기관의 장이 정한다.
② 지방자치단체의 장 또는 지방교육행정기관의 장이 서식을 제정하거나 개정하는 경우의 서식의 표시에 관하여는 제76조를 준용한다.
[본조신설 2010.3.23]

제76조(서식제원의 표시) ① 삭제 [1999.8.7]
② 서식에는 서식의 아래 한계선 오른쪽 밑에 용지의 규격·지질 및 단위당 중량을 표시하여야 한다. [개정 1999.8.7]
③ 서식의 지질 및 단위당 중량의 결정기준은 행정안전부령으로 정한다. [개정 1999.8.7, 2008.2.29 제20741호(행정안전부와 그 소속기관 직제)]

제77조(서식의 전산관리) ① 행정기관의 장은 부득이한 경우를 제외하고는 서식을 전산기기에 의하여 관리하고 이를 사용자에게 제공하여야 한다.
② 제1항의 규정에 의하여 관리하는 서식중 국민의 편의를 위하여 필요하다고 인정되는 서식은 디스크 등에 수록하여 행정안전부장관에게 통보하여야 한다. [개정 2004.5.24 대통령령 제18392호(행정자치부와 그 소속기관직제), 2005.3.24, 2008.9.2]
[전문개정 1999.8.7]

제77조의2(서식에 해당 국가 언어의 병기 등) 재외공관에서 해당 국가의 국민이 서식을 사용하는 경우에 재외공관의 장은 해당 서식에 해당 국가의 언어를 병기(倂記)하여 사용하게 하거나 해당 국가의 언어로 번역한 서식을 사용하게 할 수 있다.
[본조신설 2010.8.4]

제7장 (제78조 내지 제89조) 삭제 [99·12·7]

제8장 업무편람

제90조(업무편람의 작성·활용) 행정기관이 상당기간에 걸쳐 반복적으로 행하는 업무에 대하여는 그 업무의 처리가 표준화·전문화될 수 있도록 업무편람을 작성하여 활용함을 원칙으로 한다.

제91조(업무편람의 종류) 업무편람은 다음과 같이 행정편람과 직무편람으로 구분한다. [개정 99·8·7]

1. 행정편람은 사무처리절차 및 기준과 장비운용방법 기타 일상적 근무규칙 등에 관하여 각 업무담당자에게 필요한 지침·기준 또는 지식을 제공하는 업무지도서 또는 업무참고서를 말한다.
2. 직무편람은 부서별로 그 소관업무에 대한 업무계획·관련업무현황 기타 참고자료 등을 체계적으로 정리하여 활용하는 업무현황철 또는 업무참고철을 말한다.

제92조 내지 제94조 삭제 [99·8·7]

제95조(행정편람의 심의) ① 행정기관의 장은 행정편람을 발간함에 있어서 필요한 경우에는 해당기관 공무원 및 관계전문가를 심의자문위원으로 위촉할 수 있다. [개정 98·7·1, 99·8·7]

② 제1항의 규정에 의한 심의자문위원에 대하여는 예산의 범위 안에서 수당 기타 필요한 경비를 지급할 수 있다.

제96조(행정편람의 수정 및 보완) ① 행정편람의 발간기관은 관련제도의 변경 등으로 행정편람의 내용을 수정 또는 보완하여야 하는 사유가 발생한 때에는 그 내용을 수정 또는 보완하여야 한다.

② 및 ③ 삭제 [99·8·7]

제97조 삭제 [99·8·7]

제98조(직무편람의 작성대상) ① 직무편람은 부서별로 작성한다. [개정 99·8·7]

② 부서편람은 특별한 사유가 있는 경우를 제외하고는 행정기관의 직제에 규정된 최하단위부서별로 작성한다.

③ 삭제 [99·8·7]

제99조 삭제 [99·8·7]

제100조(업무편람의 관리) ① 삭제 [99·8·7]

② 처리과의 장은 정기 또는 수시로 직무편람의 내용을 점검하여야 한다. [개정 99·8·7]

③ 업무편람은 컴퓨터파일로 관리할 수 있다. [신설 99·8·7]

제9장 삭제 [2010.3.23]

제101조 삭제 [2010.3.23]
제102조 삭제 [2010.3.23]
제103조 삭제 [2010.3.23]
제104조 삭제 [2010.3.23]
제105조 삭제 [2010.3.23]
제106조 삭제 [2010.3.23]
제107조 삭제 [2010.3.23]
제108조 삭제 [2010.3.23]

제109조 삭제 [2010.3.23]
제110조 삭제 [2010.3.23]

제10장 사무환경

제111조(사무환경의 관리) 행정기관의 장은 사무환경을 사무능률의 향상 및 공무원의 건강보호를 기할 수 있도록 조성·관리하여야 한다.

제112조 및 제113조 삭제 [99·8·7]

제114조(사무용집기) ① 삭제 [1999.8.7]
② 행정안전부장관은 사무용 집기의 정부규격을 제정 또는 변경할 필요가 있다고 인정되는 때에는 이를 조달청장에게 요청할 수 있다. 이 경우 조달청장은 이에 필요한 조치를 하여야 한다. [개정 1999.8.7, 2008.2.29 제20741호(행정안전부와 그 소속기관 직제)]

제115조(사무실의 환경) 행정안전부장관은 사무실내의 조명, 온·습도, 공기, 소음, 색채 등 환경요소에 대한 관리기준을 정할 수 있다. [개정 1998.7.1, 2008.2.29 제20741호(행정안전부와 그 소속기관 직제)]

제116조(사무환경관리의 점검) ① 삭제 [1999.8.7]
② 행정안전부장관은 사무환경개선을 위하여 필요하다고 인정하는 때에는 각급 행정기관의 사무환경관리실태를 조사하여 조언할 수 있다. [개정 1998.7.1, 1999.8.7, 2008.2.29 제20741호(행정안전부와 그 소속기관 직제)]

제116조의2(행정사무개선의 추진) ① 행정기관의 장은 국민에 대한 서비스의 질을 향상시키고 행정의 생산성을 높이기 위하여 지속적으로 당해기관의 행정사무의 수행절차 및 방법을 개선하여야 한다.
② 행정기관의 장은 행정사무개선을 추진하기 위하여 당해 기관의 사무에 대한 체계적인 목표관리를 행하도록 노력하여야 한다. [개정 2002.12.26]
③ 행정안전부장관은 제2항의 규정에 의한 목표관리를 지원하기 위하여 종합계획을 수립·실시하여야 한다. [신설 2002.12.26, 2008.2.29 제20741호(행정안전부와 그 소속기관 직제)]
[본조신설 1999.8.7]

제116조의3(행정능률진단의 실시 등) ① 행정안전부장관은 행정기관의 사무개선지원과 행정의 능률향상을 위하여 행정사무의 절차 및 방법, 수행체계 및 관련제도 등을 분석·재설계하는 행정능률진단을 실시할 수 있다. [개정 2008.2.29 제20741호(행정안전부와 그 소속기관 직제)]
② 행정안전부장관은 다음 각호의 1에 해당하는 진단 등을 실시하는 때에 제1항의 규정에 의한 행정능률진단을 활용하게 할 수 있다. [개정 2007.7.18 제20171호(「전자정부법」 시행령), 2008.2.29 제20741호(행정안전부와 그 소속기관 직제), 2010.3.23]
1. 「전자정부법」 제48조에 따른 행정기관의 업무 재설계
2. 「행정기관의 조직과 정원에 관한 통칙」 제27조의2에 따른 조직진단
③ 행정안전부장관은 행정능률진단의 효율적 실시를 위하여 행정능률진단관련 경험이나 전문능력을 가

진 각급 행정기관 소속 공무원의 지원을 받을 수 있다. [개정 2008.2.29 제20741호(행정안전부와 그 소속기관 직제)]
[전문개정 2002.12.26]

제116조의4(행정사무혁신경진대회의 실시) 행정안전부장관은 행정사무개선의 분위기 향상을 위하여 행정기관이 참여하는 행정사무혁신경진대회를 개최할 수 있으며, 우수사례에 대하여 포상할 수 있다. [개정 2008.2.29 제20741호(행정안전부와 그 소속기관 직제)]
[본조신설 99·8·7]

제116조의5(행정사무개선관련 협의회 운영) 행정안전부장관은 행정사무개선에 관한 정보를 교환하고 민간경영기법을 행정에 도입하기 위하여 공무원 및 민간전문가로 구성되는 협의회를 운영할 수 있다. [개정 2008.2.29 제20741호(행정안전부와 그 소속기관 직제)]
[본조신설 99·8·7]

제11장 보칙

제117조(사무관리 감사) 행정안전부장관은 필요하다고 인정하는 때에는 국무총리의 명을 받아 각급 행정기관에 대한 사무관리감사를 실시할 수 있다. [개정 1998.7.1, 2008.2.29 제20741호(행정안전부와 그 소속기관 직제)]

제117조의2(문서 미등록자 등에 대한 조치) 행정기관의 장은 다음 각호의 1에 해당하는 공무원에 대하여는 징계 기타 필요한 조치를 하여야 한다. [개정 2001·2·14, 2002.12.26.] [[시행일 2004.01.01.]]
1. 결재가 끝난 문서를 등록하지 아니한 자
2. 제16조 제2항의 규정에 의한 훈령 또는 규칙으로 정한 결재권자를 상향 또는 하향 조정하여 기안·검토 및 결재를 한 자 [[시행일 2004.01.01.]]
3. 관인을 부당하게 사용한 자 [[시행일 2004.01.01.]]
4. 보고지연의 책임이 있는 자
5. 업무협조지연의 책임이 있는 자

[본조신설 99·8·7]

제118조(국가정보원의 사무관리에 대한 특례) ① 제34조의3제3항·제4항의 규정에 불구하고 국가정보원이 생산하거나 취득한 문서는 국가정보원에서 계속 보존할 수 있다. [개정 98·7·1, 99·8·7, 99·12·7]
② 국가정보원장은 제18조 제2항, 제34조의4 및 제40조의 규정에 의한 시행문의 작성, 행정보도자료의 실명제공 및 관인공고절차를 각각 생략할 수 있다. [개정 98·7·1, 99·8·7, 99·12·7]
③ 제14조 제4항의 규정에 의한 문서의 기안에 관한 사항 중 국가정보원의 소관사항에 관하여는 국가정보원장이 따로 정할 수 있다. [개정 98·7·1, 99·8·7, 99·12·7] [본조신설 96·5·3]

부칙 [2010.8.4 제22322호]

이 영은 공포한 날부터 시행한다.

[부 록 2]

사회복지법인 재무회계규칙

[보건복지부령 제1호(보건복지부와 그 소속기관 직제 시행규칙) 일부개정 2010. 03. 19.]

제1장 총칙

제1조(목적) 이 규칙은 「사회복지사업법」 제23조 제4항 및 제45조 제2항의 규정에 의하여 사회복지법인의 재무·회계 및 후원금관리에 관한 사항을 규정하여 재무회계 및 후원금관리의 명확성·공정성·투명성을 기함으로써 사회복지법인의 합리적인 운영에 기여함을 목적으로 한다. [전문개정 2005.7.15] [[시행일 2005.9. 16]]

제2조(재무·회계운영의 기본원칙) 사회복지법인(이하 "법인"이라 한다)의 재무·회계는 그 설립목적에 따라 건전하게 운영되어야 한다.

제3조(회계연도) 법인의 회계연도는 정부의 회계연도에 의한다.

제4조(회계연도 소속구분) 법인의 수입 및 지출의 발생과 자산 및 부채의 증감·변동에 관하여는 그 원인이 되는 사실이 발생한 날을 기준으로 하여 연도소속을 구분한다. 다만, 그 사실이 발생한 날을 정할 수 없는 경우에는 그 사실을 확인한 날을 기준으로 하여 연도소속을 구분한다.

제5조(출납기한) 1 회계연도에 속하는 법인의 세입·세출의 출납에 관한 사무는 다음연도 2월 말일까지 완결하여야 한다. [개정 93·12·27]

제6조(회계의 구분) 법인의 회계는 당해법인의 업무전반에 관한 회계(이하 "법인회계"라 한다), 당해법인이 설치·운영하는 사회복지시설(이하 "시설"이라 한다)에 관한 회계(이하 "시설회계"라 한다)와 법인이 수행하는 수익사업에 관한 회계(이하 "수익사업회계"라 한다)로 구분한다.

제6조의2(정보통신매체에 의한 재무·회계처리) ① 법인의 재무·회계는 컴퓨터 회계프로그램으로 처리할 수 있다.
② 제1항의 규정에 의한 컴퓨터 회계프로그램에 의하여 전자장부를 사용하는 경우에는 그 출력물을 보관하는 것으로 각종 장부 등의 비치를 갈음할 수 있다. [본조신설 2005.7.15] [[시행일 2005.9.16]]

제2장 예산과 결산

제1절 예산

제7조(세입·세출의 정의) 1 회계연도의 모든 수입을 세입으로 하고, 모든 지출을 세출로 한다.

제8조(예산총계주의원칙) 세입과 세출은 모두 예산에 계상하여야 한다. [전문개정 98·1·7]

제9조(예산편성요령) ① 법인의 대표이사는 제2조의 취지에 따라 매 회계연도 개시 1월 전까지 그 법인과 시설의 예산편성 요령을 정하여야 한다. [개정 98·1·7]

② 법인 또는 시설의 소재지를 관할하는 시장·군수·구청장(자치구의 구청장을 말한다. 이하 같다)은 특히 필요하다고 인정되는 사항에 관하여는 예산편성요령을 정하여 매 회계연도 개시 2월 전까지 법인에 통보할 수 있다. [개정 98·1·7]

제10조(예산의 편성 및 결정절차) ① 법인의 대표이사는 제6조에 따른 회계별 예산을 편성하여 이사회의 의결을 거쳐 확정하고, 이를 매 회계연도 개시 5일전까지 관할 시장·군수·구청장에게 제출하여야 한다. [개정 2009.2.5]

② 제1항에 따라 예산을 편성할 경우 법인회계와 시설회계의 예산은 별표 1부터 별표 4까지에 따른 세입·세출예산과목 구분에 따라 편성하여야 한다. 다만, 다음 각 호의 시설은 별표 5 및 별표 6에 따른 세입·세출예산과목 구분에 따라 편성한다. [개정 2009.2.5, 2010.3.19 제1호(보건복지부와 그 소속기관 직제 시행규칙)]

1. 「사회복지사업법」 제2조 제3호의2에 따른 사회복지관
2. 「노인복지법」 제36조 제1항 제1호에 따른 노인복지관
3. 「장애인복지법」 제58조 제1항 제2호에 따른 장애인복지관
4. 그 밖에 보건복지부장관이 정하여 고시하는 시설

③ 시장·군수·구청장은 제1항에 따라 예산을 제출받은 때에는 20일 이내에 법인과 시설의 회계별 세입·세출 예산개요를 시·군·구(자치구를 말한다. 이하 같다)의 게시판과 인터넷 홈페이지에 20일 이상 공고하고, 법인의 대표이사로 하여금 해당 법인 및 시설의 게시판과 인터넷 홈페이지에 20일 이상 공고하도록 하여야 한다. [개정 2009.2.5]

④ 제3항에 따른 공고는 「신문 등의 자유와 기능보장에 관한 법률」 제2조 제1호에 따른 신문 또는 「잡지 등 정기간행물의 진흥에 관한 법률」 제2조 제1호에 따른 정기간행물에 게재하는 것으로 갈음할 수 있다. [개정 2009.2.5] [전문개정 1998.1.7]

제11조(예산에 첨부하여야 할 서류) ① 예산에는 다음 각호의 서류가 첨부되어야 한다. 다만, 단식부기로 회계를 처리하는 경우에는 제1호·제2호·제5호 및 제6호의 서류만을 첨부할 수 있다. [개정 93·12·27]

1. 예산총칙
2. 세입·세출명세서
3. 추정대차대조표
4. 추정수지계산서
5. 임·직원 보수일람표
6. 당해예산을 의결한 이사회 회의록 사본

② 제1항 제2호 내지 제5호의 서류의 서식은 별지 제1호서식 내지 별지 제4호서식에 의한다.

제12조(준예산) 회계연도 개시 전까지 법인의 예산이 성립되지 아니한 때에는 대표이사가 시장·군수·구청장에게 그 사유를 보고하고 예산이 성립될 때까지 다음의 경비를 전년도 예산에 준하여 집행할 수 있다.

1. 임·직원의 보수
2. 법인 및 시설운영에 직접 사용되는 필수적인 경비
3. 법령상 지급의무가 있는 경비

제13조(추가경정예산) ① 법인의 대표이사는 예산성립 후에 생긴 사유로 인하여 이미 성립된 예산에 변경을 가할 필요가 있을 때에는 제10조 및 제11조의 규정에 의한 절차에 준하여 추가경정예산을 편성·확정할 수 있다.

② 대표이사는 추가경정예산이 확정된 날로부터 7일 이내에 이를 시장·군수·구청장에게 제출하여야 한다.

제14조(예비비) 법인의 대표이사는 예측할 수 없는 예산 외의 지출 또는 예산의 초과지출에 충당하기 위하여 예비비를 세출예산에 계상할 수 있다. [전문개정 99·3·11]

제15조(예산의 목적 외 사용금지) 법인회계 및 시설회계의 예산은 세출예산이 정한 목적 외에 이를 사용하지 못한다.

제16조(예산의 전용) ① 법인의 대표이사는 관·항·목 간의 예산을 전용할 수 있다. 다만, 관간의 전용은 이사회의 의결을 거쳐 관할 시장·군수·구청장의 승인을 얻어야 하고, 동일관내의 항간의 전용은 이사회의 의결을 거쳐야 하며, 예산총칙에서 전용을 제한하고 있거나 예산성립과정에서 이사회에서 삭감한 관·항·목으로는 전용하지 못한다. [개정 98·1·7]

② 대표이사는 제1항의 규정에 의하여 예산을 전용한 때에는 관할시장·군수· 구청장에게 즉시 보고하여야 한다. [개정 98·1·7]

제17조(세출예산의 이월) 법인회계와 시설회계의 세출예산중 경비의 성질상 당해회계연도 안에 지출을 마치지 못할 것으로 예측되는 경비와 연도 내에 지출원인행위를 하고 불가피한 사유로 인하여 연도 내에 지출하지 못한 경비는 이사회의 의결을 거쳐 다음 연도에 이월하여 사용할 수 있다. [개정 98·1·7]

제18조(특정목적사업 예산) 완성에 수년을 요하는 공사나 제조 그 밖의 특수한 사업을 위하여 2회계연도 이상에 걸쳐서 그 재원을 조달할 필요가 있는 때에는 회계연도마다 일정액을 예산에 계상하여 특정목적사업을 위한 적립금으로 적립할 수 있다.

제2절 결산

제19조(결산서의 작성 제출) ① 법인의 대표이사는 법인회계와 시설회계의 세입·세출 결산보고서를 작성하여 이사회의 의결을 거친 후 다음연도 3월 31일까지 시장·군수·구청장에게 제출하여야 한다.

② 시장·군수·구청장은 제1항에 따라 결산보고서를 제출받은 때에는 20일 이내에 다음 각 호의 사항을 시·군·구의 게시판과 인터넷 홈페이지에 20일 이상 공고하고, 법인의 대표이사로 하여금 해당 법인 및

시설의 게시판과 인터넷 홈페이지에 20일 이상 공고하도록 하여야 한다. [신설 1998.1.7, 2009.2.5]

1. 법인과 시설의 세입·세출 결산개요
2. 후원금품의 수입 및 사용내역 개요

③ 제2항에 따른 공고는 「신문 등의 자유와 기능보장에 관한 법률」 제2조 제1호에 따른 신문 또는 「잡지 등 정기간행물의 진흥에 관한 법률」 제2조 제1호에 따른 정기간행물에 게재하는 것으로 갈음할 수 있다. [개정 2009.2.5]

제20조(결산보고서에 첨부하여야 할 서류) ① 결산보고서에는 다음 각호의 서류가 첨부되어야 한다. 다만, 단식부기로 회계를 처리하는 경우에는 제1호 내지 제3호, 제14호 내지 제22호의 서류만을 첨부할 수 있다. [개정 93·12·27, 98·1·7]

1. 세입·세출결산서
2. 과목 전용조서
3. 예비비 사용조서
4. 대차대조표
5. 수지계산서
6. 현금 및 예금명세서
7. 유가증권명세서
8. 미수금명세서
9. 재고자산명세서
10. 기타 유동자산명세서(제6호 내지 제9호의 유동자산 외의 유동자산을 말한다)
11. 고정자산(토지·건물·차량운반구·비품·전화가입권) 명세서
12. 부채명세서(차입금·미지급금을 포함한다)
13. 제충당금명세서
14. 기본재산수입명세서
15. 사업수입명세서
16. 정부보조금명세서
17. 후원금수입명세 및 사용결과보고서
18. 인건비명세서
19. 사업비명세서
20. 기타비용명세서(인건비 및 사업비를 제외한 비용을 말한다)
21. 감사보고서
22. 법인세 신고서(수익사업이 있는 경우에 한한다)

② 제1항 제1호 내지 제3호의 서류는 별지 제5호서식·별지 제5호의2서식 내지 별지 제5호의4서식·별지 제6호서식 및 별지 제7호서식에 의하고, 제1항 제4호 및 제5호의 서류는 별지 제2호서식 및 별지 제3호서식에 의하며, 제6호 내지 제21호의 서류는 별지 제8호서식 내지 별지 제23호서식에 의한다. [개정 2005.7.15] [[시행일 2005.9.16]]

제3장 회계

제1절 총칙

제21조(수입 및 지출사무의 관리) ① 법인의 대표이사와 시설의 장은 법인과 시설의 수입 및 지출에 관한 사무를 관리한다.

② 법인의 대표이사와 시설의 장은 수입 및 지출원인행위에 관한 사무를 각각 소속직원에게 위임할 수 있다.

제22조(수입과 지출의 집행기관) ① 법인과 시설에는 수입과 지출의 현금출납업무를 담당하게 하기 위하여 각각 수입원과 지출원을 둔다. 다만, 법인 또는 시설의 규모가 소규모인 경우에는 수입원과 지출원을 동일인으로 할 수 있다.

② 제1항의 수입원과 지출원은 각각 그 법인의 대표이사와 시설의 장이 임면한다.

제23조(회계의 방법) 회계는 단식부기에 의한다. 다만, 법인회계와 수익사업회계에 있어서 복식부기의 필요가 있는 경우에는 복식부기에 의한다. [전문개정 93·12·27]

제24조(장부의 종류) ① 법인 및 시설에는 다음의 회계장부를 둔다. [개정 98·1·7]

1. 현금출납부
2. 총계정원장
3. 총계정원장 보조부
4. 재산대장
5. 비품관리대장
6. 소모품대장
7. 내지 12. 삭제 [98·1·7]

② 제1항 제1호부터 제5호까지의 규정에 따른 회계장부는 별지 제24호서식, 별지 제24호의2서식, 별지 제25호서식,별지 제25호의2서식 및 별지 제26호서식부터 별지 제28호서식까지에 따른다. [개정 2009.2.5]

제2절 수입

제25조(수입금의 수납) ① 모든 수입금의 수납은 이를 금융기관에 취급시키는 경우를 제외하고는 수입원이 아니면 수납하지 못한다.

② 수입원이 수납한 수입금은 그 다음날까지 금융기관에 예입하여야 한다. [개정 98·1·7]

③ 제1항 및 제2항의 규정에 의한 수입금에 대한 금융기관의 거래통장은 제6조의 규정에 의한 회계별로 구분될 수 있도록 보관·관리하여야 한다. [신설 98·1·7]

제26조(과년도 수입과 반납금 여입) ① 출납이 완결한 연도에 속하는 수입 기타 예산외의 수입은 모두 현년도의 세입에 편입하여야 한다.

② 지출된 세출의 반납금은 각각 지출한 세출의 당해과목에 여입할 수 있다.

제27조(과오납의 반환) 과오납된 수입금은 수입한 세입에서 직접 반환한다.

제3절 지출

제28조(지출의 원칙) ① 지출은 제21조의 규정에 의한 지출사무를 관리하는 자 및 그 위임을 받아 지출명령이 있는 것에 한하여 지출원이 행한다.

② 제1항의 지출명령은 예산의 범위 안에서 하여야 한다.

제29조(지출의 방법) ① 지출은 상용의 경비 또는 소액의 경비지출을 제외하고는 예금통장에 의하거나 「전자거래기본법」 제2조 제5호에 따른 전자거래로 행하여야 한다. [개정 2009.2.5]

② 지출원은 상용의 경비 또는 소액의 경비지출을 위하여 100만원 이하의 현금을 보관할 수 있다. [개정 2009.2.5]

제30조(지출의 특례) ① 지출에 있어서 선금급을 할 수 있는 경비의 범위는 다음과 같다. [개정 2009.2.5]

1. 외국에서 직접 구입하는 기계, 도서, 표본 또는 실험용재료의 대가
2. 정기간행물의 대가
3. 토지 또는 가옥의 임대료와 용선료
4. 운 임
5. 소속직원 중 특별한 사정이 있는 자에 대하여 지급하는 급여의 일부
6. 관공서(「공공기관의 운영에 관한 법률」에 따른 공공기관 및 특별법에 의하여 설립된 특수법인을 포함한다)에 대하여 지급하는 경비
7. 외국에서 연구 또는 조사에 종사하는 자에 대하여 지급하는 경비
8. 보조금
9. 사례금
10. 계약금액이 1천만원 이상인 공사나 제조 또는 물건의 매입을 하는 경우에 계약금액의 100분의 50을 초과하지 아니하는 금액

② 지출에 있어서 개산급을 할 수 있는 경비의 범위는 다음과 같다. [개정 2009.2.5]

1. 여비 및 판공비
2. 관공서(「공공기관의 운영에 관한 법률」에 따른 공공기관 및 특별법에 의하여 설립된 특수법인을 포함한다)에 대하여 지급하는 경비
3. 보조금
4. 소송비용

제4절 계약

제30조의2(계약의 원칙) 계약에 관한 사항은 「지방자치단체를 당사자로 하는 계약에 관한 법률」, 같은 법 시행령 및 같은 법 시행규칙을 준용한다. [전문개정 2009.2.5]

제31조(계약담당자) ① 계약에 관한 사무는 각각 그 법인의 대표이사와 시설의 장이 처리한다.

② 법인의 대표이사와 시설의 장은 계약체결에 관한 사무를 소속직원에게 위임할 수 있다.

제32조 삭제 [2009.2.5]
제33조 삭제 [2009.2.5]
제34조 삭제 [2009.2.5]
제35조 삭제 [2009.2.5]
제36조 삭제 [2009.2.5]
제37조 삭제 [2009.2.5]
제37조의2 삭제 [2009.2.5]

제4장 물품

제38조(물품의 관리자와 출납원) ① 법인의 대표이사와 시설의 장은 그 소관에 속하는 물품(현금 및 유가증권을 제외한 동산을 말한다. 이하 같다)을 관리한다. [개정 98·1·7]

② 법인의 대표이사와 시설의 장은 그 소관에 속하는 물품관리에 관한 사무를 소속직원에게 위임할 수 있다.

③ 법인의 대표이사와 시설의 장(제2항의 규정에 의하여 위임을 받은 자를 포함한다. 이하 "물품관리자"라 한다)은 물품의 출납보관을 위하여 소속직원 중에서 물품출납원을 지정하여야 한다.

제39조(물품의 관리의무) 물품관리자 및 물품출납원은 선량한 관리자의 주의로서 사무에 종사하여야 한다.

제40조(물품의 관리) ① 물품관리자는 물품을 출납하게 하고자 할 때에는 물품출납원에게 출납하여야 할 물품의 분류를 명백히 하여 그 출납을 명령하여야 한다.

② 물품출납원은 제1항의 규정에 의한 명령이 없이는 물품을 출납할 수 없다.

제40조의2(재물조사) 법인의 대표이사와 시설의 장은 연 1회 그 관리에 속하는 물품에 대하여 정기적으로 재물조사를 실시하여야 하며, 필요하다고 인정하는 때에는 정기재물조사 외에 수시로 재물조사를 할 수 있다. [본조신설 98·1·7]

제41조(불용품의 처리) ① 법인과 시설의 물품관리자는 물품 중 그 사용이 불가능하거나 수리하여 다시 사용할 수 없게 된 물품이 있을 때에는 그 물품에 대하여 불용의 결정을 하여야 한다.

② 제1항의 규정에 의한 불용품을 매각한 경우 그 대금은 당해 법인 또는 시설의 세입예산에 편입시켜야 한다.

제4장의2 후원금의 관리

제41조의2(후원금의 범위 등) ① 법인의 대표이사와 시설의 장은 아무런 대가 없이 무상으로 받은 금품 기타의 자산(이하 "후원금"이라 한다)의 수입·지출 내용과 관리에 명확성이 확보되도록 하여야 한다. 시설거주자가 받은 개인결연후원금을 당해인이 정신질환 기타 이에 준하는 사유로 관리능력이 없어 시설의 장이 이를 관리하게 되는 경우에도 또한 같다. [개정 99·3·11]

② 삭제 [99·3·11]

[본조신설 98·1·7]

제41조의3 삭제 [99·3·11]

제41조의4(후원금의 영수증 발급 등) ① 법인의 대표이사와 시설의 장은 후원금을 받은 때에는 「소득세법 시행규칙」 제101조 제20호의2에 따른 기부금영수증 서식 또는 「법인세법 시행규칙」 제82조 제3항 제3호의3에 따른 기부금영수증 서식에 따라 후원금 영수증을 발급하여야 하며, 영수증 발급목록을 별도의 장부로 작성·비치하여야 한다. [개정 2009.2.5]

② 법인의 대표이사와 시설의 장은 금융기관 또는 체신관서의 계좌입금을 통하여 후원금을 받은 때에는 법인명의의 후원금전용계좌나 시설의 명칭이 부기된 시설장 명의의 계좌(이하 "후원금전용계좌 등"이라 한다)를 사용하여야 한다. 이 경우 후원자가 영수증 발급을 원하는 경우를 제외하고는 제1항에 따른 영수증의 발급을 생략할 수 있다. [개정 2009.2.5]

[전문개정 2005.7.15] [[시행일 2006.1.1]]

[본조신설 98·1·7]

[본조제목개정 2009.2.5]

제41조의7(후원금의 용도외 사용금지) ① 법인의 대표이사와 시설의 장은 후원금을 후원자가 지정한 사용용도외의 용도로 사용하지 못한다.

② 후원금의 수입 및 지출은 제10조의 규정에 의한 예산의 편성 및 확정절차에 따라 세입·세출예산에 편성하여 사용하여야 한다. [본조신설 98·1·7]

제41조의6(후원금의 수입·사용결과 보고 및 공개) ① 법인의 대표이사와 시설의 장은 회계연도 종료 후 15일 이내에 별지 제19호서식에 의한 후원금수입 및 사용결과보고서(전산파일을 포함한다)를 관할 시장·군수·구청장에게 제출하여야 한다. [개정 2005.7.15, 2009.2.5]

② 시장·군수·구청장은 제1항에 따라 제출받은 후원금의 수입 및 사용결과 보고의 내역과 후원금전용계좌 등의 후원금 입·출금 내역을 회계연도 종료 후 30일 이내에 인터넷 등을 통하여 공개하여야 하며, 공개일부터 3개월 동안 누구든지 이를 볼 수 있게 하여야 한다. 다만, 후원자의 성명(법인 등의 경우는 그 명칭)은 공개하지 아니한다. [신설 2005.7.15, 2009.2.5]

[본조신설 1998.1.7]

[본조제목개정 2005.7.15]

제41조의5(후원금의 수입 및 사용내용통보) 법인의 대표이사와 시설의 장은 연 1회 이상 해당 후원금의 수입 및 사용내용을 후원금을 낸 법인·단체 또는 개인에게 통보하여야 한다. 이 경우 법인이 발행하는 정기간행물 또는 홍보지 등을 이용하여 일괄 통보할 수 있다.

[본조신설 98·1·7]

제5장 감사

제42조(감사) ① 법인의 감사는 당해 법인과 시설에 대하여 매년 1회 이상 감사를 실시하여야 한다.

② 법인의 대표이사는 시설의 장과 수입원 및 지출원이 사망하거나 경질된 때에는 그 관장에 속하는 수입, 지출, 재산, 물품 및 현금 등의 관리상황을 감사로 하여금 감사하게 하여야 한다.

③ 제2항의 규정에 의한 감사를 함에 있어서는 전임자가 입회하여야 하며, 전임자가 입회할 수 없는 경

우에는 그 전임자가 지정하거나 법인의 대표이사가 관계직원 중에서 지정한 입회인을 입회하게 하여야 한다.

④ 감사는 제1항 내지 제3항의 규정에 의하여 감사를 한 때는 감사보고서를 작성하여 당해 법인의 이사회에 보고하여야 하며, 재산상황 또는 업무집행에 관하여 부정 또는 불비한 점이 발견된 때에는 시장·군수·구청장에게 보고하여야 한다.

⑤ 제4항의 감사보고서에는 감사가 서명 또는 날인하여야 한다. [개정 98·1·7]

제6장 보칙

제43조(사무의 인계·인수) ① 회계사무를 담당하는 직원이 경질된 때에는 당해 사무의 인계·인수는 발령일로부터 5일 이내에 행하여져야 한다.

② 인계자는 인계할 장부와 증빙서류등의 목록을 각각 3부씩 작성하여 인계·인수자가 각각 기명 날인한 후 각각 1부씩 보관하고, 1부는 이를 예금잔고 증명과 함께 인계· 인수보고서에 첨부하여 법인의 대표이사에게 제출하여야 한다. 이 경우 시설에 있어서는 시설의 장을 거쳐 제출하여야 한다.

제44조(시행세칙) 이 규칙의 시행을 위하여 필요한 세부사항은 보건복지부장관이 정한다. [개정 1998.1.7, 2008.3.3 제1호(보건복지가족부와 그 소속기관 직제 시행규칙), 2010.3.19 제1호(보건복지부와 그 소속기관 직제 시행규칙)]

부칙

① (시행일) 이 규칙은 1988년 6월 1일부터 시행한다.

② (정관변경에 관한 경과조치) 법인의 정관 중 재무 및 회계에 관한 규정은 이 규칙 시행일로부터 6월 이내에 이 규칙에 맞게 변경하여 정관변경허가를 받아야 한다.

저자 소개

이창희	진주보건대학 의약복지정보계열 교수

김 병	진주보건대학 의약복지정보계열 교수

문수열	진주보건대학 의약복지정보계열 교수

원기연	부산여자대학 사회복지과 교수

소광섭	건양대학교 사회복지과 교수

조당호	장안대학 사회복지과 교수

이창수	대덕대학교 사회복지학과 교수

개정 사회복지시설의 설립과 운영

초판 1쇄 발행 2009년 8월 28일
개정 1쇄 발행 2012년 2월 1일
개정 2쇄 발행 2013년 7월 10일

지은이 | 이창희 · 김 병 · 문수열 ·
원기연 · 소광섭 · 조당호 · 이창수
펴낸이 | 김기섭
편집인 | 박윤정
펴낸곳 | 창지사 www.changjisa.com
153-802 서울시 금천구 가산디지털 1로 83 파트너스타워1차 9층
전화 (02) 719-2211~3
팩스 (02) 701-9386
등 록 | 1977년 4월 28일 · 제1-421호

ISBN 978-89-426-2238-2 (93330)

값 20,000원